HUINONG YEARBOOK 2017

惠农年鉴

（2017）

惠农区地方志编纂委员会办公室　编

方志出版社
Publishing House of Local Records

图书在版编目（CIP）数据

惠农年鉴．2017 / 惠农区地方志编纂委员会办公室编．-- 北京：方志出版社，2019.6

ISBN 978-7-5144-3769-0

Ⅰ．①惠… Ⅱ．①惠… Ⅲ．①区（城市）—石嘴山—2017—年鉴 Ⅳ．① Z524.34

中国版本图书馆 CIP 数据核字（2019）第 125084 号

惠农年鉴（2017）

编　　者：惠农区地方志编纂委员会办公室

责任编辑：朱　姝

出 版 者：方志出版社

地址　北京市朝阳区潘家园东里 9 号（国家方志馆 4 层）

邮编　100021

网址　http://www.fzph.org

发　　行：方志出版社图书经销中心

电话　（010）67110500

经　　销：各地新华书店

排　　版：北京中文天地文化艺术有限公司

印　　刷：北京中科印刷有限公司

开　　本：889 × 1194　　1/16

印　　张：20.5

字　　数：618 千字

版　　次：2019 年 6 月第 1 版　2019 年 6 月第 1 次印刷

ISBN 978-7-5144-3769-0　　　　**定价**：238.00 元

序

贫困问题一直是困扰人类社会发展的重大问题。中国作为世界上最大的发展中国家，为解决贫困问题进行了长期不懈的努力。改革开放以来，特别是党的十八大以来，以习近平同志为核心的党中央把脱贫攻坚作为全面建成小康社会的底线任务和标志性指标，纳入“五位一体”总体布局和“四个全面”战略布局，以前所未有的力度推进精准扶贫、精准脱贫，扶贫开发成就举世瞩目，显著改善了贫困地区和贫困群众生产生活条件，具有重大的现实意义和深远的历史意义。身处中华民族几千年发展历史上将首次整体消除绝对贫困现象的伟大时代，如何更好地发挥地方志的存史、育人、资政的作用，是新时代全国地方志系统必须深入研究和着力解决的重大课题。

党的十八大以来，在党中央国务院的正确领导下，全国地方志系统深入学习贯彻习近平新时代中国特色社会主义思想，紧紧围绕党和国家事业发展需要，深入推进地方志改革创新发展，凝心聚力，稳扎稳打，勇于担当，主动作为，全国地方志形势和地方志工作者的精神面貌发生了深刻变化，取得了优异成绩。其中，为贯彻落实《全国地方志事业发展规划纲要（2015—2020 年）》，经中国地方志指导小组领导批准，中国地方志指导小组办公室于 2015 年、2017 年先后启动民族地区与贫困地区志书、年鉴出版资助工程（以下简称“志鉴出版资助工程”），对国家级贫困县（区、旗、县级市），中西部地区、少数民族边疆地区面临出版经费困难的志书和综合年鉴给予出版资助。实施志鉴出版资助工程是紧扣时代脉搏、坚持创新发展、传承弘扬中华优秀传统文化的一项创举，不仅有力推动了“两全目标”的实现，而且数十部资助出版的志书、年鉴及时记述了民族地区与贫困地区在全面建成小康社会伟大征程中取得的新成绩和新经验、出现的新情况和新问题、涌现的优秀人物和典型事迹，留住地方文化的“根”和“魂”，为这些地区的经济社会发展、地域文化传播、爱国主义教育、精神文明建设等提供了历史借鉴和智力支持，对全面提升民族地区与贫困地区文化建设水平、确保民族地区与贫困地区和全国其他地区同步全面建成小康社会具有重要意义。

尤为可喜的是，志鉴出版资助工程促成了一批扶贫志书的编纂出版，在文化脱贫攻坚中发挥了独特的作用。例如，《贵州省减贫志》全面系统客观记述了从 1978

年至2015年贵州省扶贫、减贫工作的历程及取得的经验，为贵州省实施大扶贫战略提供了有力的资政辅治参考，集中体现了地方志工作因时而动、顺势而为的新作为。前不久，由福建省地方志编委会和人民网共同编纂的《闽宁扶贫协作图志》，是全国首部扶贫协作图志，图文并茂、直观立体、全方位地展现闽宁扶贫协作波澜壮阔的历程，弘扬“闽宁一家亲”“携手奔小康”的深厚情谊和滴水穿石、久久为功的精神，是贯彻落实习近平总书记扶贫工作重要论述精神，服务国家精准扶贫、精准脱贫战略的有力举措。希望各地以此为鉴，编纂出版更多、更好的扶贫志书、年鉴，助力国家精准扶贫、精准脱贫战略的实施，充分展现地方志的独特价值和作用。

当前，我国脱贫攻坚已进入全面决战决胜的关键时期，尚未脱贫的贫困地区集中分布在中西部深山区、极端干旱山区、高寒阴湿地区等，文化建设还比较薄弱，文化产品还不够丰富，文化精品更是少之甚少。同时，这些地区往往是民族文化、历史文化、红色文化、生态文化富集区，具有发展文化旅游、推进文化扶贫的巨大潜在优势，也是繁荣发展地方志事业的巨大文化宝库。要发挥好文化扶贫凝聚人心的优势，善于利用方志文化优势为贫困地区“赋能”，在脱贫攻坚中做出方志人应有的贡献。要发挥好中国名镇志文化工程、中国名村志文化工程的引领作用，大力加强乡镇村志编纂，让百姓记得起乡情、记得住乡愁，凝聚贫困乡镇村庄的强大民心，补齐贫困乡镇村庄的文化短板，以“扶智”的方式“扶志”，践行习近平总书记强调的“扶贫先扶智，扶贫必扶志”的重要理念。

求木之长者，必固其根本；欲流之远者，必浚其泉源。扶贫扶起的是志气骨气，传承的是家国情怀，守护的是绿水青山。扶贫既要富口袋，也要富脑袋。必须坚持文化脱贫和物质脱贫两手抓，筑牢贫困地区文化之基，补足信仰精神之钙，引领脱贫发展之舵。全国地方志系统要围绕中心、服务大局，坚决投入脱贫攻坚这场必须打赢的硬仗，积极参与脱贫攻坚战，发挥优势和特长，深入挖掘文化资源，着力补齐文化短板，努力帮助民族地区与贫困地区的文化建设实现较大的发展提升，在全面建成小康社会、实现中华民族伟大复兴中国梦的征程中贡献方志人的力量。

是为序。

中国社会科学院院长
中国地方志指导小组组长　谢伏瞻

民族地区与贫困地区年鉴出版资助工程领导小组

组　　　长：高　翔

常务副组长：冀祥德

副　组　长：高京斋　邱新立

民族地区与贫困地区年鉴出版资助工程领导小组办公室

主　　　任：冀祥德

副　主　任：邱新立

成　　　员：于伟平　刘永强　冷晓玲　李　静

《惠农年鉴》编纂委员会

《惠农年鉴》编辑部

编辑说明

一、《惠农年鉴（2017）》以马克思列宁主义、毛泽东思想、邓小平理论、"三个代表"重要思想、科学发展观、习近平新时代中国特色社会主义思想为指导，坚持辩证唯物主义和历史唯物主义的立场、观点、方法，存真求实，全面、客观、系统地记录惠农2016年政治、经济、文化、社会生活等方面的重大事项和基本情况。

二、本年鉴内容按照《惠农年鉴》编纂委员会的任务分配方案和撰稿要求，由区直机关各部门、乡镇、街道办事处、事业单位，及辖区驻惠农机关部门、企业供稿。稿件经过供稿单位审核，《惠农年鉴》编辑部编纂，《惠农年鉴》编纂委员会审定。

三、本年鉴的图片、资料内容时限均为2016年1月1日至2016年12月31日。

四、本年鉴采用分类编辑法。以类目为单元，类目下设分目、条目两个层次，以条目叙事，条目标题采用黑体字并加"【　】"表示。全书设特载、大事记、惠农综览、中国共产党惠农区委员会、惠农区人民代表大会、惠农区人民政府、政协惠农区委员会、群众团体、军事、法治、农业、工业经济、商贸、城乡建设　环境保护、交通运输、邮政通信、财政　税务　审计、金融业、综合经济管理与监督、科技　气象、教育　体育、卫生、文化　旅游、社会　生活、乡镇　街道、荣誉、媒体聚焦惠农27个类目。

五、数字用法、标点符号、计量单位分别执行国家标准《出版物上数字用法》（GB/T 15835—2011）、《标点符号用法》（GB/T 15834—2011）、《国际单位制及其应用》（GB 3100—93）和《有关量、单位、符号的一般原则》（BG 3101—93）。历史上使用的计量单位，如斗、石、里、尺、磅、华氏度等，在引文时可照录。考虑到社会使用习惯，全书中亩不统一换算。"全区""辖区""区"指"惠农区"。正文数据由部门单位提供，综览数据由政府统计局数据为准。由于各部门单位统计的来源、口径、方式、方法或时间不同，部分数据不尽一致。图片资料采自惠农区人民政府公众网，"媒体聚焦惠农"内容皆转载自媒体发表文章，撰稿人署名见文章右下角。

惠农区地图

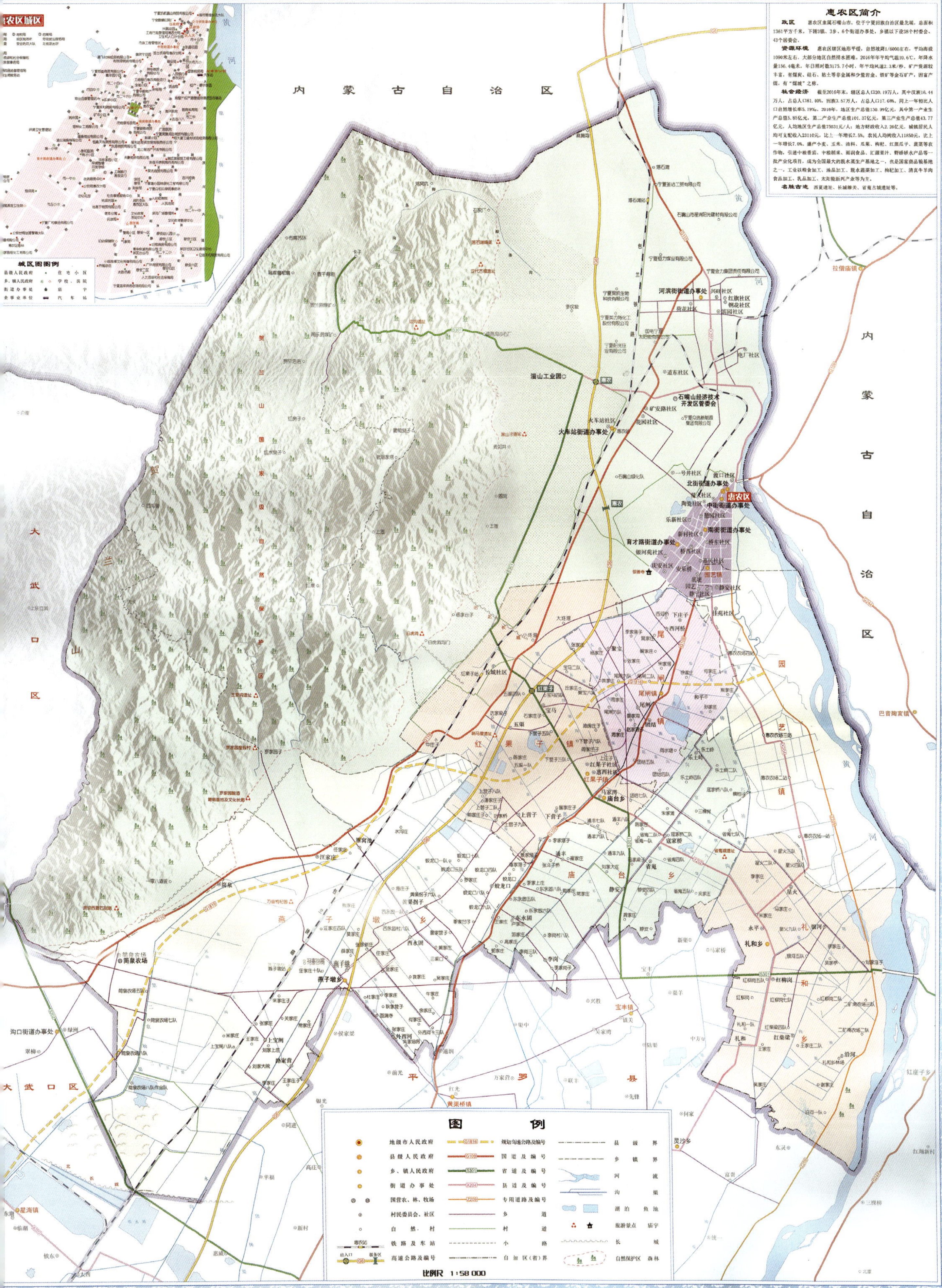

惠农区简介

政区 惠农区隶属石嘴山市，位于宁夏回族自治区最北端，总面积1361平方千米，下辖3镇、3乡、6个街道办事处，乡镇以下设38个村委会、43个居委会。

资源环境 惠农区辖区地形平缓，自然坡降1/6000左右，平均海拔1090米左右，大部分地区自然排水困难。2016年年平均气温10.6℃，年降水量156.4毫米，年日照时数3175.7小时，年平均风速2.3米/秒。矿产资源较丰富，有煤炭、硅石、粘土等非金属和少量岩金、铁矿等金石矿产，因富产煤，有"煤城"之称。

社会经济 截至2016年末，辖区总人口20.19万人，其中汉族16.44万人，占总人口81.40%，回族3.57万人，占总人口17.68%，同上一年相比人口自然增长率5.19‰。2016年，地区生产总值150.99亿元，其中第一产业生产总值5.85亿元，第二产业生产总值101.37亿元，第三产业生产总值43.77亿元，人均地区生产总值75031元/人；地方财政收入2.26亿元，城镇居民人均可支配收入23110元，比上一年增长7.5%，农民人均纯收入11850元，比上一年增长7.0%。盛产小麦、玉米、油料、瓜果、枸杞、红瓜子、蔬菜等农作物，引进中粮番茄、中粮稻米、丽润食品、汇源果汁、野娇娇水产品等一批产业化项目，成为全国最大的脱水菜生产基地之一，也是国家商品粮基地之一。工业以粮食加工、油品加工、脱水蔬菜加工、枸杞加工、清真牛羊肉食品加工、乳品加工、太阳能新兴产业等为主。

名胜古迹 西夏遗址、长城雄关、省嵬古城遗址等。

017年12月　审图号：宁S（2017）第019号　宁夏国土资源厅（测绘地理信息局）编制

中共惠农区委

8 月 20 日，中共惠农区委召开三届八次全体（扩大）会议

2 月 17 日，中共惠农区第三届纪律检查委员会第七次全体会议召开

4 月 13 日，石嘴山经济技术开发区党工委书记、惠农区委书记梁福祥（左三）调研乡村建设和农业经济发展情况

2 月 14 日，石嘴山经济技术开发区党工委书记、惠农区委书记王万虎（左二）慰问驻惠农官兵

6 月 7 日，惠农区组织退休老党员参加“两学一做”学习教育专题讲座，并进行现场观摩

1 月 27—29 日，惠农区第三届人大四次会议在新区人民会堂召开

4 月 14 日，惠农区人大常委会组织部分委员和人大代表调研“双创”孵化产业园建设情况

5 月 12 日，惠农区人大常委会主任李耀林（右三）带领部分人大常委会成员、人大代表检查《中华人民共和国劳动法》在惠农区的贯彻落实情况

6 月 27 日，惠农区人大常委会主任李耀林（左）走访慰问辖区部分困难党员

惠农区人民政府

2月3日，召开惠农区人民政府全体（扩大）会议暨廉政勤政工作会议

4月5日，区长李彬（右三）带队调研惠农区城市建设工作

4 月 13 日，区长李彬（前排中）调研背街小巷道路改造工程

4 月 14 日，区长李彬（右）专题调研水利工程建设及水系建设情况

9 月 30 日，惠农区政务服务中心受理颁发首份“五证合一”营业执照

惠农区政协

1 月 27 日，政协惠农区第三届委员会第四次会议召开第二次全体大会

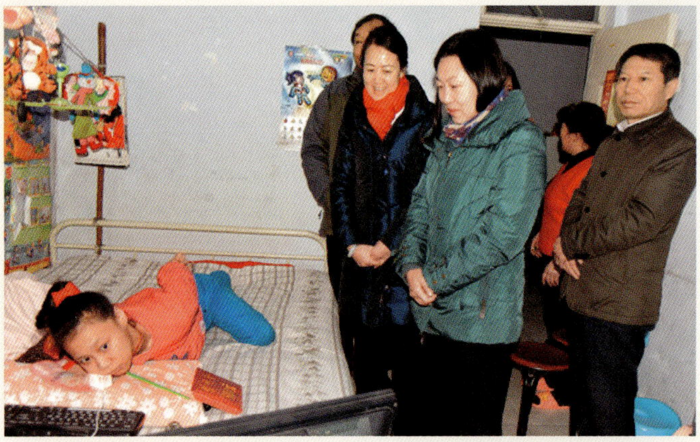

2 月 2 日，政协主席谢海燕（右二）看望“感动宁夏人物”朴凤歌的女儿

4 月 15 日，政协主席谢海燕（右五）带领部分政协委员调研辖区文化旅游产业发展情况

10 月 25 日，中国人民政治协商会议石嘴山市惠农区第四届委员会第一次会议在新区会堂开幕

4 月 27 日，财政部副部长余蔚平（中）到惠农区专题调研义务教育学校办学条件及均衡发展情况

5 月 10 日，“2016 中华环保世纪行——宁夏行动”检查组一行，在市人大常委会副主任马平安（右四）、任生元（左二）等领导陪同下，到惠农区检查环境保护工作

自治区、市级领导调研

2月19日，石嘴山市委书记彭友东（前排右三）在市委副书记蒋文龄（左一）、副市长常晋宏（右一）及相关部门负责人员的陪同下，到惠农区调研企业生产经营和重点项目建设工作

3月4日，自治区党委常委、政法委书记李文章（中）到惠农区公、检、法、司等部门进行调研

3月25日，自治区农牧厅厅长王文宇（左二）带领调研组对惠农区农牧业工作情况进行调研

4月7日，石嘴山市市长王永耀（左一），市委常委、副市长常春（右一）到惠农区调研工业经济运行情况及生产经营情况

4月18日，自治区人民政府主席刘慧（右三），自治区党委常委、自治区人民政府副主席张超超（右五）到惠农区调研

5月4日，自治区人民政府副主席马力（中）到惠农区调研医疗改革工作

6月2日，自治区政协副主席刘淑芬（右二）到惠农区调研“三留守”人员

6月29日，自治区副主席王和山（中）督察调研惠农区经济社会发展建设情况

精神文明

1 月 1 日，惠农区举行升国旗仪式

1 月 26 日，惠农区举办民俗文化演出

1 月 27 日，惠农区举办迎新春干群联谊文艺演出

4 月 29 日，惠农区举办“健康中国惠农行　低碳环保健步走”活动

5 月 13 日，召开全市 2016 年公益创投项目“助老护巢”启动仪式

6 月 15 日，石嘴山市道德模范巡讲报告团走进惠农

2月25日，惠农区人民政府与中海外基础设施开发有限公司举行签约仪式

3月18日，惠农区举行2016年第一批重点项目暨宁夏日盛高新产业股份有限公司循环化产业链项目集中开工仪式

9月29日，惠农区举行石嘴山保税物流中心（B型）暨富海工矿品铁路专用线开工仪式

惠农陆路口岸　　马建华　摄

商务文化

5月22日，惠农区人民政府和乌海市旅游体育局联合举办“2016‘金冠杯’宁蒙黄河金岸（惠农）山地自行车邀请赛”

5月28日，惠农区开启“图书漂流爱心传递、书香惠农”全民阅读新模式

11月16日，惠农区举办宁北蒙西青少年才艺大赛颁奖典礼

10 月 17 日，惠农区 2000 多名机关干部参加农田水利基本建设大会战

庙台乡露地瓜菜种植区

三排二期治理水利工程

社会生活

5 月 4 日，惠农区金融系统首届运动会开幕

5 月 4 日，惠农区举办“五四”青年节颁奖晚会

8 月 17 日，惠农区举办“惠 · 乡情”2016 大学生就业创业论坛

惠农区组队参加石嘴山市“丝路欢歌闹元宵”秧歌社火比赛，并荣获一等奖

免费开放的市民图书阅览室

科技卫生

2月2日，卫生系统举办卫生下乡活动

2月4日，惠农区召开全区2016年优秀人才春节慰问座谈会

5月26日，惠农区举办2016年全国科普日活动

8月1日，惠农区妇幼保健所举办母乳喂养知识培训班

9月6日，宁夏石嘴山市第一人民医院举办上海交大医学院附属仁济医院与石嘴山市第一人民医院缔结友好医院暨第十六届科技周活动

目 录

特 载

在中共石嘴山市惠农区四届一次全体会议上的讲话……1
石嘴山市惠农区人大常委会工作报告……3
政府工作报告……9
中国人民政治协商会议石嘴山市惠农区第三届委员会常务委员会工作报告……22
在全区农村工作会议上的讲话……28
在区人民政府全体（扩大）会议暨廉政勤政工作会议上的讲话……31

大事记

1 月……36
2 月……37
3 月……38
4 月……39
5 月……40
6 月……40
7 月……41
8 月……42
9 月……42
10 月……43
11 月……44
12 月……46

惠农综览

地理资源
地理位置……47
建置沿革……47
自然资源……48
旅游资源……48
人口……49

经济建设
工业经济……49
特色农业……49
第三产业……49
招商引资……49
生态建设……49

社会建设
民生实事……49
基础设施建设……49
信访维稳……50
政务服务……50
社会救助……50
创业就业……50
道路运输……50
失地农民保障……50

2016年惠农区机构设置和负责人名录

中国共产党惠农区委员会……50
中共惠农区委办公室……50
惠农区三届人民代表大会……50
惠农区四届人民代表大会……50
惠农区人民政府……50
惠农区人民政府办公室……51
惠农区地方志办公室……51
政协惠农区委员会……51
惠农区纪委监察局……51
惠农区政法委……51
惠农区委组织部……51
惠农区委宣传部……51
惠农区机构编制委员会办公室……51
惠农区档案局……51
惠农广播电视台……51
惠农区政务服务中心……52
惠农区信访督办局……52
惠农区商务和文化旅游局……52
惠农区供销社……52
惠农区司法局……52
惠农区农牧水务局……52
惠农区农业机械安全监理站……52
惠农区林业局……52
惠农区工业和信息化局……52
惠农区安全生产监督管理局……52
惠农区交通运输局……52
惠农区住房和城乡建设管理局……52
惠农区财政局……52
惠农区农业综合开发办公室……53
惠农区教育体育局……53
惠农区人力资源和社会保障局……53
惠农区发展和改革局……53
惠农区审计局……53
惠农区科学技术协会……53
惠农区卫生和人口计划生育局……53
惠农区卫生监督所……53
惠农区妇幼保健所……53
惠农区疾病预防控制中心……53
惠农区民政局……53
红果子镇……53
园艺镇……54
尾闸镇……54
庙台乡……54
礼和乡……54
燕子墩乡……55
育才路街道办事处……55
南街街道办事处……55
北街街道办事处……55
火车站街道办事处……55
河滨街道办事处……55
中街街道办事处……55
惠农区总工会……56
惠农区妇女联合会……56
共青团惠农区委员会……56
惠农区残疾人联合会……56
惠农区文学艺术界联合会……56
惠农区红十字会……56
惠农区工商业联合会……56
惠农区消防大队……56
惠农区公安分局……56
河滨街派出所……56
南街派出所……56
园艺派出所……56
红果子派出所……56
惠农区交通警察分局六大队……57
惠农区交通警察分局七大队……57
惠农区交通警察分局八大队……57
惠农区人民法院……57
惠农区人民检察院……57

惠农区环保监察大队……57
惠农区运管科……57
惠农区国家税务局……57
惠农区地税局……57
石嘴山市国土资源局惠农区分局……57
石嘴山市规划局惠农分局……57
石嘴山市市场监督管理局惠农分局……57
惠农区气象局……57
石嘴山市不动产登记事务中心惠农区分中心……57

中国共产党惠农区委员会

综　述

概况……58
工业经济……58
特色农业……58
第三产业……58
城乡建设……58
社会民生……59
从严治党……59
行政体制改革……59
经济体制改革……60
农村和城镇化改革……60
社会事业和社会治理体制改革……61
生态文明体制改革……62
文化体制改革……62
党的建设体制改革……62

重要会议

中国共产党石嘴山市惠农区第四次代表大会……62
专题研究推进惠农区部分重点项目和重点工作会议……62
专题研究盘活惠农区农副产品加工园区闲置土地会议……62
区委2016年度常委议军会议……62
区委常委会议……63
五套班子联席会议……65

区委机关事务管理

办文办会……66
信息服务……66
督查督办……66
保密工作……66
后勤服务……66
自身建设……67

组织建设

概况……67
基层党建……67
星级服务型党组织……68
在职党员服务社区群众……68
“下基层”活动……68
党员教育管理工作……68
庆祝中国共产党建党95周年系列活动……68
村“两委”换届工作……69
区、乡领导班子换届工作……69
干部人事制度改革……69
干部监督管理……69
干部教育培训……69
“两学一做”学习教育……70
组工干部队伍建设……70

宣传教育

概况……70
理论学习……70
新闻宣传……71
队伍建设……71
精神文明建设……71
“创城”工作……71

纪检监察

概况……72
宣传教育……72
党内监督……72
监督检查……73
自身建设……73
基层巡察……73
重要会议和活动……73

信息网络安全服务

概况……74
政务信息平台建设……74
机房建设……75
公众网建设……75
网站宣传报道……75
政府网站普查……75
网站、网络管理……76
政务公开……76
网站安全管理……76
电子政务 OA 办公系统建设……76
互联网信息网络传播……76
电子政务网络平台建设……76
信息应用平台系统管理……76

机构与人员编制管理

概况……76
行政机构……77
事业机构……77
人员编制……77
机构编制管理……77
行政审批制度改革……77
简政放权放管结合优化服务改革……77
事业单位登记管理……78

惠农区人民代表大会

惠农区三届人民代表大会

人民代表大会……79

惠农区四届人民代表大会

人民代表大会……79
常务委员会会议……80
调研、视察、执法检查……81
工作评议……83
常委会工作……83

惠农区人民政府

综　述

工业经济……84
农业经济……84
第三产业……84
招商引资……85
生态建设成果……85
社会事业……85
社会治理……85
城乡建设……85
民生建设……86
环境整治……86
交通建设……86
信访维稳……86
社会创新……86
政务服务……87
民政救助……87
创业就业……87
社会保障……88
机构改革……88
自身建设……88

重要会议

政府常务会议……………………………………88
专题会议…………………………………………91
区长办公会议……………………………………93

政府机关政务管理

概况………………………………………………93
主任办公会议……………………………………93
办文办会办事……………………………………93
政务督查…………………………………………94
政务公开…………………………………………94
应急管理…………………………………………94
金融管理…………………………………………94
外事侨务…………………………………………95
人才培养…………………………………………95
党建工作…………………………………………95
党支部换届选举…………………………………95
下基层活动………………………………………96
党风廉政建设……………………………………96

史志编纂

概况………………………………………………96
修志编史…………………………………………96

政务服务

概况………………………………………………96
党的建设…………………………………………96
运行机制…………………………………………97
服务方式…………………………………………97
政务公开…………………………………………97
制度改革…………………………………………97
群众评议机关活动………………………………98
监督考核…………………………………………98

信访督办

概况………………………………………………98
疑难信访问题化解………………………………98
网上信访信息系统建设…………………………98
矛盾问题排查化解………………………………98
信访事项规范化建设……………………………99
自治区督查通报问题整改………………………99
信访系统规范化整改……………………………99
网上信访整改……………………………………99

政协惠农区委员会

综　述

概况………………………………………………100
委员变动…………………………………………100

重要会议

全体委员会议……………………………………100
常务委员会议……………………………………101

重要活动

调研农业特色优势产业和新型经营
　主体发展………………………………………101
调研全区文化旅游产业发展……………………101
开展专题民主监督工作…………………………101
调研全区电子商务发展情况……………………102
观摩大武口区、平罗县经济社会发展…………102
视察工业传统产业发展情况……………………102
视察食品药品安全监管工作……………………102
提案工作表彰……………………………………102
工业传统产业发展咨政协商会…………………102

办公室及各专门委员会

机关事务管理……………………………………103
提案立案、转办、督办…………………………103
反映社情民意、宣传工作………………………103
文史工作…………………………………………103
委员联系基层工作………………………………103

社会联络联谊……103

群众团体

惠农区总工会

概况……104
民主管理……104
劳动保障……104
帮扶慰问……104
法律维权……104
技能大赛……105
五小成果……105
劳模工作……105
文体活动……105
经费审查……105

共青团惠农区委员会

概况……105
基层团干部队伍建设……105
精神文明建设……106
青年创业就业……106
扶贫解困……106
青少年法制教育……106
青年文化活动……106
青年志愿服务……107

惠农区妇女联合会

概况……107
维护妇女儿童合法权益……107
家庭文明建设……107
关爱特殊妇女儿童群体……107
争取项目资金，服务妇女发展……108
基层组织建设……108

惠农区工商业联合会

概况……108
组织机构……108
换届选举……108
招商引资……109
会员服务……109
教育培训……109
参政议政……109
光彩行动……109
大事要事……110

惠农区残疾人联合会

概况……110
康复工作……110
扶贫解困……110
教育就业……111
组织建设……111
维护权益……111
残疾人基本服务状况和需求专项调查……111

惠农区文学艺术界联合会

概况……111
组织参赛……112
音乐人才摸查……112
书法美术创作……112
服务社会……112
组织考级……112
进军营活动……112
项目申报……112
文学采风……112

惠农区红十字会

概况……112
宣传活动……113
救灾、救护、救助……113
普及救护知识……113
博爱家园项目……113

军 事

军事工作

概况……114
自身建设……114
学习习近平主席系列讲话精神……114
“两学一做”主题教育活动……114
党委民主生活会……115
国防教育建设……115
“军地共创”活动……115
“双拥共建”活动……115
战备工作……116
应急队伍建设……116
民兵军事训练……116
应急处突演练……116
新任职武装部部长集训……116
“八一”军事日活动……116
组织学生军训……116
武器装备专项检查保养……116
征兵工作……117

法 治

政法委及综治

概况……118
法治综合宣传……118
“两卡一会”活动……118
矛盾纠纷排查调处……118
惩治“两抢一盗”犯罪……118
惩治非法集资犯罪……119
土地征收专项整治……119
清理拖欠职工（农民工）工资问题专项整治……119
农村基层组织建设……119
基层综治建设……119
执法规范化建设……119
流动人口服务管理……119
精神障碍患者管理……120
禁毒管理……120
食品安全管理……120
寄递和物流行业管理……120
网络舆情监控和处置……120
队伍建设……120

法治政府建设

概述……121
督察考核法治政府建设工作……121

公 安

概况……121
情报信息搜集研判……121
重点人员群体稳控……122
重大活动安保……122
反恐防暴工作……122
化解信访案件……122
惩治犯罪专项行动……122
禁毒执法……122
侦破经济犯罪案件……122
防范电信诈骗犯罪……122
网上在逃人员抓捕……122
社会治安立体防控体系建设……122
巡逻防控……123
行政案件侦查……123
行业场所管理……123
治安复杂场所管理……123
基层社区警务建设……123
户籍制度改革……123
流动人口管理……123
严重精神病人日常管理……123
智能图控系统建设……123
刑事案件侦查……124
执法能力建设……124

执法场所建设……124
执法公开工作……124
“两学一做”专题教育……124
基层党组织建设……124
科学配置警力……124
爱警暖警措施……124
服务型窗口单位建设……124
派出所治安管理……125
河滨街派出所治安管理……125
南街派出所治安管理……125
园艺派出所治安管理……125
红果子派出所治安管理……125
消防……126
概况……126
抢险救灾……126
执法监督……126
专项行动……126
火灾防控……126
火灾及险情处置……126

检　察
概况……127
惩治刑事犯罪……127
查办和预防职务犯罪……127
履行法律监督职能……127
信访与控告申诉……128
综合协调及服务……128
案件管理及律师接待……128
保障和服务检察办案情况……129
队伍建设……129
法治宣传……129
党风廉政建设……129
司法专项工作……130

法　院
概况……130
诉讼立案……130
刑事审判……130
民商事审判……130
案件执行……130
审判监督……130
司法改革……130
队伍建设……131
巡回办案……131
法律宣传……131
创新工作……131

司法行政
概况……131
普法宣传教育……132
法律“八进”……132
矛盾纠纷排查调处……132
人民调解组织建设……133
法律援助……133
特殊人群管理……133
推进法治政府建设工作……133
干部队伍建设……134
下基层活动……134
服务型窗口建设……134
全国文明城市创建……134

农　业

农牧水务
机构队伍概况……135
农业经济……135
农业基础设施建设……135
农业供给侧结构性改革……135

设施蔬菜种植……136
畜牧生产……136

农业机械安全监理

概况……136
农机购置补贴项目……136
农机深松和秸秆还田机深翻项目……136
玉米全程机械化示范园区建设……137
保护性耕作试验示范项目建设……137
农作物秸秆禁烧项目示范建设……137
农机免费管理……137
农机安全监督管理……138
农机社会化服务体系建设……138

林 业

概况……138
植树造林……138
市民休闲公园建设……138
南扩新区街路绿化……138
滨河新区绿化……138
中利科技厂区周围绿化……138
林业产业……138
农村绿化……138
采煤沉陷区绿化及国土整治项目……139
森林资源管护……139
苗木检疫……139
林政案件查处……139
党建和精神文明建设……139
党风廉政建设……139
自身建设……139

工业经济

工业和信息化管理

概况……140
工业经济运行……140
产值增加因素……140
产值减少因素……140
行业运行情况……140
推进项目建设……141
落实惠企政策……141
信息化建设……141
节能管理……141

安全生产监督管理

机构队伍概况……142
安委会会议……142
落实安全生产责任制……142
安全生产执法……143
安全生产十大专项整治……143
事故调查处理……143
安全生产责任制落实……143
隐患排查治理……144
安全教育培训……144

电力供应

安全生产……144
电量电费……144
配网建设……144
春秋检修……144
重要时段保电……144
优质服务……144
队伍建设……145

商 贸

商业贸易

机构队伍概况……146
商贸流通……146
电子商务……146
电子商务一体化发展……146
大众创业万众创新工作……147

“两节”市场保供工作 …… 147
市场监测 …… 147
重点项目建设 …… 147
招商引资 …… 147

亿元以上的招商重点项目
宁夏国晶科技有限责任公司高新亚太科技园项目 …… 147
宁夏荆洪生物科技有限公司生物医药中间体项目 …… 147
中汽大夏汽车（宁夏）有限公司年产2000台汽车改装生产销售项目 …… 148
宁夏德昊科技产业有限公司邻氨基苯酚及年产2000吨邻硝基苯酚项目 …… 148
宁夏信德长兴房地产开发有限公司宁北鲜活农产品批发市场建设项目 …… 148
宁夏日盛高新产业股份有限公司精细化工循环化产业链项目 …… 148
招商项目签约活动 …… 148

供　销
机构队伍概况 …… 149
直属企业及基层社 …… 149
农资供应工作 …… 149
农产品购销 …… 149
基础设施建设 …… 149
社会化服务 …… 149
运行机制 …… 149
队伍建设 …… 149
供销合作社综合改革 …… 149
石嘴山市田园食品有限公司 …… 150
概况 …… 150
主要产品 …… 150
质量体系 …… 150
技术研发 …… 150
田园枸杞醋 …… 150
发展远景 …… 150
荣誉 …… 151

城乡建设　环境保护

城乡规划与管理
机构队伍概况 …… 152
党的建设 …… 152
廉政建设 …… 153
老旧小区及旧街路改造 …… 153
城区主要街路亮化工程 …… 153
无障碍设施改造工程 …… 153
康乐东路排水工程 …… 153
增设停车位 …… 153
村镇建设 …… 153
廉租住房补贴及实物配租 …… 153
市政公共设施排查 …… 154
物业管理 …… 154
建筑业质量监管 …… 154
城市建成区燃煤茶浴炉管理 …… 154
化解吉运88小区延期交房问题 …… 154
农民工工资“一卡通” …… 154
城市周边环境整治 …… 154
市容市貌管理 …… 154
城区环境卫生 …… 155
城市绿化美化 …… 155
公用事业管理 …… 155
土地征收及拆迁 …… 155

市政建设
概况 …… 155
路灯管理与维护 …… 155
排污管网管理与维护 …… 156
及时修补破损道路 …… 156
润泽供排水 …… 156
概况 …… 156

安全生产……156
服务素质提升……156
企业文化建设……156
党组织建设……156
星泽燃气供应……157
专项稽查……157
设备维护……157
隐患排查……157
工程建设……157
市场开发……157

不动产登记

概况……158
不动产登记……158
不动产登记质检缮证……158
不动产权籍调查……158
不动产注销登记……158
不动产档案查询……158
不动产司法协助……158

环境保护

概况……158
信访工作……158
违法违规建设项目清理……158
建设项目环境影响评价和“三同时”制度……158
排污费征收……158
大气污染防治……159
水污染防治专项执法检查……159
畜禽养殖场专项检查……159
农灌渠沿线专项检查……159
自然保护区环境监管……159
工业固废监管……159
危废监管……160
医废监管……160
规范发展煤炭市场……160
日常监督检查……160

交通运输

交通管理

概况……161
重点工程项目……161
农村公路建设……161
危桥改造及生命防护工程……161
公路养护工作……161
民生实事工程……161
治抛治洒……161

运输管理

机构队伍概况……162
客运管理……162
运输检查……162
道路运输管理规范化建设……162
队伍建设……162
加强党风廉政和精神文明建设……162
客运市场监管……163
货运市场监管……163
维修市场监管……163
驾培市场监管……163
综合性能检测市场监管……163
客运稽查……163

交通秩序管理

交通警察分局六大队……163
机构队伍概况……163
队伍建设……163
秩序管理……164
安全隐患排查……164
交巡警联合执法……164
事故预防……164
宣传工作……164
创新窗口服务……164

交通警察分局七大队……165
机构队伍概况……165
队伍建设……165
服务型窗口单位建设……165
群众评议活动……165
交通秩序管理……165
安全隐患治理及重点车辆管理……166
交通宣传……166
创新工作……166
交通警察分局八大队……166
概况……166
队伍建设……166
服务型窗口单位建设……166
“美丽警队”建设……166
群众评议活动……167
交通秩序管理……167
安全隐患治理及重点车辆管理……167
交通秩序集中整治行动……167
交通宣传……167
创新工作……168

邮政　通信

邮　政

机构队伍概况……169
函件业务……169
报刊业务……169
集邮业务……170
包裹业务……170
代理和信息业务……170
分销与配送……170
代理金融……170
安全生产……171

电　信

机构队伍概况……171
优质服务……171
综合信息服务能力……171
4G 网络覆盖……172
应急保障和抢修……172
促进行业发展……172
光网城市 · 智慧惠农……172
4G 应用与推广……173
不良信息治理……173
党风廉政建设和精神文明建设……173
基层组织建设……173

移动通信

概况……174
行业发展……174
透明消费……174
优质服务……174
企业责任……174
服务社会……175
队伍建设……175

财政　税务　审计

财　政

概况……176
财政现状……176
公共财政预算收入……176
公共财政预算支出……176
公共财政预算收支平衡情况……177
基金预算收支……177
基金收支平衡情况……177
争取专项资金……177
融资贷款……177
保障和改善民生……177
重点项目建设……178
创新工作……178
会计核算……178

财政改革……178

农业综合开发

概况……179
项目申报……179
产业化发展项目……179
部门项目……179
土地治理项目……179
产业化项目……180

国家税务

机构队伍概况……180
税收收入……180
依法行政……180
税制改革……180
纳税服务……181
干部队伍建设……181
基层党组织建设……181
党风廉政建设……181

地方税务

概况……181
税收分析创收……182
征管体制改革……182
规范征管基础……182
“三证合一”商事制度改革……182
依法治税……182
落实税收优惠政策……182
资源税改革……182
税收宣传……182
国地税大厅人员互驻……183
纳税人满意度调查……183
纳税信用等级评定……183
队伍建设……183
党的建设……183
团工青妇工作……183
廉政建设……184
创新工作……184

审 计

概况……184
预算执行情况审计……184
政府投资项目审计……185
领导干部任期经济责任审计……185
专项资金及其他审计……185
审计整改……185

金融业

人民银行惠农支行

概况……186
支持区域经济发展……186
金融服务……186
货币金银管理……186
便民金融服务……187
金融风险预警……187
拓展反洗钱……187
执法检查……187
防范电信诈骗……187
金融宣传……187
内部管理……187
企业文化建设……187
金融服务……187

中国银行惠农区支行

概况……188
业务发展基本情况……188
对公客户授信产品组合推进保证金业务……188
拓展公司授信客户……188
个人贷款业务……188
代理保险业务……188
个金产品营销……189

节日营销……189
社区宣传……189
自身建设……189
党建工作……189
职业道德教育……190
队伍建设……190
创建文明城市……190

建行惠农支行

概况……190
存款业务……190
贷款投放……190
中间业务收入……190
产品增量……191
战略转型……191
营销战略……191
不良贷款化解……191
精细化管理……191
党的建设……191
党风廉政建设……192
内控管理……192

中国农业银行惠农区支行

概况……192
业务营销……192
开展中间业务……192
贵金属销售……192
电子银行业务……192
支持企业发展……192
加强服务功能……193
化解不良贷款……193
内控管理……193
党建工作……193

工商银行惠农支行

概况……193
网点设置……193
业务营销……194
内控安保管理……194
优质服务……194
员工救助……194

农村信用合作联社

概况……194
公司业务发展……194
支持地方经济发展……194
风险防范……194
规范化服务……195
安全保卫……195

宁夏银行惠农支行

概况……195
业务营销……195
内控管理……195
优质服务……195
“两学一做”主题活动……195

石嘴山银行惠农支行

概况……195
业务发展……196
产品营销……196
支持地方经济建设……196
金融便民服务……196
农村信贷……196
风险防范……196
自身建设……196
企业文化建设……196

中国人民财产保险股份有限公司惠农支公司

概况……197
保费收入……197

理赔支出……197
企业文化……197
品牌优势……197

中国人寿保险公司惠农支公司
概况……197
理赔服务……197

中国平安财产保险股份有限公司惠农支公司
概况……198
经营理念……198
业务发展……198
开设险种……198

安邦财产保险股份有限公司惠农营销服务部
保险业务……198
企业文化……198
工作年纪……198

阳光保险集团股份有限公司惠农支公司
保险业务……199
企业文化……199

综合管理与监督

人力资源和社会保障
劳动管理工作……200
机构队伍概况……200
就业、创业工作……200
社会保障……201
人事监管……201
劳动监察……201
创新工作……201
惠·乡情 2016 大学生就业创业论坛……201
创业贴息贷款……201
远程面试应聘新模式……202
创立惠农区 e+ 就业创业人才培训基地……202
率先在全自治区开展经费直补个人培训班和经费直补企业职业技能培训……202
优化缴费地点布局……202
被征地农民养老保险……202
打造“职业技能培训基地 + 廉政知识测试阵地”模式……202
率先制定《惠农区建筑领域农民工工资支付“黄橙红”动态监管实施办法》……202

经济发展和改革
概况……203
地区经济……203
项目管理……203
经济运行……203
物价监管……204
科技工作……204
统计……204

国土资源管理
概况……204
规范使用土地……204
耕地保护……205
耕地占补平衡……205
征地信息公开……205
耕作层剥离再利用……205
执法监察……205
土地矿产卫片执法检查……205
不动产统一登记……206
农村集体土地“两权”登记发证……206
调整完善土地利用总体规划，划定永久基本农田……206
地质灾害防治……206
土地征收突出问题专项整治……206

土地领域突出问题专项整治…………206
土地例行督察发现的问题整改…………206
中央环保督察事项…………207
环境整治…………207
国土资源宣传…………207

规划管理

概况…………207
“一书三证”的核发…………207
项目快速审批…………207
违法建设查处…………207

市场监督管理

概况…………207
商事制度改革…………208
事中事后监管…………208
商标战略…………208
扶持小微企业健康发展…………208
食品综合监管…………208
药械保健市场监管…………209
特种设备安全监管…………209
计量监管和标准化管理…………210
质量安全监管…………210
网络市场监管…………210
消费维权…………210
重点领域行政执法…………210
“创城、创卫”…………211
脱贫攻坚…………211

科技　气象

科技工作

概况…………212
实施《全民科学素质行动计划纲要》…………212
主题科普活动…………212
科普V视频落地应用…………212
“三下乡”活动…………213

气象工作

概况…………213
城市气象服务…………213
为农服务“两个体系”…………213
气象依法行政和社会管理…………213
人工影响天气…………214
综合气象观测系统…………214
气象灾害预警监测…………214
党的建设…………214
精神文明建设…………214

教育　体育

教育工作

概况…………215
基础设施建设…………215
“全面改薄”…………215
公共体育设施建设…………215
教育信息化建设…………215
“百标”学校创建…………216
教师队伍建设…………216
校园安全…………216
教育教学管理…………216
招生考试…………217
教育督导…………217
教育创新…………217
教育帮扶解困…………217
民办教育管理…………217
有偿家教专项整治…………217

体育工作

组织区内比赛活动…………218
组织参加全市中小学生运动会…………218
协办活动…………218

举办文艺活动…………………………218
荣誉…………………………218

卫　生

综　述

概况…………………………219
贯彻实施法律法规…………………………219
基层卫生…………………………219
医药卫生体制改革…………………………219
医药卫生…………………………220
公共卫生…………………………220
中医药服务…………………………220
卫生应急处置…………………………220
卫生民生计划…………………………221
爱国卫生…………………………221
基层党建…………………………221
党风廉政建设…………………………221
政风行风建设…………………………222

卫生监督

概况…………………………222
许可行政工作…………………………222
开展经常性卫生监督检查…………………………222
重点监督检查…………………………222
专项整治…………………………223
案件查处…………………………223
投诉举报处理…………………………223
突发公共卫生事件处置…………………………223
宣传培训…………………………223
队伍建设…………………………223
专项整治…………………………223

妇幼保健　计划生育服务

妇幼保健工作…………………………223
概况…………………………223
妇幼保健指标…………………………223
妇幼项目…………………………223
出生缺陷防控…………………………224
贯彻实施母婴保健法…………………………224
妇幼健康宣传…………………………224
推进公立医院改革…………………………224
三项监测…………………………224
托幼（园）所管理…………………………224
计划生育服务工作…………………………225
免费孕前优生检查、优质服务、避孕药具管理…………………………225
党的建设…………………………225

疾病预防控制

概况…………………………225
传染病防控…………………………225
免疫规划管理…………………………226
慢性病地方病防治…………………………226
公共卫生监测…………………………226

文化　旅游

文化工作

概况…………………………227
创建国家公共文化服务体系示范区…………………………227
公共文化建设…………………………227
公共文化服务…………………………227
群众文化活动…………………………228
“非遗”保护…………………………228
文化执法…………………………228

档案管理工作

概况…………………………228
档案馆新馆建设申报…………………………228
文书档案集中整理培训…………………………229
婚姻登记档案入馆…………………………229

档案利用服务……229
农村土地确权档案管理……229
档案编研……229
撤并、新建单位重新修订审批……229
档案行政执法……229
档案网站建设……229

广播影视工作
概况……229
重点项目……230
荣誉……230

旅游工作
创建全国旅游标准化示范城市……230
旅游宣传……230
休闲度假旅游……230
商务会展文化旅游……230
研学旅游……230

社会　生活

民政工作
概况……231
城乡最低生活保障……231
农村“五保”供养……231
城乡医疗救助……231
自然灾害与突发事件救助……231
“双拥”与优待抚恤……231
老龄事务……231
养老机构……231
社会福利事业……232
城乡社区建设……232
社会组织……232
婚姻登记……232
殡葬登记……232
区划地名普查……232
结对帮扶……232
招商引资……232
队伍建设……232

人口与计划生育工作
概况……232
目标管理……232
计生扶助……232
流动人口管理……233
宣传教育……233
优质服务……233

乡镇　街道

红果子镇
概况……234
特色小城镇建设……234
盘活辖区闲置办公用房……234
盘活红果子镇农副产品加工园处闲置土地……234
精神文明建设……235
农村交通安全劝导站建设……235
打造纪委约谈提醒室……235
劳动争议调解委员会示范点建设……236
居民自治矛盾纠纷化解机制……236
老旧村庄整治项目……236
马家湾高效节水灌溉项目……236
“阳光沐浴”工程……237
五渠村高标准农田建设项目……237
马家湾村村部阵地建设……237
工矿棚户区搬迁安置……237
党建工作……237
党管武装工作……238
党风廉政建设……238
效能建设……238
精神文明建设……238
“创城”工作……238

国家公共文化服务体系示范区创建…………238
社会治安、综合治理工作…………239
信访维稳…………239
禁毒工作…………239
法治城市建设…………239
创新社会管理…………240
统战和民族宗教…………240
工会工作…………240
共青团工作…………240
女工工作…………240
信息上报…………240
“两学一做”专题教育…………240
生态建设…………241
创业就业…………241
农村居民参加养老保险和医疗保险…………241
农村环境综合整治…………241
“两个中心”运行及管理…………241
计划生育…………242
公共安全…………242
农田水利建设…………242
村级集体经济发展…………242
农业政策性保险…………242
乡镇领导班子换届和村“两委”班子换届…………243
农业气象减灾服务平台…………243

园艺镇

概况…………243
党的建设…………243
“两学一做”主题教育…………244
纪律监督…………244
效能建设…………244
精神文明及宣传…………244
“创城、创卫”…………244
综治维稳…………244
信访维稳…………245
禁毒工作…………245
法治建设…………245
创新工作…………245
统战和民族宗教…………245
群团工作…………246
招商引资…………246
帮扶解困…………246
植树造林…………246
创业就业…………246
劳动保障…………246
“两中心”运营及管理…………246
计划生育…………247
动物检疫…………247
食品安全…………247
安全生产…………247
农田水利…………247
环境治理…………247

尾闸镇

概况…………247
经济发展情况…………248
农业基础设施建设…………248
“一事一议”工程项目…………248
集体经济发展…………248
全民就业创业…………248
医疗、养老保险参保…………248
民政帮扶救助…………249
残疾人管理…………249
帮扶解困…………249
计划生育…………249
平安创建…………249
法治乡镇建设…………249
公共文化服务…………249
“两学一做”学习教育…………249
换届选举工作…………249
星级服务型党组织创建…………250

党风廉政建设……250

庙台乡

概况……250
露地瓜菜核心区建设……250
现代农业经济……250
畜牧业经济……251
生态林业……251
基础设施建设……251
土地管理……251
水利建设……251
创业就业……251
劳务培训……252
人口和计划生育……252
民族宗教工作……252
文化教育建设……252
招商引资……252
环境综合治理……252
社会保险服务……252
社会治安综合治理……253
干部作风建设……253
精神文明建设……253
党的建设……254
制度建设……254

礼和乡

概况……254
小城镇建设……254
党的建设……255
党风廉政建设……255
宣传和精神文明建设……255
“三争双招”……255
农田水利建设……255
道路交通建设……255
人居环境……256
种植、养殖、劳务产业……256
社会保障……256
社会治安管理……256

燕子墩乡

概况……256
枸杞产业……257
农牧产业……257
项目建设……257
宣传文化……257
人口和计划生育……257
民生服务……258
信访维稳……258
制度建设……258

育才路街道办事处

概况……258
党建工作……258
党风廉政建设……259
精神文明建设……259
综治、信访维稳……259
禁毒工作……259
扶贫救助……260
计划生育……260
就业创业……260
社保工作……260
“创城、创卫”……260
公共文化服务……261
工青妇工作……261
食品安全……261
消防安全监管……261
动物防疫……262
武装工作……262

南街街道办事处

概况……262
党建工作……262

党风廉政建设……262
社会治理、综治维稳……263
民政、就业……263
计划生育……264
“创城”卫生环境……264
招商引资……264

北街街道办事处

概况……265
组织建设……265
党风廉政建设……265
宣传、精神文明建设……265
“创城”工作……266
“创卫”工作……266
创建国家公共文化服务体系示范区……266
效能建设……266
“平安惠农”建设……267
依法治区和法治城市创建……267
信访维稳……267
创新社会治理……267
统战和民族宗教……267
工青妇工作……267
招商引资……268
造林与林木管护……268
创业就业……268
社会保障……268
社区环境卫生综合整治……268
“两个中心”运行及管理……268
计划生育……268
公共安全……269
“两学一做”主题教育……269
和谐社区创建……269
创建全国“双拥”模范城市……269
综合整治硬化绿化……269
信访矛盾化解……269
棚户区征收拆迁、综合整治……269
渡口社区周边采煤沉陷区综合整治……270
公园社区院落硬化……270
老旧小区节能改造……270

火车站街道办事处

概况……270
党的建设……270
党风廉政建设……270
共青团工作……271
宣传和精神文明……271
“创城、创卫”……271
环境卫生整治……271
“平安建设”……272
扶贫救助……272
就业创业……272
社会保障……272
计划生育……273
社区建设及社区服务……273
机关效能建设……273
制度建设……273
招商引资……273
文化活动……273

河滨街道办事处

概况……273
工业、建筑业……273
扶贫救助……274
社会保障……274
计划生育……274
创业、就业……274
残疾人工作……274
廉租房管理……275
教育事业……275
社区卫生……275
党的建设……275
精神文明建设……275

共青团……275
未成年人思想道德建设……276
妇联工作……276
信访维稳……276
社会管理创新……276
禁毒工作……276
动物防疫……277

中街街道办事处

概况……277
社区建设……277
劳务培训和创业就业……277
计划生育……277
民族宗教工作……278
文化教育建设……278
招商引资……278
环境综合治理……278
棚户区拆迁工作……278
社会保险服务……278
社会治安综合治理……278
干部作风及制度建设……279
机关效能建设……279
精神文明建设……279
“创城、创卫”……279
党的建设……279
群团工作……280
“两代表一委员”工作室……280
民政工作……280
帮扶解困……280

荣　誉

集体荣誉

惠农区卫生计生局……281
市场监督管理局……281
惠农区人民法院……281
国税局……282
人力资源和社会保障局……282
消防大队……282
电力公司……282
政务服务中心……282
信息中心……282
统战部……282
组织部……282
惠农区残疾人联合会……283
惠农区司法局……283
农牧水务……283
惠农区林业和生态建设管理局……283
惠农区商务和文化旅游局……283
运管所……283
财政局……283
农村信用社……283
环保监察大队……283
国土资源局……284
安监局……284
科协……284
红果子镇……284
尾闸镇……284
庙台乡……284
燕子墩乡……285
育才街道办事处……285
南街街道办事处……285
北街街道办事处……285
火车站街道……285
河滨街道办事处……285
园艺镇……286

个人荣誉

2016年惠农区获得国家级表彰的先进个人一览表……286
2016年惠农区获得自治区及区直部门级表彰的先进个人一览表……286

2016年惠农区荣获市级及市直部门表彰的个人一览表…………………………287

媒体聚焦惠农

惠农：移民致富梦开始的地方…………………289
惠农区将政绩建立在增进民生福祉上…………290
让党代表真正成为“议事代表实干代表”…………………………………………290
宁夏日盛公司：循环发展浴火重生……………291
昔日城市的“污染源”今朝市民的“后花园”…………………………………………292

特　载

在中共石嘴山市惠农区四届一次全体会议上的讲话

（2016年9月28日）

石嘴山经济技术开发区党工委书记、区委书记　梁福祥

刚刚闭幕的中国共产党石嘴山市惠农区第四次代表大会，圆满完成了各项预定任务，选举产生了新一届区委和区纪委。这次区委全会，选举产生了新一届区委常委会和书记、副书记，通过了区纪委四届一次全会的选举结果。这是各位委员及全区广大党员对我们的信任和重托。我代表新一届区委常委会，对同志们表示衷心的感谢！

由于工作变动等原因，三届区委中的一些同志不再进入四届区委。这些同志在任期间，为惠农的改革发展稳定倾注了大量心血，做出了重要贡献。借此机会，我代表四届区委，向他们致以崇高的敬意！

新一届区委履职于奋力推动“三大转型”、深入推进“四个惠农”建设、决胜全面建成小康社会的关键时期，这是一副交织着责任与使命、凝聚着信任与希望的历史重担。上级党委关注着我们，人民期待着我们，实践等待着我们。我将和同志们一道，以对党、对事业、对人民高度负责的态度，团结带领广大干部群众，扎实苦干、锐意进取、开拓创新，全面落实区第四次党代会确定的各项目标任务，努力向自治区党委、市委和全区人民交一份满意的答卷。下面，我代表新一届区委领导班子讲几点意见，与大家共勉：

一、加强学习、提升能力，打造信念坚定的领导班子

作为区委成员，我们要把学习作为一种政治责任、一种生活态度、一种精神追求，坚持与时俱进地学，持之以恒地学，努力做学习型领导干部。**要学以明志，坚定理想信念。**习近平总书记指出，理想信念就是共产党人精神上的“钙”，理想信念不坚定，精神上就会“缺钙”，就会得“软骨病”。我们要坚持用理论武装头脑，全面学习中国特色社会主义理论体系，深入学习习近平总书记系列重要讲话精神，牢牢把握正确的政治方向，切实增强政治敏锐性和政治鉴别力。要以开展“两学一做”学习教育为契机，不断强化党章党规党纪教育，自觉践行“四讲四有”，增强“三个自信”。**要学以增智，提高思想站位。**作为一名领导干部，想问题、做事情要站得高、看得远，始终走在时代前列。要从领导工作实际需要出发，在学习中开阔眼界、开阔思路、开阔胸襟，准确把握经济社会发展规律，积极适应经济发展新常态，立足发展大局，深入思考、谋划惠农的未来。**要学以致用，增强领导能力。**充分发

扬理论联系实际的学风，以群众为师表，以实践为源泉，以问题为导向，以调查研究为方法，紧密联系转型发展等重大问题，把理论知识、学习成果转化为谋划工作的思路、促进工作的措施、领导工作的本领。特别是通过这次换届，一些同志走上了新的领导岗位，工作性质、工作任务都发生了变化，更要集中精力、抓紧学习、高效工作，尽快成为各自领域的行家里手。

二、牢记宗旨、关注民生，打造群众信赖的领导班子

全心全意为人民服务是我们党的根本宗旨，也是新一届区委全部工作的出发点和落脚点。要在经济社会发展的各个环节、各项工作中体现和保障人民群众的利益，努力实现发展为了人民、发展依靠人民、发展成果由人民共享。要继续把改善民生放在更加突出的位置，切实解决好就业、就学、就医、住房、社会保障等事关人民群众切身利益的问题，不断提高城乡群众收入水平和生活水平。要牢固树立正确的政绩观，把解决民生问题、改善人民生活作为最大的政绩，把人民群众是否赞成、是否拥护、是否满意作为衡量工作的最高标准，不图虚名，不务虚功，不搞花架子，不做表面文章，尽职尽责、尽心竭力地造福全区人民。民生无小事，枝叶总关情。一个领导干部工作好不好、群众满不满意，不是听他自我标榜，而是看他所言所行、所作所为。希望每一位区委班子成员深怀爱民之心，恪守为民之责，以民为师，与民为友，与群众打成一片，切实解决好群众最关心、最直接、最现实的利益问题。

三、发扬民主、团结共事，打造坚强有力的领导班子

历史经验表明，只要我们坚持讲民主，发扬民主作风，我们的事业就能够不断取得胜利。讲民主，就是要发挥区委总揽全局、协调各方的领导核心作用。要支持人大、政府、政协履行职责，依法依规开展各项工作，调动各方面的积极性、主动性、创造性，巩固全区团结民主、拼搏进取的生动局面；要加强方方面面的团结，坚持科学执政、民主执政、依法执政，为工商联、无党派人士发挥作用搭建平台，认真做好民族宗教工作，支持工会、共青团、妇联、科协、残联、文联等群团组织开展工作，巩固和壮大统一战线，调动一切积极因素，形成团结一心干事业、齐心协力谋发展、群策群力促和谐的良好局面。讲民主，就是要坚持民主集中制原则。按照“集体领导、民主集中、个别酝酿、会议决定”的原则，坚持、完善区委全委会、常委会议事规则和决策程序，凡是涉及全局工作的重大问题，都要经过集体讨论决定，做到既充分发扬民主，又坚持集中统一，不断推进决策科学化、民主化、制度化。大家能到一起共事，本身就是缘分，要珍惜班子的团结，切实使每个班子成员都能成为推心置腹的朋友、心心相印的同志、情同手足的兄弟。要心胸开阔、光明磊落，严于律己、宽以待人，大事讲原则，小事讲风格，有容人容事的雅量和气度。要善于换位思考，遇事多商量、多沟通，形成相互尊重理解、相互信任支持、相互帮助关心、相互配合补台的好风气。

四、求真务实、真抓实干，打造干事创业的领导班子

习近平总书记来宁夏视察时强调，社会主义是干出来的。党代会之后，群众最关注的也是我们怎么干。新的五年，我们发展面临的压力更大，困难更多。作为新一届区委的领导核心，常委班子成员要率先垂范，按照这次党代会确定的目标任务，千方百计多干好事、干成大事、攻克难事。要始终保持蓬勃朝气、昂扬锐气，在困难和挑战面前勇于站出来、顶得上，成为广大党员群众的主心骨和领路人。要锤炼敢于担当的政治品格，遇事讲原则，敢较真，敢抓敢管、敢于碰硬，在重大原则问题上，立场坚定、旗帜鲜明。

面对急难险重任务，豁得出来、顶得上去。要发扬务实苦干、求实求效的作风，讲真话、办实事，敢于正视困难和风险，敢于触及问题和矛盾。定下来的事情就要雷厉风行、抓紧实施，部署了的工作就要一抓到底、见到成效。要树立正确的政绩观，多做打基础、管长远的事情，努力创造出经得起实践、人民和历史检验的业绩。

五、严于律己、秉公用权，打造清正廉洁的领导班子

一个充满浩然正气的领导班子，才有影响力、凝聚力和感召力。每一位班子成员都要做清正廉洁的表率，为全区各级各部门和广大群众带好头。要有一颗敬畏之心，时时“如临深渊，如履薄冰”，视职业道德为底线，视党纪国法为红线，始终做到自重、自省、自警、自励。要常思量自己工作岗位的来之不易，常掂量自己肩负的责任之重，不为名利所累、不为物欲所惑、不为人情所扰，带头执行廉洁自律的各项规定，带头管好配偶、子女、亲属和身边的工作人员，不让腐败之门从我们身边打开。为人处世，常留一份宁静给自己，多存一点淡泊在心底，时刻提醒自己，堂堂正正做人，清清白白做官，干干净净做事，切实做到“仰不愧天、俯不愧人、内不愧心”。

事业成败，关键在人。今年的工作任务异常繁重，完成好全年各项目标任务，关键还要看在座的各位和全区党员干部。现在到年底只有三个月的时间，部分工作的有效工作时间可能更短。这段时间既要确保完成今年任务，还要谋划明年工作，是双重的压力和责任，时间紧、任务重。希望大家紧张起来、行动起来，真抓实干、再接再厉，确保完成全年各项目标任务。

同志们，一次党代会，一个里程碑。惠农又站在了新的起点上，我们一定要倍加珍惜时代赋予的机会和舞台，倍加珍惜人民的信任和期望，努力在本职岗位上创造新业绩、展示新形象、体现新作为，奋力谱写惠农更加美好的明天！

（惠农区政府公众网）

石嘴山市惠农区人大常委会工作报告

——在石嘴山市惠农区第四届人民代表大会第一次会议上

（2016 年 10 月 27 日）

石嘴山市惠农区人大常委会副主任　赵建国

过去工作回顾

四年来，区三届人大常委会以邓小平理论、“三个代表”重要思想和科学发展观为指导，深入学习贯彻党的十八大和十八届三中、四中、五中全会及习近平总书记系列重要讲话精神，坚持党的领导、人民当家做主、依法治国有机统一，围绕中心、突出重点、讲求实效，积极履行宪法和法律赋予的职责。先后组织召开区人民代表大会四次，举行常委会会议 31 次，主任会议 50 次，听取和审议“一府两院”各项工作报告 26 项，作出决议、决定 32 项，组织开展执法检查、视察调研 52 次，为推进我区五个建设，努力实现全面建成小康社会目标发挥积极作用。

一、围绕中心，着眼全局，推动重大决策部署的贯彻实施

主动服务全区工作大局。常委会坚持把做好人大工作和区委中心工作紧密结合起来，积极参与，主动融入。围绕创建全国文明城市和国家卫生城市、棚户区改造暨城乡环境综合整治、全面建成小康社会指标实现情况等工作开展调研视察，推动城市基础设施进一步完善，公共服务质量进一步提高，促进惠农区经济社会科学发展、健康发展。常委会班子成员积极参与经济技术开发区和陆港核心区建设、区级领导包抓重点企业、包推重点项目、招商引资等工作，帮助企业协调解决规划、土地等方面问题，助推重点项目建设顺利完成，为推进我区经济社会发展发挥作用。

助推经济发展提质增效。常委会密切关注宏观经济形势发展变化，围绕全区经济工作的总体部署，加大对重点项目、重大投入的监督力度。适时组织视察全区工业经济运行情况，召开工业经济座谈会，提出进一步优化产业结构、加大中小企业扶持力度等建议，推动工业经济持续健康发展。紧紧围绕产业民生生态“三大转型”的决策部署，将工业经济转型升级作为重点关注的领域，对全区重点企业和重点项目进行调研，提出强化跟踪服务、促进服务业发展等意见建议，为实现年度发展目标献计出力。在自治区人代会提出降低我区土地使用税的意见建议，被自治区政府采纳，于今年年初对我区城镇土地使用税征收范围及地段等级进行调整，为企业发展创造了良好的环境。

力促发展环境不断优化。围绕政府职能转变和机构改革工作，对我区行政审批改革工作进行调研，提出要全面清理行政职权，完善体制机制等建议，推动政府组成部门进一步加强市场监管、完善调控措施、改进政府公共服务，激发了市场活力。针对创新创业发展中存在的问题，调研“双创”孵化产业园建设情况，建议进一步完善园区各项基础设施，加大对各类创新创业者的支持力度，加强创新创业服务体系建设，推进创新型惠农建设。为加快推动美丽惠农建设，对生态林业建设情况进行调研，提出要加强城市区绿化规划，加强林木管护工作，促进生态环境进一步改善。

推动农业农村改革发展。常委会高度重视农村改革发展，组织开展对小城镇建设工作、农村土地确权情况、“三资”管理等情况进行调研，提出建设小城镇要规划先行，规模适度，要建立农村集体“三资”信息化监管平台、激活农村农业资源等建议，推动农村经济社会大局和谐稳定。组织对春耕备耕生产、水利基础设施建设、农业综合开发项目建设、农业现代化发展等情况进行调研和视察，提出加大水利基础设施管护经费投入，大力培育新型经营主体等建议，促进农村经济可持续发展。配合自治区人大、市人大做好银北百万亩盐碱地改良项目实施、新型城镇化建设、承接东部产业转移及产业结构调整等调研、视察工作，促使我区农村改革不断深化，惠农政策得到较好落实，农民收入稳步增长，农业现代化水平稳步提升。

二、突出重点，不断创新，切实增强监督工作实效

审议决定重大事项。常委会听取和审议了国民经济和社会发展“十二五”规划完成情况的报告，根据宏观经济环境变化预期和惠农区实际，对“十三五”规划纲要草案编制提出建议，积极为惠农经济社会科学发展、健康发展建言献策，最大限度地凝聚各方面的共识和力量，使规划的实施与促进经济转型升级、统筹城乡协调发展更加紧密结合。每年听取和审议国民经济和社会发展计划执行情况的报告，针对经济运行和社会发展中存在的问题，结合人大代表和人民群众的要求，建议区人民政府积极适应我区发展新变化、新常态，坚持稳中求进工作总基调，保持宏观政策总体稳定、积极有为，确保实现年度经济社会发展目标。

深化预决算审查监督。按照预算法和监督法的规定，依法对财政重大事项进行审议，确保将更多的财力投入到发展经济和改善民生上。审查和批准年度财政决算，听取和审议预算执行情况报告和审计工作报告，审查和批准预算调整方案，推动政府加强税源培植管理，优化支出结构，加快公共财政体系建设，发挥财政在促进经济社会又好又快发展中的支撑、导向作用。认真贯彻落实新预算法，把好预算草案的初审关，督促政府细化预算草案，使财政资金更多投向保障民生、扩大公共服务、帮助企业解困、扶持产业发展、推进重点项目建设。创新监督工作形式，加强同审计部门的联系协调，加大对审计整改问题的跟踪落实，专题听取和审议了区人民政府审计查出问题整改落实情况的报告，督促审计查出的问题得到有效整改，监督实效明显增强。

促进教育均衡发展。常委会高度关注教育工作，组织市、区人大代表先后对义务教育均衡发展、学前教育发展进行视察，建议加大义务教育经费投入，加强师资队伍建设，突出办学特色，加强监督指导、统筹管理，促进民办幼儿园发展。区人民政府通过积极争取资金，不断加大教育经费投入，为偏远乡村教师建设了周转房，建立了优秀教师补贴制度，实施了二幼、四幼、惠农中学天然气接入工程，2014年，我区义务教育均衡发展顺利通过自治区及国家验收。

关注医疗服务改革。针对基层群众看病难问题，组织对医疗联合体建设情况进行视察，建议进一步完善医疗联合体运行机制，建立管办分离的医疗联合体运行管理模式，推进医疗资源纵向整合，城乡医疗服务体系不断完善。高度关注农村公共卫生事业发展，组织对农村公共卫生服务体系建设进行调研，提出要认真落实好各项城乡惠民医疗政策，加大农村公共卫生服务经费投入、加强农村公共卫生服务队伍建设等建议，促进我区农村公共卫生事业的健康发展。为有效应对我区人口老龄化问题，组织对养老服务体系建设进行调研，建议政府要进一步健全社会养老服务体系，提高养老服务专业化水平，持续提高养老保障水平，促进我区医疗卫生养老服务健康发展。

助力公共事业建设。为满足群众文化生活需求，组织对公共文化服务体系建设情况进行调研，提出加大资金保障力度，加强基层文化队伍建设，进一步加快构建覆盖城乡的公共文化服务体系，提升公共文化服务水平。组织对社会管理创新工作进行视察，建议加强“两个中心”规范化建设，强化部门联动协调，建立工作长效机制。组织对居委会换届选举工作进行调研，建议强化社区工作人员的教育和培训，完善相关工作制度，促进社区工作法制化、制度化、规范化，确保各项社会管理工作顺利推进。

聚焦民生热点问题。围绕道路交通建设、小城镇建设工作进行了调研，积极推进城乡统筹发展。组织对劳务移民工作情况进行调研，建议区人民政府切实解决好劳务移民培训、就业、户籍等问题，努力实现“搬得出、稳得住、管得好、逐步能致富”的目标。连续三年组织对公共租赁住房建设情况进行调研，推动廉租住房和公共租赁住房并轨管理，促进困难群体的居住环境得到改善。视察城市老旧小区改造工程建设情况，要求加快项目进度，保证建设质量，切实把好事办实办好。高度重视区政府承诺的十件民生实事的办理，通过年中督办、组织视察、年底审议，推动民生工程按时保质保量完成，让广大人民群众真实享受民生改善带来的幸福和快乐。

认真开展工作评议。制定《惠农区人民代表大会常务委员会工作评议暂行办法》，先后对区农牧水务局、商务和文化旅游局、发展和改革局、人力资源和社会保障局、教育体育局、林业和生态建设管理局、住房和城乡建设管理局履行职责工作情况进行评议。评议组在走访了解、座谈讨论、查阅资料、问卷调查、实地查看等常规形式的基础上，创新性增加了专题询问环节，使评议工作更富有公开性和影响力、推动力。通过强化后续跟踪监督，进一步促进了政府组成部门改进工作，依法行政，勤政廉政。

三、立足根本，多措并举，优化公平正义法治环境

致力法治建设。认真开展“国家宪法日”活动，强化宪法精神的学习宣传。组织调研我区依法治区工作，提出要不断拓宽普法的深度和广度，提高执法队伍综合素质和执法水平，提升决策公信力等建议，推进了法治惠农建设步伐。视察“六五”普法工作，提出了加大普法宣传教育力度，加大经费投入，强化督查，落实责任等建议，推动“六五”普法工作深入开展；作出了区人大常委会关于深入开展第七个五年法治宣传教育的决议，确保“七五”普法顺利开局。对《老年人权益保障法》《残疾人保障法》《食品安全法》《人民调解法》《宗教事务条例》《安全生产法》《劳动合同法》七部法律法规贯彻实施情况开展执法检查，提出改进工作的意见建议，并注重持续跟踪督办，监督实效明显。

促进司法公正。常委会听取和审议了区人民法院关于司法公开工作情况、执行工作情况、民商事案件审理工作情况以及刑事审判工作情况报告；听取和审议了区人民检察院关于侦查监督工作情况、公诉工作情况、预防职务犯罪工作情况及规范司法行为工作情况报告。对区公安分局执法办案情况、区交警大队智能交通管理系统建设情况进行了视察。促进公检法机关牢固树立社会主义法治理念，进一步加强队伍建设，提高执法司法质量和效果，维护法律尊严、维护社会公平正义，为全区经济发展和社会进步提供强有力的司法保障。

加强信访工作。通过受理群众来信来访，督促政府有关部门及时办理，妥善化解各种矛盾，切实维护人民群众的合法权益。四年来共接待来访群众126人次，受理来信46件（次），通过批办、督办，督促“一府两院”及有关部门研究，一些具体问题得到解决。

依法人事任免。坚持党管干部原则与依法行使人事任免权的有机统一，修订《惠农区人大常委会人事任免办法》，规范和完善人事任免程序。四年来，共依法任免国家机关工作人员158人次。2015年12月召开的第二十三次人大常委会上，首次实施常委会任命的国家机关工作人员向宪法宣誓制度，本届共有96名新任国家机关工作人员向宪法庄严宣誓，被任命人员的公仆意识和民主法制意识得到进一步强化。

四、拓展平台，优化服务，支持保障代表依法履职

提高代表履职能力。采取分级分类培训和举办专题培训班、法律讲座等形式，先后组织自治区、市、区级代表培训活动6次，培训代表527人次，促进了代表法律意识和履职能力的增强。坚持为代表小组赠阅《宁夏人大》杂志，寄送常委会公报及其他文件资料，保证代表活动必需的经费，着力为代表履职创造良好条件。定期向代表通报常委会依法履职和全区经济社会发展等方面的工作信息，畅通代表知情知政渠道。

搭建代表履职平台。认真组织闭会期间代表活动，先后邀请52名基层代表列席常委会会议，186名市区人大代表参加视察调研、执法检查、工作评议，组织代表旁听法院庭审，参加行风政风评议、电视问政等活动，着力扩大代表参与面，努力为代表依法履职做好服务、提供保障。建设标准化代表工作室12个，通过召开“两代表一委员”联系群众座谈会、选区走访群众、看望基层代表等方式，为畅通社情民意提供了新渠道。组织开展“创建先进代表小组、争当优秀人大代表”活动，充分调动代表依法履行代表职责的积极性和自觉性。开展人大代表向选区选民述职试点活动，密切了选民与代表的联系，增强了代表履职的责任感和使命感。认真落实常委会组成人员联系代表和代表联系群众“双联”制度，加强与代表经常性联系，听取代表对经济社会发展和常委会工作的建议，拓宽闭会期间代表履职渠道。

强化建议意见督办。区三届人大一次会议以来，区人大代表积极履职，共提出建议意见261件。常委会将人代会期间代表建议意见进行梳理汇总，与区人民政府联合召开人大代表建议意见交办会，确定承办部门和单位，将建议意见交由承办单位办理。为加大建议意见落实力度，将督办任务分解到常委会领导班子成员及各委办，通过听取和审议办理工作情况报告、视察办理工作进展情况、开展代表建议意见办理进展情况“回头看”等工作，强化跟踪协调、督促承办单位加快办理进度。本届人大代表所提261件建议意见已全部办理并答复代表，代表建议意见办结率、满意率逐年上升。代表们提出的关于解决红果子镇排水主管道修复问题，开通煤炭路、兴惠路两侧路灯等建议得到了较好的办理和落实，一批事关我区改革发展稳定的实际问题得到解决。

做好换届选举工作。常委会从讲政治、顾大局的高度出发，高度重视区乡（镇）人大换届选举工作，把坚持党的领导、充分发扬民主和严格依法办事结合起来，及时做好工作计划和部署，精心组织、周密安排，使换届选举工作依法有序进行。依法选举产生惠农区第四届人大代表共161名，经代表资格委员会审查，确认160名代表资格有效。选举产生乡（镇）人大代表304名，6个乡（镇）顺利召开了人代会，选举产生了新一届乡（镇）人大领导班子和政府领导班子，圆满完成了惠农区乡（镇）人大换届选举工作任务。

五、内强素质，外树形象，大力加强常委会自身建设

常委会主动适应新形势，解放思想，开拓创新，大力加强自身建设，不断提高履职能力和工作水平。坚持常委会学习制度和干部教育培训制度，不断提高干部队伍的政治素养和履职能力。修订完善常委会议事规则、常委会组成人员守则、人事任免办法等7项工作制度，把人大工作的各个环节纳入制度化、规范化轨道。深入开展党的群众路线教育实践活动、“三严三实”、“两学一做”、八项规定“回头看”等主题活动，认真整治在“四风”、不严不实等方面存在的问题，切实加强改进干部作风。注重调查研究，加强对群众反映强烈的重点问题的调研和跟踪监督，提高工作针对性实效性。认真落实党风廉政建设主体责任，组织开展反腐倡廉教育，切实推进机关党风廉政建设。

各位代表，过去四年常委会工作取得的成绩，是在区委的正确领导下，全体人大代表、常委会组成人员以及人大机关工作人员共同努力的结果，是“一府两院”及其各部门、各有关方面协同工作的结果，是广大人民群众大力支持的结果。在此，我代表区三届人大常委会向所有关心、支持人大工作的同志们，向全区人民表示衷心的感谢和崇高的敬意！

回顾过去的工作，我们也清醒地看到，常委会工作还存在不少应当改进的地方，主要是：对人大工作新情况新问题的研究还需要进一步深入；突出监督工作重点、增强监督工作实效方面需要继续探索创新；代表工作的内容和形式有待进一步拓展和丰富；在进一步完善工作机制、提升整体履职能力方面需要继续不懈努力。这些问题，有待新一届常委会采取有效措施认真研究解决。

总结过去的工作，我们深切认识和体会到：只有始终坚持党的领导、人民当家做主和依法治国的有机统一，人大工作才能保持正确的政治方向；只有始终牢牢抓住发展这个执政兴国的第一要务，紧紧围绕全面建成小康社会的奋斗目标，服从服务于这个中心和大局，人大工作才能找准依法履职的最佳切入点；只有始终不渝地把加强社会主义民主法治建设作为根本任务，认真行使宪法和法律赋予的职权，才能稳步推进依法治区进程，促进社会公平正义、和谐稳定；只有始终保持同人民群众的紧密联系，充分发挥人大代表的主体作用，人大工作才能真正行使好人民赋予的权力；只有始终坚持不懈地加强自身建设，努力提高履职能力和水平，人大工作才能不断开创新局面。

今后五年工作建议

今后五年是我们全面建成小康社会的决胜期，是推进转型发展的关键时期，做好人大及其常委会的工作，意义十分重大。建议新一届人大常委会高举中国特色社会主义伟大旗帜，认真贯彻落实党的十八大和十八届三中、四中、五中全会精神，深入贯彻落实习近平总书记系列重要讲话和视察宁夏时重要讲话精神，紧紧围绕区委第四次党代会提出的惠农区经济社会发展总体要求、奋斗目标和主要任务，认真履行宪法和法律赋予的职责，充分发挥地方国家权力机关的作用，为决胜全面建成小康社会、持续推进开放富裕和谐美丽的新惠农建设做出新的更大贡献。根据这一指导思想，对今后五年区人大常委会工作提出如下建议：

一、以坚持和依靠党的领导为根本，始终把握人大工作正确的政治方向

坚持和依靠党的领导，是做好人大工作的基本前提和根本保证。要进一步落实中央和自治区、市、区委关于加强人大工作的一系列重要文件精神，坚定不移地把坚持党的领导、人民当家做主和依法治国有机结合起来，在区委的领导下，围绕全区工作大局，依法行使各项职权，充分发挥人大的职能作用，及时把区委的主张通过法定程序转变为国家机关和人民的意志，使区人大工作与区委在思想上同心、政治上同向、行动上同步。进一步坚持重大问题向区委请示报告制度，主动争取区委的领导和支持，充分发挥常委会党组的领导核心作用，充分发挥人大代表、人大常委会组成人员和人大机关干部的积极作用，保证党的路线、方针、政策和区委的决策部署在人大工作中得到全面落实。

二、以促进“四个惠农”建设为重点，进一步发挥人大监督职能

围绕决胜全面建成小康社会的一系列重大决策部署的贯彻落实作为监督工作的重点，完善监督机制，创新监督方式，规范监督程序，增强监督实效，促进经济、政治、文化、社会、生态文明建设的全面协调可持续发展。一要立足长远发展抓监督。突出对全区国民经济和社会发展计划及财政预算执行情况的监督，督促检查我区“十三五”规划的贯彻实施，加快推进“四个惠农”建设步伐。二要立足产业转型抓监督。围绕供给侧结构性改革、工业转型升级、现代农业发展、现代服务业发展、科技创新情况加强跟踪监督，促进区域经济水平质量的提升。三要立足城乡发展一体化抓监督。围绕城乡空间布局优化、城市建设水平、城乡管理水平开展视察调研，促进城市化进程向内涵提升转变。四要立足生态建设抓监督。对环境保护工作、循环经济发展、城乡绿化美化工作开展监督，全力推动绿色发展、建设美丽惠农。五要立足依法治区抓监督。突出对“一府两院”依法行政、公正司法情况的监督，开展相关法律法规贯彻实施情况的检查，在推进依法治区上发挥主导作用。六要立足民生改善抓监督。继续高度关注教育综合改革、公共文化事业发展、医疗卫生体制改革、保障性住房供应体系建设、养老服务体系建设、“平安惠农”建设及“七五”普法等方面工作，促使事关民生福祉问题的不断解决，让人民群众共享改革发展成果。

三、以发挥代表主体作用为引领，不断加强和改进代表工作

认真贯彻代表法，充分尊重和保障代表权利，创新代表工作机制，拓宽代表知情知政渠道，搭建代表履职平台，为代表履职提供优质服务，充分发挥代表在推动经济社会发展中的作用。有计划、有组织地加强新一届代表的培训，进一步增强代表履职意识，提升代表履职能力。不断丰富和创新代表活动的内容与载体，健全和落实常委会组成人员联系代表、代表联系选民、代表述职等各项制度，积极组织代表列席常委会会议，参与视察调研、执法检查等活动，更好发挥代表为民代言、为政建言的作用。加强代表工作室建设，开展代表进社区、代表接待日等活动，丰富代表小组活动形式，保证社情民意畅通。加大代表议案建议的交办督办力度，进一步提高议案建议办理实效。继续加强街道、乡镇人大组织的工作联系和业务指导，不断规范和完善街道、乡镇人大工作，提高全区人大工作整体水平。

四、以提高履职能力为目标，从严从实抓好常委会自身建设

继续抓好人大及其常委会自身建设，准确把握人大工作的特点和规律，在工作方法上有新创造，在工作机制上有新突破，在工作落实上有新举措。把学习提高作为常委会自身建设的重要内容，将学习法律知识和人大工作业务知识放在重要位置，全面提高常委会组成人员和人大机关干部的综合素质和履职能力。深入开展调查研究，尽心尽力察民情、听民声、聚民意，力求使常委会的各项决定得民心、顺民意、惠民生。继续抓好各项制度的落实，明确工作职责，规范工作程序，提高常委会工作的科学化、规范化水平。坚持为民务实清廉作风，严格遵守中央八项规定和自治区、市、区委的有关规定，树立人大机关良好形象。加强人大理论研究和新闻宣传，大力宣传人民代表大会制度和人大工作，积极营造民主政治建设良好氛围。

各位代表，区第四次党代会已经明确了今后五年我区经济社会发展的总体要求和奋斗目标，我们肩负着光荣的使命和艰巨的任务。让我们在区委的坚强领导下，以新的精神状态、新的发展理念、新的思路举措，凝心聚力、攻坚克难，振奋精神，开拓进取，充分发挥地方国家权力机关的职能作用，为建设开放富裕和谐美丽新惠农，决胜全面建成小康社会而努力奋斗！

政府工作报告

——在石嘴山市惠农区第四届人民代表大会第一次会议上

（2016 年 10 月 26 日）

石嘴山市惠农区人民政府区长 李 彬

一、本届政府工作回顾

区三届人大一次会议以来，面对错综复杂的国内外形势和繁重的改革发展转型任务，区人民政府在自治区、市党委、市政府和区委的坚强领导下，在区人大和政协的监督支持下，紧紧围绕全面建成小康社会目标，抢抓机遇迎挑战，砥砺奋进促发展，统筹抓好稳增长、促改革、调结构、惠民生、防风险各项任务，全力推进“三大转型”①和“四个惠农”②建设，为“十三五”规划开局奠定了良好基础。

经济总量稳步扩大，综合实力逐步提升。我们注重培育新的经济增长点，区域经济保持了平稳健康增长。2016 年，预计实现地区生产总值 152 亿元，年均增长 7%；固定资产投资 187 亿元，年均增长 12.5%；规上工业企业实现增加值 76.5 亿元，年均增长 10.8%；公共财政预算收入 2.25 亿元，可比增长 3%；社会消费品零售总额实现 33 亿元，年均增长 11.1%。

改革开放深入推进，发展活力持续释放。我们注重以改革激活力，以开放促发展，主动融入

"一带一路"战略，加快开放惠农建设。陆路口岸、物流通道等一批重大项目实现新突破，深化行政体制、经济体制和各项社会事业综合配套改革，引导宁夏西夏堂健康科技公司等3家企业在"新三板"上市，惠冶镁业、嘉峰化工等12家企业在宁夏股权交易中心挂牌。扎实推进农村综合改革，农村土地承包经营权确权登记颁证工作在自治区推广交流。

招商引资成效显著，发展后劲不断夯实。我们坚持以项目建设为抓手，加大"三争双招"力度，累计引进各类招商项目369个，实际到位资金562亿元；争取中央、自治区、市各类专项资金33.56亿元，年均增长3.9%，连续三年荣获自治区招商引资工作先进县区。争取国家循环化改造试点区、资源枯竭型城市转型发展示范区等优惠政策，发展动力更加强劲。

发展成果广泛共享，群众得到更多实惠。我们坚持以人为本，切实解决人民群众最关心、最直接、最现实的民生问题。义务教育均衡发展高标准通过国家验收，成功创建自治区卫生城市，荣获全国计划生育优质服务先进县区。城乡居民社保参保人数、企业退休人员养老金、城乡低保标准逐年提高，累计建成各类保障性住房1.9万套130万平方米。2016年预计城乡居民人均可支配收入分别达到23200元和11960元，年均分别增长9.2%和10.4%。

回顾过去的工作，我们始终坚持：

（一）突出产业转型

工业经济稳中有进。建立完善各级领导干部包抓企业、包推项目责任制，先后建成中利线缆等54个重点项目，引导英力特化工等35家企业实施升级改造，双氰胺、ADC发泡剂、镁及镁合金、煤质活性炭等工业产品在国际、国内市场占有重要份额。冶金及金属制品、能源化工、新材料等产业有序发展，全区规上工业企业达到83家。石嘴山经济技术开发区升级为国家级经济技术开发区，2016年预计产值突破245亿元，是2011年的1.2倍。强化政银企联动，累计为申银特钢等重点企业融资61亿元，为惠义冶金等34家企业争取电力直接交易和差别化电价等优惠政策，降低企业成本近3亿元。

特色农业扩量提质。建设了国家农业科技园区惠农露地瓜菜核心区，落实瓜菜种植5万亩，宁北蒙西蔬菜基地初具规模。草畜一体、枸杞加工特色产业逐步提升，新增枸杞、优质牧草3000亩，700亩黑果枸杞试种成功。"惠农枸杞""惠农脱水蔬菜"申报国家地理商标注册，10家脱水菜加工企业获得自营出口权，2016年预计实现创汇突破3000万美元，鲜枸杞果汁"杞立方"获得发明专利。实施优质奶源基地提升工程，奶牛存栏1.78万头。积极培育新型经营主体，专业合作社达到206家，家庭农场达到66家，各类专业大户达到460家。累计改造中低产田15.4万亩，实施高效节水灌溉4.3万亩。

现代服务业稳步推进。持续完善陆港功能，开通了惠农至天津"陆港号"集装箱专列，为惠农及毗邻地区400多家出口企业量身定制了铁水联运"直通车"，陆路口岸已成为天津港服务于腹地最大的内陆港。国家海关总署、财政部、税务总局、外汇局批准设立石嘴山保税物流中心（B型），中阿国际物流园区石嘴山（惠农）铁路物流园建设拉开帷幕，富海物流与上海鸿宝物流签订战略合作协议，实现了"互联网+物流"运作新模式。东大街商圈"双创"③基地，宁北鲜活农产品批发市场，万德隆、万宇等特色商业街区初具规模。培育经开区中小企业孵化基地、乐天电子商务孵化园等9个"双创"示范基地，宝马兴庆、长江塑胶等21家科技型中小企业，淘宝大学、西夏创客大学落户惠农。农村电商实现村级全覆盖，跨境电商实现零突破，累计实现交易额1.3亿元。

（二）深化生态转型

城乡面貌深刻变化。扎实开展以创建全国文明城市为龙头的“六城联创”[④]，新建、改造城市道路21.1公里，铺设主城区盲道24公里，实施老旧小区既有建筑节能改造64万平方米，老城区供排水、垃圾处理、集中供暖等基础设施日趋完善。启动建设了市民生态公园和体育休闲公园，完成了河滨街煤矿棚户区、水城民生工矿棚户区改造任务，常住人口城镇化率达83%。建成美丽村庄13个，建成农村道路138公里，硬化村庄巷道12万平方米，行政村通车率达100%。实施农村饮水安全改扩建及“阳光沐浴”工程，农村饮水安全实现全覆盖。吸引社会资本，完善了红果子小城镇和礼和乡特色集镇基础设施，提升了吸附力和聚集力。

生态建设扎实推进。持续开展生态建设大会战，累计造林6.1万亩，全区森林覆盖率达9.1%，城市绿化覆盖率达28.6%，人均公共绿地面积达18.9平方米，地表水达标率达100%，城市空气质量达标率达90%，城乡生活垃圾无害化处理率达94.1%，先后被评为国家森林城市、全国生态建设先进县区和国家园林城市。红果子镇、庙台乡被评为全国生态乡镇。贺兰山东麓戈壁生态经济示范区被命名为“全国科普示范基地”。开创“枣瓜间作、葡瓜间种”生态经济发展新模式，探索出了工程和农艺措施相结合的盐碱改良经验。加大湿地保护力度，黄河金岸万亩水系成为一道亮丽的风景线。

环境质量持续改善。实施环境保护“蓝天、绿水、净土”行动，严格控制主要污染物排放总量。规范发展煤炭市场，清理取缔178家非法煤炭经营企业。狠抓节能减排，严格执行“十大铁律”，单位GDP能耗比2011年下降29.1%。加大环保执法检查，重点开展了贺兰山自然保护区、西河桥工业区、北农场3个环境整治专项行动，对25家非煤矿山、洗渣场实施了关停取缔，督促27家企业投资近3亿元对环保治污设施升级改造，完成了中央第八环保督察组43件环保督办任务，全民环境保护意识明显增强。

（三）加快民生转型

各项改革深入推进。全面完成新一轮政府机构改革，制定并公布了政府部门权力清单和责任清单，区本级行政审批事项由158项调整为56项，精简率65%。取消、降低和免征行政事业性收费6项，降低或暂停中介服务收费13项。推进商事制度改革，实行“五证合一、一照一码”登记制度。加快政务服务体系建设，197项政府公共服务事项进驻政务服务中心，159项行政审批及服务事项实现网上办理。启动了机关事业单位养老保险制度改革，落实机关职务与职级并行、乡镇机关事业单位工作补贴等制度，完成公务用车制度改革。推进县级公立医院改革，建立并推行分级医疗、远程会诊机制，探索“科室托管”新模式，鼓励民营医院进驻村卫生室，有效促进了医疗资源合理流动。

社会事业全面进步。坚持每年75%以上的财政收入投入民生领域，坚持每年办理10件民生实事。改扩建中小学、幼儿园18所，办学条件明显改善。光纤户户通率先实现全区村级接入全覆盖，公共文化服务体系示范区创建顺利通过文化部验收。成立了全国首家导引整脊健康专业委员会，惠农区人民医院成为宁夏首家挂牌的县级中西医结合医院，惠农区被评为全国基层中医药工作先进单位，石嘴山市第一人民医院连续四年荣获全国文明单位称号。实施创业带动就业工程，累计支持全民创业贷款2.5亿元，转移农村劳动力8.8万人次，新增就业4.6万人次，城镇登记失业率控制在4.5%以内。实行廉租房和公租房并轨管理，探索回购商品房用于保障性住房新模式，新建回购廉租住房3544套。充分运用产业带动和社保兜底等措施，帮扶解困贫困人员5595户9327人。在全市率先推行“医养结合”新型养老模式，新建农村“老饭桌”、幸福大院、城乡社区服务站17个，为85岁以上老年人发放长寿保健全，建立宁夏首家县级精神障碍患者拖养康复中心，实现了困难残疾人生活补贴和重度残疾人护理补贴发放全覆盖。

社会治理不断加强。全面推行城乡社区网格化、社会治理信息化管理，各乡镇、街道“两个中心”[⑤]实现全覆盖。全力打造阳光信访，实行区级领导坐班接访、信访积案包案化解机制，开通网络问政平台、政务微博微信，进一步拓宽群众诉求表达渠道，累计受理信访案件1042件，办结率达99.6%。深化和谐社区创建，开展民族团结社区创建“七进”活动[⑥]，尾闸镇村民代表会议制度经验在自治区推广交流。加强国防动员和后备力量建设，成功创建全国双拥模范城市。健全矛盾纠纷联动调处机制，区政府法制办与区司法局合署办公，得到司法部高度肯定。“六五”普法顺利通过验收，被评为“全国法治县区创建活动先进单位”。加强社会管理综合治理，深入推进平安惠农建设，狠抓重点企业、重点领域安全隐患排查整治和食品药品安全监管，严厉打击各类刑事犯罪活动，安全生产事故起数和死亡人数实现“双下降”、禁毒刑事破案率位居自治区首位。

（四）强化自身建设

扎实开展党的群众路线教育实践活动、“守纪律、讲规矩”活动、“三严三实”专题教育和“两学一做”学习教育，严格落实中央八项规定，严肃查处各类违法违规行为，查处和纠正违纪违规问题116个，核减工程投资3.5亿元，问责处置45人，给予政纪处分24人。健全依法民主决策机制，法律咨询服务实现乡村、社区全覆盖。自觉接受人大、政协、社会各界和新闻媒体监督，累计办理人大代表意见建议、政协委员提案492件。修订完善政府各项规则和会议制度，邀请人大代表、政协委员和市民代表列席政府常务会议，组建了政府法律顾问团，实现了全区机关事业单位法律顾问服务全覆盖，完善了重大行政决策合法性审查机制。拓宽政务公开和政府信息公开渠道，电子政务平台投入运行。开通网络问政，成功举办“电视问政”活动4期，推动解决了群众反映的突出问题。规范区长信箱办理，累计受理群众反映问题243个，办结率达100%。深入开展民主评议政风行风和群众评议机关作风活动，坚决纠正部门和行业不正之风，切实维护了群众利益。

各位代表，回顾本届政府工作，我们真切地感受到成绩来之不易，发展充满艰辛。我们之所以能在经历宏观环境新变化、经受复杂局面新考验中取得令人鼓舞的成绩，主要得益于自治区、市党委、市政府和区委的坚强领导、科学决策，得益于区人大、政协的有效监督、鼎力支持，得益于全区人民的齐心协力、顽强拼搏。在此，我代表区人民政府，向辛勤工作在各条战线，为惠农经济社会发展做出积极贡献的全区各族干部群众、社会各界人士和关心、支持、参与惠农建设发展的驻惠农官兵、公安干警、驻惠农单位致以崇高的敬意和衷心的感谢！

各位代表，成绩属于过去，未来更需努力。对照全面建设小康社会、加快转变经济发展方式的新要求，当前我区在适应引领经济发展新常态，推动经济社会持续健康发展上还存在一些突出的矛盾和问题，主要表现在：一是经济总量小，结构性矛盾突出，创新驱动发展能力不强，产业发展层次低、链条短，缺乏具有支撑性的大项目、好项目，产业转型升级和结构调整任务依然艰巨；二是受税制改革、经济下行和政策性减税等因素影响，财政收支矛盾日益突出，固定资产投资增长乏力；三是基本公共服务水平不高，基础设施不够完善，城市低收入群众较多，城市棚户区改造任务艰巨；四是政府效能和作风建设有待加强，个别干部政治意识、大局意识、核心意识、看齐意识还不够强，工作方法和工作作风与新形势、新任务要求还不相适应；等等。对于这些问题，我们将切实增强责任感、紧迫感和使命感，在今后的工作中认真对待，仔细分析，切实解决。

二、今后五年政府工作

今后五年，既是惠农创新发展、转型追赶的机遇期，也是我区全面建成小康社会的决胜阶段。今后五年政府工作的总体思路是：高举中国特色社会主义伟大旗帜，坚持以马克思列宁主义、毛泽东思想、邓小平理论、“三个代表”重要思想和科学发展观为指导，认真贯彻党的十八大，十八届三中、四中、五中全会精神，深入贯彻落实习近平总书记系列重要讲话和视察宁夏时重要讲话精神，紧紧围绕“四个全面”战略布局，抢抓“一带一路”、内陆开放型经济试验区建设、老工业基地调整改造等重大机遇，主动适应经济发展新常态，以全面建成小康社会为统领，以创新发展、转型追赶为主线，以提高经济发展质量和效益为中心，坚持创新、协调、绿色、开放、共享发展理念，深入推进产业、民生、生态“三大转型”，加快资源型城市转型和老工业基地振兴，深入推进开放富裕和谐美丽新惠农建设，努力实现经济繁荣、民族团结、环境优美、人民富裕，确保与全国同步全面建成小康社会。

今后五年的主要奋斗目标是：

经济发展更加科学。到2021年，地区生产总值达到216亿元，年均增长7%以上，其中，一、二、三产业增加值分别达到7亿元、146亿元、63亿元，年均分别增长3%、7%、8%；规模以上工业增加值达到112亿元，年均增长8%；地方公共财政预算收入和固定资产投资与经济增长相协调；力争培育2家以上产值过百亿元、5家以上产值过30亿元、10家以上产值过10亿元的企业。

城乡建设更加协调。城乡统筹发展质量、速度和效益不断提升，城区建设规模与集聚人口逐步适应，城市功能品质与产业转型升级相互匹配，产业布局更加合理，基础设施更加完善，社会关系更加融洽，社会管理更加科学，市民素质明显提升，城市文明程度显著提高。全区所有中心村达到美丽乡村标准。

生态环境更加优美。推进城市与生态协调发展，到2021年，森林覆盖率达到12.9%，城市建成区绿化覆盖率达到40%。主要污染物排放量控制在下达目标范围内，城市空气质量达标率超过95%，城镇生活污水集中处理率达到90%以上。

对外开放更加深入。统筹国际、国内两个市场、两种资源，创新合作方式，拓宽合作领域，开放氛围更加浓厚、开放通道更加畅通、开放平台更加多元、区域创新体系和合作层次更加完善。陆路口岸货物吞吐量持续增长，内陆开放型经济试验区建设取得重大进展。招商引资质量和水平明显提高，新培育高新企业5家、中小型科技企业15家，建成国家级或自治区级工程技术研发中心6家。

人民生活更加殷实。城镇、农村常住居民人均可支配收入均增长8%；教育资源不断优化，教育教学质量全面提高，教育综合改革加快推进。社会保障体系更加健全，城乡居民社会保险实现全覆盖；城乡公共服务水平大幅提升，就业创业更加充分，城乡居民收入差距逐步缩小，低收入群体明显减少。民主法治氛围更加浓厚，社会持久稳定，安全生产形势持续平稳，人民群众的获得感、安全感、幸福感不断提升。

今后五年，我们将集中精力，在以下五个方面实现突破。

（一）实施创新驱动战略，培育产业竞争新优势

全面振兴老工业基地。坚持以园区为载体，推动工业布局由空间集中向产业聚集发展，加快形成以国家级经开区为龙头、片区产业聚集区为支撑、专业园区为特色的园区经济布局。打造以特种钢材、耐磨材料、特种合金为主的冶金及金属制品产业园，培育冶金及特种合金制品产业集群，力争产值超过300亿元；打造以日盛实业、嘉峰化工等龙头企业为主的精细化工产业园，培育以医药中间体、农药中间体等为重点的特种精细化工产业集群，力争产值超过100亿元；打造以蓝宝石系列项目为基础的光学器件和半导体器件为主的高新技术产业园，培育高新技术产业集群，力争产值超过50亿元；打造以线缆、塑料制品及可降解塑料制品为主的轻质材料产业园，培育新材料及PVC制品产业集群，力争产值超过50亿元。发展壮大骨干企业，增强行业抵御风险能力，引导做强申银特钢，力争产值突破200亿元，扶持做大日盛实业，力争产值突破100亿元，支持中利科技、恒力钢丝绳等企业产值突破30亿元，惠义冶金、鹏盛化工等企业产值突破10亿元。

精心打造特色高效农业。坚持用工业化理念发展农业，充分挖掘富晒土地等农业优势资源，实施农业产业化提升行动，重点发展“一优三特”⑦产业，高标准建设庙台露地瓜菜、礼和清真牛羊肉加工、贺兰山沿线枣瓜间作等现代农业示范基地。稳步扩大红果枸杞种植规模，加快黑果枸杞示范推广，打造枸杞精深加工产业链条。发挥绿宝、发途发等龙头企业带动作用，培育打造宁夏高品质脱水蔬菜出口基地、清真牛羊肉生产加工基地。持续转变农业发展方式，培育一批有规模、科技含量高、辐射带动强的龙头企业及农业合作社、家庭农场等新型经营主体，发展适度规模经营，提高农业组织化程度。强化科技支撑，加大新品种、新技术、新装备的引进、示范和应用。加强优质农产品宣传推广，开展农产品“三品一标”⑧认证，完善农产品质量安全监管体系。发展智慧农业，推进“互联网+现代农业”、农业标准化生产和品牌化建设。加强盐碱地改良、高效节水灌溉等农业基础设施建设，提高农业综合生产能力。

培育壮大现代服务业。坚持生产性与生活性服务业协调发展，传统服务业提升与现代服务业培育并举。实施现代物流提升工程，全面建成石嘴山保税物流中心（B型）、中阿国际物流园区石嘴山（惠农）铁路物流园、经开区与乌斯太工业园铁路专用线连通工程。继续完善陆路口岸功能，打造以外贸进出口和铁路集装箱中转为主的口岸物流基地。全面提升餐饮、住宿、娱乐等传统服务业，培育城市综合体、星级酒店、企业总部等中高端服务项目。培育发展新业态，创新“互联网+”与服务业深度融合的新兴生产消费模式，用好放大“双创”示范基地政策优势，加快电商产业发展，推进宁夏优品、电商创业孵化园等电商平台建设。积极发展以银行、保险等金融机构为重点的金融服务业；以决策咨询、会计审计、信用评估等为重点的中介服务业；以社区商业、家政服务、医疗保健等为重点的社区服务业；以休闲旅游、餐饮娱乐、体育健身等为重点的消费服务业，更好地满足城乡居民消费需求。深入推进文化旅游业发展，实施全域旅游开发工程，争取在全区布点并培育国家AAA级旅游景区。到2021年，第三产业增加值占GDP比重力争达到30%。

加快提升科技创新能力。紧抓中科协创新驱动助力工程和“双创”示范城市创建机遇，建立和完善企业科技创新后补助、高新技术和科技创新企业税后优惠政策，支持新兴产业、现代服务业等领域的科技创新活动。强化企业创新主体地位，引导企业加大自主研发和科技投入，支持企业与大中专院校建立产学研合作机制，共建技术创新中心和研发中心等平台，努力掌握一批具有知识产权的核心技术，保持ADC发泡剂、煤质活性炭、双氰胺、钢丝绳等工业产品在全国的技术领先优势。鼓励支持科技型企业开展产品创新、品牌创新，形成一批具有竞争力的创新型企业。

探索政府支持企业技术、管理、商业模式创新机制，实施企业创业创新扶持计划，建立产业创新扶持基金，形成多元化科技投入体系，提高企业自主创新能力。

（二）实施协调统筹战略，实现城乡一体新突破

优化区域发展空间。落实《宁夏空间发展战略规划》和“多规合一”试点要求，按照“一港双城、同城对接”空间策略，统筹推进新型城镇化和美丽乡村建设，构筑新型城镇化发展格局，努力形成各具特色的城镇品牌，带动周边农村就地城镇化。充分发挥红果子镇医疗、环境等资源优势，逐步打造区域性具有特色的医养结合中心。综合发掘礼和乡、燕子墩乡民俗、产业、区位优势，发展休闲农业，着力打造城乡产业集聚新载体。完善市政基础设施，实施城市地下综合管廊工程，推进雨污分流改造和污泥无害化处置，提升基础设施和公共服务保障水平。加快建设智慧城市，完善信息网络基础设施，发展物联网、云计算等新一代信息技术在经济社会发展各个领域综合应用，提升信息技术应用水平。

推进城乡协调发展。深入推进户籍制度改革，建立城乡统一的户籍制度，促进有能力在城镇就业和生活的农业转移人口居家进城落户，享受城镇化公共服务，提高户籍人口城镇化率。实行居住证制度，实现基本公共服务常住人口全覆盖，增强城市对流动人口的吸附力。实施美丽乡村“八大工程”[⑨]，坚持新村建设与旧村整治并举，加大农村环境整治力度，到2021年，所有乡镇、村庄达到美丽宜居乡村标准。优化现代综合交通体系，进一步完善道路标线、标识牌、停车位标线等交通标志。统筹城乡供水、电力、光纤、社会治安公共设施和信息化建设，推动农村社会治理向现代城镇管理模式转变，缩小城乡公共服务、基础设施配套差距，实现城乡基础设施一体化、管理体制制度化、基本公共服务均等化。

提高城镇管理水平。全面推进“数字城市”建设，引导市民共同参与城市管理。加快城区开发和旧城改造，统筹推进棚户区、老旧小区、城乡接合部改造和园林绿化、街路亮化美化等，建成市民休闲公园，加快推进开放式场馆建设，增强城市承载服务功能和集聚辐射能力。推进回购商品房用于保障性住房，鼓励农业转移人口进城购房，逐步消化房地产库存。推进清洁宜居城市建设，深入开展公共环境、公共秩序整治，推动垃圾源头减量和分类处理。继续开展规范化物业小区创建，加强无物业小区管理，扩大宽带网络覆盖面，实现公园、广场、宾馆、餐饮等公共场所免费Wi-Fi全覆盖，争创信息惠民城市。

（三）实施绿色逸区战略，打造宜业宜居新名片

加大生态建设力度。建立完善经济发展和环境保护相互协调、人与自然和谐共生的制度体系，加快形成绿色发展方式和生活方式。提升城市区园林景观，深入开展“精品公园”“精品林道”“精品小区”等创建活动，实施城市重点路段、城市出入口、主干道、住宅小区等绿化美化。扎实开展矿山生态恢复和地质灾害治理，实施垃圾填埋场封闭覆盖措施，确保城市垃圾无害化处理率达到100%。巩固提升规范发展煤炭市场成果，积极推进煤炭集中区升级换代，建立完善资源开发和生态补偿机制，加强矿产资源保护和利用。坚持生态建设与项目建设同步，加快经开区环境优化，打造绿色企业、生态园区。

推进循环集约发展。加快国家循环经济示范城市、国家资源综合利用“双百工程”[⑩]示范基地建设，促进清洁生产和资源循环利用。加强生活垃圾分类回收和再生资源回收，到2021年，城区居住小区生活垃圾分类达标率达到92%，主要再生资源回收利用率达到80%以上。积极发展循环经济和节能环保产业，淘汰落后产能，清理“僵尸企业”，加快构筑低消耗、高效率、可持续的生态型产业发展体系。扎实推进节水型社会建设和土地资源节约集约高效利用，严格落实耕地保护制度和节约用地制度，提高土地利用质量和效率。

提升宜居环境质量。加强环境保护和污染治理，加大环保执法检查力度，加强企业排污监控和管理，严厉打击环境违法行为，深入推进贺兰山自然保护区、西河桥工业片区、红果子工业片区环境整治。加大黄河过境段保护力度，严防污水直排。实施水质提标工程，抓好湖泊湿地、三排、五排、水源地保护，提升水环境质量。加大农业面源污染防治力度，推进种养业废弃物资源化利用、无害化处置。加大城乡环卫基础设施投入，实现城镇生活污水垃圾处理设施全覆盖，实现主干道路两侧、旅游景区、新建小区等公共场所公厕全覆盖，推进餐厨垃圾无害化处理，提升环卫作业机械化水平。

（四）实施开放带动战略，构建全域开放新格局

优化开放格局。主动融入宁夏沿黄经济区、呼包银榆经济区发展，推动与乌海、阿拉善、鄂尔多斯等地区基础设施互联互通和能源资源、现代物流、生态环保、文化旅游等方面合作；深化与京津冀、长三角、珠三角等经济发达地区的多领域合作，有序承接中东部地区产业转移。借力中阿博览会开放平台，加强与中东、中亚等丝绸之路沿线国家的经贸文化往来，拓展与东南亚等国家和穆斯林地区的交流，积极推动投资贸易、文化旅游、科技教育、医疗卫生和人才培养等方面合作。

拓展开放平台。依托陆路口岸，加强与沿海沿边口岸合作，向东畅通与天津港、青岛港的物流通道，协调推进呼包银客运专线，积极争取东乌铁路增建惠农联络线；向西推动“武新欧”铁路班列延伸至陆路口岸，开通石嘴山至中亚、俄罗斯、欧洲的定期货运班列；向北推进与策克口岸、乌力吉口岸衔接，完善陆路口岸功能。全力促进京藏高速扩容、红礼黄河大桥、荣乌高速连接线等工程，打造更加便捷、开放、高效的综合交通体系，构建内陆开放的物流枢纽。

培育开放动力。健全完善“三个清单”⑪，继续深化商事制度改革，推进“五证合一、一照一码”⑫登记制度，进一步降低创业准入制度性成本。推广“云惠宁夏·服务城乡”政务云应用，完善“网上办事大厅”，实行“一站式”集中服务。积极推进供给侧结构性改革，优化供给结构，扩大有效供给，提高供给质量和效益。稳妥推进国有企业整合重组和混合所有制改造，支持国有资本、社会资本交叉持股、相互融合。稳步推进农村土地承包经营权和农民住房财产权抵押贷款等各项改革，盘活农村资产资源，激发农村发展活力。探索建立产业发展基金，鼓励融资担保、融资租赁等新业态发展，推广运用PPP、资产债券化等融资模式，形成多元化投融资渠道。

（五）实施富民共享战略，开创和谐惠农新局面

打赢打好帮扶解困。坚持精准帮扶，实施帮扶解困三年行动计划，开展“零就业”家庭“清零活动”，积极落实企业吸纳移民、失业人员、残疾人等困难群体就业惠民政策，拓宽就业渠道。健全兜底扶贫政策，逐步提高城乡低保标准，把丧失劳动能力的贫困人口全部纳入最低生活保障，对因病致贫返贫的人口提供医疗救助保障，确保贫困人口应保尽保。建立脱贫考核退出机制，实行脱贫销号制度，扶贫到根、脱贫到人。

做优做细民生福祉。坚持办人民满意的教育，深化教育综合改革，整合优化教育资源，全面提高教育教学质量。深化医疗卫生体制改革，促进优质医疗资源向基层延伸，实现“15分钟健康服务圈”全覆盖。实施全民参保计划，积极推进机关事业单位社会保险制度改革，推行“五险一金”[12]精简归并。加快保障安居工程，加快推进旧城区和城中村改造，统筹解决城乡中低收入家庭住房困难。完善培训服务体系，分类做好大学生、退役军人、城镇就业困难人员、农村转移劳动力就业工作。继续抓好全民健身运动，加强城乡体育设施建设，深入开展各类体育赛事。加强计划生育服务体系建设，全面提升人口素质。广泛推行“医养结合”养老模式，鼓励社会资本参与养老服务体系建设，构建多层次养老服务体系。

抓实抓深社会治理。加强基层社会管理服务能力建设，提升“两个中心”规范化建设水平。扎实推进城乡社区网格化、信息化管理，形成全域覆盖、城乡一体、上下联动的信息网络体系。大力培育各类行业协会、商会、社会组织、志愿者团体，加快形成政社分离、权责明确、依法自治的现代社会组织体系。深化“平安惠农”创建，全力构建立体化社会治安防控体系，深入开展禁毒人民战争，严密防范、严厉打击各类违法犯罪活动。完善社会治安综合治理机制，健全突发事件应急处理机制和保障体系，加强社会矛盾纠纷排查研判和网络舆情监测，引导群众依法有序反映矛盾问题，全力打造阳光、法治、责任信访。强化食品药品、安全生产监管，坚决杜绝重特大安全事故发生。扎实开展“七五”普法，加快“法治惠农”建设进程。依法加强民族宗教事务管理，巩固民族团结、宗教和顺的良好局面。

三、扎实做好届首之年政府工作

2017 年是新一届政府的开局之年，是实施“十三五”规划承前启后的关键一年。开好头、起好步，努力开创届首之年政府工作新局面，对贯彻落实好党的十八大，十八届三中、四中、五中全会，自治区、市党代会和惠农区第四次党代会精神，加快推进“四个惠农”建设，决胜全面建成小康社会具有十分重要的意义。2017 年经济和社会发展的**主要预期目标是：**地区生产总值增长 7% 以上；全社会固定资产投资力争突破 200 亿元；地方公共财政预算收入可比增长 3%；城镇、农村常住居民人均可支配收入分别增长 8%、9%；城镇登记失业率控制在 4.5% 以内；完成市上下达的年度节能减排任务。

实现上述目标，我们要突出抓好以下重点工作。

（一）注重质量效益提升，推进产业转型升级

力促工业优化发展。实施战略性新兴产业集聚、传统产业改造提升工程，实现规上工业增加值增长 8% 以上。用活用足国家级经济技术开发区、国家循环化改造示范区、老工业基地搬迁改造扶持等政策，着力破解土地、资金等瓶颈，力促蓝宝石衬底加工、日盛 45 万吨合成氨和 80 万吨液态尿素等新建项目早开工；力抓嘉峰化工 2×10 万吨石灰氮、胜蓝化工 3 万吨多晶硅副产物综合利用等技改项目早投产；力推日盛高新循环化产业链、荆洪生物 1 万吨戊二醛丙烯醛等续建项目早建成；力保新思迪锰业、博宇特钢等停产企业早复产，确保规上工业企业减停产面控制在 10% 以内。抓好宁夏金润盛生物科技有限公司等 6 家工业企业进规入库。加大经开区道路交通、集污管网、污水处理、园林绿化等基础设施建设，推进企业电力设施升压改造、余热发电等工作，加快低成本园区建设。落实降低制度性交易成本、企业税费负担等政策，帮助企业降本增效。严格环保、能耗、技术标准，倒逼煤炭、电石、铁合金等产业过剩产能退出，年内淘汰落后产能 14.2 万吨。

推动农业增收增效。以“一优三特”引领，加快构建现代农业产业体系，实现农业增加值增长 4% 左右。依托国家级农业科技示范园区，加快露地瓜菜核心区提档扩规。巩固提升现有 14 个单体牧场，奶牛存栏保持在 1.8 万头左右。加快推进西海湖、原草羊业项目合作，促进清真肉

牛、肉羊深加工项目投产运行。扶持发途发、绿宝等脱水菜加工企业，培育发展高端、绿色、优质脱水菜及脱水菜制品，扩大市场销售。引导扶持西夏堂、塞上无极等枸杞加工企业，培育发展酿酒、饮品、速冻干果等枸杞精深加工产业。加强现代农业配套技术推广，引进新品种、适用技术 20 项。完善农产品质量安全检测和监管体系，实现农产品监测全覆盖。实施银北百万亩盐碱地改良、高标准农田建设，改造中低产田 5 万亩。

加快服务业提档升级。坚持生产性服务业向专业化和价值链高端延伸，生活性服务业向精细化、高品质转变，实现服务业增加值增长 8% 以上。力争年内建成石嘴山保税物流中心（B 型）、中阿国际物流园区石嘴山（惠农）铁路物流园。加强与中铁总公司、兰州铁路局、呼和浩特铁路局对接联系，开工建设铁路危化品专用线、经开区与乌斯太工业园铁路专用线连通工程。优化商贸流通经营业态，抓好东大街商圈招商入驻及正常运营，力促金冠大厦、宁北鲜活农产品批发市场等商贸项目早日建成投用。加快实施“互联网 +”行动计划，开工城乡物流配送中心项目，支持宁夏优品、电商创业孵化园等电商平台建设，促进消费结构升级。紧抓自治区创建全域旅游示范区契机，充分挖掘黄河地域文化，整合生态景观、观光农业、民俗文化等旅游元素，统筹推进黄河金岸绿色长廊、王泉沟自然景观带、惠农地质博物馆旅游开发。

（二）强化城乡统筹协调，推进城乡一体建设

加快城乡融合发展。重点实施春晖南路排污管网改造，静安街、清华西街延伸等工程，创建 5 个规范化物业小区。推进育才路街道、火车站街道、红果子镇 2 万平方米背街小巷整治。开工建设滨河大道延伸段（麻园路）道路工程，推进红礼黄河大桥、京藏高速改扩建工程。继续实施市民休闲公园、南扩新区改造开发等项目，稳步推进棚户区及老旧小区既有建筑节能改造。加快红果子镇、礼和乡、燕子墩乡特色小城镇建设，提高周边农村就地城镇化水平。加快推进 5 个美丽村庄建设，提高城镇综合承载能力。全面落实户籍制度改革政策和居住证制度，配套完善教育、卫生、就业等基本公共服务，加快推进农民工市民化进程，城镇化率提高 1 个百分点以上。

完善城乡服务功能。强化交通组织管理，优化城区路网和公交线设置，合理布局城市停车站，增设交通标志牌，新增停车泊位 560 个。加强城镇污水处理及再生资源利用设施建设，加快推进城乡环境综合整治，实现 80% 生活垃圾无害化处理。扎实推进以创建全国文明城市为龙头的“六城联创”，坚持“大城管、大巡防”执法模式，提高城市精细化管理水平。开展星级社区创建，整合社区资源，完善服务体系，不断满足居民个性化服务需求。加快实施智慧城市和信息惠民工程，推进城市公共信息服务平台、数据中心等项目建设。争取实施城市地下综合管廊工程，统筹建设电力、通信、给排水等地下管网，优化城市地上地下空间布局，增强公共基础设施综合服务功能。

推进城乡文明共建。鼓励市、区两级文明单位与文明村结对子，共建共创精神文明建设示范点。加强社会主义核心价值体系建设，充分利用各类媒体，宣传道德模范、“最美惠农人”引领示范作用。推进政务服务和政府采购招投标体制机制改革，改善优化投资环境，致力打造“阳光政务”。整合“天网工程”[14]资源，推进城市网络化、数字化和精细化管理，加强城区主次干道和重点路段、门面延伸和车辆乱停乱放治理，着力提升城市品位。加快推进第二次全国地名普查工作，规范地名标志设置，提高便民服务水平。

（三）推进生态文明建设，改善人居环境质量

加强城乡造林绿化。继续开展生态建设大会战，抓好城乡造林绿化及沿山、沿水、沿路林网建设，全年完成造林2000亩。充分利用经开区高压线走廊等空地，实施增绿补绿，打造绿色园区。加大湿地保护和恢复力度，启动黄河外滩湿地公园建设，着力提升城市形象。实施矿山地质环境治理恢复、采煤沉陷区综合治理等生态保护和修复工程，支持引导社会力量投资造林绿化，加快推进全区绿化增量提质。

加快循环经济发展。实施石嘴山经开区30个循环化改造项目，推进科通冶金、惠义冶金等3家企业余热余气余压综合利用，提高上下游产品、生产工艺的配套循环水平，形成企业间和园区间物质循环利用、能量梯次利用的循环产业体系。重点抓好日盛实业、胜蓝化工等一批循环链增补项目，实施亘峰、嘉能、楚盛环保等工业固废综合利用项目，促进企业清洁化生产。

加大环境保护力度。推进正义关固废综合利用处置场、经开区东区工业污水处理厂、第二污水处理厂提标改造。加强农业面源污染和流域水环境综合治理，推进畜禽养殖企业污染治理，加大秸秆禁烧和综合利用力度，完成三五排入黄口及三排中段人工湿地水质净化工程，保障黄河宁夏出境断面水质安全。加大大气污染治理力度，扩大城乡集中供热面积，实施“煤改电”“煤改气”等清洁能源改造，年内完成14台燃煤锅炉治理。合力推进城市扬尘和机动车污染防治，全面淘汰黄标车，强化建筑工地、工业堆场等领域扬尘监管。

（四）加快推进改革开放，增强发展内生动力

深化重点领域改革。进一步推动“放、管、服”改革，深入推进投资审批、商事制度等改革，全面完成事业单位分类改革和市辖区综合行政执法体制建设。继续削减行政审批事项，取消1/3工商登记前置审批事项，全面推行“双随机、一公开”[15]监管。深化国有企业和加强政府债务管理，组建区属国有控股和投资集团，进一步完善企业法人治理结构。落实“营改增”和减税清费等政策，降低企业融资和生产经营成本。继续推进农村各类产权确权登记颁证工作，加快农村土地股份合作改革，开展土地经营权抵押贷款试点。推进医疗卫生体制和县级公立医院改革，健全完善区、乡、村三级农村卫生服务网络。实施人才强区战略，创新育才、引才、留才、用才政策机制，建立人才激励和工作经费保障机制，推动人才素质能力提升与后备人才梯次发展。开辟与高等院校、大型企业合作渠道，在引进项目、技术人才的同时，聘请相关专家学者充实政府咨询智库，围绕发展难题，研究提出对策建议，为重大项目提供理论、政策咨询，为区域经济社会协调发展提供良好人才保障。

强化科技创新驱动。加大科技攻关和成果转化力度，鼓励重点企业争创国家级高新技术企业和技术研发中心，争取获批科技型企业2家、自治区级科研（研发）中心1家以上。加强金融创新，用好现有融资平台，鼓励引导优势企业共同成立接续产业发展基金和中小型科技企业发展基金。

提升招商引资实效。建立区级领导包项目，科级干部抓线索工作机制，把产业合作和项目建设作为第一引擎，坚持引优引强，提升经济发展效益。实施“三争三引”[16]，突出以园招商、以商引商、产业链招商，重点抓好长三角、珠三角、京津冀地区招商项目，全年招商引资到位资金增长10%左右。加大专项基金、预算类资金、政府债券、置换债券争取，力争突破8亿元，缓解政府投资压力。精准对接国家政策导向和自治区重大决策部署，谋划储备一批全局性、引领性的大项目、好项目，确保重大项目储备350亿元以上。

（五）促进发展成果共享，提高群众幸福指数

实施精准帮扶解困。实施好“四个一批”[17]

工程，扎实做好农村妇女创业担保贷款，免除农村困难家庭高中生学杂费，提高贫困学生生活补助标准，推行扶贫开发政策和农村低保制度有效衔接。支持新兴产业经营主体、扶贫龙头企业发展扶贫产业，推进扶贫小额信贷，降低贫困户和扶贫开发主体融资成本。抓好移民技能培训和后续服务工作，确保搬得出、稳得住、管得好、逐步能致富。

统筹发展社会事业。整合优化教育教学资源，解决教师结构性矛盾突出问题，提升教育教学质量。加快发展体育事业，促进全民健身运动，逐步免费或低收费开放公共体育设施。落实全面“两孩”政策，提高妇幼保健等公共服务水平。支持民营资本参与养老服务，推进智能化居家养老服务、农村幸福院、医养结合等养老模式，加快龙辰苑老年公寓、第二敬老院建设进度。加快推进机关事业单位养老保险并轨，做好劳务移民保险转移接续，深入推进被征地农民养老保险参保工作，鼓励城乡居民参加城镇职工基本养老保险，扩大社保覆盖面。推进城乡居民基本医疗保险制度整合、城乡居民大病保险等工作。巩固提升公共文化服务体系示范区创建成果，加大政府购买服务力度，提升基层文化服务能力。加强小微企业创业创新基地建设，引导高校毕业生、退役军人等群体自主择业创业，鼓励农民工返乡创业。深入开展“春风行动”⑱，新增城镇就业5500人，转移农村劳动力11000人次。

加强创新社会治理。深化乡镇、街道“两个中心”规范化建设，打造“质量效益型”便民利民平台和“联动服务型”综合治理平台，强化社区网格化管理，提升基层服务水平。完善立体化社会治安防控体系，充分发挥智能图控系统作用，严厉打击各类违法犯罪。全面落实安全生产责任制，推进安全生产、食品药品安全放心工程。健全完善法律服务体系和矛盾纠纷化解机制，完善司法救助和法律援助制度。加快推进社会信用体系建设，营造优良信用环境。完善企业工资集体协商制度，抓好农民工工资保障政策落实。依法加强宗教事务管理，维护民族团结、宗教和顺、社会稳定的良好局面。积极开展“双拥”工作，深入推进军民融合发展。严格落实区级领导包案化解信访积案及坐班接访制度，深入推进人民调解组织规范化建设，60%以上村、社区和90%以上乡镇、街道人民调解委员会达到规范化标准。

在全力抓好涉及全区经济社会发展各项事业的同时，继续办好10件民生实事。

四、加强政府自身建设　不断提高行政效能

各位代表，新形势、新任务，对政府工作提出新的更高要求。我们将牢记使命，不负重托，以恪尽职守的责任，夙夜在公的担当，深入贯彻落实新发展理念，不断增强执行力和公信力，全面提高施政能力和服务水平，全力打造人民满意的政府。

始终坚持科学执政。坚持以科学发展统领经济社会发展全局，全力以赴抓好改革发展稳定各项任务。把改革作为加强政府效能建设的重点和动力，用改革的思路创新机制，用改革的举措推动工作，奋力开创政府工作新局面。强化发展是第一要务理念，切实把全区人民的思想统一到全面建设小康社会战略目标上来，统一到加快发展、富民强区、加快资源枯竭型城市转型和老工业基地振兴上来，在全区上下进一步形成比学赶超的良好氛围，进一步提振精气神，以更昂扬的斗志、更扎实的作风、更强烈的责任担当，加快推进各项工作取得新进展。

始终坚持务实勤政。抢抓“互联网+”机遇，加强电子政务建设，形成网上服务与实体大厅服务、线上服务和线下服务相结合的政府服务模式，让数据多跑路、让群众少跑腿。深入推行重点工作、重点项目、重点产业领导包抓制度，完善自上而下、逐级负责的责任体系。健全并严格执行工作责任制，不折不扣落实国家、自治区、市出台的各项惠民政策。加强作风和能力建设，打造高素质专业化队伍。健全督查问责机制，坚决整肃庸政懒政怠政行为，以治庸提能力，以治懒增效率，以治散正风气，以治软激活力。健全激励机制和容错纠错机制，调动干部干事积极性。

始终坚持依法行政。深入开展“七五”普法教育，推进法治政府建设，健全依法行政决策机制，落实重大行政决策公众参与、专家论证、风险评估、合法性审查、集体讨论决定，推进政府决策科学化、民主化、法治化。科学划分执法权限，合理配置执法力量，切实解决权责交叉、多头执法、多层执法问题。全面推行网上审批和并联审批制度，规范行政自由裁量权，做到以制度管人管事。自觉接受人大及其常委会法律监督和政协民主监督，主动接受舆论和社会监督，让权力在阳光下运行。加强与民主党派、工商联、无党派人士的联系，积极支持工会、共青团、妇联等群团组织工作，充分发挥联系群众桥梁纽带作用。

始终坚持廉洁从政。深入贯彻中央八项规定和自治区、市若干规定精神，认真落实政府系统全面从严治党主体责任，强化领导干部、重要部门、重点领域人财物监管和使用，加大对政府投资项目资金、公共资金、国有资产监管。加大违法违纪案件查处力度，坚定不移惩治腐败。深化群众评议机关作风活动，坚决纠正侵害群众切身利益的不正之风，把纪律和规矩挺在前面，逐步建立行为规范、运转协调、公正透明、廉洁高效的行政管理体制。

各位代表，新一轮的发展号角已经吹响，未来五年的发展蓝图已经绘就，目标鼓舞人心，形势催人奋进，让我们在区委的坚强领导下，在区人大、政协的监督支持下，大力弘扬“不到长城非好汉”的宁夏精神和“五湖四海、自强不息”的石嘴山精神，进一步凝心聚力、开拓进取，为加快建设开放富裕和谐美丽新惠农，决胜全面建成小康社会而努力奋斗！

附：

2017 年 10 件民生实事

1. 投资 500 万元，新建 3 个应急避难场所，总面积 5 万平方米。

2. 投资 440 万元，整治背街小巷 2 万平方米，改造盲道 9880 平方米。

3. 投资 640 万元，在城区新建 30 座公厕。

4. 实施困难残疾人生活补贴和重度残疾人护理补贴全覆盖。对全区 1600 名月收入低于 1480 元的二级以上困难残疾人每人每月发放生活补贴 100 元；对全区 2500 名精神、智力及二级以上残疾人每人每月发放护理补贴 80 元。

5. 对户籍在我区且女方年龄在 40—48 周岁之间符合计划生育特别扶助条件的家庭发放特别扶助金。独生子女死亡家庭，夫妻每人每月发放 800 元；独生子女伤残达到三级以上家庭，夫妻每人每月发放 600 元。

6. 实施妇女保障工程。为农村 35—64 周岁妇女免费筛查乳腺癌和宫颈癌，为城市低保人群中 2000 名 35—64 周岁妇女免费筛查乳腺癌和宫颈癌。

7. 为生活困难老年人购买居家养老服务，为 85 周岁以上老年人每人每年发放 300 元长寿保健金。

8. 实施劳动力技能提升工程。开展城乡劳动力职业技能培训（含工业企业岗位提升培训）600 人，依托大学生创业孵化园，开展创业能力培训 300 人。

9. 实施法律援助计划，为困难群众免费办理法律援助案件 300 件以上。

10. 投资 450 万元，改造中小学运动场 20000 平方米，为广大学生提供良好的体育活动场所。

名词解释

①“三大转型”：产业转型、民生转型、生态转型。

②“四个惠农”：开放、富裕、和谐、美丽惠农。

③“双创”：大众创业、万众创新。

④“六城联创”：创建全国双拥模范城、中国优秀旅游城市、国家级生态示范市、国家园林城市、国家卫生城市和省级文明城市。

⑤“两个中心”：民生服务中心、综治服务中心。

⑥“七进”活动：进机关、进乡（镇）村、进社区、进学校、进企业、进军（警）营、进宗教活动场所。

⑦“一优三特”：优质粮食和草畜、瓜菜、枸杞特色产业。

⑧“三品一标”：无公害农产品、绿色食品、有机农产品和农产品地理标志。

⑨“八大工程”：规划引领、农房改造、收入倍增、基础配套、环境整治、生态建设、服务提升、文明创建。

⑩“双百工程”：在全国重点培育和扶持百个资源综合利用示范工程（基地）和百家资源综合利用骨干企业。

⑪“三个清单”：权力清单、责任清单和负面清单。

⑫“五证合一、一照一码”：营业执照的注册号、组织机构代码证号、税务登记证号、统计证号及社保登记证号统一为一个登记码，标注在营业执照上。

⑬“五险一金”：养老保险、医疗保险、失业保险、工伤保险、生育保险和住房公积金。

⑭“天网工程”：为满足城市治安防控和城市管理需要，利用图像采集、传输、控制、显示等设备和控制软件组成，对固定区域进行实时监控和信息记录的视频监控系统。

⑮“双随机、一公开”：随机抽取检查对象和执法人员，检查结果公开。

⑯“三争三引”：争政策、争项目、争资金和引商、引技、引智。

⑰“四个一批”：发展生产脱贫一批、下迁安置脱贫一批、就业创业脱贫一批、社会保障兜底一批。

⑱“春风行动”：为农民工提供就业机会、保障农民工的合法权益以及整顿劳动力中介机构等。

中国人民政治协商会议
石嘴山市惠农区第三届委员会常务委员会工作报告

——在惠农区政协四届一次会议上

（2016 年 10 月 25 日）

惠农区政协主席　谢海燕

过去四年的工作回顾

区政协三届一次会议以来，在中共惠农区委的坚强领导下，在自治区、市政协的悉心指导下，常委会高举中国特色社会主义伟大旗帜，深入贯彻中共十八大，十八届三中、四中、五中全会和习近平总书记系列重要讲话精神，认真落实中共惠农区第三次党代会精神，牢牢把握团结和民主两大主题，围绕中心、服务大局、解放思想、锐意进取，在推进发展中献计出力，在改善民生中积极作为，在促进和谐中发挥作用，在转变作风中强化实践，切实履行了政治协商、民主监督、参政议政职能，有力推进了开放富裕和谐美丽新惠农的建设进程。

一、服务发展大局，政治协商深入开展

常委会始终把围绕中心，服务大局作为履行职能的重要原则，就全区经济社会发展中的综合性、全局性、前瞻性问题开展协商议政，取得了积极成效。

全委会议广泛协商。每次政协全委会上，委员们通过大会发言、分组讨论、撰写提案等形式，围绕政府工作报告、国民经济和社会发展规划制定、财政收支安排等事关全局的重大事项，以及人民群众关心的热点难点问题进行广泛协商讨论，积极议政建言。邀请区委、区政府领导，区直有关部门负责同志到会听取委员大会发言，参加分组讨论，与政协委员面对面协商交流，提高了参政议政的成效。三届一次全委会议以来，共收到发言材料73篇，有23人次作了大会发言。三届二次全委会上，侯学胜委员“关于进一步加强我区非公企业党组织建设，加快组建行业协会和商会”的发言，得到区委、区政府的高度重视，全区非公企业组建了8个党委、1个党总支、105个党支部、48个联建党支部。成立了惠农区商会，全区87个非公企业纳入了商会组织，为推进全区非公经济转型发展提供了坚强的组织保证。

常委会议集体协商。常委会分别围绕加快推进工业传统产业转型升级、支持农业特色优势产业和新型经营主体发展、规范小区物业管理、促进第三产业发展等9个协商计划课题，召开常委会议协商讨论。为增强协商议政实效，常委会紧紧围绕区委工作要点列出参考选题，会前，组织政协委员围绕协商议题开展深入调研；会中，就相关重大事项与政府部门充分协商沟通，达成共识；会后，及时归纳整理委员们提出的意见建议，向区委、区政府报送专题报告，有效地提高了集体协商质量和效果。常委会每年都对创建全国文明城市工作进行视察，针对市民反映城区车辆乱停乱放、机动车与行人混行等安全隐患问题，提出了“完善城市公用配套设施建设，提升城市服务功能，加快城市现代化进程”的建议，区政府加大了对城区车辆管理整治力度，先后投资500多万元对康乐东路等交通拥挤路段进行拓宽改造，设置了59个停车场，28个停车指示牌，3200多个停车泊位，在步行街等7条路段设置了单行道，在惠安大街设置了隔离栏，有效改善了交通混乱状况，保障了市民的出行安全。

专委会议专题协商。以专委会议为对口协商平台，紧扣经济社会发展重要问题和关键环节，分别就未成年人思想道德建设、棚户区改造、文化建设和人民生活两项小康指标完成情况等12个专题，听取相关部门的情况通报，掌握工作动态，进行专题协商，助推难题解决。常委会把“深入开展医药卫生体制改革，促进基本公共卫生服务均等化”的调研工作列为2015年专题协商议题，提出了“加大卫生事业发展投入，打造辐射宁北蒙西的区域性医疗中心”等建议，区政府积极采纳，惠农医院升格为石嘴山中西医结合医院，成为宁夏首家挂牌的县级中西医结合医院；在全区建立了乡村医生巡诊制度，为一批基层医疗点更新了设备，方便了偏远乡村群众就医，全区65岁以上老人实现了免费体检。

二、促进民生改善，民主监督持续深化

常委会积极探索民主监督的新形式，紧抓事关民生、党政关心、群众关注的热点、难点问题，通过开展视察调研现场监督，提案、社情民意书面监督，参与政务活动直接监督等形式提出意见和建议，促进了民生问题的合理解决。

有效监督民生改善。四年来，我们实时组织委员围绕“三农”工作、医疗卫生事业发展、养老服务体系建设、老旧小区改造、文化旅游产业发展等课题开展专题调研；围绕支农惠农资金使用、城乡低保资金使用、工程招投标、环境综合整治和园林绿化等事项开展专题调研；围绕产业升级、“六城联创”等课题进行集中视察。常委会以书面报告等形式向区委、区政府提出委员们的意见和建议，如“关于加大红果子水源地保护力度”的建议，通过积极争取区、市两级政府的支持，被列入市政协2014年重点督办工作，争取了10万元专项督办经费，市直有关部门深入现场解决问题，有效推动了水源地保护工作的顺利开展。区政协三届一次会议以来，共形成调研视察报告40余篇，提出意见建议150余条，为区委、区政府科学决策提供了参考依据。

提升提案办理质量。四年来，广大政协委员、各民主党派、工商联、人民团体关注经济转型，关心民生改善，认真撰写提案，共提交提案396件，立案362件，全部办复完毕，所提问题已经解决或基本解决，提案人感到满意和比较满意。从提案整体办理情况看，重视程度不断增强，办理质量不断提升，做到了“件件有回音、事事有着落”。在提案的立、转、办过程中，每年选择8个事关全区大局和民生问题的重点提案，邀请区委、区政府主要领导牵头领办，促进了提案办理工作的有效开展。通过听汇报、协商座谈和提案办理“回头看”，以及评选表彰优秀提案、提案先进承办单位、先进督办单位、提案先进个人等形式，加大了提案的督办力度，促使一批重点、难点问题有效解决。区政协征集的“关于加快建设内陆开放型石嘴山陆港经济先行区”“关于申请解决自治区财政配套棚户区改造资金”的提案连续两年提交自治区、市政协全会，并作为自治区政协重要提案主送自治区人民政府研究办理，经过区政协常委会坚持不懈地跟踪督办，自治区、市配套完善了石嘴山经济技术开发区管委会的机构设置和基础设施投入，加大了对惠农棚户区改造的支持力度。重点提案的督办落实，对促进石嘴山国家级经济技术开发区建设和我区棚户区改造发挥了重要的推动作用。2016年，区政协在自治区政协提案工作经验交流会上就提高提案工作科学化水平作了经验交流发言。

积极反映社情民意。四年来，我们共选编《社情民意》简报41期，向自治区、市政协真实反映各民主党派、委员们对我区教育、医疗卫生、住房、养老等多方面的意见建议百余条。“关于大力扶持贺兰山东麓戈壁生态经济建设的建议”“关于依法规范全区回族婚姻关系的建议”等社情民意，得到了自治区、市政协的高度重视和采纳。谢绍文委员撰写的“关于降低土地使用税率的建议”被自治区、市政府采纳，企业土地使用税降低了50%，深受广大驻惠农企业的欢迎，社情民意“民生直通车”的作用得到了有效发挥，我区社情民意信息工作也在自治区考核中名列前茅。常委会高度重视民主监督活动的开展，先后组织125名委员担任特约监督员，38名委员参与教育系统中小学分班，128名委员参加了电视问政、信访听证会、政风行风评议等活动，政协委员的日常监督活动成为政协工作的新常态，有效拓展了政协民主监督范围。

三、强化界别协作，参政议政更为广泛

常委会充分发挥政协联系群众、团结各界的重要桥梁和纽带作用，秉承开放、包容、合作方针，加强与各民主党派、工商联等政协参加单位的团结协作，促进了惠农区经济社会健康发展。

界别作用更加突出。充分发挥政协包容各界、联系广泛、智力密集的优势和作用，鼓励各界别通过大会发言、界别提案等形式开展协商议政活动。增设新阶层界别，建立了主席联系界别制度，主动了解和反映不同社会群体的愿望和诉求，切实发挥政协组织的桥梁纽带作用。常委会连续三年组织召开“经济界委员座谈会”，邀请政府分管领导介绍全区经济社会发展最新情况，政府经济部门解读经济形势政策，委员现场探寻解决发展难题办法，政企各方在平等协商中，加

深了理解，密切了经济界委员与政府主管部门的联系；通过召开宗教界委员“祖国大家庭，和谐一家亲”主题座谈会，增强了宗教界人士爱国意识、民族团结意识；通过举办教育界“感恩励志”报告会、医疗卫生界学习十八大精神报告会、文化艺术界“清凉夏季”文艺演出等界别活动，营造了团结民主和谐的政治氛围。

合作联谊不断深入。加强与各民主党派、工商联、无党派人士的联系与沟通，积极为他们参政议政提供有利条件。组织各民主党派、工商联等政协委员活动小组参加“党的知识、政协知识、党派知识”竞赛、参加各党派组织的学习培训观摩等活动，支持他们参政议政。充分发挥政协大协作、大联合的特色优势，先后接待了新疆若羌县政协、吴忠市利通区政协等兄弟政协在我区的工作考察和专题调研；先后安排社联委、提案委成员赴厦门市思明区政协、灵武市政协学习考察，密切了与区内外政协单位的联系交流；横纵联谊深入广泛。

联系群众日趋紧密。在深入基层联系群众的具体活动中，我们开展了政协委员“帮扶济困献爱心”活动，对城乡部分特困家庭、宗教界代表人士、离退休老干部和贫困学生进行帮扶慰问，切实当好群众的“服务员”；依托委员基层联系点平台，组织委员开展文化、科技、卫生下基层，免费义诊、科普宣传、赠送图书器材等志愿活动，切实当好富民政策的“宣传员”；深入开展“委员下基层，提案问民生”等活动，为礼和乡、园艺镇铺设沙砾路、柏油路10余公里，解决了群众出行难问题，切实当好基层矛盾纠纷的“调解员”；深入企业，包抓项目，开展“下基层、解民忧、抓项目、促发展”等大走访活动，帮助企业梳理难题，切实当好转型发展的“领航员”。

四、坚持改革创新，履职平台彰显特色

常委会立足实际，培育特色抓载体，拓展阵地搭平台，充分展示政协履职成效，扩大了政协委员的社会影响力，推动了政协工作在创新中不断向前发展。

创新政协文史工作。充分发挥文史资料工作“存史、资政、团结、育人”的社会功效，汇集广大委员风采，编撰了《惠农政协委员风采录》，宣传委员在不同工作岗位为惠农区经济社会发展献智出力的工作业绩，激发委员履职积极性；广泛征集惠农政协历史遗存，多方走访历史证人，在自治区率先编撰完成了反映政协发展历史的《惠农政协简史》，集中反映了历届惠农政协各界人士参与惠农经济社会建设的辉煌历程；广泛参考福建古田会议展览馆等多地红色纪念馆表现元素，建成了自治区首家政协文史室——惠农政协文史室，全面展示了从1949年惠农政协成立至今的完整历史沿革过程，为区政协文史工作增添了光彩。

创新委员活动方式。建立和完善了三级政协委员联系基层制度，在全区各乡镇、街道、石嘴山经济技术开发区管委会建立了13个政协委员基层联系点，为三级政协委员与基层群众面对面沟通交流，搭建起了委员知情新平台。在自治区率先开展了主席、副主席“委员接待日”主题活动，活动开展以来，共接待委员80人次，提出意见建议170余条，成为广大委员继提案、社情民意之后，又一个新的履职形式。

创新委员宣传工作。充分运用报纸、电视、网络等新闻媒体，全方位、多层次、广角度宣传人民政协的性质、地位和作用，宣传广大政协委员履职成效和先进事迹。在石嘴山电视台惠农频道开辟了《惠农政协委员风采》专栏，《华兴时报》头版报道了委员基层联系点工作，《石嘴山日报》报道了“委员履职为民办实事”“提案办理落地见效”等工作亮点。认真做好《惠农政协报》和惠农政协网站日常宣传工作，积极参加市政协系统文艺会演、书画展览、读书征文等活动，5名委员荣获了全市政协“读书让生活更美好”征文嘉奖。

五、加强自身建设，“三化”立规强基固本

常委会严格按照政协工作规范化、制度化、程序化标准要求，加强和改进自身建设，为政协委员和政协各参加单位科学履职提供了有力保障。

政治素质明显提升。坚持政协党组专题学习、常委会重点学习、主席办公会集中学习等多种学习形式，把学习贯彻中共十八届三中、四中、五中全会精神和习近平总书记系列重要讲话精神作为政协工作的首要政治任务，深入领会精神实质和丰富内涵；认真学习《宪法》《政协章程》和习近平总书记在庆祝中国人民政治协商会议成立65周年大会上的讲话精神；连续四年为每位委员订阅《华兴时报》、寄发《惠农政协报》等学习资料，增强委员宪法意识、政治意识和大局意识。先后邀请自治区、市政协专家学者为全体委员进行政协理论、提案撰写、社情民意信息采集知识培训，为委员提升履职水平奠定了基础。按照自治区、市政协安排，选派86名政协委员参加了12期政协委员专题学习培训班。规范委员履职管理和考评机制，建立了委员履职情况报告制度，完善了委员产生、退出机制，届内新增补委员29名，因工作调动等原因退出委员20名，撤销5名不称职委员资格。马卫民委员被评为“最美惠农人”，马绍国委员荣获全国优秀科技工作者称号，陶立委员荣获中国医师行业最高奖“中国医师奖”。通过一系列的学习教育和履职实践活动的开展，政协委员的政治素质有了较大提升。

机关作风明显转变。区政协党组切实履行好主体责任，加强党风廉政建设，深化机关作风建设，深入开展了“党的群众路线教育实践活动”“三严三实”“两学一做”“守纪律、讲规矩”等主题教育实践，机关作风明显转变。通过爱国主义教育、“访贫思廉”、“三同”活动锻炼，激发了广大政协委员参政议政的主动性和积极性，政协机关和委员队伍践行群众路线的自觉性进一步增强。

“三化”建设取得实效。以建制度、抓管理为抓手，深入开展机关组织、制度建设，及时修订、完善常委会工作制度、机关各项管理制度30余项，政协机关干部工作的执行力和服务水平有了较大提升。通过严格落实中央八项规定要求，压缩三公经费开支，简化公务接待程序，精简文件会议数量，区政协常委会工作的规范化、制度化、程序化水平明显提高。

各位委员、同志们，总结四年来的工作实践，我们深深地体会到做好人民政协工作：

必须坚持党的领导。坚持党的领导是人民政协事业沿着正确政治方向前进的坚强保证。必须把坚持党的领导作为政协工作的根本原则，坚定不移贯彻党的基本理论和路线，坚定不移地贯彻执行中央、自治区、市和区委关于政协工作的方针政策，坚持在区委的领导下开展工作，重大活动主动报告，重要事项及时反映，始终做到与区委思想上同心同德、目标上同心同向、行动上同心同行。

必须坚持团结民主。坚持团结和民主两大主题是发挥好政协作用的内在要求。必须坚持把发扬民主、增进团结、协调关系、化解矛盾作为履职的着力点，本着团结、民主、和谐的精神，体现合作、参与、协商的特点，广开言路、求同存异、民主协商，不断增强人民政协工作的感召力、凝聚力、创造力。

必须坚持服务发展。推动经济社会健康发展是人民政协履行职能的第一要务。必须自觉围绕区委、区政府的决策部署谋划和推进工作，切实发挥人民政协作为协商民主重要渠道和专门机构的作用，使各项履职活动契合发展大局、符合决策需要，真正做到建言、献策、出力。

必须坚持履职为民。以人为本、履职为民是政协的根本宗旨。必须毫不动摇地把实现好、维护好、发展好最广大人民群众的根本利益作为工作的出发点和落脚点，问政于民、问需于民、问计于民，发挥好党和政府联系群众的桥梁纽带作用，真正做到人民政协为人民。

必须坚持改革创新。改革创新是推动政协事业发展的不竭动力。必须主动适应新形势新任务对政协工作的新要求，以改革为动力推动政协理论创新、制度创新和工作创新，在继承中发展，在发展中创新，不断提高政协工作科学化水平，永葆人民政协事业生机和活力。

各位委员、同志们，回顾过去，我们深切感受到，区政协三届常委会工作成绩的取得，是区委正确领导的结果，是区人大、政府、区直各部门、社会各界大力支持的结果，是区政协各参加单位、全体政协委员和政协工作者团结协作共同奋斗的结果，在此，我代表区政协三届常委会，向所有关心、支持政协工作的各位领导、同志们，致以崇高的敬意和衷心的感谢!

在总结成绩的同时，我们也清醒地认识到，区政协工作还有许多不足：委员队伍建设需要进一步加强，政协界别优势有待进一步发挥，委员参政议政水平有待进一步提高等，这些都需要在今后的工作中认真研究、加以改进。

对今后工作的建议

各位委员，今后五年，是我区深入贯彻落实五大发展理念，加快建设开放富裕和谐美丽新惠农的关键时期，也是全面建成小康社会的决胜阶段。惠农建设发展的新征程对政协工作提出了新要求，为政协事业发展带来了新机遇。我们要紧紧围绕中共惠农区第四次党代会确定的目标任务，积极履行政协三大职能，更好发挥协调关系、汇聚力量、建言献策、服务大局的重要作用，不断开创政协工作新局面。为此，向区政协四届常委会建议：

一、强化理论武装，凝聚广泛共识

深入学习、贯彻落实中共十八大和十八届三中、四中、五中全会以及习近平总书记系列重要讲话和视察宁夏时重要讲话精神，是人民政协当前和今后一个时期的首要政治任务。要广泛开展主题鲜明、形式多样的学习活动，增强对中国特色社会主义的道路自信、理论自信和制度自信，切实把各党派团体和各族各界人士的思想和行动统一到十八大以来历次中央全会精神和中共惠农区第四次党代会的决策部署上来。自觉把履行政治协商、民主监督、参政议政职能同贯彻落实中央、自治区、市和区委关于加强政协工作的意见精神结合起来，同“四个惠农”建设目标结合起来，大力弘扬“不到长城非好汉”的宁夏精神和“五湖四海、自强不息”的石嘴山精神，为深入推进开放富裕和谐美丽新惠农建设、决胜全面建成小康社会献计出力。

二、紧扣发展主题，积极建言献策

要把服务发展作为履行职能的第一要务，紧紧围绕我区经济社会全局性、现实性、前瞻性问题，找准围绕中心的切入点和服务大局的结合点。立足惠农发展的新阶段，顺应全区人民的新期待，围绕加快工业转型升级，推进低成本园区改造，振兴老工业基地；围绕做优瓜菜产业，做精枸杞产业，做稳草畜产业，建设现代农业产业体系；围绕发展现代物流，提升传统商贸服务，推进文化旅游，发展现代服务业；围绕培育发展新动能，优化空间布局，加大环保治理，发展循环经济等重大课题，组织开展调研视察和协商议政，为持续推进产业民生生态三大转型，奋力振兴老工业基地，坚决打赢全面建成小康社会攻坚战，努力建睿智之言、献务实之策。

三、坚持以人为本，促进民生改善

进一步强化履职为民理念，把实现人民生活幸福，建设和谐惠农作为履职目标，按照党政所需、群众所盼、政协所能原则，围绕重大民生决策搞好政治协商，围绕利民惠民政策落实开展民主监督，围绕民生领域突出问题积极参政议政。以助推“民生十件实事”为重点，着眼精准帮扶解困，促进就业政策落实，办人民满意教育，深化医疗卫生体制改革，完善保障性住房供应体系，提升社会保障覆盖面，构建多层次养老服务体系，促进文化产业发展等系列利民惠民工作，深入基层，倾听群众呼声，促进共建共享，努力为人民群众解难题、做实事。

四、突出团结民主，汇聚发展合力

要坚持把发扬民主、增进团结、协调关系、化解矛盾作为政协履职的重要着力点，充分发挥人民政协的自身优势，全力维护和促进安定团结、和谐稳定的政治局面。要切实发挥各民主党派、工商联和无党派人士在人民政协中的重要作用，巩固和发展最广泛的爱国统一战线，努力为促进政党关系、民族关系、宗教关系、阶层关系和海内外同胞关系的全面和谐发挥积极作用。牢固树立群众观点，多做团结群众、联系群众、服务群众的工作，真心实意为群众做好事、办实事，全力维护好和谐稳定的政治局面。

五、注重改革创新，提高履职水平

要把深化党派合作、突出界别特色、发挥委员主体作用、强化专委会基础作用、提升机关服务保障能力有机结合起来。要探索界别活动的新方法和有效途径，拓展界别活动新领域，丰富界别履职新内容。要保障委员民主权利，提升委员履职能力，做好委员服务管理工作，建立健全委员学习培训、履职考评等制度，切实发挥好委员的主体作用。要加强专委会建设和机关作风、能力建设，打造一支政治坚定、作风优良、学识丰富、业务熟练的高素质政协干部队伍，切实增强工作活力，不断提高政协工作的规范化、制度化、程序化水平。

各位委员、同志们，中共惠农区第四次党代会为我区的今后发展绘就了宏伟蓝图，新一届政协承前启后、任重道远。让我们高举中国特色社会主义伟大旗帜，在中共惠农区委的坚强领导下，同心同德，锐意进取，扎实工作，努力开创人民政协工作的新局面，为深入推进开放富裕和谐美丽新惠农建设、决胜全面建成小康社会而努力奋斗！

在全区农村工作会议上的讲话

（2016年2月2日）

惠农区人民政府区长　李　彬

在我区两会召开之后，我们就召开全区农村工作会议，充分说明区委、区政府对“三农”工作的高度重视，也体现了农村工作在全区工作中的重要地位。刚才，会议表彰奖励了2015年度农业农村工作及移民工作中涌现出的先进单位和企业；部分单位、乡镇、企业负责人做了表态发言，思路清晰、目标明确、措施有力；张新同志就去年的工作进行了全面总结，对今年农业农村工作作了具体的安排部署，讲得很全面，也很到位，希望大家认真抓好落实。下面，我就做好今年农业农村工作，强调三个方面。

一、积极适应新常态，增强“三农”工作信心和决心

2015年是“十二五”的收官之年。一年来，面对宏观经济下行压力增大的不利形势，在区委、区政府的坚强领导下，齐心协力、攻坚克难，沉着应对，全面贯彻各项强农惠农政策，农民收入连续多年快于城镇居民收入增速，科技对农业贡献率达63%；农村基础设施建设和民生事业不断改善，改造中低产田3万亩；农村改革深入推进，率先在全区完成了农村土地承包经营权确权工作，工作经验在自治区推广交流。全区农村经济保持了农业增效、农民增收、农村发展的平稳态势，为我区经济社会又好又快发展提供了有力支撑。这些成绩的取得，是区委、区政府正确领导和各乡镇、部门奋力拼搏、狠抓落实的结果，更是全区工作一线的广大干部职工和农民群众攻坚克难、辛勤耕耘的结果。在此，我代表区委、区政府，向今天受到表彰的先进单位和企业表示热烈的祝贺！向一年来为农业农村及移民工作付出艰辛努力的广大干部群众，表示衷心的感谢！

在充分肯定成绩的同时，我们也必须清醒地认识到，当前我区“三农”及移民工作还存在着不少困难和制约因素：农业基础条件薄弱，中低产田面积大，灌排体系不完善，抵御自然灾害的能力还不强，这是制约我区农业健康发展的主要瓶颈；特色优势产业规模小，新型农业经营主体层次低，农业现代化程度还不高，是“四化同步”发展的短板；劳务移民就业稳定性不强，实现脱贫致富奔小康的任务繁重。农民增收渠道不宽，持续快速增收压力比较大，是实现全面小康社会的难点；城乡资源配置不均衡，城乡“二元结构”特征依然比较明显，是农村改革发展的重点。对于这些问题，我们必须高度重视，采取有力措施，认真加以解决。

二、把握关键环节，推动农业农村工作实现新局面

今年是全面实施“十三五”的起步之年，是全面建成小康社会关键之年，农业工作必须立足这个大背景来谋划。因此，在对待我区“三农”工作上，决不能因为农业在我区经济中的比重不大就动摇这个基础，决不能因为农民逐步减少、生活水平逐步提高就忽视对农民兄弟的关心和保护，决不能因为强调工业强区就减弱对农业农村的支持力度。我们一定要深刻领会中央、自治区、市农村工作会议精神，充分认识“三农”工作的长期性、艰巨性和复杂性，进一步强化“三农”重中之重思想，在决策上重视“三农”，在政策上支持“三农”，在制度上保障“三农”，力争实现农业增加值增长4%，农民人均可支配收入增长8%以上。为确保工作目标任务的完成，要着重抓好以下五个方面工作。

第一，要以发展现代农业为主攻方向做精农业。发展特色优势产业是转变农村经济发展方式的重要举措，也是做精现代农业的有效途径。要坚持因地制宜、发挥优势、相对集中的原则，围绕国家级农业科技示范园区和自治区农产品加工示范基地建设，进一步优化种植区域布局，加大结构调整，打造“一优三特”精品农业，推进露地瓜菜产业园、清真产业园、标准化养殖场建设，推动特色产业连片发展；要依托现有农产品深加工企业，开拓供港蔬菜、脱水菜、枸杞、牛奶等高端农产品销售市场，推动特色产业持续健康发展；要坚持把科技进步和适用技术推广作为转变发展方式的根本动力，坚持“自主创新、引进消化、转化推广”相结合，加快建立一套完善的农村科技服务和人才支撑体系，加速农业科技成果转化，为我区“小而精”的现代农业提供有力保障。

第二，要以促进农民增收为核心做富农民。今年中央提出了“精准扶贫、精准脱贫”，自治区也已召开了扶贫攻坚的誓师大会，农水、乡镇等相关部门和单位作为脱贫攻坚的“主力军”，要认真贯彻落实国家确定的“五个一批”工程，主动担当，在产业发展、技术服务等方面，让贫困群众稳步增收，逐步实现脱贫；要紧紧围绕农民增收的“三农”工作核心，结合我区自身实际，不断发展壮大脱水蔬菜、高端奶源、戈壁西瓜等特色产业，放大现有品牌优势，拓宽农民增收空间；要融合农村一、二、三产业发展，打通产业链、价值链，让农民群众分享更多增值效益；要不断创新农产品流通方式，积极推进电商与实体流通相结合，完善农产品产销服务体系，畅通农民致富之路；要依托现有培训机构，开展订单式、定向式培训，推进劳动力由体力型向技能型转变，提高创业能力，助推农民增收致富；要不折不扣落实各项强农惠农政策，加强涉农资金监管，确保资金发挥最大效益，保障农民增收致富。

第三，要以城乡一体发展为重要责任做美乡村。要以“美丽乡村”建设为统揽，加快推进城乡统筹，着力改变城乡二元结构；要按照“布局合理、功能完善、特色突出”的原则，继续完善红果子小城镇建设，扎实推进礼和乡特色集镇建设，规划建设好燕子墩小城镇建设，不断完善集中供暖、社区公共服务配套等基础设施建设，促使更多农民向集中居住点聚集，让农民就地实现城镇化。要以新农村建设和“六城联创”为依托，加强农村生态建设、环境保护和综合整治，努力建设美丽乡村，提升生活品质。要用足用好用活政策，重点实施银北地区百万亩盐碱地改造工程、中北部土地开发整理等基础设施建设等项目，解决好“最后一公里”问题，为美丽乡村夯实发展基础。

第四，要以深化农村改革为动力做活农村。农村发展的活力，在于不断深化改革，通过改革进一步释放“制度红利”。要在做好土地经营权确权登记颁证工作的基础上，加快完善土地流转服务体系，全面盘活以土地承包经营权、宅基地等为主要内容的集体资产，实现资源变资产，资产变资本；要积极推行农村各类产权抵押和信用评级“捆绑”贷款模式，引导和支持各类金融机构将业务范围向农村延伸，撬动更多信贷资金，拓宽贷款渠道，破解制约“三农”发展的融资难题，满足农村发展的资金需求。今年，我区又相继实施了农村小型水利工程产权管理体制改革和全区农村集体资产股份化改革试点工作，各有关部门、乡镇一定要把各项改革试点工作抓紧抓好，抓出成效，为全市乃至全区相关领域改革探索经验、作出示范。

第五，要以提升保障水平为基础做优服务。深入开展文化信息资源共享工程，扎实推进农村户户通光纤项目，争取在全区率先实现农村户户通光纤，提升农村居民的生活质量；要进一步提升农村基本公共服务水平，按照“缺什么补什么”的原则，要加大农村薄弱学校建设改造项目、乡镇卫生院与计生站的院站合一等涉及教育、医疗等方面的工作推进力度，不断完善农村最低生活保障、社会帮扶、法律援助等帮扶救助制度，让农民群众不断有更多的小康获得感。要按照自治区统一提出的“5531”管理模式，加强“惠美家园”等移民小区的社会管理服务工作，让工作更细致、服务更周到，努力提升移民群众的居住幸福指数。

三、加强领导，强化责任，确保工作落到实处

一要加强基层组织建设。要着眼于加快农村经济发展，选好配强村级班子，着力建设一支守信念、讲奉献、有本领、重品行的乡村党组织带头人队伍。要认真落实“一事一议”制度，切实保障广大人民群众的民主权利，推进村级基层民主建设，组织引导基层党组织和党员干部在农村第一线展示才华、大显身手，以一流的工作业绩体现创先争优的成效。

二要形成齐抓共管合力。做好农业农村工作是全社会的共同责任，必须动员各方面力量广泛参与。区农村工作领导小组要充分发挥牵头抓总作用，定期研究农业农村工作，及时解决发展中出现的新情况、新问题，保证各项工作顺利推进。农口各部门要切实履行工作职责，转变工作作风，创新服务方式，在产业引导、信息服务、技术指导等方面要有更大作为。各乡镇、部门要把农业农村工作放在更加突出的位置，明确责任，确保圆满完成既定的各项目标任务。

三要建好组织夯实基础。各乡镇、村要充分发挥农村基层党组织的领导核心和战斗堡垒作

用，强化服务意识，全力做好发动、组织、带领广大农民群众建设新农村工作；要坚持经常性深入农村一线，了解基层情况，听取群众意见，凝聚各方智慧，使我们的决策更加贴近农村实际，更加符合民情民意。要坚持以民为本，着力从农业、农村、农民最直接、最迫切、最需要的问题入手，用心想事、用心谋事、用心干事，竭尽全力为群众做实事、办好事，让农民真正得到实惠，享受到农业农村发展的成果。

同志们，做好农业农村工作，责任重大，意义深远。我们一定要在区委、区政府的坚强领导下，深入贯彻落实科学发展观，以更新的理念、更高的标准、更足的干劲，扎实开展工作，确保与全区同步进入全面小康社会。

最后，在春节即将来临之际，我代表区委、人大、政府、政协向全区农业农村战线上的广大干部职工、向全区广大农民朋友拜个早年，祝春节愉快，身体健康，阖家幸福！

在区人民政府全体（扩大）会议暨廉政勤政工作会议上的讲话

（2月3日）

惠农区委副书记、纪委书记 罗万信

廉政勤政是政府公信力的基石。区政府和区政府各职能部门承担着落实上级党委、政府各项决策部署的重要职责，抓好政府廉政勤政建设，对于维护政府形象、推动经济社会持续健康发展具有十分重要的意义。今天，在我区两会结束伊始和春节即将临近之时，区政府召开全体会议暨勤政廉政工作会议，以只争朝夕、时不我待的精神，对年度重点工作、重点项目进行安排部署，对政府勤政廉政建设提出要求，这表明区政府坚持不懈狠抓任务落实，持之以恒改进工作作风，是践行“三严三实”的具体举措，为各部门立好了标杆，做出了榜样。关于今年党风廉政建设和反腐败工作任务，自治区纪委、市纪委全会已作出部署，李建华书记和彭友东书记也提出新的要求。随后，国务院和自治区政府也会相继召开政府系统廉政工作会议，对政府系统廉政建设作出安排部署。区纪委也将于春节过后召开三届七次全会，对全区党风廉政建设和反腐败工作进行安排。待会李彬区长也会提出具体要求，希望大家认真学习，坚决贯彻落实。下面，就如何做好区政府部门勤政廉政工作，我个人结合学习贯彻《条例》和上级纪委全会精神，围绕如何严守“六大纪律”、做忠诚干净担当好干部，与大家交流共勉。

一、严守政治纪律，做政治坚定的明白人

王岐山同志指出：“在党的所有纪律中，政治纪律永远排在第一位。不管违反哪个方面的纪律，最终都会侵蚀党的执政基础，都要从讲政治的高度去审视、去警戒。”讲规矩，首先要讲政治规矩；守纪律，首先要守政治纪律。抓住严肃政治纪律和政治规矩这个纲，把严肃其他纪律带起来，正是管党治党的治本之策。这次修订后的《条例》把政治纪律排在“六大纪律”之首，所体现的正是党中央对党风廉政建设内在规律的清醒把握。如果政治信念淡薄、政治立场动摇，就会失去灵魂、失去精神支柱，就会“缺钙”，得软骨病，就会在纷繁复杂的现实中迷失方向，甚至误入歧途、蜕化变质。当前一些干部在政治上存在的问题有三种表现：政治蜕变，与党离心离德（大量案例表明，一些人之所以违纪违法甚至

滑向腐败犯罪的深渊，最根本的原因就在于政治上变质了，理想信念动摇、宗旨意识淡忘，都是政治上变质的表现）；阳奉阴违，言行不一，不与党中央保持一致（总书记提出的“两面人”：修身不真修、信仰不真信，很会伪装，喜欢表演作秀，表里不一、欺上瞒下，说一套、做一套，台上一台、台下一套，当面一套、背后一套……有的张口“廉洁”、闭口“廉洁”，私底下却疯狂敛财等）；自由放任，肆无忌惮，什么玩笑都敢开，什么段子都敢讲，什么谣言都敢传（妄议中央大政）。这些都是政治上不成熟、立场不坚定的表现。为了维护党的团结统一，保障全党在政治上高度一致，新修订的《条例》针对违反党的政治纪律和政治规矩的新情况新问题，进一步充实完善对违反政治纪律行为的纪律处分条款，专章规定了18条，可以说是这次新《条例》修订的最大亮点。大家都是政府部门的“一把手”，在政治立场上必须坚持党的集中统一领导不动摇，必须把严守政治纪律作为一条根本的政治规矩，做政治上的“明白人”，决不允许有令不行、有禁不止，树好标杆带好头。要坚定理想信念，始终做到心中有党、心里忧党，牢记自己是一名共产党员，在任何时候、任何情况下都要对党忠诚。要时刻与党中央保持高度一致，对于党的路线方针政策和区委、区政府的决策部署，要坚定地贯彻、无条件地落实，对党忠诚老实，言行一致、表里如一。

二、严守组织纪律，做服从组织的听话人

党的力量来自组织，组织能使力量倍增。组织纪律是维护党的集中统一、保持党的战斗力的重要保证。当前，在遵守组织纪律方面，我区绝大部分干部做得不错，都能认真按照组织原则开展工作，服从组织安排，听从组织召唤。但还存在着一些不容忽视的问题。比如，有的存在个人主义、自由主义严重，只要组织照顾，不要组织纪律；有的干部在处理一些重要问题时，事前不请示、事后不报告，搞先斩后奏、倒逼管理，甚至把一件完整的需要汇报的大事情分解成一件一件可以不汇报的小事项，让组织程序空转（王某燕案件）；有的认为个人重大事项报告是小事，是自己家里的事，瞒报漏报甚至欺骗组织；有的党组织对党员干部疏于管理，缺乏严肃认真的组织生活，等等。党要管党、从严治党，关键是严守组织纪律，从严管理干部。“严是爱、松是害”。自治区党委书记李建华指出：“干部的成长成才，离不开组织有力有效的监督。从严管理，既是对干部的关心和爱护，也是对干部负责、对事业负责。”因此，要把遵守组织纪律，作为从严管理干部的根本措施，认真贯彻落实民主集中制，严格执行重要事项报告制度，该请示的必须请示，该报告的必须报告。要加强制度执行情况的监督检查，保证规章制度落实到位，做到有制度必须执行、执行必须严格，决不能“缩水”“放手”，防止出现“破窗效应”，切实维护制度的严肃性和权威性。要坚持抓早、抓小、抓苗头，对干部身上出现的苗头性、倾向性问题，早打“预防针”，常敲“警示钟”，防止小毛病演变成大问题，避免“亚健康”恶化成“重症病”。要从严监督“一把手”。严格落实“一把手”不直接分管财务、干部人事、行政审批、公共资源交易、工程建设，给“一把手”设置好“隔离墙”，推动“一把手”模范遵守党规党纪，带头弘扬良好作风，真正让组织观念、组织程序、组织纪律严起来，立起来。

三、严守廉洁纪律，做经济清白的干净人

廉洁纪律，是我们党组织和党员在从事公务活动或者其他与行使职权有关的活动中，应当遵守的廉洁用权的行为规则，是实现干部清正、政府清廉、政治清明的重要保障。廉洁纪律既是党风廉政建设的重要内容之一，也是我们领导干部最容易触犯的纪律底线。走上腐败道路的党员干部在位时利用职权大肆敛财，一旦被查处，就要被没收一切非法所得，最后落得个倾家荡产的下场。随着党和政府反腐败力度的加大，腐败分子付出的腐败代价即“腐败成本”会越来越大。老话说：“良田万顷，日食三餐；大厦千间，夜眠八尺。”人的客观需要总是有限的。仔细想想，身为领导干部，不差钱、也不缺房，日子过得好好的，何必伸手要不该要的东西，开口讨不该有的利益，最后当火山口上的守财奴？所以大家要算清经济账（宁夏农垦集团原总经理常某民算了一笔账，值得大家惊醒。他说，我收了贿赂全部退还，又搭上了8年年薪300多万元，20年退休金140多万元，医保公积金60多万元，还赔上了若干年监狱生活，血本无归）、名誉账（夏某云在忏悔录中说，老天是长眼的，也是公平的。我用了五年的时间，倚仗权势，千方百计为别人招揽工程，大肆收受他人财物，谋取私利，当了10年保管员和守财奴，然后零存整取一次性还给政府，给自己买了一辆豪华囚车，再配上枷锁，把自己轰轰烈烈、浩浩荡荡地送进了监狱，想起来既荒唐又可笑。他还说，钱是魔鬼钱是害，钱多也能把你败。钱能送你上天堂，也能掘坟把你埋）、家庭账。“骄奢淫逸，宠禄过也，速祸”。我们的领导干部要把这里面的道理想透彻，把权势、金钱看得轻一些、淡一些，不能为一事一利断送前程、断送幸福，要守住党纪国法的准绳，守住做事的快乐，守住做人的幸福。朱元璋说，“畏法度者最幸福”。老一辈革命家陈毅说过：“手莫伸，伸手必被捉，党和人民在监督，众目睽睽难逃脱。”大家要算好政治账、经济账、名誉账、家庭账、亲情账、自由账、健康账，不要心存贪念，心存侥幸，要警钟长鸣，严于律己。

四、严守群众纪律，做服务群众的贴心人

密切联系群众是我们党的最大优势。我们任何时候都不能削弱和丢掉这个优势，否则党的一切工作就会成为无源之水、无本之木，就会招致挫折和失败。这次，大家在学习纪律处分条例时，都反映说“群众纪律”条款最难把握，也会束缚大家工作手脚，有的还甚至产生一些奇谈怪论。如：有的担心从严治党影响干部士气和队伍稳定；有的不求有功、但求无过，想着只要不违规、不犯错、不腐败，即便不好好干，也丢不了“官帽子”；有的认为严管干部影响发展环境，虽然饭不敢吃了、礼不敢收了，但事情也变得难办甚至不办了，这样下去会影响地方的形象和发展；有的觉得现在要求严了，当干部不自在，感叹什么“为官不易”“官不聊生”，进而“为官不为”，当“好好先生”。大家都仔细想想，近年来我们纪委查处的违纪违法人员，哪个是因为干事创业被处分的？“为官不易”的抱怨也好，“为官不为”的懈怠也罢，从根子上说，都在于私心太重、杂念太多。如果“千里来做官，只为吃和穿”，贪占无门就消极无为，如何对得起百姓的供养？倘若“藏着小九九用权，捂着乌纱帽做官”，要求严了就止步不前，怎么可能造福一方？“管住吃吃喝喝的嘴，更要迈开勤政实干的腿。”当前，正值我区应对经济下行、全面推进“三大转型”、建设“四个惠农”的关键时期。区委三届六次全会和区人大三届四次会议确定的各项目标任务需要“九牛爬坡”，各级干部肩上有沉甸甸的担子，身后有群众眼巴巴的目光。因此，我们要时刻牢记全心全意为人民服务的根本宗旨，以强烈的事业心和责任感，多为人民群众做实事、办好事。要始终保持奋发向上的精神状态，勤勤恳恳、兢兢业业，艰苦奋斗、无私奉献。具体讲，就是要求我们党员干部，既要廉政，更要勤政；既要干净，更要干事；既要谨慎，更要担当；既要爱护，更要严管。

五、严守工作纪律，做勇于担当的勤快人

古人说：“欲知平直，则必准绳；欲知方圆，则必规矩。”保证我们区委、区政府确定的各项工作顺利进行，离不开严明的工作纪律。新修订的《条例》第十章“对违反工作纪律行为的处

分”属于此次修订新增加的一章，对管党治党失职渎职违纪行为作出了处分规定，特别是对党组织不履行全面从严治党主体责任或履行不力的行为作出处分规定。从党风廉政建设主体责任到全面从严治党主体责任，不只是字面上的变化，更是实践的发展、认识的深化。李建华书记在自治区纪委七次全会上指出的当前落实从严治党主体责任存在的突出问题，我们区也不同程度地存在，有的在我们有些单位还比较突出（有的党组织及其负责人管党治党的责任不强，重业务、轻党建，区、市、县、乡和农村、社区层层递减，越往下重视程度、工作力度越弱。有的对党的建设不上心、不用劲，知识口头上讲讲而已，没有动真格、下真功，敷衍了事，应付差事，虚化空转……有的护犊子、讨好卖乖，平时不监督管理，出了毛病也不提醒教育，遮丑护短，出了事就撂给纪委，等等；总书记在今年中纪委六次全会也指出，党内监督是全党的任务，第一位是党委的监督，不能一谈到监督就只想到纪委或推给纪委）。在座的大家虽然是行政负责人，但大多也是党组织负责人，至少是党员领导干部，都要积极落实党风廉政建设责任制，牢牢抓住主体责任这个“牛鼻子”，加强对廉政建设工作的组织领导，经常研究部署，时刻盯死看牢，做到守土有责、守土负责、守土尽责。要层层落实责任，层层传导压力，一级抓一级，层层抓落实，构建横到边、纵到底的责任体系。要抓“一岗双责”落实，做到工作职责和权力管到哪里，廉政建设责任就延伸到哪里，区政府党组成员和各部门主要负责人既要管好自己，还要管好分管部门、分管领域、分管范围内的廉政建设工作，同时要加强身边工作秘书、工作人员和家属、亲属的教育管理。要抓好责任追究。区纪委将进一步加大监督检查力度，健全完善责任追究体系，解决好“追究难”“难追究”和“不敢追究”“弱化追究”等问题，把责任落实作为监督检查的重点，严肃问责通报曝光一批不履职不尽责方面的典型案例。要建立容错纠错机制，为真正干事的干部撑腰壮胆，激发干部干事创业的积极性。

六、严守生活纪律，做洁身自好的正派人

生活纪律是党员干部在生活中应遵守的行为规则和修身律己的“红线”。过去我们有过这样一种错误观念，将生活作风问题视为“小节”“私事”，一些错误行为被大事化小、小事化了，导致一些地方管党治党失之于宽、松、软。新《条例》专设第十一章“对违反生活纪律行为的处分”，虽然该章位居六大纪律之末，且只有四条，篇幅在六大纪律中最短，但这绝不意味着生活纪律不重要，甚至可有可无。相较而言，工作纪律重在规范党员干部“八小时之内”的“公共职责”，生活纪律则重在规范党员干部“八小时之外”的“私人生活”。生活纪律是党的性质的必然要求，体现的是对广大党员的爱护。我觉得，遵守生活纪律要做到“三个正确对待”。一是正确对待家人。这次习近平总书记在中纪委全会着重提出了“家风建设”。家风建设绝不是小事，“三爷”（莫用三爷，废职亡家）管不好就会毁“三代”，大家不管多忙都要顾顾家，严格要求配偶、子女，培育良好家风。二是要正确对待“朋友”。很多人有自己的生活圈子，本无可厚非，但领导干部交友千万不能大意，特别是与商人打交道更要慎重，相当多的领导干部是被所谓“好朋友”和老板拉下水的（马某林在《忏悔录》中写道：“人生有两种朋友，一类民间叫酒肉朋友，官场上叫某厅长或处长的朋友，人家围着你，把你当朋友，是因为你有用、有利，当你没酒没肉、不是厅长或处长时，也就没了这些朋友。另一类是真朋友……”）。司马迁在《史记·汲郑列传》讲过一个故事：“始翟公为廷尉，宾客阗门；及废，门外可设雀罗。翟公复为廷尉，宾客欲往，翟公乃大署其门曰：‘一死一生，乃知交情。一贫一富，乃知交态。一贵一贱，交情乃见。'"我们领导干部在原则问题上一定不能退让，今日不翻脸，明日就翻船。三是要正确对待爱好。生活中有爱好无可厚非，特别是健康爱好可以陶冶高尚情操，提升生活品位。领导干部有健康爱好，更能体现出高雅修养。然而领导干部的爱好不同于普通人的爱好，因为其所处位置和担负职责，决定了其爱好不仅是生活情趣问题，还是关系到领导干部自身形象和拒腐防变能力的大问题，直接影响到从政之德和权力的公正行使。

以上是我学习领会纪律处分条例、中纪委和区纪委全会以及十多年从事纪检监察工作的一些体会和想法，不当之处，请同志们批评指正！总之，希望大家能结合李彬区长的讲话要求，认清当前形势，保持清醒头脑，带头廉洁自律，认真履行职责，不断加强政府系统廉政工作，为建设开放富裕和谐美丽新惠农做出积极贡献！

最后，借此机会给大家拜个早年，祝大家新年万事如意，阖家欢乐，身体健康，事业进步！谢谢大家。

大事记

1月

5日 惠农区第十一届迎新春秧歌社火大赛在惠农区文体中心广场举行，各乡镇、街道的10支秧歌社火表演队800余人参加比赛。

7日 惠农区举办消防安全知识讲座。宁夏消防总队、消防协会专家满忠琪现场讲解。各乡镇、街道，区直各部门，驻惠农有关单位负责人、工作人员和有关企业负责人聆听讲座。

8日 惠农区委政法委召开综治委全体委员会议。惠农区委副书记、政法委书记李彦炜主持会议。区委常委、公安分局局长符福魁，区政协党组成员侯学云，区人民法院院长许其锁，区人民检察院检察长王军出席会议，各乡镇、街道党（工）委书记、区综治委各成员单位负责人参加会议。

12日 《宁夏妇女发展规划（2011—2020年）》《宁夏儿童发展规划（2011—2020年）》（以下简称自治区妇女儿童“两规划”）中期评估组——自治区妇儿工委委员、自治区人力资源社会保障厅副厅长张建瑞一行，检查验收惠农区妇女儿童“两规划”工作。评估组一行检查惠农区妇幼保健所、司法所法律援助中心、惠农区第二小学。石嘴山市妇联主席袁芳、惠农区人民政府副区长宋健陪同验收。

19日 惠农区举办学习自治区党委十一届七次全会精神宣讲报告会。惠农区委常委、纪委书记罗万信主持报告会。自治区党委讲师团教研室副主任、副教授潘建红作报告。区委、人大、政府、政协、经济技术开发区五套班子全体处级领导，各乡镇、街道、区直各部门副科级以上领导干部参加报告会。

21日 石嘴山经济技术开发区党工委书记、惠农区委书记王万虎，区长李彬，区委副书记李彦炜，区委常委、区武装部部长张占锋，区政协党组成员侯学云等一行慰问石嘴山军分区、预备役工兵团、武警支队和石嘴山消防支队官兵，送去新年的问候和慰问金。

22日 石嘴山市关心下一代工作委员会主任闫忠国一行慰问中街街道金融社区5户贫困儿童，送上春节的问候和慰问金。惠农区关心下一代工作委员会主任赵尚海陪同慰问。

26日至28日 中国人民政治协商会议石嘴山市惠农区第三届委员会第四次会议在新区人民会堂召开，会议为期两天半。大会执行主席谢海燕，大会主席团成员徐永宏、王家邦、侯学云、哈德林参会。石嘴山经济技术开发区党工委书记、惠农区委书记王万虎，区人大常委会主任李耀林，区长李彬到会祝贺。会议听取谢海燕所作的政协惠农区三届委员会常务委员会工作报告，徐永宏报告了区政协三届三次会议以来提案工作情况，通过了政协惠农区2016年协商工作计划、政协惠农区提案委员会关于三届四次会议提案审查情况的报告以及政协惠农区三届四次会议决议。

27日至29日　惠农区三届人大四次会议在新区人民会堂召开，会议为期两天半。区人大常委会主任、大会主席团常务主席李耀林主持会议。大会主席团常务主席王万虎、李彦炜、赵建国、秦永红、胡金明、陈忠福参会。会议听取并审查通过了区政府工作报告、人大常委会工作报告、人民法院工作报告、人民检察院工作报告；会议以无记名投票方式选举了惠农区人大常委会副主任、委员。会议表决通过了关于政府工作报告的决议、关于惠农区国民经济和社会发展第十三个五年规划纲要的决议、关于惠农区2015年国民经济和社会发展计划执行情况与2016年国民经济和社会发展计划的决议、关于2015年惠农区财政预算执行情况和2016年财政预算的决议、关于惠农区2015年民生计划执行情况与2016年民生计划的决议、关于惠农区人大常委会工作报告的决议、关于惠农区人民法院工作报告的决议、关于惠农区人民检察院工作报告的决议。

27日　惠农区2016年迎新春干群联谊文艺演出在惠农区人民会堂举行。区五套班子领导，驻惠农企事业单位领导，人大代表，政协委员，各乡镇、街道领导及干部群众观看了节目。惠农区人民政府区长李彬作新春致辞。

28日　石嘴山市政协主席陆军，市委常委、市委统战部部长刘建军一行慰问石嘴山宝马兴庆特种合金有限公司有关人员、道德模范米进祥、高级人才周翔鱼及困难党员、困难职工等，向他们致以新春的祝福，并送上了慰问金。惠农区人民政府区长李彬，惠农区委副书记、政法委书记李彦炜陪同慰问。

2月

2日　惠农区召开农村工作会议，会议传达学习中央、自治区、市农村工作会议精神，总结2015年全区农业农村工作，安排部署2016年工作；表彰奖励了2015年度农业农村工作及移民工作中涌现出的先进单位和企业。石嘴山经济技术开发区党工委书记、区委书记王万虎，区人民政府区长李彬，区委常委、统战部部长张新，人大常委会副主任陈忠福，政协副主席王家邦等领导出席会议。区长李彬在会上作讲话，副区长张明俊主持会议。各乡镇、街道、区直各部门主要负责人，农口部门、驻惠农有关单位主要负责人、各村党支部书记及受表彰的各类农业经营主体代表参加了会议。

3日　惠农区召开政府全体（扩大）会议暨廉政勤政工作会议。会议通报了2015年乡镇、街道和区政府各部门荣获市级以上表彰奖励情况，2015年区人民政府确定的重点工作完成情况，2015年第四季度区人民政府常务会议议决事项办理情况；各分管副区长安排部署2016年的工作，区人民政府区长李彬在会上作重要讲话，区委常委、纪委书记罗万信安排部署廉政勤政工作。区委常委、副区长叶尤刚主持会议。是日，区人民政府区长李彬在区委常委、组织部部长陈泳，人大常委会副主任胡金明等领导陪同下慰问企业人才、“最美惠农人”、道德模范、困难群众、困难党员、残疾人、卸任村干部及消防中队官兵，为他们送去党和政府的温暖关怀和新春祝福。

5日　区人民政府区长李彬在区人大常委会副主任秦永红，副区长乔建文、宋健，政协副主席徐永宏等领导陪同下，慰问区消防中队、区人武部、市第一人民医院、区人民医院、宁夏第五人民医院、石嘴山电视台惠农频道节目组、区城管执法大队、区劳动监察大队和区环境卫生管理站，为他们送去党和政府的温暖关怀和新春祝福。

14日　春节假期后上班第一天，惠农区举行升国旗仪式。区委常委、区人民政府常务副区长孙伟主持升旗仪式。

19日 石嘴山市委书记彭友东在市委副书记蒋文龄、副市长常晋宏及市直相关部门领导陪同下，调研惠农区企业生产经营和重点项目建设工作。石嘴山经济技术开发区党工委书记、区委书记王万虎，区委常委、区人民政府常务副区长孙伟等陪同调研。

22日 区人民政府区长李彬到区林业和生态建设管理局专题调研指导市民休闲公园项目前期准备工作。区人民政府副区长张明俊陪同调研。

是日 区人民政府区长李彬主持召开区人民政府第56次常务会议。

25日 惠农区举行惠农区人民政府与中海外基础设施开发有限公司战略合作框架协议签约仪式。区人民政府区长李彬、政协主席谢海燕会见中海外基础设施开发有限公司党组书记、总经理苏裕杰一行，并见证签约。区委常委、区人民政府常务副区长孙伟代表惠农区人民政府与中海外基础设施开发有限公司签订协议。

26日 惠农区召开全区安全生产暨消防工作会议。会议传达学习全国、自治区、市安全生产工作会议精神，总结2015年全区安全生产和消防工作，安排部署2016年安全生产和消防工作；表彰奖励2015年度全区安全生产工作、消防安全工作先进单位和先进个人，兑现2015年度安全生产目标责任奖。区长李彬代表区人民政府与部分单位签订2016年安全生产、消防目标责任书，区委常委、区人民政府常务副区长孙伟主持会议。区人大常委会副主任胡金明，政协副主席徐永宏出席会议。惠农区安全生产委员会（以下简称区安委会）成员单位主要负责人、辖区生产经营单位主要负责人及安全生产、消防工作负责人参加会议。

是日 惠农区召开全区卫生和计划生育工作会议。会议传达国家、自治区、市卫生和计划生育工作会议精神，兑现2015年度卫生和计划生育目标管理责任奖，区人民政府区长李彬代表区人民政府与各相关部门签订2016年度卫生和计划生育目标管理责任书，区委常委、副区长叶尤刚主持会议。区人大常委会副主任秦永红，政协副主席侯学云出席会议。各乡镇、街道、区直各部门主要负责人及分管卫生工作和计划生育专干，区属医疗卫生和计划生育服务机构负责人，辖区综合医院及民营医院负责人参加会议。

3月

3日 惠农区召开2016年机关干部“下农村　送政策　促发展”活动动员暨培训大会。会议全面解读2016年中央1号文件以及自治区农业农村相关政策。区人大常委会副主任陈忠福、区政协副主席王家邦出席会议，区人民政府副区长张明俊主持会议。

4日 自治区副主席曾一春调研惠农区农业农村发展情况。石嘴山市副市长王生林，区人民政府区长李彬，区委常委、统战部部长张新等陪同调研。

14日 区人民政府区长李彬带领相关部门负责人调研惠农区交通工作。

15日 惠农区召开创建国家卫生城市动员大会。区委副书记、政法委书记李彦炜，区委常委、宣传部部长谢丽，区人大常委会副主任秦永红，区政协副主席王家邦出席会议。区委常委、区人民政府副区长叶尤刚主持会议。

18日 惠农区举行2016年第一批重点项目暨宁夏日盛高新产业股份有限公司循环化产业链项目集中开工仪式。石嘴山市人大常委会副主任余占国，市人民政府副市长金花，市政协副主席、石嘴山经济技术开发区管委会主任李斌出席开工仪式。区人民政府区长李彬在开工仪式上致辞，区委常委、区人民政府常务副区长孙伟主持开工仪式。区委、人大、政府、政协在家领导及各乡镇、街道、部门、企业代表参加开工仪式。

22日 “2016宁夏石嘴山首届‘互联网+’创业创新峰会暨新华创客会、西夏创客大学宁夏总部成立授牌仪式”在惠农区举行。市人民政府副市长金花在仪式上致辞，区委常委、宣传部部长谢丽，区人大常委会副主任秦永红，区人民政府副区长韩振军，区政协副主席王家邦及自治区、市相关厅局领导应邀出席。

24日 区人民政府区长李彬主持召开惠农区人民政府第57次常务会议。

30日 市委书记彭友东一行调研惠农区社会治理创新工作，石嘴山经济技术开发区党工委书记、惠农区委书记梁福祥，区人民政府区长李彬，区委常委、公安分局局长符福魁陪同调研。

31日 惠农区召开富硒经济发展宣讲报告会。区委、人大、政府、政协分管领导及各乡镇、区直部门、驻惠农有关单位主要负责人参加会议。

4月

5日 区人民政府区长李彬带领区发改、人社、农牧水务等部门负责人调研宁夏惠安市政产业有限公司经营情况。

是日 区人民政府区长李彬带领区住建、发改、财政等部门负责人调研惠农区城市建设工作，并就当前城市建设工作进行安排和部署。副区长乔建文陪同调研。

6日 自治区政协主席齐同生、副主席张乐琴带领自治区政协委员一行调研惠农区工业经济发展及企业运营情况。石嘴山市政协主席陆军、副主席李斌，石嘴山经济技术开发区党工委书记、惠农区委书记梁福祥，区政协主席谢海燕，区委常委、政府常务副区长孙伟等领导陪同调研。

7日 石嘴山市人民政府市长王永耀，市委常委、人民政府副市长常春调研惠农区工业经济运行情况及生产经营情况。石嘴山经济技术开发区党工委书记、惠农区委书记梁福祥，区委常委、政府常务副区长孙伟陪同调研。

8日 区人民政府区长李彬主持召开惠农区人民政府第58次常务会议。

11日 自治区政府副主席刘可为带领自治区相关厅局负责人调研惠农区经济社会发展情况。石嘴山市人民政府市长王永耀，市委常委、常务副市长吴万俊，石嘴山经济技术开发区党工委书记、惠农区委书记梁福祥，人民政府区长李彬等领导陪同调研。

13日 区人民政府区长李彬调研惠农区人社工作，区人民政府副区长宋健陪同调研。

14日 区人民政府区长李彬调研惠农区水利工程建设及水系建设情况。区委常委、统战部部长张新陪同调研。

18日 自治区主席刘慧，自治区党委常委、政府副主席张超超带领自治区发改委、经信委、财政厅、金融办等部门负责人一行调研惠农区工业经济运行情况。石嘴山市委书记彭友东，石嘴山市人民政府市长王永耀，石嘴山经济技术开发区党工委书记、惠农区委书记梁福祥等领导陪同调研。

27日 财政部副部长余蔚平一行调研惠农区义务教育学校办学条件及均衡发展情况。自治区财政厅厅长张苏安，石嘴山市委书记彭友东，市委常委、常务副市长吴万俊，石嘴山经济技术开发区党工委书记、惠农区委书记梁福祥，区委常委、人民政府副区长叶尤刚等领导陪同调研。

28日 区人民政府区长李彬主持召开惠农区人民政府第59次常务会议。

29日 惠农区举办“健康中国惠农行 低碳环保健步走”（黄金水岸—金岸红柳湾）主题活动。区委常委、人民政府副区长叶尤刚主持仪式并致辞。在惠农区的领导及各乡镇、街道、部门、单位职工参加活动。

5月

4日　自治区副主席马力一行调研惠农区医疗改革工作。副市长金花，石嘴山经济技术开发区党工委书记、惠农区委书记梁福祥，区长李彬陪同调研。

是日　市人大常委会副主任余占国带领市人大代表一行视察惠农区清真食品生产经营管理情况。副市长金花，区人大常委会副主任胡金明，副区长韩振军陪同视察。

5日　惠农区举办银行系统首届职工运动会开幕仪式。区长李彬，区委常委、宣传部部长谢丽，区委常委、政府常务副区长孙伟，区委常委、政府副区长叶尤刚，区人大常委会副主任赵建国，区政协副主席侯学云以及中国人民银行惠农支行等十家金融机构负责人参加了开幕式。

6日　惠农区召开安委会第二次（扩大）会议暨夏季消防工作会议，会议传达学习自治区、市安委会第二次全体扩大会议精神，通报辖区近期安全生产形势和消防工作情况，并对下一阶段安全生产工作和夏季消防工作进行安排部署。区委常委、常务副区长孙伟主持会议。

10日　自治区人大常委会副主任马三刚带领“2016中华环保世纪行——宁夏行动”检查组一行检查惠农区环境保护工作。市人大常委会副主任马平安、任生元，区人大常委会主任李耀林，区长李彬陪同检查。

是日　内蒙古阿拉善盟铁路办主任解伟礴及阿拉善经开区管委会主任哈斯巴根一行到惠农考察铁路连接线建设合作事宜。区长李彬陪同考察。

11日　惠农区举办银行系统首届职工运动会闭幕仪式。区长李彬等区领导参加闭幕式。

13日　惠农区召开2016年重点建设项目汇报会。石嘴山经济技术开发区党工委书记、惠农区委书记梁福祥主持会议。区人大常委会主任李耀林，区长李彬，区政协主席谢海燕，区委常委、政府常务副区长孙伟等参加会议。

17日　区长李彬带领相关部门督查2016年十件民生实事工作进展情况。副区长乔建文陪同督查。

22日　惠农区举办“2016‘金冠杯’宁蒙黄河金岸（惠农）山地自行车邀请赛”。区长李彬等区领导参加开幕式。

23日　区长李彬主持召开惠农区人民政府第60次常务会议。

24日　区长李彬作题为“政府办公室如何做好服务工作”“两学一做”专题党课。区人民政府党组成员、副区长以及政府部门履新任职的干部和政府办公室全体党员参加学习。

26日　惠农区召开2016年防汛工作会议。会议总结2015年防汛工作，安排部署2016年防汛工作并通报2016年汛期气象形势。区防汛抗旱指挥部副总指挥、区委常委、人武部部长张占锋，区防汛抗旱指挥部副总指挥、副区长张明俊，以及区防汛抗旱指挥部全体成员、防汛成员单位及责任单位主要负责人参加会议。区委常委、统战部部长张新主持会议。

27日　自治区文化厅党组成员、副厅长刘浩带领自治区文化市场综合执法工作调研组一行调研惠农区文化市场综合执法工作。区委常委、宣传部部长谢丽，副区长韩振军陪同调研。

31日　惠农区举办农发行基础设施建设类中长期信贷、国家专项建设基金政策专题培训班。区委常委、政府常务副区长孙伟，区委常委、政府副区长刘亮，副区长乔建文出席。

6月

1日　自治区党委副书记崔波一行调研惠农区教育工作。自治区教育厅厅长郭虎、副厅长王建平，市委副书记蒋文龄，区长李彬，区委副书记、政法委书记李彦炜，区委常委、人民政府副区长叶尤刚等陪同调研。

是日 市政协副主席李春兴一行调研惠农区旅游项目建设工作。副区长韩振军、政协副主席王家邦等陪同调研。

3日 惠农区举办2016“黄金水岸杯”干部职工篮球比赛。区委、人大、政府、政协相关领导及各乡镇、街道、区直部门负责人、部分干部职工、参赛代表队参加开幕式。

5日 惠农区召开2016年治超治洒专项治理工作动员会。会议安排部署2016年治超治洒工作，副区长张明俊代表区治超治洒专项治理工作领导小组与各责任单位签订目标责任书并作讲话。

13日 区长李彬主持召开惠农区人民政府第61次常务会议。

15日 惠农区2016“黄金水岸杯”干部职工篮球比赛圆满闭幕。区人大常委会主任李耀林、区长李彬、政协主席谢海燕等区领导应邀出席闭幕式并为获奖单位颁奖。区委常委、政府副区长叶尤刚致闭幕辞。

23日 市委副书记蒋文龄一行调研惠农区劳务移民工作情况。区委常委、组织部部长陈泳，副区长张明俊陪同调研。

27日 区长李彬，区委常委、纪委书记罗万信，区委常委、政府副区长张新民一行分组走访慰问困难党员，为他们送去党和政府的温暖。

28日 惠农区举办庆祝中国共产党成立95周年表彰大会暨爱国歌曲演唱会。石嘴山经济技术开发区党工委书记、惠农区委书记梁福祥，人大常委会主任李耀林，区长李彬，政协主席谢海燕以及在惠农的全体区级领导出席表彰大会。

7月

3日 石嘴山经济技术开发区党工委书记、惠农区委书记梁福祥，区长李彬带领区领导及全区各乡镇、街道、区直相关部门主要负责人，对惠农区重点项目、重点工作的进展情况进行观摩。

4日 石嘴山经济技术开发区党工委书记、惠农区委书记梁福祥，区长李彬带领区领导及各乡镇、街道，区直部门负责人赴大武口区、平罗县观摩学习重点项目建设。

5日 石嘴山经济技术开发区党工委书记、惠农区委书记梁福祥，人大常委会主任李耀林，政府区长李彬，政协主席谢海燕等四套班子领导慰问穆斯林群众和宗教界人士。

11日 市委书记彭友东、市长王永耀带领市四套班子领导、市直各部门和三个县区党政主要负责人观摩惠农区2016年上半年产业发展和重点项目建设进展情况。

12日 惠农区召开安委会第三次全体（扩大）会议。区委常委、常务副区长孙伟出席会议。石嘴山经济技术开发区管委会副主任黄志强主持会议。各乡镇、街道、安委会成员单位以及企业负责人参加会议。

13日 区长李彬主持召开惠农区人民政府第62次常务会议。

18日 市长王永耀、副市长常晋宏调研贺兰山自然保护区整治推进工作。区长李彬，区委常委、公安分局局长符福魁，副区长张明俊陪同调研。

20日 惠农区召开2016年上半年经济形势分析会，会议听取12个区直部门和6个乡镇关于上半年重点项目、重点工作进展情况汇报，分析研判经济运行情况，研究部署下半年经济工作。石嘴山经济技术开发区党工委书记、惠农区委书记梁福祥，区人大常委会主任李耀林，政府区长李彬，政协主席谢海燕等区领导参加会议。区委副书记、政法委书记李彦炜主持会议。

25日 石嘴山市委常委、副市长常春一行，调研惠农区机构编制管理工作。副区长宋健陪同调研。

28日　在“八一”建军节来临之际，石嘴山经济技术开发区党工委书记、惠农区委书记梁福祥，区人民政府区长李彬，政协主席谢海燕等区领导一行，先后慰问惠农区人武部、惠农消防中队、惠农区公安分局消防大队、石嘴山市消防支队惠农区特勤中队、惠农区武警中队、红果子消防中队等，为驻惠农部队官兵送去节日的问候。

8月

8日　区长李彬主持召开惠农区人民政府第63次常务会议。

17日　区长李彬主持召开惠农区生态移民审计整改工作会议。区委常委、政府副区长叶尤刚，副区长张明俊参加会议。

是日　惠农区举办“惠·乡情”2016大学生就业创业论坛。石嘴山经济技术开发区党工委书记、惠农区委书记梁福祥出席并致辞，区委常委、区人民政府常务副区长孙伟参加活动。

18日　惠农区召开2016年“创城”“创卫”工作推进会。区长李彬，区委常委、宣传部部长赵萍，副区长侯学云参加会议，区委常委、区人民政府副区长叶尤刚主持会议。

19日　市长王永耀、副市长杨淑丽带领市直相关部门调研惠农区创建国家卫生城市工作。区长李彬，区委常委、副区长叶尤刚等陪同调研。

22日　区人大常委会副主任赵建国一行调研全区小城镇建设情况。副区长侯学云陪同调研。

23日　市委常委、宣传部部长薛文斌和市委常委、政府副市长姚立新一行到惠农调研文化旅游产业发展情况，惠农区委常委、宣传部部长赵萍，区委常委、政府副区长史建峰等陪同调研。

24日　区政协副主席徐永宏一行视察全区工业传统产业发展情况。区人民政府副区长马立华陪同视察。

25日　市人大常委会副主任陆秀兰，市委常委、政府副市长姚立新一行，调研惠农区创建旅游标准化试点城市工作。区委常委、区人民政府副区长史建峰，区人大常委会副主任陈忠福等陪同调研。

是日　惠农区召开固定资产投资暨招商引资工作推进会。会议通报了全区1—8月固定资产投资及招商引资完成情况，对下半年工作进行再安排、再部署。区长李彬主持会议并作讲话，区委副书记、政法委书记田兴海，区委常委、副区长史建峰，副区长侯学云出席会议。

26日　惠农区召开2017年部门预算编制会议。副区长侯学云主持会议并作讲话。

9月

7日　惠农区举办“惠·乡情”2016大学生就业创业论坛。石嘴山经济技术开发区党工委书记、惠农区委书记梁福祥出席并致辞，区委常委、常务副区长孙伟参加活动。

9日　石嘴山经济技术开发区党工委书记、惠农区委书记梁福祥，区人大常委会党组书记邵珠宝，区人大常委会主任李耀林，区政协主席谢海燕，区委副书记、政法委书记田兴海，副区长张明俊、马立华，区政协副主席徐永宏等四套班子领导分组走访慰问惠农区部分学校和教职工代表。

是日　惠农区召开庆祝第32个教师节表彰暨社会教育发展促进会成立大会。会议表彰全区教育战线涌现出的“优秀教师”“师德标兵”“模范班主任”和“优秀教育工作者”，举行惠农区社会教育发展促进会成立揭牌仪式。石嘴山经济技术开发区党工委书记、惠农区委书记梁福祥，区人大常委会党组书记邵珠宝，区人大常委会主任李耀林，区政协主席谢海燕，以及区委、人大、政府、政协分管领导出席大会。区委副书记、政法委书记田兴海主持大会。

10日 惠农区召开2016年下半年新增政府投资项目会议。区委副书记、政法委书记田兴海主持会议。区委常委、政府常务副区长孙伟，区委常委、统战部部长张新，区委常委、副区长叶尤刚等领导参加会议。

22日 惠农区召开2016年秋冬农田水利基本建设大会战动员会。区委常委、政府副区长叶尤刚主持会议。区农田水利基本建设指挥部副总指挥、区委常委、统战部部长张新，区人大常委会副主任陈忠福等区领导出席会议。

是日 杭州市政府考察团一行到惠农区考察对口合作、干部交流和精准扶贫等工作并召开座谈会。市委书记彭友东，石嘴山经济技术开发区党工委书记、惠农区委书记梁福祥，区长李彬，区委常委、副区长叶尤刚，区委常委，副区长史建峰等区领导参加交流座谈会。

26日 惠农区召开全域旅游发展和沿黄湿地保护工作推进会。石嘴山经济技术开发区党工委书记、惠农区委书记梁福祥，人大常委会党组书记邵珠宝等区领导出席会议。区长李彬主持会议。

27日 自治区百余名离退休干部考察团参观考察惠农区城市建设及经济社会发展。市委、区委主要领导及区人大、政府、政协相关领导陪同考察。

29日 石嘴山保税物流中心（B型）暨富海物流危化品铁路专用线开工。石嘴山经济技术开发区党工委书记、惠农区委书记梁福祥，区长李彬等领导参加活动。

是日 区长李彬主持召开惠农区第三届人民政府第64次常务会议。

30日 石嘴山经济技术开发区党工委书记、惠农区委书记梁福祥，区委常委、常务副区长孙伟一行检查惠农区部分企业安全生产工作。

10月

8日 “十一”假期后上班第一天，惠农区在区党政综合楼前举行升国旗仪式。区长李彬、各副区长，区党政综合楼内各办公单位全体干部职工参加升旗仪式。

是日 区创卫指挥部总指挥、区人民政府区长李彬主持召开“创卫”工作领导小组会议。会议通报市创卫办督办通知精神及惠农区创卫相关工作，并对近期创卫复检工作及下一步创卫工作进行全面部署。区委常委、宣传部部长赵萍，副区长张明俊、侯学云，创卫工作领导小组各成员单位负责人参加会议。

9日 “重阳节”到来之际，区政协主席谢海燕，区委常委、组织部部长陈泳，副区长张明俊等领导，看望慰问惠农区百岁老人，并致以节日的祝福和亲切的问候。

是日 石嘴山市委常委、政府副市长常春走访慰问惠农区礼和乡星火颐养院的54户贫困、孤寡老人。副区长张明俊等领导陪同慰问。

13日 石嘴山市人民政府副市长武裕国一行调研石嘴山保税物流中心建设现场——经济技术开发区中阿物流园区建设进展情况。石嘴山经济技术开发区管委会副主任、区委常委、政府副区长史建峰陪同调研。

17日 惠农区开展农田水利基本建设大会战。在2016年秋季农田水利基本建设义务劳动中，2000余名机关干部清挖三级沟道112条长63公里，平整田间道路224条长126公里。

19日 区长李彬主持召开惠农区第三届人民政府第65次常务会议。

20日 石嘴山经济技术开发区党工委书记、惠农区委书记梁福祥主持召开2017年重点工作和项目专题会议。石嘴山经济技术开发区管委会主任李光云，人大常委会党组书记邵珠宝、政府区长李彬等领导参加会议。

21日 全区领导、干部职工观看纪念红军长征胜利80周年大会。聆听中共中央总书记、国家主席、中央军委主席习近平重要讲话，接受理想信念教育，再一次认识长征，认识红军，认识艰苦奋斗、百折不挠、勇于奉献、不怕牺牲的长征精神。

24日 惠农区召开“六五”普法总结表彰暨“七五”普法动员大会。区委副书记、政法委书记田兴海，区委常委、宣传部部长赵萍，区人大常委会副主任赵建国和区政协副主席徐永宏出席会议。区人民政府副区长马立华主持会议。会议总结全区“六五”普法取得的成绩，表彰全国、自治区、市、惠农区“六五”普法先进集体和先进个人，并对“七五”普法工作进行安排部署。区直各部门、乡镇、街道驻惠农各单位及各中小学校分管法治宣传工作的负责人共200余人参加会议。

25日 中国人民政治协商会议石嘴山市惠农区第四届委员会第一次会议在新区会堂隆重开幕。区委书记梁福祥、区人大党组书记邵珠宝、石嘴山经济技术开发区党工委副书记任学成及离任的政协领导代表应邀列席会议。石嘴山市政协副主席李斌到会祝贺。大会主席团常务主席谢海燕、徐永宏、曲显普、杜海雁、哈德林出席会议。大会听取政协惠农区三届委员会常务委员会所作工作报告及政协第三届委员会常务委员会关于提案工作情况的报告。

26日 惠农区第四届人民代表大会第一次会议在新区人民会堂开幕。大会主席团执行主席梁福祥、田兴海、罗万信、陈泳、赵建国、胡艳玲、陈忠福、罗彬出席会议。区人大常委会党组书记、大会主席团执行主席邵珠宝主持会议。区人民政府区长李彬向大会作政府工作报告。

27日 惠农区第四届人民代表大会第一次会议举行第二次全体会议，听取区人大常委会工作报告和法院、检察院工作报告。大会主席团执行主席梁福祥、田兴海、罗万信、陈泳、赵建国、胡玲艳、陈忠福、罗彬出席会议。区人大党组书记、大会主席团执行主席邵珠宝主持会议。受区人大常委会委托，区人大常委会副主任赵建国作惠农区人大常委会工作报告、区人民法院代院长王绍军作惠农区人民法院工作报告、区人民检察院代理检察长韩林作惠农区人民检察院工作报告。

是日 为期三天的政协惠农区四届一次会议完成大会各项议程，圆满闭幕。区委书记梁福祥，区人大党组书记邵珠宝，区人民政府区长李彬，大会执行主席谢海燕、徐永宏、曲显普、杜海雁、哈德林出席会议。大会表彰区政协三届委员会优秀提案、提案承办和督办先进单位、提案工作先进个人；通过提案审查情况的报告和通过大会决议。区委书记梁福祥代表惠农区委对大会的圆满成功举行表示祝贺。区政协主席谢海燕致闭幕辞。

28日 惠农区第四届人民代表大会第一次会议完成各项议程闭幕。大会执行主席梁福祥、邵珠宝、田兴海、罗万信、陈泳、赵建国、胡艳玲、陈忠福、罗彬出席会议。区人大党组书记邵珠宝主持会议。

11月

2日 惠农区召开重点项目融资政银对接座谈会。会议通报2016年惠农区金融运行及各银行支持惠农发展情况；2017年固定资产投资重点建设项目和政府投资的基础设施类项目情况。石嘴山经济技术开发区党工委书记、惠农区委书记梁福祥，区人民政府区长李彬等区级领导，部分重点企业、各大金融机构及区直相关部门负责人参会。

是日 区长李彬召开促进农民增收工作专题会议。会议听取农村居民收入完成情况、增收政策落实情况汇报，并安排部署相关工作。区委常委、政府常务副区长孙伟，区委常委、统战部部长张新，副区长侯学云参加会议。

8日 区长李彬一行专题调研红果子镇工作。会议听取红果子2016年重点工作完成情况、2017年重点工作谋划。会议要求，要结合惠农区实际情况，找准红果子镇发展定位，积极依托自身优势加快发展，不断提升群众幸福指数。

17日 惠农区召开安全生产工作会议暨2016年区安委会第四次全体（扩大）会议。会议传达学习习近平总书记、李克强总理对全国安全生产工作重要批示精神，以及自治区安全生产工作会暨2016年安委会第四次全体（扩大）会议精神，并对下一阶段安全生产工作进行安排部署。政府区长、区安委会主任李彬，区委常委、区人民政府常务副区长孙伟，区委常委、区人民政府副区长叶尤刚，人大常委会副主任陈忠福，副区长张明俊，政协副主席徐永宏及区安委会成员单位负责人，部分重点企业负责人及分管安全生产工作的负责人参加会议。

18日 区长李彬主持召开惠农区第四届人民政府第1次常务会议。

22日 区长李彬一行专题调研礼和乡工作。会议听取礼和乡2016年重点工作完成情况、2017年重点工作谋划。会议要求，礼和乡要把握实际，立足长远，开拓思路，做好就近产业发展，创新礼和乡的本土“名片”。同时还要结合当前原有市场，依托把握好新兴市场载体，以实际承载为标准，大力发展种养产业，延长产业链条，提升区域竞争优势，优化产业增收结构，促进农民增收。

是日 区政协召开工业传统产业发展咨政协商会。会议听取区政府关于惠农区工业传统产业发展情况通报和区政协调研组关于惠农区工业传统产业发展调研情况的通报；政协委员围绕推动惠农区工业传统产业转型升级、提升传统工业自主创新能力等作专题发言。区政协主席谢海燕，区委副书记、政法委书记田兴海，区委常委、政府副区长张新民，区政协副主席徐永宏、曲显普、杜海雁，部分区政协常委、委员，政协各委办主任，及区直相关部门和驻惠农单位的负责人参加会议。

23日 惠农区举办学习中共十八届六中全会精神宣讲报告会。自治区宣讲团成员、自治区党校副校长、行政学院副院长李培文作题为《全面从严治党开启新征程——十八届六中全会精神解读》的宣讲报告。区委副书记、政法委书记田兴海主持报告会。区四套班子领导，各乡镇、街道、区直部门及法院、检察院副科级以上实职领导干部近300人聆听报告。

24日 惠农区召开2016年创城迎国检工作推进会。会议通报石嘴山市文明城市创建和“六城联创”工作第三方测评情况，并对下一步测评迎检工作进行安排部署。区人民政府区长、区创城指挥部总指挥李彬，区委常委、政府副区长叶尤刚，副区长侯学云出席会议。区委常委、宣传部部长赵萍主持会议。各乡镇、街道、区直有关部门及驻惠农单位负责人参会。

是日 区人大常委会举办出席石嘴山市第十四届人民代表大会代表和惠农区第四届人民代表大会代表培训班，对全区各行业的147名人大代表进行培训。自治区党校法学教研部主任、教授周晓军作《中华人民共和国宪法》专题辅导，自治区人大常委会《宁夏人大》杂志编审、石嘴山市人大常委会立法咨询委员会委员班学林作“依法履行人大代表的职责”专题讲座。区人大常委会副主任罗彬主持培训班。

是日 惠农区召开石嘴山经济技术开发区环境综合治理工作专题会议。石嘴山经济技术开发区党工委书记、惠农区委书记梁福祥主持会议并作重要讲话。区长李彬，石嘴山经济技术开发区管委会副主任刘俊民，区委常委、政府常务副区长孙伟，副区长符福魁等区级领导及经济技术开发区、部分区直部门、驻惠农有关企事业单位主要负责人参加会议。

25日　区长李彬主持召开惠农区第四届人民政府第2次常务会议。

是日　惠农区召开第三次全国农业普查工作协调会。会议对农业普查工作进行安排部署，并与各成员单位签订《惠农区第三次全国农业普查目标责任书》。区委常委、副区长叶尤刚主持会议。各乡镇、街道及宣传、发改、民政、司法、农牧水务、林业等相关部门负责人参加会议。

12月

1日　区长李彬调研庙台乡工作。区委常委、统战部部长张新陪同调研。

2日　区长李彬调研区民政局工作。区人民政府副区长董华锋陪同调研。

3日　自治区政府副主席王和山带领自治区发改委、经信委、财政厅、商务厅、金融局等部门负责人调研惠农区农村电子商务平台建设项目。石嘴山市市长王永耀，市委常委、常务副市长吴万俊，副市长潘明生，惠农区人民政府区长李彬、副区长韩振军等领导陪同调研。

7日　区长李彬专题调研惠农区政务服务中心工作。区委常委、宣传部部长谢丽，政府副区长宋健陪同调研。

20日　惠农区举行"德耀惠农、美丽人生"为主题的第二届"最美惠农人"颁奖典礼。自治区党委宣传部副部长、文明办主任毛录，石嘴山市委宣传部副部长王彦峰，惠农区五套班子在家领导出席颁奖典礼。

是日　区长李彬主持召开惠农区第四届人民政府第2次常务会议。

惠农综览

地理资源

【地理位置】 惠农区属石嘴山市辖区，党政机关驻北大街。地理坐标为北纬 39° 14′ 4″，东经 106° 46′ 32″。地势西南高，东北低。西北部为贺兰山，海拔 1275—2436 米；北麓为洪积扇倾斜平原，海拔 1092—1380 米；东南部为黄河冲积平原，地势平坦，沟渠纵横，海拔 1090—1095 米；东部为黄河冲积平原，居银川平原北端，贺兰山尾东麓，内蒙古高原南部。区境属西北干旱区和内蒙古高原、草原、荒漠草原区。东以黄河为界，与内蒙古自治区鄂托克旗及宁夏回族自治区平罗县陶乐镇相望，西以贺兰山地为界，与内蒙古自治区的阿拉善左旗及石嘴山市大武口区接壤，南与平罗县相邻，北邻内蒙古自治区乌海市。总面积为 1254 平方公里。包兰铁路和 109 国道、110 国道、201 省道及石（石嘴山）中（中宁）高速公路贯境而过，黄河东濒，石嘴山黄河大桥连贯东西。惠农区自古以来是宁夏、内蒙古交往贸易之交通要道，是连接甘肃、内蒙古以及华北地区的水陆要道，是宁夏的交通枢纽和工业发源地，是一个新型滨河园林工业城市。

【建置沿革】 春秋时期，惠农区境为狄、戎杂居的游牧之地，秦时，统一六国后为北地郡辖。汉代元朔二年（公元前 127），区境属北地郡廉县治辖。三国、西晋时期，惠农区境先后为匈奴、羌、鲜卑等少数民族所据，复为游牧之地。东晋十六国，区境先后为前赵（匈奴族）、后赵（羯）、前秦（氐）、后秦（羌）、夏（匈奴）各族政权所控制。南北朝时太和初年（477），区境属灵州普乐郡。北周区境属怀远县。隋开皇十八年（598），改属广闰县；仁寿元年（601），改广闰为灵武县；至杨广大业年间，区境又属灵武郡。唐前期，区境属灵州都督府；安史之乱前后，属朔方道节度使。先天二年（713）区境属定远军，后定远军升为县；景福二年（893）升为州，名警州。五代，区境先后为后梁、后唐、后晋、后汉、后周政权所控制，为灵州节度使辖区。北宋，属陕西路灵州定远镇所辖。至道年间（995—997），改为威远军。西夏，区境归定州省嵬所辖。元，属甘肃行中书省宁夏路（今银川市）定州。明，嘉靖二十年（1541），筑北长城后（在今红果子地区），区境被蒙古部落控制。嘉靖三十年（1551），区境此时属宁夏卫平虏守御千户所。清，属甘肃省宁夏府平虏守御千户辖。雍正三年（1725），改称平罗县，区境属平罗县辖。雍正四年，属宁夏卫宝丰县（治平罗县宝丰镇）辖。雍正七年（1729），区境为市口堡属宝丰县。乾隆三年（1738）十一月二十四日，因地震宝丰县毁而并入平罗。光绪年间（1875—1908）前，石嘴山设镇。中华民国初，区境属甘肃省宁夏道。民国 18 年（1929），宁夏建省。民国30年（1941），划平罗县的王泉口、高庄、惠北、灵沙等地及其以北地区设置惠农县，隶属于宁夏省辖，地域即为现惠农区。1949年10月4日，惠农县人民政府成立，县党政机关驻宝丰镇，属宁夏省辖。1954年9月，属甘肃省银川专署管辖。1958年9月，银川专署撤销。10月25日，宁夏回族自治区成立，属宁夏回族自治区管辖。1960年3月，在惠农县的基础上成立石嘴山市，惠农县撤销。1987年6月，惠农县恢复建制，县驻马家湾，属石嘴山市管辖。2004年1月30日，撤销石嘴山市石嘴山区和惠农县，成立惠农区，区人民政府驻北大街394号，辖区辖3个乡、3个镇、6个街道办事处。

【自然资源】 境内有丰富的矿产资源，已探明并开采的原煤总量在17.7亿吨以上。有硅石、黏土、白云岩、石灰岩、白银、铁矿、燧石、云母、方解石、水晶、长石、石英岩等20多种矿产资源。辖区森林覆盖率达18.3%，人均公共绿地面积8平方米，湿地总面积达9.15万亩。黄河过境水是惠农区主要地表水资源，年平均过境水量301亿立方米。除黄河干流外，区境内有湖泊43处，分布在礼和乡、燕子墩乡等6个乡、15个村，面积2386.67公顷，蓄水量951万立方米。有山泉290余处，分布于贺兰山区域。其中王泉沟、正义关、柳条沟等处8眼山泉常年流水不断，年均水量620万—1560万立方米，其水质甘甜、矿化度小于1克/升，有很高的开发价值。

【旅游资源】 惠农辖区拥有境内有西夏遗址、省嵬古城遗址、北长城遗址、贺兰山岩画、西河桥古生物化石遗址、黄河湿地和万亩红柳园等众多古老文化遗址和风景优美的独特自然景观。金岸红柳湾生态园区先后被农业部、国家旅游局评为“全国休闲农业与乡村旅游示范点”，被石嘴山市休闲农业与乡村旅游协会评选为“会长单位”；2014年被自治区旅游局评为“五星级农家乐”，被自治区文化厅评为“文化产业示范基地”，被全国休闲农业与乡村旅游协会评为“全国五星级休闲农业与乡村旅游企业”（尚属宁夏首家）；2015年被国家体育局评为“全国青少年户外体育活动营地”。

罗家园子位于惠农区燕子墩汪家村以东贺兰山脚下，背倚大山，园内桑树成荫，百年古树不下10株。园子后面的王泉沟，山高沟深，沟中一股清泉终年川流不息，水质甘甜。山崖险胜处，多有瀑布，飞花溅玉，蔚为壮观。位于惠农区燕子墩汪家村以东海拔3000多米的贺兰山脚下的王泉沟口，是贺兰山脚下的一片绿洲，罗家园以其秀丽的景色，潺潺的泉水，清凉的气候，山水的交汇，独特的绿洲和鬼斧神工的幽谷险峰，形成了贺兰山下一个美丽的风景区。省嵬城遗址位于石嘴山市惠农区庙台乡境内，现存城址略呈方形，城墙为黄土夯实，残墙高2—4米、基宽13米。北墙长588米、南墙长587米、东墙长593米、西墙长590米。南墙有一座城门，城门仅有一个门道，长13米，厚约4米。门洞两侧铺有一层长条石，其上有四个圆形石柱础。门道中有一石门槛，高出地面0.3米，石门槛两侧各有一个石门枕，上面有安门框的沟槽。遗址最高处是一座4米多高的烽火台。据文献记载，这里曾发生过大地震，整个城池陷入地下。现在省嵬城仅留下的是残坯断壁。经过一千年风霜雨露的洗礼，城墙变得矮短，并且断断续续。东墙已面目全非，被人铲平，建造了房屋和院落，南北墙保存较完整。考古人员对省嵬城遗址进行发掘，出土了大量的文物，其中包括古币、瓷器、铁器等。该处还出土一具瓷制秃发人头，由于李元昊早在1033年下令秃发，所以这件更显得文物弥足珍贵。考古人员还发现，除南城门遗址发现少量的砖、瓦等建筑材料外，遗址中未见砖瓦，表明城内居民的住房绝大部分为土屋。

黄河红柳生态观光园位于惠农区园艺镇沿黄河到礼和乡银河村一线。5万多亩红柳林被黄河与五排沟夹在约5公里狭长的天水一线之内，形成了天然“湖心岛”。大川生态旅游区位于贺兰山麓北端，惠农区境内。整个大川地势平坦，从川底到川口约10—20公里，地形随山脉走势呈不规格化状，川套山湾，山湾包川。四合木是最具代表性的古老残遗濒危珍稀植物，被学术界评价为亚洲中部漠区的特征属，被誉为植物的“活化石”和植物中的“大熊猫”。其分布范围非常狭窄，在世界范围内零星散见于俄罗斯、乌克兰部分地区，集中连片生长的四合木仅存于惠农区最北端麻黄沟周围。

西河桥古生物化石遗址位于惠农区尾闸乡西河桥以西的贺兰山下，占地面积600平方米，发现于1985年11月。经中国科学院古脊椎动物与古人类研究所专家的发掘研究，西河桥古生物化石形成于10万—15万年前，现已出土的有犀牛、盘羊、大角鹿、老虎、猎豹、三趾马等古动物化石，是研究古地壳变迁、气候变化、古动植物灭绝最好的物证。引起了专家、学者、人民群众和新闻界的关注，新华社宁夏分社、中央电视台和区内一些新闻单位进行了报道。

【人　口】 据区公安户籍统计，2016年，惠农区户籍总人口数为17.4万人，其中，少数民族3.2万人，占总人口的18.39%；农业人口5.4万人，占总人口的31.03%。年内，新出生人口1577人。

经济建设

【工业经济】 2016年，辖区有规模以上工业企业83家，实现增加值68.1亿元，同比增长6.0%。其中，国有控股企业累计实现增加值26.7亿元，同比下降18.8%；私营企业累计实现增加值16.7亿元，增长41.3%；股份制企业累计实现增加值68亿元，同比增长6%。

【特色农业】 全区种植瓜菜5万亩；存栏奶牛1.78万头；新建标准化养殖场5个，种植优质牧草1.9万亩，累计培育24家农业。3月，组织“惠农枸杞”“惠农脱水蔬菜”申报国家地理标志证明商标注册；辖区有10家脱水菜加工企业获得自营出口权，鲜枸杞果汁“杞立方”获得发明专利。

【第三产业】 国家海关总署、财政部、国家税务总局、国家外汇局批准设立石嘴山保税物流中心（B型）、中阿国际物流园区石嘴山（惠农）铁路物流园建设。培育经开区中小企业孵化基地、乐天电子商务孵化园等9个“双创”示范基地，跨境电商实现零突破，累计实现交易额1.3亿元。

【招商引资】 累计引进各类招商项目369个，实际到位资金562亿元；争取中央、自治区、市各类专项资金33.56亿元，年均增长3.9%。累计争取中央、自治区、市各类专项资金14.65亿元；采取以商招商、以企招商等形式，共落实招商引资项目79个（含融资2个），计划引资总额180.65亿元，实际到位资金155.04亿元。

【生态建设】 年内，累计造林6.1万亩，辖区森林覆盖率达9.1%，城市绿化覆盖率达28.6%，人均公共绿地面积达18.9平方米，地表水达标率达100%，城市空气质量达标率达90%，城乡生活垃圾无害化处理率达94.1%，先后被评为“国家森林城市”“全国生态建设先进县区”和“国家园林城市”。

社会建设

【民生实事】 坚持以75%以上的财政收入投入民生领域，坚持每年办理10件民生实事。改扩建中小学、幼儿园18所。公共文化服务体系示范区创建顺利通过文化部验收。

【基础设施建设】 新建改造城市道路4公里，铺设主城区盲道360平方米；实施老旧小区既有建筑节能改造32万平方米。完成河滨街煤矿棚户区、水城民生工矿棚户区改造任务，居民居住环境显著改善。

【信访维稳】 2016年，共接待来信来访273批、1089人次，其中集体访54批、732人次，批次和人次分别占来访总量的19.8%和67.2%。与上年同比，初信初访批次和人次分别下降24%和40%，集体访量批次和人次分别下降40%和49%。

【政务服务】 2016年，政务服务中心全年共受理各类审批服务事项62440件，办结62430件，即办件52460件，承诺件9951件，正常办结率100%，提前办结9961件，无超期办结现象。

【社会救助】 年内，新增城乡低保对象368户、479人，取消772户、1399人，共保障城乡低保对象4798户、7856人。其中，城市3080户、5700人；农村1718户、2156人。共发放城乡低保资金2700万元，切实做到了应保尽保。共实施门诊救助9154人，住院救助2722人，合计医疗救助资金共计支付274.6万元。

【创业就业】 安置公益性岗位就业困难人员425人，建立贫困家庭台账1123户、2088人，帮助716名困难人员实现就业，推荐125名贫困农村劳动力实现转移就业，组织143名贫困人员参加了各类培训。年底，实现城镇新增就业7460人，就业困难人员实现就业500人，城镇失业率控制在4.0%以内。农村劳动力转移就业13507人次，实现工资性收入1.12亿元。

【道路运输】 辖区共有4家班线客运企业，有班线客车164辆；客运汽车站1个（其中一级1个），日均发班150次，日均运送旅客1200余人。乡镇通班车率达100%，行政村通班车率达100%。辖区有4家出租车企业，有出租车772辆；有1家公交客运企业，有公交汽车100辆；有普通货车1422辆。

【失地农民保障】 2016年度，共办理被征地农民养老保险1098人（其中，参加职工养老保险1048人、居民养老保险50人），配套财政补贴资金3577.83万元，符合条件人员基本完成参保缴费，150人领取被征地农民养老保险待遇，每月领取730.00元至770.00元不等。共受理劳动者举报投诉164起，涉及人数5269名，涉及金额7878.8万元。

2016年惠农区机构设置和负责人名录

中国共产党惠农区委员会

书记：王万虎（2016年3月离任）
梁福祥（2016年3月新任）
副书记：李　彬　田兴海（2016年8月新任）
李彦炜（2016年8月离任）

中共惠农区委办公室

区委办公室主任：刘占强（2016年5月离任）
黄建成（2016年5月新任）
区委办公室副主任：唐中华　李永强
李占林（2016年3月离任）
李　健（2016年9月新任）
王　磊（2016年10月新任）

惠农区三届人民代表大会

主任：李耀林
副主任：赵建国　秦永红（女）
胡金明（回族）　陈忠福

惠农区四届人民代表大会

主任：邵珠宝
副主任：赵建国　胡玲艳（女，满族）
陈忠福　罗　彬

惠农区人民政府

区长：李　彬
副区长：孙　伟　叶尤刚　张明俊

张新民（2016 年 3 月新任）
刘兆明（2016 年 5 月离任）
史建峰（2016 年 5 月新任）
刘　亮（2016 年 6 月离任）
宋　健（2016 年 8 月离任）
符福魁（2016 年 8 月新任）
韩振军（2016 年 8 月离任）
乔建文（2016 年 8 月离任）
马立华（2016 年 8 月新任）
侯学云（2016 年 8 月新任）

惠农区人民政府办公室

主任：马国桢（2016 年 3 月新任）
副主任：马　军（2016年4月新任，10月离任）
吴建平（2016 年 1 月新任）
隋晓敏（2016 年 10 月新任）

惠农区地方志办公室

副主任：刘　霞（女，回族）

政协惠农区委员会

主席：谢海燕（女，回族）
副主席：赵建国（2016 年 1 月离任）
徐永宏
王家邦（2016 年 10 月离任）
侯学云（2016 年 1 月新任，2016 年 10 月离任）
曲显普（2016 年 10 月新任）
杜海雁（2016 年 10 月新任）
秘书长：哈德林（回族）

惠农区纪委监察局

书记：罗万信
副书记、监察局局长：宁　华（2016年11月离任）
副书记：张秀玲（2016 年 2 月离任）
李金福（2016 年 9 月新任）
监察局副局长：马玉琴
张瑞翎（2016 年 9 月离任）
马　玲（2016 年 6 月新任）

惠农区政法委

书记：李彦炜（2016 年 9 月离职）
田兴海（2016 年 9 月任职）
副书记：张淑卿　林爱圣

惠农区委组织部

部长：鲁鹏飞（2016 年 2 月离任）
陈　泳（2016 年 2 月新任）
常务副部长、区人才办副主任：王　霞
副部长：马金琪
郭维荣（2016 年 5 月新任）

惠农区委宣传部

部长：谢　丽（2016 年 7 月离任）
赵　萍（2016 年 8 月新任）
副部长、文明办主任：班学儒（2016 年 5 月离任）
副部长：栾　宁
周　静（2016 年 10 月新任）

惠农区机构编制委员会办公室

主　任：寇志山
副主任：宋建峰

惠农区档案局

局长：黄翠莲
副局长：郇月红　吴建平

惠农广播电视台

主任：张作奇

惠农区政务服务中心

主任：花学娟

副主任：华艳惠　王国栋

惠农区信访督办局

局长：庞红阳（2016年12月离任）

张振华（2016年12月新任）

副局长：安　康（2016年6月离任）

李占华

王　琳（2016年11月新任）

惠农区商务和文化旅游局

局长：姚立新（2016年5月新任）

曲显普（2016年5月离任）

副局长：陈筠萍（2016年3月新任）

张瑞芳

惠农区供销社

主任：高万君

惠农区司法局

党总支书记、局长：宁　华

副局长：徐建民　李冬梅

惠农区农牧水务局

局长：陈学祥

副局长、纪检书记：徐学保

副局长：任存东　张金平

惠农区农业机械安全监理站

站长：高耀路

惠农区林业局

书记：徐学保（2016年7月离任）

局长：朱学双

副局长：杨元军

岳惠珍（2016年10月新任）

惠农区工业和信息化局

局长：樊宗余

副局长：徐文华　丁淑琴

惠农区安全生产监督管理局

局长：张林杉

副局长：吴建宁

贺雨乐（2016年6月任职）

惠农区交通运输局

局长：戴建新

副局长：杜永霞

惠农区住房和城乡建设管理局

党委书记、副局长：姜淑萍（2016年1月离任）

党委副书记，局长，人防办、地震工作办公室主任：陈学祥（2016年5月离任）

雷　文（2016年5月新任）

副局长：李兴国

唐兴华（2016年6月新任）

副局长、拆迁管理办公室（土地收购储备中心）主任：王　成

纪委书记、副局长：王占云

副局长、建设工程质量监督站站长：马　军

惠农区财政局

局长：王建师（2016年4月离任）

张文惠（2016年5月新任）

副局长：苏兴平（2016年7月离任）

马　琴

冯万里

杨　杰（2016年5月新任）

惠农区农业综合开发办公室

主任：侯　磊（2016 年 8 月离任）

杨　杰（2016 年 9 月新任，11 月离任）

王林华（2016 年 11 月新任）

惠农区教育体育局

书记：徐进华（2016 年 8 月离任）

杜闻军（2016 年 8 月新任）

副书记：张学仁（2016 年 8 月新任）

局长：吴建平（2016 年 4 月离任）

杜闻军（2016 年 5 月新任）

副局长：徐惠生（2016 年 8 月离任）

王生林（2016 年 8 月离任）

侯　磊（2016 年 8 月新任）

王　芳（2016 年 12 月新任）

惠农区人力资源和社会保障局

局长：黄建成（2016 年 5 月离任）

曲显普（2016 年 5 月新任，2016 年 11 月离任）

蔡爱军（2016 年 11 月新任）

副局长：杨兆清

雷　权（2016 年 12 月离任）

马建忠（2016 年 6 月新任，11 月离任）

惠农区发展和改革局

局长、经济动员办公室主任：王群喜

副局长：曹建宏

孙学娟

刘雁鸿（2016 年 3 月新任）

惠农区审计局

局长：张文惠（2016 年 6 月离任）

王学军（2016 年 7 月新任）

副局长：魏桂程　陈汉军　宋正婷

惠农区科学技术协会

主席：马占宏（2016 年 9 月离任）

徐进华（2016 年 9 月新任）

惠农区卫生和人口计划生育局

书记：侯玉明（2016 年 8 月新任）

局长：侯玉明

副局长：王宝明

宋学云

张秀玲（2016 年 3 月新任，10 月离任）

惠农区卫生监督所

所长：刘庆平

副所长：万春霞

惠农区妇幼保健所

党支部书记：孙艳民（2016 年 11 月新任）

主任：常艳红（2016 年 6 月离任）

田　林（2016 年 8 月新任）

副主任：孙艳民　王淑春

惠农区疾病预防控制中心

主任：石月虎

副主任：张素云

惠农区民政局

党支部书记、局长：罗　彬（2016 年 12 月离任）

张秀玲（2016 年 12 月新任）

副局长：王文德

李雪峰（2016 年 8 月离任）

徐惠生（2016 年 8 月新任）

红果子镇

书记：王建师（2016 年 5 月离任）

马学军（2016年5月新任）

镇人大主席团主席、纪委书记：

姜兴力（2016年5月离任）

镇人大主席团主席：朱新忠（2016年5月新任）

镇长：周栓利（2016年2月离任）

张杰林（2016年2月新任）

副书记：杜银彦

纪委书记：强　薇（2016年6月新任）

副镇长：彭小沛（2016年3月离任）

韩金保（2016年5月离任）

田　莉（2016年7月离任）

李培军（2016年5月新任，2016年11月离任）

张海川（2016年6月新任）

潘玉萍（2016年7月新任）

园艺镇

党委书记：哈占明（2016年10月离任）

庞红阳（2016年10月新任）

镇人大主席团主席：哈占明（2016年4月离任）

姜兴力（2016年6月新任）

镇长、党委副书记：储会玲（2016年4月新任）

党委副书记：赵　亮（2016年6月离任）

纪委书记：李培军（2016年6月离任）

镇纪委书记：王彩珍（2016年7月新任）

副镇长：李培军（2016年6月离任）

马建忠（2016年7月离任）

王小红（2016年7月离任）

肖晓莉（2016年10月新任）

董建宏（2016年4月新任）

尾闸镇

党委书记、镇人大主席团主席：

杜文军（2016年6月离任）

镇党委书记：王占龙（2016年5月新任）

镇党委副书记、镇长：

王占龙（2016年5月离任）

彭小沛（2016年5月新任）

镇人大主席团主席：刘　云（2016年6月新任）

镇党委副书记：郑小剑

纪委书记：韩玉兰

副镇长：马　玲（2016年6月离任）

唐新华（2016年7月离任）

冯光荣（2016年6月新任）

王小红（2016年6月新任）

马永刚（2016年6月新任）

庙台乡

党委书记：周栓利（2016年2月新任）

乡人大主席团主席：

周栓利（2016年2月新任，2016年5月离任）

张　峰（2016年5月新任）

乡长：安乐华（2016年5月离任）

吴广生（2016年6月新任，2016年11月离任）

党委副书记：赵　亮（2016年5月离任）

刘立春（2016年5月新任）

纪委书记：刘立春（2016年5月离任）

王淑萍（2016年6月新任）

武装部部长：赵　亮（2016年5月离任）

朱卫星（2016年6月新任）

副乡长：文　军（2016年3月离任）

郭学忠（2016年5月离任）

王淑萍（2016年5月离任）

唐兴虹（2016年6月新任）

朱卫星（2016年6月新任）

查晓磊（2016年7月新任）

礼和乡

乡党委书记：班学儒（2016年6月新任）

乡人大主席团主席：马少儒（2016年9月新任）

乡长：宋文祥
乡党委副书记：雷　鸣（2016年5月离任）
乡纪委书记：王　蕾（2016年5月新任）
政府副乡长：马学军
　　　　　　哈秀琴
　　　　　　郎　强（2016年9月新任）

燕子墩乡

乡党委书记、乡人大主席团主席：
　　李宏伟（2016年5月离任）
乡党委书记：安乐华（2016年6月新任）
乡人大主席团主席：马国荣（2016年5月新任）
乡长：宁　军（2016年5月离任）
副书记、乡长：杨旭辉（2016年5月新任）
党委副书记：吴广生（2016年6月离任）
　　　　　　薛占江（2016年6月新任）
纪委书记：郭利平（2016年6月离任）
　　　　　何　萍（2016年6月新任）
副乡长：唐兴虹（2016年6月离任）
　　　　朱卫新（2016年6月离任）
　　　　何　萍（2016年6月离任）
　　　　郭爱萍（2016年6月新任）
　　　　岳惠琴（2016年6月新任）
　　　　潘玉萍（2016年7月离任）
　　　　安　康（2016年7月新任）

育才路街道办事处

党工委书记：杨占国
办事处主任：张杰林（2016年3月离任）
　　　　　　姜立清（2016年3月新任）
街道党工委副书记、纪委书记：李　贞
办事处副主任：李　建（2016年10月离任）

南街街道办事处

党工委书记：蔡爱军（2016年11月离任）
党工委书记、办事处主任：
李占林（2016年11月新任）
街道党工委副书记、纪工委书记：毕敬霞
副主任、武装部部长：王　琳
　　（2016年10月离任）

北街街道办事处

党工委书记：邹新泉
办事处主任：常慧宏
党工委副书记、纪工委书记：张桂芳
办事处副主任：岳惠珍（2016年9月离任）

火车站街道办事处

党工委书记：谭宁平
主任：储会玲（2016年3月离任）
　　　彭小沛（2016年3月新任，5月离任）
　　　寇林宝（2016年6月新任）
党工委副书记、纪工委书记：
　　　雷　鸣（2016年5月离任）
　　　王生林（2016年6月新任）
副主任、武装部部长：胡　静（2016年5月离任）

河滨街道办事处

街道党工委书记：郭金平
党工委副书记、办事处主任：牛新舜
党工委副书记、纪工委书记：
　　　张振华（2016年11月离任）
办事处副主任、武装部部长：匡喜国

中街街道办事处

党工委书记：张安君
主任：王　津
副主任：徐景香
党工委副书记、纪工委书记、街道武装部部长：郭学忠（2016年6月新任）

惠农区总工会

主席：赵建国

常务副主席：李宏伟（2016 年 6 月新任）

副主席：吴茂明

惠农区妇女联合会

主席：陈德春

副主席：王玉双

共青团惠农区委员会

书记：张凤仙

惠农区残疾人联合会

理事长：刘　彬（2016 年 4 月离任）

宁　军（2016 年 5 月新任）

副理事长：李　贞（2016 年 3 月离任）

惠农区文学艺术界联合会

主席：马爱喜（2016 年 7 月新任）

惠农区红十字会

负责人：杨殿国

惠农区工商业联合会

党组书记：周福林

主席：文　军（2016 年 11 月离任）

孙学娟（2016 年 11 月新任）

副主席：高万君（2016 年 11 月离任）

副主席兼秘书长：吴建宁（2016 年 11 月新任）

惠农区消防大队

大队长：辜华刚

教导员：李　鹏

惠农区公安分局

政委：张仙蕊（2016 年 6 月新任）

局长：符福魁

副局长：张仙蕊（2016 年 6 月离任）

丁慧明

刘卫红（2016 年 6 月离任）

刘　冰（2016 年 6 月离任）

王连升（2016 年 6 月新任）

何峰昌（2016 年 6 月新任）

河滨街派出所

教导员：沈建华

所长：罗　鹏

副所长：刘　岩

南街派出所

所长：李　华

教导员：李　岩

副所长：周　宁

张明轩

园艺派出所

所长：曹　刚

教导员：王晓荣

副所长：曹银茂

张　永

红果子派出所

所长：张　波

教导员：吴学信

副所长：张应科

姜洪臣

惠农区交通警察分局六大队

大队长：徐光华（2016 年 7 月离任）
　　　　赵志强（2016 年 8 月新任）
教导员：芦　军
副大队长：杨红星

惠农区交通警察分局七大队

大队长：王清平
教导员：赵德勇
副大队长：马　华

惠农区交通警察分局八大队

大队长：刘印杰（2016 年 8 月离任）
　　　　任向军（2016 年 8 月新任）
教导员：卢　军（2016 年 10 月离任）
　　　　郑　豪（2016 年 10 月新任）
副大队长：郑　豪（2016 年 10 月离任）

惠农区人民法院

党组书记、院长：许其锁（2016年8月离任）
　　　　　　　　王绍军（2016年8月新任）
副院长：陈彦林　李云锋　徐福恩

惠农区人民检察院

检察长：韩　林
副检察长：韩宏军　常惠琴　王国民

惠农区环保监察大队

大队长：李学平
副大队长：沈小龙　郝　剑

惠农区运管科

科长：吴瑞生
副科长：赵平顺　翟　华

惠农区国家税务局

党组书记、局长：赵彦山
副局长：殷　江　杨学光　吕晓萍　任学文

惠农区地税局

局长：孙　岸（2016 年 11 月离任）
　　　张　煊（2016 年 11 月新任）
副局长：屠建利　鞠洪海

石嘴山市国土资源局惠农区分局

局长：张　华
副局长：郭学明　李爱明

石嘴山市规划局惠农分局

局长：白玉昌（2016 年 5 月离任）
　　　贾新利（2016 年 5 月新任）
副局长：杨　乐

石嘴山市市场监督管理局惠农分局

局长：胡灵红
书记、副局长：李忠全
副局长：薛　政　杨宏斌　王秉恒
　　　　李　平（2016 年 6 月新任）

惠农区气象局

局长：海彦平（2016 年 7 月离任）
　　　杨海山（2016 年 8 月新任）
副局长：喇永昌　李向军

石嘴山市不动产登记事务中心惠农区分中心

主任：李爱明

中国共产党惠农区委员会

综　述

【概　况】惠农区主动适应经济发展新常态，稳增长、促改革、调结构、惠民生、防风险，在全党范围开展“两学一做”学习教育，积极应对经济下行压力，开创经济稳健发展、政治安定团结、社会和谐稳定、各项事业全面进步的良好局面，进一步加快开放富裕和谐美丽新惠农建设进程。

【工业经济】惠农区坚持改造提升传统产业和培育发展新兴产业并重，完成地区生产总值150.9亿元，是2011的1.4倍，年均增长9.5%；人均地区生产总值74739元，完成固定资产投资190.2亿元，是2011年的1.8倍，年均增长15%；规模以上工业企业实现增加值68.1亿元，增长7%，有力地拉动经济增长，为惠农长远发展奠定基础。形成冶金、电石化工、新材料三大主导产业，双氰胺、ADC发泡剂、钢丝绳、镁合金等工业产品在国际、国内市场占有重要地位，发展动力更加强劲。大力推进环境综合治理，依法加强节能监察，关停取缔环保不达标企业，大力淘汰落后产能，深入推进节能改造项目，扎实开展工业废水、废气、废渣集中处理，空气环境质量明显提升。

【特色农业】建设国家农业科技园区惠农露地瓜菜核心区，培育蒙牛、伊利高端奶源基地，枸杞、脱水蔬菜出口创汇实现新突破，种植瓜菜5万亩，奶牛存栏1.78万头，种植枸杞1万亩，农业特色产业扬优成势。稳步推进农村产权制度改革，基本完成农村土地承包经营权确权颁证工作。完善农业基础设施，大力改造中低产田，节水灌溉面积达8000亩，不断夯实农业发展基础，进一步提高农业产业化水平。

【第三产业】大力发展现代物流产业，惠农至天津“陆港号”专列高效运行，惠农陆路口岸年内实现货物吞吐量474.7万吨，是2015年的1.5倍；报关1183单，货运量40.4万吨，货值11082.07万美元，缴纳关税6710.51万元，凸显宁夏内陆开放型经济试验区重要节点作用。不断扩大传统服务业规模，万德隆商业广场、恒享百货等一批重点商贸项目投入运营，持续增强核心商圈辐射效应，2016年实现社会消费品零售总额32.3亿元。电子商务快速发展，电商企业发展到57家，顺利推进惠农电商创业创新基地建设。区域医疗联合体协作关系巩固扩大，健康服务业已成为惠农吸引周边地区人流、物流、资金流的重要因素。

【城乡建设】统筹推进城市核心区、小城镇和美丽乡村建设，城乡基础设施更加健全、功能日趋完善、环境更加优美。实施老旧小区既有建筑节能改造工程，启动建设市民生态休闲公园，完成棚户区改造任务，常住人口城镇化率达83%。不断加大投入力度，提升小城镇吸附力、聚集力，红果子镇被列为“第三批国家新型城镇化综合试点地区”，礼和乡集镇特色更加鲜明。持续推进美丽乡村建设，农村面貌进一步改善，公共服务进一步增强。积极争创“全国文明城市”“全国卫生城市”，城市管理更加精细，城市环境及形象明显改善，居民文明素质明显提升。继续加强生态建设力度，全区森林覆盖率达 9.1%，城市绿化覆盖率达 28.6%，人均公共绿地面积达 18.9 平方米，跻身“国家园林城市”行列。

【社会民生】 深化商事制度改革，全面完成并向社会公布政府部门权力清单和责任清单，清理调整行政职权事项 625 项，159 项行政审批及服务事项实现网上办理，不断提高政府效能，群众办事更加便捷。光纤接入实现村级全覆盖，群众性文化活动更加丰富，公共文化服务体系示范区创建顺利通过国家验收。城乡居民社会保险参保人数、企业退休人员养老金、城乡低保标准再创新高，社会保障质量逐年提升。建立回购商品房用于保障性住房新模式，推行廉租房和公租房并轨管理，住房保障体系更加完善。深入推进“双创”示范城市建设，促进就业创业，群众增收渠道更加多元。2016 年，城乡居民人均可支配收入分别达到 23110 元和 11850 元，是 2011 年的 1.4 倍和 1.6 倍，年均分别增长 10.2% 和 13.1%。深入推进平安惠农建设，社会环境和谐稳定，顺利通过“六五”普法验收。切实强化精神文明建设，大力开展“最美惠农人”系列评选表彰，大力宣扬“凡人善举”，崇德向善成为全区人民的精神追求。

【从严治党】 在全党范围开展“两学一做”学习教育，党员干部理想信念更加坚定。试行“党员证”，探索党员积分管理新模式，建立农村产业联合党委，基层党组织凝聚力、战斗力不断增强。圆满完成区、乡镇领导班子和村“两委”换届，有效地夯实基层组织基础。组织全区党员干部认真学习贯彻“一准则、两条例”（《中国共产党廉洁自律准则》《中国共产党巡视工作案例》《中国共产党纪律处分条例》），进一步严明政治纪律和政治规矩，为走新路创新业提供纪律保证；大力推动“两个责任”落实，出台《惠农区党员领导干部述责述廉实施办法（试行）》，区委常委班子率先带头在区委全委会上述责述廉，党内监督进一步加强，注重抓早抓小，防微杜渐，出台《党内谈话制度》，构筑日常约谈、提醒谈话和诫勉谈话三道防线，推动“红红脸、出出汗”成为常态；加大纪律审查力度，大力惩治群众身边的贪腐问题，全年给予党纪处分 34 人，移送司法机关 5 人，收缴违纪资金 138 万元。全区各级党组织管党治党主体责任明显增强，中央八项规定精神得到坚决落实，党的纪律建设全面加强，腐败蔓延势头得到有效遏制，为深入推进全面从严治党奠定了坚实基础。支持人大、政协履行职责，充分发挥工、青、妇等群团组织的桥梁纽带作用，认真做好武装、统战、宗教、侨务和老干部工作，最大限度地调动各方面的智慧和力量，齐心协力推动惠农各项事业蓬勃发展。

【行政体制改革】 建立和落实“两个清单”制度。结合政府机构改革及职能转变，规范政府部门“三定”（定职能、定机构、定编制）规定，严格按照相关法律法规规定，遵循职权法定、简政放权、便民高效的原则，认真按照“三报三审三回”的工作程序，参照《县区两级行政职权事项指导目录》，共对 19 个部门（单位）梳理确定行政职权事项 1431 项、权力运行责任事项 30568 项。优化行政审批和公共服务。在政府门户网站开通网上办事大厅，不断完善行政审批与公共便民服务平台，在线办理事项由 22 项增加到 159 项，进一步优化办事流程，缩短办理时限。深化商事制度改革。积极推进企业登记注册便利化，积极推进“多证合一”，全面实施“五证合一、一照一码”登记制度。扎实推进事业单位分类改革。将137个事业单位分类为行政类3个、公益一类127个、公益二类4个、暂不分类3个。稳步推进公务用车改革。按照自治区、市党委、政府关于公务用车制度改革的统一部署，认真做好公车改革配套方案制定等前期工作，科学配置公务用车资源，共封存公车77辆，调配车辆35辆。推进企业投资管理体制改革。依据《石嘴山市企业投资管理体制改革实施方案》，将市域企业投资项目备案权限下放发改、工信部门，推行"并联"办理，将审批时限由20个工作日缩短到5个工作日，缩短75%。

【经济体制改革】 深化区属国有企业改革。加强对区属国有企业的监管，因企制宜，对2家企业（惠农区水利工程队、惠农区黄河湿地林场）采取脱钩移交等方式与所属区直部门进行脱钩改革，实施分类监管。完善国有资产监管体制，以实物及债权等形式向惠农区然能达煤炭经营管理有限公司注资34522.91万元，区政府持有股权22438万元，持股比例为58.23%。利用石嘴山市惠翔投资有限公司加大融资贷款力度，争取国家重点农发项目贷款5800万元；利用石嘴山市治沙林场争取农发行市民休闲公园融资贷款4800万元。推进资本市场建设。建立和完善政银合作机制，成立惠农区政银合作工作领导小组，积极构建互相沟通、互相信任、共赢发展的新型政银合作关系。建立企业融资项目库，健全完善工作机制，鼓励和支持企业上市挂牌、发行债券。惠农区11家企业在宁夏股权交易市场挂牌，2家企业在新三板挂牌。结合辖区实际，积极搭建中海外基础设施建设投融资平台，拓宽合作发展渠道。充实PPP合作项目库，积极推进园区污水处理厂等重大项目建设。积极争取国家专项建设基金项目，累计争取获批项目24个，批复资金7.286亿元，签约成功项目12个，签约资金3亿元。深入推进中小城市改革试点工作。研究制定《惠农区中小城市改革试点实施方案（2015—2017）》，制定2016年中小城市综合改革任务清单，在产业和城市融合发展、多元化投融资、土地要素流动、公共服务供给和城市管理等领域确定试点内容，推动体制机制创新。推进税收制度改革。全面推开"营改增"，有序推进建筑业、房地产业、金融业和生活性服务业"营改增"工作。

【农村和城镇化改革】 深化农村产权确权工作。共完成5个乡镇、35个行政村、248个村民小组农村土地承包经营权确权登记工作，确权登记面积95698块29.3414万亩（其中家庭承包土地面积81412块22.5299万亩），完成率达97.3%。在全区率先完成土地确权登记发证工作，共颁发农村土地承包经营权证书15118本，发证率达98.6%，确权信息数据库全面建成，确权档案全部入馆。共完成5个乡镇33个行政村11653宗宅基地地籍测量和权属调查工作；完成农房登记办证6707件，登记总面积为673552.80平方米，办证率达86%。深化农村土地经营管理制度改革。研究制定《惠农区农村产权交易管理暂行办法（试行）》《惠农区农村产权交易规则（试行）》《惠农区农村产权抵押贷款暂行办法》等。健全完善惠农区农村产权交易中心服务职能，完善土地流转资质审查、合同备案等制度，完善服务功能，强化与农村信用联社等金融机构合作，探索农村土地经营权证抵押贷款工作，累计登记贷款838笔4116万元，有效地激活农村资源。稳步推进农村集体资产股份权能改革。研究制定《惠农区积极发展农民股份合作　赋予农民对集体资产股份权能改革试点实施方案》，选择集体经济实力较好的礼和乡银河村、园艺镇底埂村、红果子镇宝马村3个村作为股改试点村，试点村完成集体经济组织成员身份界定工作，共界定3627名集体经济组织成员。集体资产股份量化工作正在有序进行中。积极开展供销社综合改革。根据中央、自治区《关于深化供销社综合改革的意见》要求，结合《石嘴山市深化供销合作社综合改革实施方案》的精神，从惠农实际出发，研究制定《惠农区深化供销社综合改革实施方案》，并按照改革方案有序推进各项改革工作。推进农村小型水利工程管理体制改革试点工作。研究制定《惠农区深化小型水利工程管理体制改革实施方案》，采用先试点后推行的工作方式，按照调查摸底分类定性、确权颁证、总结验收三个阶段稳步有序开展试点工作。完成小型水利工程调查摸底工作，正在进行工程分类定性和维修养护经费测算工作。推进水权制度改革。按照水权制度改革的总体部署，结合惠农区实际研究制定《惠农区水资源使用确权登记实施方案》，完成方案咨询和技术审查，并按程序上报自治区水利厅审批。对近五年用水量及水权指标进行核对，基础数据调查工作已经基本完成。全面推进帮扶解困工作。认真落实全市扶贫攻坚动员大会精神，研究制定《惠农区帮扶解困实施方案》，成立帮扶解困工作领导小组。全面实施帮扶解困攻坚行动，对辖区内5595户9327名贫困人口按劳动能力、年龄、残疾状况、困难程度等全部分类建档立卡，实行动态监测、分类施策、精准帮扶。完成职业技能培训242人次，为A、B、C三类帮扶解困对象发放低保资金1100万元、临时救助资金30万元、重度残疾人生活护理津贴174.6万元、城市低收入家庭廉租住房货币化补贴210万元。通过“温暖工程”结对帮扶特困群众1380户，帮扶资金27.4万元；实施门诊救助9154人、住院救助2722人，共计支付医疗救助资金245.6万元。积极推进国有林场改革。完成前期摸底和方案制定工作，正在与自治区相关部门争取人员编制和管护经费事宜。推进涉农资金信息公开。根据《惠农区涉农资金信息公开试点实施方案》要求，对农业补贴、社会保障、工程建设、产业扶持、贷款贴息、扶贫资金各类信息通过政府门户网站、手机客户端、微信平台等方式进行公开，公开涉农资金6409万元。

【社会事业和社会治理体制改革】 深化医药卫生体制改革。推进惠农区人民医院医保支付、补偿体制、人事分配、监管机制等方面的改革，加快推进中医特色专科建设。惠农区人民医院与福建、上海等医院建立协作关系，进一步增强区域医疗影响力。依托医疗机构联合体，进一步落实双向转诊、分级医疗、远程会诊机制，对托管科室实行一体化管理。积极推进医师多点执业工作，促进医疗资源纵向流动。建立乡镇卫生院巡诊服务制度，鼓励民营医院进驻无村医的村卫生室开展医疗服务，有效地解决群众“看病难、看病贵”的问题。推进公共卫生均等化，为辖区内60周岁以上居民提供免费健康体检服务，妇幼卫生“七免一救助”（对具有宁夏户籍的居民，开展婚前医学免费检查、农村孕产妇免费住院分娩、新生儿四种代谢性疾病免费筛查、新生儿听力障碍疾病免费筛查、先天性疾病患儿免费治疗、农村妇女乳腺癌免费筛查、农村妇女宫颈癌免费筛查，对农村孕产妇急救和农村妇女乳腺癌、宫颈癌治疗给予救助）项目全面推进，12大类52项基本公共卫生服务项目顺利实施。建立完善社会保障制度。全面推广社会保障卡综合应用，大力推行农民工工资银行直接支付机制。完善社会化养老服务体系建设，吸引社会资本实施龙辰苑老年公寓建设项目。推进廉租住房和公共租赁住房并轨管理，有效化解闲置房屋。依照《石嘴山市社会保险“五险合一”经办体制改革方案》，研究制定《石嘴山市惠农区社会保险经办服务中心机构编制方案》并上报市编制委员会。创新社会治理体制。进一步完善乡镇（街道）“两个中心”运行机制，健全“三调联动”（人民调解、司法调解、行政调解有机结合）机制，扩大专业性、行业性调解组织建设。制定律师参与化解和代理涉法涉诉信访案件实施方案，指派律师参与涉法涉诉案件的具体调处事宜，进一步做好群众息访、息诉工作，及时化解矛盾，全力维护社会稳定。加强城市综合管理职能，启动智慧城市建设，加快城市数字信息化平台建设，完善部门联合执法机制，有效地提升了城管综合执法能力。

【生态文明体制改革】 依托林场现有林地资源，规划建设市民休闲生态公园，进一步提升城区绿化美化档次。创新林木管护机制，在西线大道探索实施林地覆膜节水保湿项目1000亩，节约林木管护成本，有效地提升造林成活率和保存率。严格落实环境监管责任，结合中央环保督察工作，切实加大环境保护力度，严肃查处环保违法行为，积极推进节能减排各项工作，切实保护好生态环境。

【文化体制改革】 加大对公共文化服务体系建设的投入，将公共文化阵地设施建设、图书购置、文物保护、文化人才培训、群众性文体活动补助等经费列入财政预算。进一步完善扶持机制，以政府购买服务的方式，引导和鼓励社会力量参与公共文化服务。建立基层文化站招聘、聘请文化指导员等制度。

【党的建设体制改革】 积极推行区委权力公开透明运行工作，健全完善重大事项集体决策机制。深入推进非公企业党建区域化网格化管理，新组建非公企业党组织22家，建立网格98个，覆盖全区353家非公企业。推行街道“大工委”和社区“大党委”工作机制，凸显社区党组织在区域化党建工作中的领导核心地位。完善干部监督管理机制，建立完善干部能上能下机制，严格选拔“三类人员”［一是事业编制，二是村（社区）干部，三是大学生村官］，将8名素质好、能力强的优秀人员选进乡镇领导班子。健全完善监督执纪问责机制和制度，制定《2016年党风廉政建设和反腐败工作主要任务分工》，落实“一岗双责”（既要抓好分管的业务工作，又要以同等的注意力抓好分管部门的党风廉政建设），把握运用好监督执纪“四种形态”，切实加强党风廉政建设和反腐败各项工作。

重要会议

【中国共产党石嘴山市惠农区第四次代表大会】 9月26日至28日，中国共产党石嘴山市惠农区第四次代表大会召开。会议听取和审议中国共产党石嘴山市惠农区第三届委员会工作报告；听取和审议中国共产党石嘴山市惠农区第三届纪律检查委员会工作报告；选举产生中国共产党石嘴山市惠农区第四届委员会；选举产生中国共产党石嘴山市惠农区第四届纪律检查委员会；选举产生出席中国共产党石嘴山市第十次代表大会代表。

【专题研究推进惠农区部分重点项目和重点工作会议】 5月24日，石嘴山经济技术开发区党工委书记、惠农区委书记梁福祥主持召开会议。石嘴山经济技术开发区管委会副主任刘俊民，区委常委、区人民政府常务副区长孙伟，区人民政府副区长乔建文、张明俊及相关部门（单位）负责人参加会议。会议研究宁夏日盛高新产业股份有限公司年产18万吨合成氨、30万吨液态尿素退城进园项目建设工作；恒力棚户区和工矿棚户区改造工作；石嘴山保税物流中心（B型）项目建设工作；惠农区采煤沉陷区及其波及区的界定工作。

【专题研究盘活惠农区农副产品加工园区闲置土地会议】 6月13日，区委常委、统战部部长张新主持召开会议。区政府副区长张明俊及相关单位负责人参加会议。会议听取红果子镇和区国土资源分局关于宁夏福民蔬菜脱水集团有限公司有关土地存在问题的汇报以及处置意见。会议认为，区农副产品加工园区经过20多年的发展，存在企业活力不足、土地利用率低下等问题，有的企业土地长期闲置，有的企业建厂却没有土地。对此，根据企业发展需求，作出相关土地收回或补偿决定。

【区委2016年度常委议军会议】 7月22日，在区党政综合楼一楼1号会议室，区委书记梁福祥主持召开2016年度区委常委议军会议，区委各常委及相关部门（单位）负责人参加会议。会议听取了惠农区“双拥”工作汇报，研究并同意区人武部《关于营区绿化管理维护移交的请示》，研究区人武部开展“八一”军事日活动有关事宜。

【区委常委会议】

2016年石嘴山市惠农区委常委会议一览表

表1

时 间	会议名称	议 题
1月8日	三届区委2016年度第1次常委会议	会议听取近期全区信访维稳工作的汇报，研究区纪委《关于呈报〈惠农区开展基层单位党风廉政建设巡查工作实施办法（试行）〉的请示》。研究区委履行党风廉政建设主体责任清单，研究区委组织部《关于提名惠农区第三届人大常委会委员建议候选人的请示》，研究区委组织部《关于提请研究〈惠农区选拔任用党政领导干部动议暂行办法〉的请示》，研究区委组织部《关于提请研究〈惠农区选拔任用党政领导干部考察暂行办法〉的请示》，研究区委组织部《关于提请研究〈惠农区科级干部选拔任用初始提名暂行办法〉的请示》，研究区委统战部《关于增补政协石嘴山市惠农区第三届委员会委员的请示》，研究区政府党组《关于〈惠农区县级公立医院综合改革工作方案〉的请示》，研究区人大常委会党组《关于召开石嘴山市惠农区第三届人民代表大会第四次会议有关事项的请示》，研究区政协党组《关于召开惠农区政协三届四次会议的请示》
1月18日	三届区委2016年度第2次常委会议	会议传达学习十八届中央纪委六次全会精神，传达学习了自治区两会精神，研究区两会有关报告，研究惠农区常委班子“三严三实”专题民主生活会整改方案，研究区政府党组《关于〈惠农区2016年农村公路建设项目实施方案〉的请示》，研究区安委会《关于呈报〈惠农区安全生产“党政同责　一岗双责”实施细则〉的请示》，研究区政府党组《关于呈报〈惠农区推进公务用车制度改革实施方案〉的请示》
1月29日	三届区委2016年度第3次常委会议	会议传达学习中央政法工作会议及全国公安厅局长会议精神，传达学习自治区统战部部长会议、自治区农村工作会议、自治区深化供销合作社综合改革动员会精神，传达学习石嘴山市两会精神，研究召开区纪委三届七次全会有关事宜，研究召开全区农村工作会议有关事宜，研究2015年目标管理绩效考核有关事宜，研究区妇联《关于拟推荐上报石嘴山市三八红旗手（集体）的请示》，传达学习中央一号文件精神，传达学习中央关于“三严三实”有关文件精神
2月23日	三届区委2016年度第4次常委会议	会议听取惠农区禁毒工作汇报，听取惠农区扶贫解困工作汇报，听取近期全区信访维稳工作汇报，研究惠农区2016年重点工作、重点建设项目任务分工有关事宜，听取2016年招商引资工作汇报，研究区政府党组《关于新建惠农区政务服务中心（档案馆）的请示》，研究区纪委《关于呈报〈关于进一步加强基层纪检组织建设的实施办法〉的请示》，研究区政府党组《惠农区人民政府关于进一步加大督查问责力度　确保工作落实的意见》，研究干部事宜，研究区委常委分工有关事宜
3月1日	三届区委2016年度第5次常委会议	研究干部事宜
3月3日	三届区委2016年度第6次常委会议	会议传达学习自治区党委巡视工作动员会精神，安排部署惠农区接受自治区党委第五巡视组巡视的准备工作
4月8日	三届区委2016年度第7次常委会议	会议传达中央有关通报，传达学习自治区市县乡领导班子换届工作会议、自治区干部监督工作座谈会精神，听取《惠农区卫生计生系统基层单位党风廉政建设巡察工作情况汇报》，研究区人民法院党组《关于呈报石嘴山市惠农区人民法院〈“法院与社区共建解纷减诉机制”实施方案〉的请示》，研究区政府党组《关于呈报〈惠农区帮扶解困实施方案〉的请示》，研究区改革办《关于拟调整惠农区深化改革领导小组组成人员的请示》，研究区委组织部《关于给予刘永祥等20名同志记三等功奖励的请示》，研究区委统战部《关于呈报〈惠农区2016年政党协商计划〉的请示》，研究区政府党组《关于实行区级领导和科级干部包抓工业企业责任制的请示》，研究干部事宜

续表 1

时 间	会议名称	议 题
4 月 29 日	三届区委 2016 年度第 8 次常委会议	会议研究区委组织部《关于呈报〈在全体党员中开展“学党章党规、学系列讲话，做合格党员”学习教育实施方案〉的请示》；研究区委组织部《关于呈报〈关于认真做好区乡领导班子换届工作的通知〉的请示》和《关于成立惠农区区乡领导班子换届工作领导小组的请示》；研究区委统战部《关于各民主党派惠农区总支（支部、支委）换届建议人选的请示》；研究惠农区市民生态休闲公园建设有关事宜；研究区政府党组《关于分解落实惠农区 2016 年招商引资及“争项目　争资金　争政策”目标任务的请示》；听取关于核定 2015 年政府债务限额的汇报；听取关于部分重点工程建设资金及部分部门工作经费安排情况的汇报；研究区政府党组《关于拨付 2016 年第一批置换债券资金的请示》
5 月 19 日	三届区委 2016 年度第 9 次常委会议	会议听取 1—4 月份全区安全生产工作情况的汇报；研究区目标管理考核领导小组办公室《关于呈报〈惠农区 2016 年效能目标管理考核办法〉的请示》；研究中海外项目推进工作组《关于实施中国海外基础设施开发有限公司项目合作事宜的请示》；研究区综治委《关于拟表彰奖励 2015 年度惠农区平安建设工作先进集体　先进个人的请示》；研究区政府党组《关于〈惠农区 2016 年农田水利基本建设实施方案〉的请示》；研究区政府党组《关于惠农区中小城市综合改革试点实施方案的请示》；研究区纪委《关于呈报〈2016 年惠农区党风廉政建设和反腐败主要任务分工〉的请示》；研究区纪委《关于呈报〈关于区委领导包抓基层党风廉政建设联系点的通知〉的请示》；传达学习自治区党委办公厅有关文件；研究干部事宜；研究区委常委分工有关事宜
6 月 8 日	三届区委 2016 年度第 10 次常委会议	会议研究区委组织部《关于乡镇换届有关问题的请示》；研究区委组织部《关于拟推荐上报全市先进基层党组织、优秀共产党员和优秀党务工作者的请示》；研究区委组织部《关于呈报〈惠农区开展纪念中国共产党成立 95 周年系列活动实施方案〉的请示》；研究区委离退休干部工作委员会《关于呈报〈关于进一步加强和改进新形势下离退休干部党组织建设工作的实施意见〉的请示》；研究区委组织部《关于呈报〈惠农区 2016 年群众评议机关作风活动实施方案〉的请示》；研究区纪委《关于给予刘某开除党籍处分的请示》
6 月 16 日	三届区委 2016 年度第 11 次常委会议	会议传达学习中央有关文件精神；听取惠农区“两学一做”学习教育进展情况的汇报；听取惠农区创建“国家卫生城市”工作汇报；研究区政府党组《关于惠农区国有林场改革方案的请示》；研究干部事宜
6 月 24 日	三届区委 2016 年度第 12 次常委会议	传达学习国务院有关文件精神；听取惠农区禁毒工作汇报；听取上半年经济运行情况及自治区、市县域经济观摩活动各项准备工作情况的汇报；听取惠农区劳务移民工作汇报；研究区编办《关于呈报〈石嘴山市惠农区文学艺术界联合会职能配置和人员编制方案〉的请示》；研究区委组织部《关于拟表彰全区先进基层党组织、优秀共产党员和优秀党务工作者的请示》；研究区委办公室《关于召开中共惠农区委三届七次全体会议的请示》；研究区委组织部《关于惠农区党委换届工作有关事宜的意见》
7 月 1 日	三届区委 2016 年度第 13 次常委会议	会议传达学习中央纪委通报；传达学习李克强总理在全国科技创新大会、两院院士大会、中国科协第九次全国代表大会上的讲话精神；传达学习市委办公室《关于进一步严肃党内政治生活制度的通知》精神；听取 2016 年“平安惠农”建设工作汇报；研究区人大常委会党组《关于呈请批转〈中共惠农区人大常委会党组关于做好区乡（镇）两级人民代表大会换届选举工作实施方案〉的请示》；研究区人大常委会党组《关于呈报惠农区区乡（镇）选举委员会组成人员建议名单的请示》；研究干部事宜
7 月 21 日	三届区委 2016 年度第 14 次常委会议	会议专题研究 2016 年度全区党风廉政建设工作
7 月 22 日	三届区委 2016 年度第 15 次常委会议	会议传达学习自治区党委办公厅通报；听取关于建立政府部门行政权力和责任清单制度工作情况的汇报；研究《惠农区级领导干部在“两学一做”中率先改进会议文件调研工作的承诺（送审稿）》；研究区委组织部《关于做好中国共产党惠农区第四次代表大会代表选举工作有关问题的请示》；研究区委组织部《关于乡镇领导班子换届人事安排问题的请示》
8 月 15 日	三届区委 2016 年度第 16 次常委会议	会议听取区安委会关于 2016 年上半年全区安全生产形势的汇报；听取区委组织部《关于乡镇党委换届选举结果的报告》；研究区人大常委会党组《关于调整惠农区区乡（镇）人民代表大会换届选举时间的请示》；研究区委组织部《关于成立中国共产党惠农区非公有制经济组织和社会组织工作委员会的请示》；研究区委统战部《关于呈报〈2016 年石嘴山市惠农区工商联（总商会）换届工作方案〉的请示》；研究干部事宜

续表 1

时 间	会议名称	议 题
8 月 15 日	三届区委 2016 年度第 17 次常委会议	会议专题研究区委换届有关事宜
8 月 19 日	三届区委 2016 年度第 18 次常委会议	会议研究确定换届拟提拔人选考察对象；听取区委组织部关于惠农区第四届人大代表初步人选考察情况的汇报；研究区委常委分工有关事宜
8 月 29 日	三届区委 2016 年度第 19 次常委会议	会议研究区委组织部《关于中共惠农区第四届委员会和纪律检查委员会组成人员初步人选的请示》；研究区委组织部《关于惠农区领导班子人事安排的请示》；研究区委组织部《关于调整惠农区直机关工委委员的请示》；研究干部事宜
9 月 5 日	三届区委 2016 年度第 20 次常委会议	会议传达学习中共中央有关通报及李建华有关批示精神；研究区政协党组、区委组织部、区委统战部《关于呈报〈政协惠农区换届工作安排意见〉的请示》；研究区教育工作领导小组《关于召开庆祝第 32 个教师节表彰暨惠农区社会教育发展促进会成立大会的请示》；研究部分区属党委召开党代会有关事宜；研究区政府党组《关于安排部分重点工程建设资金及有关部门工作经费的请示》
10 月 18 日	四届区委 2016 年度第 1 次常委会议	会议传达学习许传志在全区新任领导干部集体廉政谈话会上的讲话精神；传达学习自治区党委办公厅印发《关于支持干部干事创业建立容错纠错机制的办法（试行）》的通知精神；研究“七五”普法有关事宜；研究区两会有关事宜；研究区政协党组《关于表彰优秀提案、提案先进承办和督办单位、提案工作先进个人的请示》；研究区委统战部《关于惠农区工商联（总商会）第三届执委会换届班子提名建议人选的请示》；研究干部议题
10 月 21 日	四届区委 2016 年度第 2 次常委会议	会议传达自治区产业发展和重点工作现场交流会精神；研究区政府党组《关于呈报〈惠农区法治政府建设实施方案（2016—2020 年）〉的请示》；研究区两会有关材料
11 月 17 日	四届区委 2016 年度第 3 次常委会议	会议传达学习自治区主席咸辉在全市中共十八届六中全会精神宣讲会上的讲话精神；传达学习全区“两学一做”学习教育经验交流座谈会精神；传达学习自治区安全生产工作会议暨 2016 年安委会第四次全体（扩大）会议精神并听取 1—10 月份全区安全生产情况通报；研究区委办公室《关于呈报〈惠农区领导干部包抓重点企业包推重点项目责任清单〉的请示》；听取区委组织部关于惠农区贯彻落实自治区《关于加强乡镇建设的若干意见》的情况报告；研究区人大常委会党组《关于设立惠农区人大常委会街道工作委员会的请示》；研究区政府党组《关于〈惠农区供销合作社综合改革实施方案〉的请示》；研究区纪委《关于给予哈某明开除党籍处分的请示》；研究区纪委《关于给予李某军留党察看一年处分的请示》；研究区纪委《关于给予马某忠留党察看一年处分的请示》；研究区纪委《关于建议免去吴某生庙台乡党委委员、副书记等职务的请示》；研究干部事宜
12 月 1 日	四届区委 2016 年度第 4 次常委会议	会议传达学习李建华、咸辉在自治区领导干部专题学习班上的讲话精神；传达学习市第十次党代会精神；传达学习中央第八环保督察组关于宁夏回族自治区环境保护督察反馈意见和李建华、咸辉在中央第八环保督察组宁夏回族自治区情况反馈会上的讲话精神；听取惠农区帮扶解困进展情况的汇报；听取惠农区农民工工资清欠工作进展情况的汇报；研究区委组织部《关于呈报〈惠农区村“两委”班子换届工作方案〉的请示》；研究区政府党组《关于〈惠农区综合医改试点工作实施方案〉的请示》；研究区政府党组《关于石嘴山市惠农区星州房地产开发有限公司改造惠农科技中心有关事宜的请示》；研究区政府党组《关于安排部分重点工程建设资金及有关部门工作经费的请示》；研究区委组织部《关于召开中共惠冶镁业集团有限公司委员会换届大会的请示》
12 月 14 日	四届区委 2016 年度第 5 次常委会议	会议传达学习王志刚、李建华、咸辉在全区科技创新大会上的讲话精神；研究区委办公室《关于呈报〈中共惠农委员会关于废止和宣布失效一批区委规范性文件的决定〉的请示》；研究区委组织部关于推荐出席中共十九大代表候选人有关事宜；研究干部事宜

【五套班子联席会议】 2 月 24 日，石嘴山经济技术开发区党工委书记、惠农区委书记王万虎主持召开区委、人大、政府、政协、经济技术开发区管委会联席工作会议 2016 年度第 1 次会议。会议传达学习全国安全生产电视电话会议精神，2016 年全国、自治区、市卫生和计划生育工作会议精

神，中纪委通报和市纪委《关于黑臭水整治信息未及时上报问题处理情况的通报》，自治区纪委十一届七次全会和市纪委九届六次全会精神，自治区脱贫攻坚誓师大会、全市脱贫攻坚扶贫解困誓师大会精神，全区优秀乡镇党委书记表彰会议精神，全市2015年度效能目标管理考核总结表彰大会精神，2016年全区组织部部长、宣传部部长会议及全市组织宣传统战工作会议精神，全市政法综治信访暨社会治理创新工作会议精神。

4月22日，石嘴山经济技术开发区党工委书记、惠农区委书记梁福祥主持召开区委、人大、政府、政协、经济技术开发区管委会联席工作会议2016年度第2次会议。会议传达学习全国两会精神，习近平总书记在中央政治局常委会审议“两学一做”学习教育方案时的讲话精神，国务院第四次廉政工作会议、自治区政府廉政工作电视电话会议精神，全国棚户区改造电视电话会议精神，国家禁毒委员会全体会议暨全国禁毒工作电视电话会议精神，中纪委《关于七起落实“两个责任”不力受到责任追究典型问题的通报》；传达学习自治区领导在《宁夏回族自治区〈乡村教师支持计划（2015—2020年）实施办法〉》上的批示精神，自治区主席刘慧到石嘴山调研工业经济运行情况时的指示精神及自治区、市一季度经济形势分析会精神，并通报惠农区一季度经济形势；传达学习全区推进整治和查处侵害群众利益的不正之风和腐败问题会议精神；传达学习全区机构编制工作会议精神；传达学习全区食品安全工作电视电话会议精神。

区委机关事务管理

【办文办会】 办文工作严格按照公文处理要求，各类文件和领导讲话材料做到起草及时、格式规范、文字严谨、内容翔实、签批严格。在公文处理中，严格落实工作职责，做到登记清楚、传阅及时、存放安全、归档准确，无公文延压现象。切实抓好党内法规制度建设，及时准确对党内规范性文件进行备案。同时，对领导批示件能积极协调相关部门予以办理，并跟踪问效。全年共制发区委文件64期、区委办公室文件128期、党干字文件115期、党办通字38期、党办通报14期、信息类刊物10余期，常委会议纪要20期。承办惠农区第四次党代会等重大会务活动，完成50余场次视频会议的前期准备和服务工作。

【信息服务】 完善全区信息报送网络和信息工作管理考评办法，有效地提高乡镇、街道、部门报送信息的数量和质量。全年共上报各类信息2000余条，处理各类应急信息500余条。

【督查督办】 围绕区委作风重大决策部署，制定全区农业农村工作要点，并督促协调有关部门狠抓落实，确保年度各项目标任务的全面完成。对区委、区政府确定的重点项目和重点工作每月进行一次督查并通报；完成领导交办的信访督办批示件十余件。创新考核工作机制，构建以个性化考核为核心、以绩效评价评议为重心的考核机制，发挥目标管理的导向、监督、竞争和激励作用。协调落实农村政策，负责全区农业农村工作的组织、协调和落实。

【保密工作】 认真落实保密工作责任制，着力加强“三大管理”（定密规范管理、涉密人员管理、网络保密管理）。加强安全防护基础设施建设，提升安全防护水平，文电处理更加严谨。加大保密知识培训力度，在全区开展保密工作自查自评，对检查中发展的各种问题特别是涉密场所和涉密载体管理中存在的问题及时进行现场交办，加强日常保密监管力度。

【后勤服务】 严格遵守区委办公楼值班制度，充分发挥监控设施的作用，认真抓好安全保卫工作，全年无重大事件发生；规范和完善公车安全管理制度，加强道路交通安全教育，全年无交通事故发生；严格楼内外卫生管理工作，确保楼院内外卫生整洁；食堂环境良好，各种餐具和食物干净卫生，保证就餐人员的饮食安全。

【自身建设】 坚持民主集中制原则，定期召开主任办公会和民主生活会，重大事项集体研究，民主决策。班子成员讲团结、顾大局，在自身要求上，严于律己，秉公办事，认真执行廉洁自律的各项规定，处处率先垂范，带动办公室全体干部思想上合拍，感情上和谐，工作上合力。认真贯彻落实中央八项规定精神，组织开展贯彻落实中央八项规定精神“回头看”活动，进一步健全完善相关制度建设，持续改进文风、会风，让各级领导干部将更多的时间用在抓落实、促发展上。严格会议审批程序，从严控制会议规格、规模和时间。完善文件审签制度，从严控制文件数量、篇幅和发送范围，进一步清理简报和区内刊物。加快办公信息化建设，加强党政内网建设和应用，推行网上办公、无纸办公。深入开展“两学一做”学习教育，深入学习习近平总书记系列重要讲话精神和治国理政新思想新理念新战略，以及中共十八届六中全会、自治区相关会议和石嘴山市第十次党代会精神，不定期组织开展研讨交流会，打牢党员干部的思想理论和理想信念基础。每月组织一次相关业务知识、法律法规知识、领导科学等相关知识的学习，不断提高班子成员的理论水平和决策水平。在保证文件的数量和形式之外，更加注重文件执行程度和效果。落实执行程度，交办落实情况报告。区委办公室紧密跟踪督查工作，进行实地督查，现场办公推进；并对督查情况严格按照要求撰写督查通报。

组织建设

【概　况】 围绕中心、服务大局，抓重点、攻难点、求创新，突出全面从严治党主线，坚持思想教育从严、干部管理从严、作风要求从严、组织建设从严、制度执行从严，切实加强领导班子和干部队伍、基层党组织和党员队伍人才队伍建设，为全面深化改革、全面推进依法治区、建设“四个惠农”提供坚强组织保证。

【基层党建】 严格落实党建工作责任制，把星级创建活动作为党（工）委书记述职考核评议的重要内容。结合不同行业、不同领域基层党组织的特点，制定下发实施方案，打造6个星级服务型党组织创建示范点，切实发挥以点带面、示范引领作用。共计“申星”353个党组织，其中申报“三星级”以上的24个。成立街道“大工委”6个，社区“大党委”17个，组织开展各类共驻共建活动60余次；共建党员个人档案6000余册，详细收录党员入党、参加党组织生活等情况。通过上级补助、村集体收入、社会捐助、个人捐助等形式筹集党内关怀资金，用于困难党员的帮扶慰问和技能培训。全年新建非公企业党组织8个，社会组织党联合党支部4个，非公企业和社会组织党组织覆盖率分别达87.04%和75%，党的工作覆盖均达100%。强化规范指导，向非公企业和社会组织党组织分别选派39名和15名党建指导员，调整党建指导员14名，发放补贴15600元。严格实行“三集中一首问”（集中精力、集中人员、集中资金，首问负责制）制度，在红果子镇建立非公企业党建网格化示范乡镇。注重发挥党支部的战斗堡垒作用，在万德隆公司开展“三让三培育”（让业务骨干成为党员，培育向心力；让党员进入管理层，培育凝聚力；让管理层党员荣升决策层，培育核心力），激发企业党员及员工的活力。先后建成万德隆商场党支部等3个党支部活动阵地，对中利线缆公司等2个支部活动阵地进行改造升级，投资2万余元对宁夏发途发产业集团蔬菜有限公司党支部功能室、党建文化氛围进行营造，强化服务功能。在社会组织党组织中积极推动“三社联动”（社区建设、社会组织培育和社会工作现代化体制，形成资源共享、优势互补、相互促进的良好局面，加快形成政府与社会之间互联、互动、互补的社会治理新格局）工作，积极申报社区创投公益项目资金，惠兴艺术团党支部等4家社会组织党支部取得石嘴山市社区公益创投项目，争取项目资金20万元。

（周　伟）

【星级服务型党组织】 推行“四个清单”（责任清单、任务清单、问题清单、成绩清单），以问题导向倒逼改进措施，做到晋位升级。根据2015年星级评定结果，倒排确定8个软弱涣散党组织，根据“问题清单”制定总体方案和8个基层党组织整顿方案（以下简称“1+8”整顿方案），帮助党支部整顿转化。区委组织部对申报三星级及以上党支部进行验收，发挥以点带面、示范引领作用，推进基层服务型党组织建设有亮点有特色、出做法、出经验。

（黄　靖）

【在职党员服务社区群众】 开展在职党员到社区报到为群众服务活动，加强党员服务过程管理，把在职党员纳入网格服务团队，采取“居民点单、支部下单、党员接单”的“三单制”服务模式，根据在职党员工作特点，结合社区群众的实际需求，组织开展科普宣传、文化娱乐、关爱空巢老人等主题活动，形成在职党员“工作在单位、活动在社区、奉献双岗位”的长效服务机制，惠农区52个部门1473名机关在职党员全部到42个社区报到，参与服务项目146个，认领服务岗位252个，为群众办实事631件。

（黄　靖）

【“下基层”活动】 深化“三进基层”活动，把开展“下基层”工作与在职党员进社区报到、基层党组织结对共建、“三同”（同吃、同住、同劳动）锻炼等工作机制有机结合，强化上下衔接，加大解决问题执行力度，形成组织抓、部门抓、上下联动、合力推进“下基层”活动的良好工作局面，并利用报纸、党建网、手机报、手机短信、组工动态等媒介，着力宣传下基层典型事迹。全年各级下基层干部累计走访入户1396户，走访规模经营主体107家，收集群众反映突出问题681件，办结602件，办结率88%；帮扶慰问困难群众345人，帮扶资金及物资价值17.86万元；协调争取和实施项目20个，帮助争取项目资金9000万元。

（周　伟）

【党员教育管理工作】 扎实做好党员组织关系集中排查工作。统筹做好核查党员身份信息、摸清流动党员底数、理顺党员组织关系等工作。全区共排查出失联党员998人，流动党员654人，“口袋”党员21人。共找回失联党员994人，查找率99%，仍然失联的4名党员，按照处置不合格党员有关要求，予以停止党籍处分。重新纳入管理党员958人，限期整改党员3人，死亡22人。创新党员教育管理制度。在全区各领域推行党员证制度，提升党员参加组织生活的积极性。在北街街道、河滨街道、红果子镇、尾闸镇试点推行党员“积分制”管理，以量化积分的方式规范党员评价指标，激励党员争做合格党员。

（黄　靖）

【庆祝中国共产党建党95周年系列活动】 开展走访慰问活动。在“七一”前夕集中慰问中华人民共和国成立前老党员和生活困难党员105名，发放慰问金6.1万元，为中共党员送去关怀与温暖。开展“两优一先”（在基层党组织和党员中开展评选表彰出的优秀党务工作者、优秀共产党员和先进基层党组织）表彰大会。采取自上而下、上下结合的方式，由各乡镇、街道党（工）委、区直党委等基层党组织进行差额推荐，经严格审核和综合筛选，共表彰先进基层党组织20个、优秀共产党员50名和优秀党务工作者30名。推荐受自治区党委表彰优秀共产党员1名、优秀党务工作者1名、先进基层党组织1个；推荐市委表彰优秀共产党员19名、优秀党务工作者8名、先进基层党组织8个。

（黄　靖）

【村“两委”换届工作】 制定下发《惠农区村“两委”换届选举工作方案》，明确实施步骤、重点任务、时间进度、责任主体及具体要求等，注重宣传培训，层层召开区、村“两委”换届选举工作动员暨培训会议，及时对村“两委”换届工作进行动员部署与专题培训。各乡镇对38个行政村基本情况、党员群众思想状况、村“两委”班子现状、后备干部储备情况开展一次调查摸底，做好村“两委”班子成员的任期和离任经济责任审计、民主测评等工作，采用“两推一选”（产生村党组织候选人的过程，即党员推荐、群众推荐，党内选举）办法，整个选举程序严、慎、细、实，做到公开、公正、公平。2月底，全区38个行政村完成村“两委”换届选举工作，共选举产生村“两委”班子成员267人，其中，村党支部成员190人（书记38人、副书记24人），村委会成员186人。

（王春林）

【区、乡领导班子换届工作】 严格按照自治区党委、市委换届的时间及相关程序要求，坚持把加强党的领导、充分发扬民主、严格依法办事的方针贯穿于全区换届工作的始终，制定详细的换届方案和工作流程，准确把握换届政策，严格代表委员人选政审考察，如期召开区、乡两级党代会、人代会、政协会，成功选举产生新一届区委、人大、政府、政协领导班子，以及新一届乡镇党委、人大主席团和政府领导班子。新一届领导班子结构更加合理，思想更加解放，驾驭全局能力更强，为决胜全面建成小康社会提供坚强的组织保证。

（侯金春）

【干部人事制度改革】 严格执行《干部选拔任用工作条例》，从严把好动议提名关、考察考核关、程序步骤关，落实干部选拔任用全程纪实制度。积极探索科学合理的干部选拔任用机制，树立基层用人导向，大力提拔使用群众公认、实绩突出的干部，58名优秀干部走选拔进各组织领导班子。推进干部交流轮岗，综合分析研判干部“干事档案”、年度考核、一贯表现，将66名干部交流到合适的岗位。拓宽选人用人视野，通过创新选拔方式，择优配备8名“三类人员”进入乡镇领导班子，公开选拔4名副科级领导干部，有效地落实群众的知情权、参与权、选择权和监督权，切实提高干部选拔任用工作透明度和公信力。建立干部能上能下动态机制，落实《石嘴山市认定和调整不适宜担任现职领导干部的实施办法》，对不适宜担任现职、违法违纪等干部免职或降职使用，切实解决干部能上不能下、能进不能出等问题，形成能者上、庸者下、劣者汰的用人导向。

（侯金春）

【干部监督管理】 认真贯彻执行中央八项规定和自治区若干规定，从严从实监督管理干部。严格执行干部请销假、出国（境）等报批手续，开展干部人事档案专项审核工作，精准定位干部“三龄两历一身份”（“三龄”是指年龄、工龄、党龄；“两历”指学历、工作经历；“一身份”指干部身份），顺利通过自治区党委组织部验收。组织135名交流、提拔的科级干部走进“廉政警示教育基地”，进行任前廉政谈话，让干部在上岗前照镜子、正衣冠。突出解决干部超配问题，率先在全市完成消化行政岗位超配科级领导干部问题。建立科级领导干部“负面清单”数据库管理制度，对科级领导干部政治上不规矩、廉洁上不干净、工作上不作为、能力上不担当、作风上不扎实等情形进行登记管理，严防干部“带病提名”“带病上岗”。

（侯金春）

【干部教育培训】 坚持多形式培养锻炼干部，采取上派下挂、轮岗交流、理论培训等方式，促进干部队伍全面协调可持续发展。选派2名科级干部到北京企业、自治区部门学习锻炼，选派2名年轻干部到市直部门锻炼学习。将干部培养锻炼的主战场向基层延伸，注重在基层一线培养干部过硬作风，在处理复杂问题的过程中锻炼本领。选派40名年轻干部到经济部门、企业学习锻炼，6人由部门交流到乡镇、街道基层任职，14人由乡镇、街道交流到部门任职。选派干部外出培训学习128人次，组织各类培训班28场次，培训干部2100余人次，切实开阔干部视野，提升干部履职能力。

（侯金春）

【“两学一做”学习教育】 制定印发“两学一做”学习教育实施方案，成立协调小组，明确专人负责，实行班子成员分片包抓制度，确保有人抓、有人管。从严从实抓学习，推行“十堂党课”，采取“微课堂、微宣传、微互动”的“三微”模式实现“线上线下”随时学，开展文艺会演、主题演讲、知识竞赛等活动，巩固教育成果。坚持分类施教，拓展学习方式，针对老、弱、病、残和流动党员开展“专家辅导+”集中学、创新模式分散学、网络媒体推送学等形式分类送学施教，开通“微信夜校”、开设晚间课堂解决工学矛盾。举办党员领导干部等培训班8期培训1400余人，处级以上党员领导干部讲党课43人次，各基层党组织讲党课938人次，组织集中学习1356次21000余人次参加。创新学做载体，推行中国共产党党员证、党员活动记录本、党员积分管理等制度，推进党员组织生活常态化、理论学习规范化。结合“三查三树”（对照党的最终目标查理想信念真不真，树立政治坚定的党员形象；对照党规党纪，查纪律规矩严不严，树立遵规守矩的形象；对照组织分配的工作，查履职尽责好不好，树立担当作为的形象）专题讨论，督促指导党员即知即改、边学边改，强化整改落实，全区各党支部共开展专题讨论816次，梳理汇总查找问题1216条，整改1067条，惠农区学习教育各督导组开展明察暗访10次，提出整改意见60余条。

（马　娟）

【组工干部队伍建设】 始终把自身建设作为推动全区组织工作的重要方面，打造“敢担当、讲团结、干实事、谋发展”的组工干部队伍，保证机关各项工作高效运转。紧抓学习，促进干部素能提升。坚持理论培训、组工沙龙、观摩学习相结合，建立“组工书屋”，营造求学、重讲、务实的学风。紧抓机制，促进干部作风转变。重新规划调整科室布局，梳理界定各科室工作职责和岗位职责，干部作风得到切实转变，干部队伍进一步优化。紧抓载体，促进工作顺利开展。要求每名干部每月撰写5000字以上笔记、每周完成1篇以上信息或网评文章，寓工作于活动中，着力推动机关效能提高和作风转变。紧抓管理，促进机关高效运转。实行周例会制度，每周召开一次全体干部工作例会，回顾总结上周工作，安排部署本周工作。健全完善“干事档案”，规范干部的日常行为，做到用制度管人管事。

（黄　靖）

宣传教育

【概　况】 2016年，惠农区宣传思想文化工作以中共十八大，中共十八届三中、四中、五中、六中全会精神为指导，弘扬“不到长城非好汉”的宁夏精神，努力培育和践行社会主义核心价值观，突出思想教育，强化道德实践，着力开展群众性宣传及精神文明创建活动，市民文明素质和城市文明程度进一步提升。

【理论学习】 高度重视意识形态工作，明确要求区委领导班子对全区意识形态工作负主体责任，区委书记是第一责任人，区委其他成员根据工作分工，按照“一岗双责”要求，抓好分管部门的意识形态工作。区委专题研究意识形态工作，要求把意识形态工作摆在极重要的位置，区委宣传部要抓好工作落实及督查工作。组织学习习近平总书记在党的新闻舆论座谈会上的讲话精神，召开惠农区新媒体工作座谈会，就如何做好新形势下的新闻舆论工作进行交流，强化对惠农区新媒体的管理和建设工作，把意识形态工作纳入惠农区各部门年度目标任务考核中。制定印发惠农区委中心组理论学习方案，确保学习内容、时间、人员的落实。定期对科级以上干部理论学习情况进行抽查，把理论学习纳入各单位年度考核。改进学习方式，把集体研讨和个人自学、专题学习和系统学习结合起来，综合运用集中学习、脱产培训、网络培训、参观考察、辅导报告、在职自学等学习形式，切实加强和改进干部理论学习。深入群众开展调查研究，把理论学习同指导工作结合起来，把解决思想认识问题同解决实际问题结合起来，把转变思想作风同转变工作作风结合起来，把提高理论水平同提高贯彻落实能力结合起来，不断增强学习的针对性和实效性。

【新闻宣传】 每月邀请自治区级以上新闻媒体开展集中采访活动。全年，惠农区共发稿4000余篇，其中《经济日报》1篇,《宁夏日报》76条，宁夏电视台23条,《共产党人》5篇，人民网10条，新华网190条，宁夏新闻网45条,《石嘴山日报》591条，石嘴山网431条，进一步地扩大惠农区的知名度和美誉度。

【队伍建设】 举办优秀通讯员表彰暨骨干通讯员培训会，表彰奖励30名“惠农区2015年度优秀通讯员”。邀请宁夏日报报业集团副总编辑马文锋为网评网宣员作题为“放下拐杖，拿起撑杆——新闻写作的核心技巧”的专题报告。

【精神文明建设】 指导各级文明单位认真落实“五个一”［一部好的戏剧作品，一部好的电视剧（或电影）作品，一部好的图书（限文艺类），一部好的理论文章（限社会科学方面），一部好电影］创建要求，做好新一届文明单位创建评选和届满确认工作，新增自治区文明单位4家、文明村镇1家，到届重新确认市级文明单位6家、文明校园2家。申报和到届重新申报惠农区文明单位（村镇）14家。以全国和自治区、市道德模范、“百孝之星”评选为契机，积极创新先进模范评选形式、内容和载体，选树各领域、各层面的先进典型。开展“最美家庭”“五好文明家庭”“最美无毒家庭”评选表彰活动；5人被评为第二届自治区“百孝之星”，1人被评为自治区最美人物，9人入选“中国好人榜”候选人名单，1人荣获“全国百佳少年”称号，1人入选“感动宁夏2015年度人物”。全面推进道德讲堂建设全覆盖，建立各类道德讲堂170家，开展活动达1010场次。在国网石嘴山发电公司开展“读大同故事、推创新实践”专题道德讲堂西北地区观摩活动暨惠农区“道德讲堂”建设现场会，共有来自西北兄弟省区相关企业、惠农区各单位部门350多人参加观摩活动。围绕“我们的节日”主题，突出民俗民风，开展群众性文化娱乐活动。组织百名文化工作者为群众写春联、送春联、送年画、送灯笼、秧歌社火大展演等慰问演出等活动。开展文化、科技、卫生“三下乡”活动，送去文艺演出55场次，开展“魅力惠农·清凉宁夏”广场文艺演出26场次。清明节开展“网上祭英烈”活动，端午节举办“金岸红柳湾　浓浓粽香情　学子榜题名”主题活动，增加群众性文化活动的数量、提升活动的质量。注册网络文明传播志愿者190余名，及时更新惠农区文明网，发布精神文明建设各项工作动态280余条，举办惠农区网络文明志愿者培训班，来自全区各乡镇、街道，各级文明单位190余名网络文明志愿者参加培训。

【“创城”工作】 制定印发《2016年惠农区创建全国文明城市工作任务台账》，进一步明确和细化责任。建立“一帮一”结对帮扶工作机制，全区63个单位对42个社区开展帮扶共建活动。利用LED电子屏、宣传墙等形式，开展“讲文明、树新风”、社会主义核心价值观公益宣传活动。加强对乡村少年宫建设工作的督查指导，确保各项标准和要求达标。统筹推进未成年人思想道德建设工作，组织开展“雷锋式好少年”“美德少年”评选活动和“网上祭英烈”“日行一善”“做一个有道德的人”等主题教育实践活动，提高广大青少年的思想道德水平。

纪检监察

【概　况】 区纪委监察局机关内设机构调整有办公室、党风政风监督室、案件监督管理室、信访室、宣教中心、纪检监察室、案件审理室。核定区纪委机关（监察局）行政编制11名、事业编制3名、工勤2名。2016年9月27日，惠农区纪律检查委员会召开换届选举会议，选举产生新一届书记和纪委常委。

【宣传教育】 探索出“互联网+”学习模式。2016年，共对73名拟提拔的副科级以上干部，852名副处级、正科、副科、纪检专干和部分乡镇、街道、部门等党员干部完成廉政知识网络考试。开展“重温激情燃烧的岁月”系列活动，为352名领导干部复印一份本人入党申请书，赠送一份《同志，可还记得当年在入党申请书里亲自书写了什么？》廉政赠文；组织开展“三想三比三看”理论征文、演讲比赛等活动，活动共收到全区副科级以上领导干部撰写的心得体会和理论文章共计240余篇；组织全区青年党员干部开展以“两学一做、青春当先”为主题的演讲比赛；建立全区纪检监察系统纪检监察干部双月例会制，年内开展双月例会6次。联合区人民检察院制定出台《惠农区工程项目建设“2+2”廉政警示与预防告诫制度》，2016年，共对9个建设单位42个项目进行“2+2”[《惠农区党员领导干部“2+2”廉政警示与预防告诫制度》，前一个“2”，即重大工程项目实施报告、审计结果或审计报告；后一个“2”，即廉政警示与预防告诫书和廉政承诺书。凡是政府投资类工程项目，由发改部门批复立项后，工程项目实施单位于5个工作日内必须向区纪委、区人民检察院上报《重大工程项目实施报告》，报告内容包括工程项目基本情况（工程名称、地点、规模、内容、造价、资金来源、开竣工时间、项目负责人、分管领导等）、工程项目进展计划、前期程序办理情况和下一步工作事项等，予以存档备案］备案。2016年，共通报纪律作风、违反中央八项规定、侵害群众利益的不正之风和腐败问题等典型案例5期，通报曝光5个单位、5人次。

【党内监督】 实行监察信访举报“六定”[在各乡镇、街道、部门纪（工）委设立信访举报接待室，实行“定人员、定片区、定时间、定任务、定制度、定责任”的“六定”工作责任制，在全区形成纪检监察信访举报工作有场所接访、有专人办访、有制度管访的良性工作体系，把基层纪检监察信访举报接待室建成党与人民群众的联系点、党的路线方针政策的宣传点、群众呼声的倾听点和解决信访问题的工作点］工作责任制，形成有场所接访、有专人办访、有制度管访的良性工作体系。建立案件线索统一管理制度，按照“五类处置方法”（拟立案、初核、谈话函询、暂存、了结五类问题线索处置方法）处置问题线索，扩大谈话函询覆盖面，清理暂存线索。建立领导联片、信息联网、单位联动、案件联查的“四联”工作机制。建立“三审一联执”（对全区查实的违纪问题，尤其是重大疑难违纪问题、群众反映强烈的违纪问题、侵害群众利益典型的违纪问题，提前介入，在调查结束审理环节，组织组织部、人社、财政、编办、督考办，党代表、人大代表或政协委员开展联审、会审、问审，提高执纪工作科学化、制度化水平）审理工作制度，快查快结4名领导干部在环境保护方面的失职渎职。配合安监局对安全生产事故情况进行检查。2016年，共收到信访举报件106件次，初核60件次，立案31件次，结案22件，给予党政纪处分22人，移送司法机关3人，收缴违纪资金46.5万元。

【监督检查】 开展明察暗访22次，查处4名党员干部违反中央八项规定精神问题。在“惠农清风”、惠农区纪委监察网、政府公众网等网络媒体设置网上“随手拍”，加大网络问政力度，严肃查处侵占群众利益的违规违纪问题。2016年，共收到和发现侵害群众利益的不正之风和腐败问题线索20件，给予党政纪处分7人。

【自身建设】 率先在县区级纪委完成第二轮内设机构改革，内设机构调整为5个。出台《加强基层纪检组织建设的实施办法》，实行“N+X”考核评价办法。2016年，全区5个乡镇纪委立案7件，占乡镇总数的83%。建立周一例会学习制度，建立外出学习培训“完成一篇心得体会、提出一条合理建议、进行一次学习成果分享”的“三个一”培训模式，年内共组织纪检监察干部参加国家、自治区、市各类培训60人次。修改完善《请假休假和外出报告制度》《季度“干事档案”评定考核办法》等制度，实行纪委书记末位表态，制定《惠农区纪委监察局纪律审查人员监督制度》，共向49家被审查单位和49个审查对象发放执纪审查人员监督卡，在惠农纪检监察网开通纪委书记信箱，扩大对纪检干部监督渠道。

【基层巡察】 区委出台《基层单位党风廉政建设巡察工作实施办法》，率先在自治区各县区开展巡察工作，对卫生计生、农牧水务和园艺镇24家基层单位开展巡察。共发现各类问题297个、线索28条，立案15件，移送司法机关3人，涉及利益输送近百万元，核减园艺镇房屋征收虚增房屋征收款1400余万元。在巡察工作中，建立的“四个三”发现问题机制，被自治区纪委《党风廉政建设动态》和自治区巡视办专刊转载。

【重要会议和活动】

2016年惠农区纪委监察局重要会议、活动一览表

表2

时　间	会议、活动内容
1月6日	区纪委、区委组织部、区委宣传部联合举办的惠农区学习《中国共产党廉洁自律准则》（以下简称《准则》）和《中国共产党纪律处分条例》（以下简称《条例》）优秀论文评选活动收官，从上报的319篇理论征文中共评选出优秀文章52篇，并在全区通报
1月11日	召开领导班子“三严三实”专题民主生活会，深剖思想认识、细查问题不足、详列整改措施，开展批评和自我批评
1月18日	集中学习习近平总书记在中纪委十八届六次全会上的讲话和中纪委十八届六次全会精神
1月19日	制定《惠农区开展基层单位党风廉政建设巡查工作实施办法（试行）》，建立惠农区党风廉政建设巡查制度，实现巡查工作规范化。通过对惠农区卫生和计划生育局（以下简称区卫计局）基层巡察，对区卫计局党委落实“主体责任”不力进行公开通报批评
2月15日	召开惠农区纪委三届六次全体会议，惠农区纪委委员，部分区人大代表和政协委员，各乡镇、街道纪（工）委书记，区直各部门分管领导，法院、检察院、公安分局纪检组组长等67人参加会议
2月17日	召开中共惠农区第三届纪律检查委员会第七次全体会议。下午，在惠农区纪委三届七次全会上，2名区级领导、2名部门负责人和4名乡镇街道负责人向纪委全会进行现场述责述廉并接受纪委委员和部分党代表、人大代表和政协委员的现场民主测评
2月19日	惠农区纪委组织召开全区纪检系统干部学习培训班，邀请自治区党委巡视组正厅级巡视员苏世夏和市纪委监察室主任朱辉授课，区委常委、纪委书记罗万信主持
3月15日	惠农区全面启动整治和查处侵害群众利益的不正之风和腐败问题专项行动
3月24日	自治区党委巡视办主任李捍国、副主任刘长卿听取惠农党风廉政建设巡察工作
4月2日—4月3日	惠农区纪委组织开展纪检监察干部“岗位大练兵”活动。聘请专家讲解Word、Excel、PPT等办公软件的基本操作知识内容，对全区各乡镇、街道、区直部门纪检监察干部进行计算机能力提高培训

续表 2

时 间	会议、活动内容
4月8日	惠农区纪委组织各乡镇、街道、区直部门主要负责人40余人参观自治区廉政警示教育基地
4月14日	惠农区举办“守纪律，讲规矩”主题演讲比赛。区纪委、教育体育局获一等奖，卫生局、育才街道等获二等奖，区商务和文化旅游局（以下简称商旅局）、红果子镇等获三等奖
4月30日	惠农区纪委组织开展第四期电视问政节目，惠农区环境卫生管理站、环境监察大队、物业监督管理站、创建全国文明城市指挥办公室（以下简称创城办）、育才路街道办事处等部门单位的“一把手”接受群众“拷问”，针对群众关注的环境卫生问题，各部门作出承诺并开展整改
5月17日	惠农区委常委、纪委书记约谈各乡镇、街道纪（工）委，听取各单位2015年工作进展情况，对下半年工作提出具体要求
6月2日	区纪委书记杨立功为全区纪检监察干部作“践行‘三严三实’ 做忠诚干净担当的纪检干部”专题党课，全区50余名纪检干部参加会议
9月16日	开展落实“三严三实”提高纪检监察干部廉洁自律及素质能力提升会。会议传达学习《宁夏回族自治区党风廉政建设主体责任和监督责任追究办法（试行）》，外出培训人员分享培训心得，观看《决不能背离忠诚、干净、担当——纪检监察干部违纪违法案件警示录》，区委常委、纪委书记罗万信进行讲话
9月27日	惠农区第三届纪律检查委员会向惠农区第四次党代会作《坚持全面从严治党 强化监督执纪问责 为推进“四个惠农”建设提供坚强政治保证》的工作汇报
9月27日	换届选举产生惠农区第四届纪律检查委员会成员：罗万信、宁华、李金福、张红梅、张瑞翎、白顺、郭利平、马玉琴、张振华、韩玉兰、强薇、陈光、韩红军、郭维荣、张林杉、栾宁、唐中华17人。选举产生纪委常委：罗万信、宁华、李金福、张红梅、张瑞翎、白顺、郭利平7人
9月29日	惠农区纪委监察局举办2015年“道德讲堂”总堂活动
10月8日	惠农区委召开五套班子联席会，传达学习《中国共产党巡视工作条例》和全区贯彻纪检监察干部监督工作座谈会精神推进党风廉政建设“两个责任”落实工作会议精神。区委、人大、政府、政协、经济技术开发区、公检法、人武部、各乡镇、街道、区直部门党政主要负责人100余人参加会议
10月30日	惠农区召开区委理论中心组（扩大）专题学习会，专题学习新修订的《中国共产党廉洁自律准则》和《中国共产党纪律处分条例》，邀请自治区政策法规处领导就新修订的《准则》和《条例》作辅导，区委对学习贯彻《准则》和《条例》工作进行部署
12月8日	惠农区委召开“惠农区2015年党风廉政建设和反腐败工作情况通报会”。区委常委、纪委书记罗万信向民主党派人士代表通报惠农区2015年党风廉政建设和反腐败工作具体情况，区委常委、统战部部长张新主持会议
12月15日	区纪委、区委组织部、区委宣传部共同组织开展的全区党员学习《准则》《条例》知识竞赛活动，经过40支参赛队的激烈比赛，8支队伍进入决赛，最终园艺镇获得一等奖，政府办、检察院获得二等奖，庙台乡、燕子墩乡、司法局获得三等奖，区委办、组织部、尾闸镇、工业和信息化局、北街街道、宣传部、住房和城乡建设管理局、机构编制委员会办公室、人力资源和社会保障局、教育体育局10家单位获得优秀组织奖
12月16日	惠农区举办学习贯彻《准则》《条例》专题廉政党课，邀请宁夏回族自治区教育工委委员、教育厅党组成员、自治区纪委派驻教育厅纪检组组长宋志霖进行讲授，区副科级以上实职领导干部300余人聆听廉政党课

（童　芳）

信息网络安全服务

【概　况】 信息中心为区委宣传部所属不定级别的事业单位，核定全额预算事业编制7人，实有在编在岗5人。

【政务信息平台建设】 按照自治区、石嘴山市网络安全和信息化办公室（以下简称网信办）的统一规划和部署，积极推进自治区政务内网惠农区节点的延伸，建立覆盖区直各重点部门的电子政务内网系统，满足全区政府重点部门办公、管理、协调、监督和决策等业务需要；运用防火墙和专网技术，保证电子政务内网的安全性，为自治区政务内网在惠农区各重点部门办公系统良好运行提供保障。根据自治区网信办、信息化建设办公室（以下简称信建办）、财政厅先后印发的《关于印发〈全区电子政务外网和公共云平台实施方案〉的通知》和《关于加快全区电子政务外网和公共云平台建设工作的通知》，对搭建自治区统一的电子政务外网工作进行安排部署，提前完成自治区、市、县（区）、乡（镇、街道）、村（社区）五级电子政务外网B平面的搭建工作，实现辖区的6个乡镇、6个街道、39个区直部门（单位）、38个行政村和42个社区143个电子政务外网全覆盖，保障辖惠农区终端电脑2600余台正常上互联网。努力推进电子政务外网网络向教育卫生等事业单位及驻惠农单位延伸，保证电子政务外网在行政事务上的支撑能力。

以整合服务资源、创新服务方式为导向，聚合全区各部门网站的信息服务资源，构建“一站式”网上政务大厅的链接接入筹划和网站集群服务体系的划归，对公众网网站的便民服务和政民互动栏目窗口内容进行设计安排部署，对接宁夏政务服务大厅公众服务内容进行链接，对办事指南、办件公示等进行网站镶嵌。将政府公众网及OA办公系统等整合迁移到公共云平台。

【机房建设】 采用“以租代建”市场化运作模式，由中国移动通信集团宁夏有限公司石嘴山分公司投资建设政务网络中心机房，设有交换机（三层交换设备），装置5台服务器，1台防火墙，1台路由器，1台核心交换机，6台二层交换机，1台党委楼群、人大政协楼群二层网管型交换机和部分普通交换机，设有电子政务OA服务器、行风评价服务器、短信服务器和社区管理系统服务器。另外，国家电子政务外网，自治区电子政务内、外网，统计、审计、信访等专线传输设备全部按要求接入并正常运行，由于中心机房配备有防火墙、攻击检测、上网行为管理和日志审计、路由器、服务器等网络安全和应用设备，基本保证网络环境下的正常安全互联办公。

【公众网建设】 在原网站的基础上增加模块，充分征询意见，升级系统，凸显信息发布、互动交流、便民服务、网站宣传等服务功能，重新设置栏目，加强政府网站运维和管理，全力保证网站信息的质量，注重主流导向宣传、政务公开服务的力度、网站安全的管理。针对“两微一端”新媒体，整合政务微博图标大厅和微信二维码资源，按照要求开通运行部门单位建设政务微博和政务微信，建立健全政务微博微信档案，形成政务微信矩阵开放式模式，在网站镶嵌完成政务微博大厅，形成政务微信集群，开辟网站兼容模式。依托网络问政平台健全书记、区长信箱，拓展拓宽网民留言办理渠道“投诉举报”“网上信访”“民情民意征集”“网站调查”等功能，加强政民互动平台网民留言办理工作；及时监测民情民意专栏各类投诉、咨询、求助及建议网上信访问题，通过“外网受理—内网办理—外网反馈”的工作模式，借助网站、电话、信函、传真等多种形式，提高工作效率，提高办理能力，全年共受理网络网民各类投诉、咨询、求助及建议等网上信访3000多件，连续三个季度办结率位于三县区之首。

【网站宣传报道】 安排做好自治区、市、区委、区政府主要领导的视察、调研的跟拍和宣传工作。年审核更新发布各类信息4000余条，年安排跟拍300余场次，网站采用图文并茂的形式，及时报道辖区大事要事。安排组织做好历届党代会、两会、才艺大赛、“最美惠农人”、“网络媒体走转改”等网络宣传报道工作；完成社会主义核心价值观，网络公益广告和展播，贺兰山自然保护区环境综合整治，自治区、市党代会，群众评议机关作风等15个专题栏目专题专栏设置；实现网站镶嵌、超链和信息更新发布等工作，营造良好的宣传氛围。全力为各大媒体、电视台提供容量极大的信息储备库，取得网站平均日访问量3011次、最高日访问量9987人次的成效。

【政府网站普查】 按照国务院办公厅对政府网站普查的要求，及时完成网站系统审核、上报、评析和总结等工作；积极做好网络与信息安全和网站关键信息基础设施建设工作，完善网站要素及系统上报等工作；组织做好政府公众网网站全市“十佳媒体政务网站”评选工作，获得全市优秀“十佳政务媒体网站”荣誉称号。

【网站、网络管理】 加强网站管理，优化政府网站后台，严格审核把关，做好安全防范；加大网站升级改版对接工作，积极做好数据迁移，做好宣传，服务好网站运行；筹划设计部署网站《热点专题》专栏，超链、内容更新、模块，增加栏目窗口，镶嵌专题栏目。围绕自治区、市网信办的上级文件要求，丰富网站内容。共开辟专题28个，开辟专栏36个，镶嵌窗口10处，开辟窗口6处，年编辑更新发布信息3600余条，强化政府公众网功能，扩充网站容量，拓展容积。

【政务公开】 按照自治区、市、区年度政务公开工作要点，安排设计行政权力、财政预决算、公共资源配置、公共服务信息、政务服务、住房保障、环境保护、食品药品安全、扶贫工作等重点领域的信息公开专栏，增加曝光台、监督台模块，加大网站公开力度，强化惠农区政府公众网平台建设。2010—2016年，集中发布政务动态、部门动态、街镇动态、热点专题、公告通知等政府公开信息17728条；财政公开、减费减税等重点领域信息1200余条，切实做好迎接国务院委托第三方开展网站政务公开评估抽查工作。

【网站安全管理】 采用后台分离安全技术部署，加强对各服务器进行日常维护管理，并对机房服务器备份软件进行配置，实施自动备份，加装网络安全防火墙，避免事故造成丢失数据。

【电子政务OA办公系统建设】 惠农区自动化办公OA系统历经三次升级后，在保留原有功能的基础上，增加电子印章和正式收发文的应用，形成覆盖区级四套班子及下属各单位、各部门以及驻惠农部门的公文流转大循环的综合办公平台，实现全区公文高效流转。在逐步完善应用功能的基础上，反复进行修改和测试运行，完全实现区政府内部办公与6个乡镇、6个街道，所有政府工作部门之间公文传输的无纸化，加快公文流转速度，提高协同办公能力，注册700多个用户，提供及时、高效、有序、可控、全程共享的办公沟通平台。

【互联网信息网络传播】 负责国家、自治区、市有关网络安全与信息化建设和互联网信息传播的方针、政策和法律法规的贯彻执行。依托网站和新媒体平台，积极完成网络宣传工作，开展网络安全法、网络宣传周、网评网宣、网络中国节等互联网信息网络传播工作。

【电子政务网络平台建设】 加快推进辖区基础网络信息化建设，建设好电子政务外网和公共云平台，顺利搭建电子政务外网硬件平台；整合网络资源，加快推动学校和卫生系统数据的接入，努力实现跨部门的信息共享和业务协同，深化网络，实现电子政务、高效服务。建成全区统一的电子政务网络和政务信息资源交换和共享体系，改善社会管理，提高政府办事效率，推进政府信息公开以及部门之间的信息共享和业务协同。

【信息应用平台系统管理】 加快信息化应用系统的部署，协助制定辖区电子政务发展规划及各类应用系统的建设、优化、升级、管理等工作，对宁夏公共云平台、信用宁夏、行政处罚和许可等应用系统进行部署，努力实现网络的互联互通，连接内容不断丰富、优化，为云平台的使用者、云门户的来访者等提供服务、指导、经验分享及需求互动。

（吴世平）

机构与人员编制管理

【概　况】 惠农区机构编制委员会办公室负责惠农区行政审批制度改革、推进政府职能转变以及机构编制日常管理、监督检查等工作，列入区委工作部门序列。所辖事业单位1个，为惠农区事业单位登记管理局，负责惠农区事业单位登记管理工作。

【行政机构】 惠农区共有行政机构46个，其中区委工作部门7个、区委部门管理机构1个；政府工作部门17个（监察局与纪律检查委员会机关合署办公，民族宗教事务局与统一战线工作部合署办公，列入政府工作部门序列，不计机构个数），政府部门管理机构1个（价格监督检查所由发展和改革局管理，不计入机构个数），人大机关1个、政协机关1个、群众团体7个、乡镇6个、街道6个。

【事业机构】 惠农区共有事业单位138个，其中，按经费形式划分，全额预算事业单位136个，定额补助事业单位1个，自收自支事业单位1个；按单位级别划分，正科级事业单位3个，副科级事业单位23个，不定级别事业单位112个；按管理类别划分，区委、区政府直属事业单位3个，部门所属事业单位56个，部门派驻乡镇站（所）18个，乡镇所属事业单位18个，街道所属事业单位6个，乡镇卫生院7个，社区卫生服务中心4个，中小学校26所。参照公务员法管理事业单位8个。

【人员编制】 自治区共核定惠农区行政编制504名，实有在编人员465名，空编39名。其中，区直机关行政编制291名，实有在编人员265名；乡镇机关行政编制132名，实有在编人员128名；街道机关行政编制30名，实有在编人员24名；政法专项编制共51名，实有在编人员48名。惠农区事业编制共2560名，其中，全额预算2409名、定额补助108名、自收自支编制33名、聘用编制10名。实有人员2340名，空编220名。

【机构编制管理】 制定印发《惠农区控编减编工作方案》，进一步规范机构编制管理。及时调整区政协专委会机构、规范调整纪检监察机关内设机构和职能；设立惠农区廉政宣传教育中心，制定印发《石嘴山市惠农区廉政宣传教育中心机构编制方案》；将惠农区文学艺术界联合会机关纳入群团组织机构编制管理序列，制定印发《石嘴山市惠农区文学艺术界联合会职能配置和人员编制方案》。根据市编委文件，将区委组织部、宣传部、统战部、政法委、区总工会的常务副职由副科级领导职数调整为正科级领导职数。给区委组织部核增非公经济组织和社会组织工委书记1名（正科级），由区委组织部分管副部长兼任，将原区非公有制经济组织党工委1名专职副书记（副科级）职数调整为区非公经济组织和社会组织工委专职副书记（副科级）职数，将原区社会组织工委专职副书记（副科级）职数调整为区民政局副局长职数。对农牧水务局、卫生和计划生育局、商务和文化旅游局及所属事业单位职能职责履行情况评估检查。研究通过党政机关和事业单位工作人员调动20人。

【行政审批制度改革】 落实2013年以来国务院、自治区、市取消下放的行政审批事项。根据自治区、市文件精神，组织政府各部门、直属事业单位对已下放行政职权事项承接落实工作进行“回头看”，对行政审批制度改革进行阶段性“回头看”，做好迎接国务院大督查各项准备工作。全面推行“双随机一公开”（在监管过程中随机抽取检查对象，随机选派执法检查人员，抽查情况及查处结果及时向社会公开），加强事中事后监管，组织开展随机抽查，及时将抽查结果进行统一公示并记载于企业名下。按照自治区、市安排部署和要求，全力推进建立政府部门权力清单和责任清单制度工作，完成区政府部门权力清单和责任清单编制审核工作，经区政府常务会研究审定，于2016年6月14日向社会公布19个政府部门（单位）的1431项行政权力和责任清单。

【简政放权放管结合优化服务改革】 继续推进行政审批、投资审批、职业资格、收费清理、商事制度、教科文体和医药卫生等领域改革。制定印发《惠农区2016年推进简政放权放管结合优化服务改革工作要点》，提请区人民政府印发《惠农区人民政府2016年推进简政放权放管结合优化服务改革工作责任分工》。推进企业投资审批改革，加快推进建设项目并联审批。推进落实企业投资项目网上并联核准制度，加快信息资源开放共享。全面清理规范行政事业性收费，2016年对10家有涉企收费的单位进行检查，进一步降低中介服务收费标准，编制行政事业性收费、中介服务收费目录与收费标准并向社会公示。在实行“三证合一”登记制度的基础上，全力推行“五证合一”登记制度，食品流通许可证和餐饮服务许可证“两证合一”制度，推行“容缺受理”机制。截至年底，共办理“三证合一”企业营业执照1750家，其中新登记516家、变更登记1234家；办理“两证合一”1512件；办理“五证合一”205件；办理“容缺受理”234件。打造电商平台，积极推进大众创业万众创新。深入推进科教文体领域和医药卫生领域改革，制定《惠农区医疗卫生服务体系发展规划（2016—2020年）》，深化公立医院改革，成立惠农区公立医院管理委员会，推进县级公立医院去行政化，全面落实医院独立法人地位，积极推动政府职能转变纵深发展。

【事业单位登记管理】 加强对事业单位的监督管理，做好事业单位设立变更注销登记，并进行公告。1—3月，对2015年度事业单位进行年度报告公示87个，公示率达100%；全年登记事项发生变更的事业单位19个，变更事项19项；新设立事业单位法人登记2个（惠农区河道管理所、惠农区政务服务中心），办理注销登记1个（惠农区计划生育服务站），对不计入事业机构序列的惠农区中心敬老院给予设立登记，并进行公示。为事业单位换发新版事业单位法人证书。规范党政机关、事业单位和社会组织网上名称管理，对惠农区116个单位（行政单位46个、独立法人单位70个）进行全国“政务和公益机构域名注册管理中心”中文域名注册认证。

将行政机关、编办直接管理机构编制的群团组织现有的组织机构代码证书统一更换为统一社会信用代码证书，为48个单位办理赋码办证。

（杨学红）

惠农区人民代表大会

惠农区三届人民代表大会

【人民代表大会】 三届四次会议。2016年1月27日至29日在惠农区人民会堂举行。会议应到代表160人，实到代表138人，符合法定人数。会议听取和审查政府工作报告，人大常委会工作报告，区人民法院、人民检察院工作报告，审查和批准“十三五”规划纲要、计划、预算报告，补选区第三届人大常委会副主任、区第三届人大常委会委员。1月27日大会开幕，区人大常委会主任李耀林主持会议，区长李彬代表区人民政府向大会作政府工作报告。1月28日，副主任秦永红受区人大常委会委托作工作报告，区人民法院院长许其锁、区人民检察院检察长王军分别代表法院和检察院作工作报告。1月29日，会议采取无记名投票方式，补选赵建国为区三届人大常委会副主任，补选马金琪、陈小青、张凤仙为区第三届人大常委会委员，并通过了各项决议，石嘴山经济技术开发区党工委书记、惠农区委书记王万虎作重要讲话，大会胜利闭幕。

会议充分肯定区人大常委会过去一年的工作，同意报告提出的2016年主要工作任务，决定批准该报告。会议要求，惠农区人大常委会要高举中国特色社会主义伟大旗帜，全面贯彻中共十八大和中共十八届三中、四中、五中全会精神，深入学习贯彻习近平总书记系列重要讲话精神，认真贯彻落实市委九届六次全会、市十三届人大四次会议和区委三届六次全会部署，坚持党的领导、人民当家做主、依法治国有机统一，贯彻创新、协调、绿色、开放、共享发展理念，认真履行宪法法律赋予的职责，切实行使好监督、重大事项决定、人事任免各项职权，为加快推进产业民生生态转型发展，建设开放富裕和谐美丽新惠农，全面建成小康社会做出新贡献。

会议充分肯定区人民政府过去一年的工作，同意报告提出2016年的工作部署，决定批准该报告。会议号召，全区各族人民要高举中国特色社会主义伟大旗帜，全面贯彻中共十八大和中共十八届三中、四中、五中全会精神，深入学习贯彻习近平总书记系列重要讲话精神，认真落实市委九届六次全会、市十三届人大四次会议精神和区委三届六次全会部署，坚持创新、协调、绿色、开放、共享发展理念，坚定信心、改革创新、攻坚克难、务实苦干，为加快推进产业民生生态转型发展，建设开放富裕和谐美丽新惠农，全面建成小康社会而努力奋斗。

惠农区四届人民代表大会

【人民代表大会】 四届一次会议。2016年10月26日至28日在惠农区人民会堂举行。会议应到代表160人，实到代表154人，符合法定人数。会议听取和审查政府工作报告，人大常委会工作报告，人民法院、人民检察院工作报告，审查和批准国民经济和社会发展计划执行情况、计划、预算报告，依法选举区第四届人大常委会主任及副主任、区第四届人大常委会委员。10月26日大会开幕，区人大常委会党组书记邵珠宝主持会议，区长李彬代表区人民政府向大会作政府工作报告。10月27日，副主任赵建国受区人大常委会委托作工作报告，区人民法院代理院长王绍军、区人民检察院代理检察长韩林分别代表法院和检察院作工作报告。10月28日，会议采取无记名投票方式，依法选举邵珠宝为区第四届人大常委会主任，赵建国、胡玲艳、陈忠福、罗彬为区人大常委会副主任，马少儒、马国荣、马金琪、马学科、王小宁等26人为区人大常委会委员；选举李彬为区人民政府区长，孙伟、符福魁、张明俊、马立华、侯学云为区人民政府副区长；选举王绍军为区人民法院院长；选举韩林为区人民检察院检察长；选举李耀强、赵艳、马丽、孟艳红等71人为惠农区出席石嘴山市第十四届人民代表大会代表。石嘴山经济技术开发区党工委书记、惠农区委书记梁福祥作重要讲话，大会胜利闭幕。

会议充分肯定区三届人大常委会的工作，同意报告提出的主要工作任务，决定批准该报告。会议要求，惠农区人大常委会要高举中国特色社会主义伟大旗帜，认真贯彻落实中共十八大和中共十八届三中、四中、五中、六中全会精神，深入贯彻落实习近平总书记系列重要讲话和视察宁夏时重要讲话精神，紧紧围绕区委第四次党代会提出的惠农区经济社会发展总体要求、奋斗目标和主要任务，认真履行宪法和法律赋予的职责，充分发挥地方国家权力机关的作用，为决胜全面建成小康社会、持续推进开放富裕和谐美丽的新惠农建设做出新的更大贡献。

会议高度评价“十二五”时期惠农区经济社会发展取得的成绩，充分肯定区人民政府过去四年的工作，同意报告提出的“十三五”时期的主要目标任务和2017年的工作部署，决定批准该报告。会议号召，全区各族人民要高举中国特色社会主义伟大旗帜，坚持以马克思列宁主义、毛泽东思想、邓小平理论、“三个代表”重要思想和科学发展观为指导，认真贯彻中共十八大，中共十八届三中、四中、五中、六中全会精神，深入贯彻落实习近平总书记系列重要讲话和视察宁夏时重要讲话精神，紧紧围绕“四个全面”战略布局，抢抓“一带一路”、内陆开放型经济试验区建设、老工业基地调整改造等重大机遇，主动适应经济发展新常态，以全面建成小康社会为统领，以创新发展、转型追赶为主线，以提高经济发展质量和效益为中心，坚持创新、协调、绿色、开放、共享发展理念，深入推进产业、民生、生态“三大转型”，加快资源型城市转型和老工业基地振兴，深入推进开放富裕和谐美丽新惠农建设，努力实现经济繁荣、民族团结、环境优美、人民富裕，确保与全国同步全面建成小康社会。

【常务委员会会议】

2016年惠农区人民代表大会常务委员会议一览表

表3

时　间	会议届别	主持人	参会人数	会议内容
1月15日	三届第24次会议	李耀林	应到19人，实到17人	会议审查惠农区2016年财政预算（草案）初步方案的报告，听取和审议惠农区第三届人民代表大会常务委员会代表资格审查委员会关于个别代表的代表资格审查报告，讨论石嘴山市惠农区人大常委会工作报告及拟提交惠农区第三届人大四次会议审议的有关会务文件，作出关于召开区第三届人民代表大会第四次会议的决定

续表3

时　间	会议届别	主持人	参会人数	会议内容
3月31日	三届第25次会议	李耀林	应到23人，实到21人	会议通报区人大常委会2016年工作要点，审议通过《惠农区人民代表大会常务委员会代表建议、批评和意见办理办法》，决定人事任免等事项
5月27日	三届第26次会议	李耀林	应到22人，实到21人	会议听取和审议区人民政府关于公共文化服务体系建设工作情况的报告；听取区住房和城乡建设管理局关于履行工作职责情况的报告，进行满意度测评，经测评，综合满意度为88.6%，测评结果为满意；听取和审议区人大常委会执法检查组关于检查《宗教事务条例》实施情况的报告；听取和审议关于“双创”孵化产业园建设情况的报告；审议通过人事任免事项
7月3日	三届第27次会议	李耀林	应到22人，实到19人	会议审议区人大常委会主任会议关于提请审议区、乡（镇）人民代表大会换届选举时间的决定（草案）的议案；关于提请审议重新确定部分乡镇人民代表大会代表名额的决定（草案）的议案；关于提请审议设立惠农区选举委员会的决定（草案）的议案；关于提请审议设立乡（镇）选举委员会的决定（草案）的议案；表决各项决定（草案）；审议通过人事任免事项
7月28日	三届第28次会议	李耀林	应到22人，实到20人	会议听取和审议区人民政府关于2015年区本级财政决算（草案）和2016年上半年财政预算执行情况的报告、关于2015年度区本级财政预算执行和其他财政收支情况审计的工作报告、关于2016年上半年国民经济和社会发展计划的执行情况的报告，审查和批准区人民政府关于2015年区本级财政决算；听取和审议区林业和生态建设管理局履行工作职责情况的报告，进行满意度测评；听取和审议区人大常委会执法检查组关于检查《中华人民共和国劳动合同法》(以下简称《劳动合同法》)实施情况的报告、区人民检察院规范司法行为工作情况的报告；审议通过人事任免事项
8月9日	三届第29次会议	李耀林	应到22人，实到21人	会议审议区人大常委会主任会议关于提请审议调整区乡（镇）人民代表大会换届选举时间的决定（草案）的议案，表决决定（草案）
8月25日	三届第30次会议	李耀林	应到21人，实到18人	会议听取和审议区人民政府关于“六五”普法决议执行情况的报告；审议区人民政府关于提请审议深入开展第七个五年法治宣传教育的决议（草案）的议案；作出区人大常委会关于深入开展第七个五年法治宣传教育的决议；审议通过人事任免事项
10月31日	三届第31次会议	李耀林	应到20人，实到17人	会议听取和审议区人民政府关于三届人大四次会议代表建议意见办理情况的报告、区人民法院刑事审判工作情况的报告；听取和审议石嘴山市惠农区第三届人大常委会代表资格审查委员会关于区第四届人民代表大会代表的代表资格审查报告，作出关于召开区第四届人民代表大会第一次会议的决定，讨论石嘴山市惠农区人大常委会工作报告及提交惠农区第四届人大一次会议审议的有关事项，决定区第四届人民代表大会第一次会议列席人员名单
12月2日	四届第1次会议	邵珠宝	应到31人，实到29人	会议传达学习中共十八届六中全会精神，学习常委会议事规则和组成人员守则，表决通过区人大常委会代表资格审查委员会组成人员，决定设立惠农区人大各街道工作委员会，表决通过人大街道工委委员名单，任命新一届政府组成人员，人大常委会街道工作委员会主任、副主任以及区人民法院、区人民检察院的部分职位人选
12月25日	四届第2次会议	邵珠宝	应到30人，实到23人	会议审议区人大常委会主任会议提请的关于接受田惠丽辞去石嘴山市第十四届人民代表大会代表职务请求的议案、关于提请补选黄职业为石嘴山市第十四届人民代表大会代表的议案，并通过无记名投票的方式补选黄职业为石嘴山市第十四届人民代表大会代表

【调研、视察、执法检查】

2016年惠农区人民代表大会常务委员会调研、视察、执法检查一览表

表4

时　间	活动名称	参加人员	陪同人员	活动内容
3月24日	视察公共文化服务体系建设工作	主任李耀林，副主任秦永红、胡金明、陈忠福及部分区人大常委会组成人员、部分人大代表	区人民政府副区长韩振军、商务和文化旅游局负责人陪同视察	先后实地走访区文化馆、河滨街道屯园社区文化活动中心、礼和乡综合文化站、礼和乡永平村文化站、红果子镇惠西社区文化站、红果子镇综合文化站，通过查阅资料、听取汇报、座谈讨论了解惠农区公共文化服务体系建设工作情况及存在的问题

续表 4

时 间	活动名称	参加人员	陪同人员	活动内容
4月14日	调研"双创"孵化产业园建设情况	主任李耀林，副主任秦永红、胡金明、陈忠福及部分区人大常委会组成人员、人大代表	区委常委、区人民政府副区长叶尤刚，区商务和文化旅游局负责人陪同调研	调研组一行先后实地走访石嘴山经济技术开发区小微企业创业创新示范基地、然尔特煤炭物流园创业基地、万宇商业广场创业园、宁夏乐天电商创业园、万德隆商业广场创业园，通过听取汇报、现场观摩，详细了解惠农区"双创"孵化产业园建设进度及招商引资情况
4月20日	检查《宗教事务条例》贯彻实施情况	主任李耀林，副主任赵建国、秦永红、胡金明、陈忠福及部分常委会组成人员、人大代表	—	检查组实地走访中街清真寺、银河苑清真寺、银善寺、红果子镇基督教惠恩堂、礼和乡永平清真寺、红柴良清真寺，与宗教界人士进行深入交谈，详细了解《宗教事务条例》贯彻实施有关情况和存在问题。检查组充分肯定区人民政府在依法管理宗教事务、促进宗教和顺与社会和谐等方面所做的工作
5月12日	检查《中华人民共和国劳动合同法》贯彻实施情况	副主任秦永红、胡金明、陈忠福及部分常委会组成人员、人大代表	区人民政府副区长宋健及区人社局负责人陪同检查	检查组实地走访宁夏日盛实业有限公司、石嘴山市金川劳务派遣有限公司、惠农区第一幼儿园建筑工地、新华百货连锁超市，通过听取汇报、查阅资料等方式，详细了解惠农区贯彻实施《中华人民共和国劳动合同法》有关情况和存在问题，并就《中华人民共和国劳动合同法》贯彻实施情况进行座谈
5月13日	调研政府投资项目招标及建设工作情况	副主任赵建国、秦永红、胡金明、陈忠福及部分常委会组成人员	区人民政府副区长张新民及区发展和改革局、监察局、财政局、审计局、国土资源局负责人陪同调研	调研组实地走访惠农区养老院服务体系项目、惠农区第一幼儿园迁建项目、2016年惠农区农村公路建设项目、第三排水沟末端整治项目、惠农区园艺镇生态环境治理项目、老旧小区既有建筑节能改造项目，通过听取汇报、查阅招标资料等方式，详细了解政府投资项目招标及建设工作有关情况和存在的问题
6月3日	调研农业综合开发项目建设情况	主任李耀林，副主任陈忠福及部分区人大常委会组成人员、人大代表	区人民政府副区长张明俊、区农业综合开发办公室负责人陪同调研	调研组一行先后实地察看宁夏发途发蔬菜产业集团有限公司3000平方米蔬菜冷藏保鲜库项目、上宝闸村高标准农田建设项目、三三支沟治理项目、宁夏伟源实业有限公司片区项目、罗家园农田水利建设项目，通过听取汇报、现场观摩，详细了解惠农区农业综合开发项目建设进展情况
6月23日	观摩区林业和生态建设管理局重点工作	副主任陈忠福及部分区人大常委会组成人员、人大代表	区人民政府副区长张明俊、林业和生态建设管理局负责人陪同观摩	评议组一行先后实地察看淄博路、天津路、滨河辅道、沈阳路、109国道、南环路、惠安大街延伸段、同城化干道、亲水大道、京藏高速红果子出口、西线大道、申银大道、京藏高速红果子出口等道路绿化情况，详细了解惠农区林业工作的现状及存在的问题
6月27日	调研区人民检察院规范司法行为工作情况	副主任赵建国、胡金明及部分常委会组成人员、人大代表	区人民检察院检察长王军及相关人员陪同调研	调研组一行对惠农区人民检察院规范司法行为工作情况进行调研。调研组认为，区人民检察院规范司法行为工作到位、效果明显，为维护惠农区社会稳定、推进依法治区做出了积极的贡献
7月13日	调研全面建成小康社会指标实现情况	副主任胡金明及部分区人大常委会组成人员、人大代表	常务副区长孙伟，区人民检察院、区发展和改革局、工信局、住建局、卫生局、民政局、林业局、环保局等相关部门负责人	对惠农区全面建成小康社会指标实现情况进行调研。调研组听取区人民政府关于全面建设小康社会工作汇报，并就惠农区小康社会建设存在的问题、下一步工作等进行讨论
8月25日	对惠农区行政审批制度改革情况进行调研	副主任秦永红、陈忠福及部分区人大常委会组成人员、人大代表	区人民政府副区长宋健、区民政局负责人	调研组一行先后前往红果子镇"两中心"（民生中心、综治中心）、区政务服务大厅、中街街道"两中心"实地查看，了解行政审批制度改革现状及存在的问题

续表 4

时　间	活动名称	参加人员	陪同人员	活动内容
9月28日	视察惠农区农业现代化发展情况	副主任秦永红、胡金明、陈忠福及部分区人大常委会组成人员、人大代表	区人民政府副区长张明俊、区农牧水务局负责人	调研组一行先后实地走访祥通奶牛养殖场、牛德草奶牛养殖场、庙台乡露地瓜菜现代农业科技示范区、尾闸镇聚宝村玉米全程机械化作业示范区，通过听取汇报、现场观摩，详细了解惠农区农业现代化发展情况及存在的问题
11月4日	调研“十三五”规划纲要草案编制情况	主任李耀林，党组副书记赵建国，区人大常委会副主任胡金明、陈忠福及部分区人大常委会组成人员、人大代表	区委常委、区人民政府常务副区长孙伟	调研采取座谈会的方式进行，区委常委、区人民政府副区长孙伟针对“十三五”规划编制进展情况、基本思路作汇报。调研组成员对惠农区“十三五”规划纲要草案编制工作给予肯定，并针对存在的问题提出意见建议

【工作评议】 对区人力资源和社会保障局、区教育体育局履职情况进行评议，围绕2014—2015年在贯彻落实有关法律法规、政风行风等八个方面的内容开展评议，促进政府部门依法行政，勤政廉政。

【常委会工作】 区人大常委会紧扣全区发展大局，紧跟深化改革步伐，紧贴法治建设重点，主动作为、锐意进取，全面履行宪法和法律赋予的各项职权，较好地完成了区三届人大四次会议确定的各项目标任务，为促进惠农区民主法制建设和经济社会平稳健康发展做出了积极贡献。全年共召开常委会会议10次，主任会议20次，听取和审议“一府两院”专项工作报告6项，作出决议、决定19项，组织开展执法检查、视察调研12次，依法任免国家机关工作人员78人次。

（刘文娟　王　健）

惠农区人民政府

综　述

【**工业经济**】辖区有规模以上工业企业83家，实现增加值68.1亿元，同比增长6.0%。其中，国有控股企业累计实现增加值26.7亿元，同比下降18.8%；私营企业累计实现增加值16.7亿元，增长41.3%；股份制企业累计实现增加值68亿元，同比增长6%。在6大支柱产业中，煤炭开采和洗选业增加1.3%，石油加工炼焦及核燃料加工业增长77.8%，化学原料核化学制品制造业增长29.8%，有色金属冶炼核压延加工业增长6.9%。先后建成中利线缆等54个重点项目，引导宁夏英力特化工股份有限公司等35家企业实施升级改造，双氰胺、ADC发泡剂、镁及镁合金、煤质活性炭等工业产品在国际、国内市场占有重要份额。强化政银企联动，累计为宁夏申银特钢股份有限公司等重点企业融资61亿元，为石嘴山市惠义冶金工贸有限公司等34家企业争取电力直接交易和差别化电价等优惠政策，降低企业成本近3亿元。

【**农业经济**】依托国家农业科技园区，建设露地瓜菜核心区1万亩，示范带动全区种植瓜菜5万亩；巩固提升草畜产业，集中发展单体牧场，辖区存栏奶牛1.78万头；推进清真牛羊肉科技示范园区建设，新建标准化养殖场5个，种植优质牧草1.9万亩，累计培育24家农业。投资4.4亿元实施盐碱地改良工程，治理沟渠764公里，改造中低产田15.4万亩。“惠农枸杞”“惠农脱水蔬菜”申报国家地理商标注册；10家脱水菜加工企业获得自营出口权，鲜枸杞果汁“杞立方”获得发明专利。开创“枣瓜间作、葡瓜间种”生态经济发展新模式，探索出工程和农艺措施相结合的盐碱改良经验。农村土地承包经营权确权登记颁证工作于2016年5月5日通过自治区专家组全面验收，颁发农村土地承包经营权证书15118本，发证率达98.6%，累计办理家庭承包经营权抵押贷款登记业务752笔，发放贷款3604.5万元，其中本年度登记404笔，贷款2030.7万元。

【**第三产业**】持续完善陆港功能，开通惠农至天津“陆港号”集装箱专列，为惠农及毗邻地区400多家出口企业量身定制铁水联运“直通车”，陆路口岸成为天津港服务于腹地最大的内陆港。国家海关总署、财政部、国家税务总局、国家外汇局批准设立石嘴山保税物流中心（B型），中阿国际物流园区石嘴山（惠农）铁路物流园建设拉开帷幕，富海物流与上海鸿宝物流签订战略合作协议，实现“互联网＋物流”运作新模式。东大街商圈“双创”基地，宁北鲜活农产品批发市场，万德隆、万宇等特色商业街区初具规模。培育经济技术开发区中小企业孵化基地、乐天电子商务孵化园等9个“双创”示范基地，宝马兴庆、长江塑胶等21家科技型中小企业，淘宝大学、西夏创客大学落户惠农。农村电商实现村级全覆盖，跨境电商实现零突破，累计实现交易额 1.3 亿元。

【招商引资】 累计引进各类招商项目 369 个，实际到位资金 562 亿元；争取中央、自治区、市各类专项资金 33.56 亿元，年均增长 3.9%。累计争取中央、自治区、市各类专项资金 14.65 亿元；采取以商招商、以企招商等形式，共落实招商引资项目 79 个（含融资 2 个），计划引资总额 180.65 亿元，实际到位资金 155.04 亿元。

【生态建设成果】 持续开展生态建设大会战，累计造林 6.1 万亩，辖区森林覆盖率达 9.1%，城市绿化覆盖率达 28.6%，人均公共绿地面积达 18.9 平方米，地表水达标率达 100%，城市空气质量达标率达 90%，城乡生活垃圾无害化处理率达 94.1%，先后被评为“国家森林城市”“全国生态建设先进县区”和“国家园林城市”。红果子镇、庙台乡被评为“全国生态乡镇”。贺兰山东麓戈壁生态经济示范区被命名为“全国科普示范基地”。开创“枣瓜间作、葡瓜间种”生态经济发展新模式，探索出工程和农艺措施相结合的盐碱改良经验。加大湿地保护力度，将黄河金岸万亩水系打造成为一道亮丽的风景线。

【社会事业】 坚持以 75% 以上的财政收入投入民生领域，坚持每年办理 10 件民生实事。改扩建中小学、幼儿园 18 所，改善办学条件。光纤户户通实现全区村级接入全覆盖，公共文化服务体系示范区创建顺利通过文化部验收。成立全国首家导引整脊健康专业委员会，惠农区人民医院成为宁夏首家挂牌的县级中西医结合医院，惠农区被评为“全国基层中医药工作先进单位”，石嘴山市第一人民医院连续四年荣获“全国文明单位”称号。实施创业带动就业工程，累计支持全民创业贷款 2.5 亿元，转移农村劳动力 8.8 万人次，新增就业 4.6 万人次，城镇登记失业率控制在 4.5% 以内。实行廉租房和公租房并轨管理，探索回购商品房用于保障性住房新模式，新建回购廉租住房 3544 套。充分运用产业带动和社保兜底等措施，帮扶解困贫困人员 5595 户、9327 人。在全市率先推行“医养结合”新型养老模式，新建农村“老饭桌”、幸福大院、城乡社区服务站 17 个，为 85 周岁以上老年人发放长寿保健金，建立宁夏首家县级精神障碍患者拖养康复中心，实现困难残疾人生活补贴和重度残疾人护理补贴发放全覆盖。

【社会治理】 推行城乡社区网格化、社会治理信息化管理，各乡镇、街道“两个中心”实现全覆盖。全力打造阳光信访，实行区级领导坐班接访、信访积案包案化解机制，开通网络问政平台、政务微博微信，进一步拓宽群众诉求表达渠道，累计受理信访案件 1042 件，办结率达 99.6%。深化和谐社区创建，开展民族团结社区创建“七进”活动，尾闸镇村民代表会议制度经验在自治区推广交流。加强国防动员和后备力量建设，成功创建“全国双拥模范城市”。健全矛盾纠纷联动调处机制，区政府法制办与区司法局合署办公，得到司法部高度肯定。“六五”普法顺利通过验收，被评为“全国法治县区创建活动先进单位”。加强社会管理综合治理，深入推进平安惠农建设，狠抓重点企业、重点领域安全隐患排查整治和食品药品安全监管，依法惩治各类刑事犯罪活动，安全生产事故起数和死亡人数实现“双下降”，禁毒刑事破案率位居自治区首位。

【城乡建设】 新建改造城市道路 4 公里，铺设主城区盲道 360 平方米，实施老旧小区既有建筑节能改造 32 万平方米；完成了河滨街煤矿棚户区、水城民生工矿棚户区改造任务，居民居住环境显著改善；认真落实环境保护责任制和“三去一降一补”（去产能、去库存、去杠杆、降成本、补短板）重点任务，大力开展节能降耗、污染防治等专项行动，淘汰惠冶金属镁、日盛烧碱落后产能 14.2 万吨。实施农村饮水安全改扩建及“阳光沐浴”工程，农村饮水安全实现全覆盖。吸引社会资本，完善红果子小城镇和礼和乡特色集镇基础设施，提升吸附力和聚集力。

【民生建设】 深化行政审批制度改革，区本级行政审批事项由158项调整为56项，精简率为65%。197项政府公共服务事项全部进驻政务服务中心，159项行政审批及服务事项全部实现网上办理。全面实施帮扶解困攻坚行动，对全区5595户9327名困难群众实行动态监测、分类施策、精准帮扶。配套完善黄金水岸、水城民生等安置区基础设施；构建更加完善的养老服务体系，建设老年活动中心、第二敬老院和农村“老饭桌”。实施创业带动就业工程，全年累计支持全民创业贷款3000万元，转移农村劳动力13507人次，新增就业7628人次，城镇登记失业率控制在3.96%以内。

【环境整治】 实施环境保护“蓝天、绿水、净土”行动，严格控制主要污染物排放总量。规范发展煤炭市场，清理取缔178家非法煤炭经营企业。狠抓节能减排，严格执行“十大铁律”，单位GDP能耗比2011年下降29.1%。加大环保执法检查，重点开展贺兰山自然保护区、西河桥工业区、北农场3个环境整治专项行动，对25家非煤矿山、洗渣场实施关停取缔，督促27家企业投资近3亿元对环保治污设施升级改造，完成中央第八环保督察组43件环保督办任务，全民环境保护意识明显增强。

【交通建设】 共争取自治区交通运输厅农村公路4条共13.6公里，总投资1605.9万元。其中，静安至省悟公路线路长4.75公里，总投资573.87万元；红柴良至沿河公路4.096公里，总投资407.51万元；汪家庄中心路2.392公里，总投资337.21万元；下庄子中心路2.356公里，总投资287.31万元。国道110麻黄沟至正谊关沟段改扩建工程：项目线路长19.42公里，总投资3.7亿元，工程于2015年10月开工建设，由自治区公路建设局负责实施，工程已全部完工。红礼黄河大桥工程：项目总长26.4公里，总投资11.4亿元，涉及惠农区和平罗县，惠农境内20公里。2016年9月，开工建设。京藏高速红果子出口至滨河大道连接线工程：该项目线路总长9.735公里，总投资1.27亿元，工程于2011年开工建设，2016年12月7日进行交工验收，通车运行。

【信访维稳】 规范信访办理程序，实现矛盾发现在基层、化解在基层，有效地维护全区社会和谐稳定和良好的经济发展环境。全区初信初访273批1089人次，其中集体访54批732人次，批次和人次分别占来访总量的19.8%和67.2%，与上年同比，初信初访批次和人次分别下降24%和40%，集体访量批次和人次分别下降40%和49%；进京非正常上访1批1人次，比上年的4批5人次分别下降75%和80%。群众来信来访主要集中在拖欠职工（农民工）工资、社会保障、住房安置、城市管理、征地拆迁、土地流转、土地确权及冬季供暖等方面。

【社会创新】 创新民生服务方式，严格落实预约服务、上门服务、延时服务、双休日值班服务制度，方便群众办事。窗口受理率和服务事项按期办结率都实现100%。全年受理各类服务事项101000件。健全矛盾纠纷“一门受理、各方联动、联席研判、多元化解”服务机制，构建以综治服务中心为枢纽，人民调解、行政调解、司法调解相互协调、有效衔接的矛盾纠纷多元化解体系。规范运行管理，严格落实“周例会、月研判、季总结、年考核”的运行管理制度。在推进综治服务力量融合方面取得新进展，建立乡镇（街道）综治、信访和司法所人员常驻服务与各法律职能部门等驻点值班协同服务机制，在综治服务中心全部增设妇女维权岗，部分还增设律师窗口。法院在综治服务中心建立纠纷化解“点对点”联系制度（“法官热线村村通”“法官热线社区通”）。区人民政府为12个乡镇、街道聘请法律顾问开展法律服务工作，全年受理各类诉求事项9000件。重点培育支持社区物业服务、“凡人善事”协会、文化艺术团、家政服务、志愿服务等社会组织，调动社会组织参与社会治理的积极性，提高社会资源利用效率和公共服务质量。在街道、社区大力发展志愿服务组织，壮大志愿服务队伍，建立志愿者参与服务的激励机制，促进志愿服务常态化、多元化。

【政务服务】 政务服务中心全年共受理各类审批服务事项67550件，办结67552件，即办件57332件，承诺件10189件，正常办结率100%，提前办结10178件，无超期办结现象。根据惠农区的工作实际，将并联审批流程图分为备案项目和核准项目两种，审批时限由原来的140个工作日压缩到75个工作日（不包括竣工验收审批时限65个工作日），时限压缩46.4%。年内，政务服务中心共受理3件并联审批项目。设立咨询引导服务台和便民利民志愿服务点。采取管理人员轮流值守方式，做好办事群众的引导服务工作。将部分年龄较大或长时间因工作忙无法按时取证的群众进行梳理，窗口工作人员利用下班时间将办理好的身份证送到群众家中。对即办事项严格执行当日办结制度，如果群众提交的即办事项在下班时未办理完结，则延迟下班。通过电话预约，对于老年人、身障人、优抚人员、低保人员等特殊人群提供代办服务，尽可能为办事群众提供方便。设立双休日便民服务工作值班电话，安排专人进行轮流值班，同时设定每个星期天下午3点至5点为预约取证时间。对于审批完毕的户口及身份证，群众不方便长途奔波需要寄往外地的，窗口民警主动建议代办快递。证件办下来后，通过手机短信平台，及时通知群众前去领取。年内，政务服务中心为群众提供证件下发电话、短信告知服务30904件，双休日节假日预约取证服务1152件，上门送证服务28件，延时服务221件，百姓快递279件。

【民政救助】 提高城乡低保补助标准，城市达到每人每月440元，农村达到每人每年3150元。年内，新增城乡低保对象368户479人、取消772户1399人，共保障城乡低保对象4798户7856人，其中城市3080户5700人、农村1718户2156人，共发放城乡低保资金2700万元，切实做到应保尽保。共实施门诊救助9154人，住院救助2722人，医疗救助资金共计支付274.6万元。实施“温暖工程”，登门走访城市“三无”人员、贫困残疾人等特困群众1380户、27.4万元，慰问老党员、低保户、优抚对象等174人、12.5万元。同时，将178名85周岁以上低收入高龄老人、251名“五保”老人、79名孤儿纳入保障范围，共计支出资金127万元。新建老年活动中心，占地18亩，建筑面积4200平方米、总投资1440万元，设置床位120张，力争使城市“三无”人员、农村“五保”对象等特殊困难群体实现高标准集中供养。截至年底，完成该项目主体工程，正在进行工程装饰装修。该项目共争取中央专项彩票公益金1260万元，截至年底，完成工程实体投资900万元。

【创业就业】 就业局共组织举办招聘会10场次，进场企业273家，提供岗位10327个，达成就业意向1678人，其中女性595人。落实灵活就业社保补贴政策，通过审核，为2495名符合灵活就业条件人员发放社会保险补贴。安置公益性岗位就业困难人员425人，建立贫困家庭台账1123户2088人，帮助716名困难人员实现就业，推荐125名贫困农村劳动力实现转移就业，组织143名贫困人员参加各类培训。年底，实现城镇新增就业7460人，就业困难人员实现就业500人，城镇失业率控制在4.0%以内。农村劳动力转移就业13507人次，实现工资性收入1.12亿元。开展城乡劳动力技能培训1000人，岗位技能提升培训900人。为22名大学生创业者申报创业补贴申报资料，争取补贴资金13.2万元。为5名大学生创业者办理小额贴息贷款45万元；累计入驻电商创业园的企业有56家，提供就业岗244个，通过电子商务创业园实现交易额达2590万元。年底，实现新增小企业254个，新增个体工商户1064个，创造新岗位3866个；开展创业能力培训530人，发放小额担保贷款111户、1254万元。

【社会保障】 2016年度，辖区医疗保险参保缴费106066人，完成目标任务106000人的100.06%；共办理被征地农民养老保险1098人（其中参加职工养老保险1048人、居民养老保险50人），配套财政补贴资金3577.83万元，符合条件人员基本完成参保缴费，150人领取被征地农民养老保险待遇，每月领取730.00元至770.00元不等。共受理劳动者举报投诉164起，涉及人数5269名，涉及金额7878.8万元。

【机构改革】 制定并公布政府部门权力清单和责任清单，区本级行政审批事项由158项调整为56项，精简率达65%。取消、降低和免征行政事业性收费6项，降低或暂停中介服务收费13项。推进商事制度改革，实行“五证合一、一照一码”登记制度。加快政务服务体系建设，197项政府公共服务事项进驻政务服务中心，159项行政审批及服务事项实现网上办理。启动机关事业单位养老保险制度改革，落实机关职务与职级并行、乡镇机关事业单位工作补贴等制度，完成公务用车制度改革。推进县级公立医院改革，建立并推行分级医疗、远程会诊机制，探索“科室托管”新模式，鼓励民营医院进驻村卫生室，促进医疗资源合理流动。

【自身建设】 开展党的群众路线教育实践活动、“守纪律、讲规矩”活动、“三严三实”专题教育和“两学一做”学习教育，严格落实中央八项规定，严肃查处各类违法违规行为，查处和纠正违纪违规问题116个，核减工程投资3.5亿元，问责处置45人，给予政纪处分24人。健全依法民主决策机制，法律咨询服务实现乡村、社区全覆盖。自觉接受人大、政协、社会各界和新闻媒体监督，累计办理人大代表意见建议、政协委员提案492件。修订完善政府各项规则和会议制度，邀请人大代表、政协委员和市民代表列席政府常务会议，组建政府法律顾问团，实现全区机关事业单位法律顾问服务全覆盖，完善重大行政决策合法性审查机制。拓宽政务公开和政府信息公开渠道，电子政务平台投入运行。开通网络问政，成功举办“电视问政”活动4期，推动解决群众反映的突出问题。规范区长信箱办理，累计受理群众反映问题243个，办结率达100%。深入开展民主评议政风行风和群众评议机关作风活动，坚决纠正部门和行业不正之风，维护群众利益。

重要会议

【政府常务会议】

2016年石嘴山市惠农区人民政府常务会议一览表

表5

时　间	届　次	主持人	会议议题
1月8日	三届人民政府第54次常务会议	区长李彬	会议研究区人民政府办公室关于《政府工作报告（送审稿）》的请示；研究区发展和改革局关于《石嘴山市惠农区国民经济和社会发展第十三个五年规划纲要（征求意见稿）》的请示；研究区发展和改革局关于《惠农区2015年国民经济和社会发展计划执行情况与2016年国民经济和社会发展计划（草案）的报告（征求意见稿）》的请示；研究区发展和改革局关于《惠农区推进公务用车制度改革实施方案》的请示；研究区人民政府办公室关于《惠农区应对非法集资专项应急预案》的请示；研究区民政局关于《2016年春节期间全区“送温暖”慰问活动方案》的请示；研究区财政局关于《惠农区2015年财政预算执行情况和2016年财政预算（草案）的报告》的请示；研究区交通运输局关于《2016年农村公路建设项目实施方案》的请示；研究区发展和改革局关于惠农火车站广场改造工程有关问题的请示；研究区人民政府办公室关于调整区人民政府区长、副区长工作分工的请示

续表 5

时　间	届　次	主持人	会议议题
1月25日	三届人民政府第55次常务会议	区长李彬	研究区人民政府办公室关于召开惠农区人民政府全体（扩大）会议暨廉政勤政工作会议的请示；研究区人民政府办公室关于《惠农区加大督查问责力度确保工作落实的实施办法》的请示；研究区人民政府办公室关于《惠农区人民政府党组班子“三严三实”专题教育活动整改方案》的请示；研究区教育体育局关于《惠农区义务教育学校布局调整规划》的请示；研究区林业和生态建设管理局关于《惠农区处理森林火灾应急预案（修订稿）》的请示；研究区电信局关于《争取自治区电信公司2016年农村户户通光纤项目资金暨开展惠农区农村光纤普及项目》的请示
2月22日	三届人民政府第56次常务会议	区长李彬	研究区人民政府办公室关于《区人民政府2016年工作任务责任分工》的请示；研究区发展和改革局关于《惠农区2016年区级领导包推重点建设项目责任分工》的请示；研究区发展和改革局关于第五批国家专项建设债券基金有关问题的请示；听取区财政局关于石嘴山市然能达煤炭经营管理有限公司增资扩股的汇报；研究区财政局关于申报惠农区民营企业使用第三批、第四批农发重点建设基金有关事宜的请示；研究石嘴山市惠翔投资有限公司相关事宜的请示；研究区人力资源和社会保障局关于惠农区2016年上半年录用公务员及参公事业单位工作人员计划的请示；研究区政务服务中心关于新建惠农区政务服务中心（档案馆）的请示；研究区扶贫开发办公室关于解决惠农区银善小区移民安置点艺昕幼儿园土地证办理等相关手续的请示；研究区安全生产监督管理局关于召开全区安全生产暨消防工作会议的请示；研究区卫生和计划生育局关于召开全区卫生和计划生育工作会议的请示
3月24日	三届人民政府第57次常务会议	区长李彬	研究区民政局关于《惠农区帮扶解困实施方案》的请示；研究石嘴山经济技术开发区管委会办公室关于《石嘴山经济技术开发区低成本园区创建实施方案（2016年—2020年）》的请示；研究区发展和改革局关于2016年第二批（总第六批）国家专项建设债券基金有关问题的请示；研究区工业和信息化局关于《实行区级领导和科级干部包抓工业企业》的请示；研究区住房和城乡建设管理局关于《惠农区2016年背街小巷改造实施方案》《惠农区乐才路及清华街道路改造建设方案》《2016年水冲公厕及城市主次干道、商业大街无障碍（盲道）设施改造建设方案》的请示；研究区教育体育局关于调整惠农区全民健身工作领导小组和惠农区普通高等学校招生工作委员会的请示
4月8日	三届人民政府第58次常务会议	区长李彬	会议书面通报区人民政府督查室关于2016年第一季度惠农区人民政府常务会议议定事项进展情况和各副区长第一季度分管工作完成情况和第二季度工作思路；传达学习自治区党委常委、副主席李锐在全区消防工作会议上的讲话精神；传达学习2016年全区机构编制工作会议精神；研究区编办关于《惠农区人民政府简化优化公共服务流程方便基层群众办事创业工作方案》的请示；研究区商务和文化旅游局关于分解落实2016年招商引资目标任务的请示；研究区农牧水务局关于《惠农区2016年抗旱应急方案》的请示；研究区交通运输局关于《惠农区2016年安装更新道路交通安全设施增设标志牌和交通标线建设方案》的请示；研究区住房和城乡建设管理局关于《惠农区2016—2018年环卫设施拆除改造建设方案》的请示；研究区住房和城乡建设管理局关于《惠农区109国道天津路—南二路段路灯安装和惠安大街景观灯改造方案》的请示；研究区财政局关于拨付2016年第一批置换债券资金的请示；安排部分重点工程建设资金及有关部门工作经费；研究区财政局关于核定2015年政府债务限额的请示；研究礼和乡人民政府关于将惠安市政产业有限公司确定为礼和乡小城镇建设贷款主体的请示；研究区科协关于推荐全民科学素质行动计划纲要“十二五”规划实施工作先进集体和先进个人的请示；研究区林业和生态建设管理局关于《惠农区市民生态休闲公园实施方案》的请示
4月28日	三届人民政府第59次常务会	区长李彬	会议传达学习自治区、市安委会第二次全体（扩大）会议精神；研究区发展和改革局关于《惠农区中小城市综合改革试点实施方案（2015年—2017年）》的请示；研究区教育体育局关于《惠农区2016年全民健身文体活动实施方案》的请示等事宜
5月23日	三届人民政府第60次常务会议	区长李彬	会议传达学习《石嘴山市关于进一步推进信访工作规范化建设的实施意见》；传达学习《石嘴山市粮食安全行政首长责任制考核办法》；研究区农牧水务局关于《惠农区2016年防汛抗旱工作预案》的请示；研究区林业和生态建设管理局关于推荐评选全市创建国家园林城市先进集体和先进个人的请示；研究区林业和生态建设管理局关于将红枣纳入惠农区政策性农业保险险种的请示；研究区公安分局关于石嘴山市阳光新生建材有限公司资产转让的请示；研究区公安分局关于移交石嘴山市公安局北街派出所办公楼的请示；研究燕子墩乡人民政府关于《石嘴山市惠农区燕子墩乡总体规划（2016—2030）》的请示

续表5

时 间	届 次	主持人	会议议题
6月13日	三届人民政府第61次常务会议	区长李彬	会议研究区人民政府办公室关于惠农区2016年政务公开工作要点的请示；研究区编办关于保留和清理调整区本级政府部门（单位）行政职权和责任事项有关意见的请示；研究区安全生产监督管理局关于《购买安全生产专业技术服务　全面加强高危企业安全生产能力建设工作实施方案》的请示；研究区住房和城乡建设管理局关于采用政府购买服务的方式实施惠农区城中村园艺镇及周边棚户区改造项目相关事宜的请示；研究区林业和生态建设管理局关于采用政府购买服务的方式实施惠农区园艺镇生态环境治理项目相关事宜的请示；研究区卫生和计划生育局关于《惠农区加快推进医疗卫生与养老服务相结合工作实施方案》的请示；研究区林业和生态建设管理局关于《惠农区国有林场改革方案》的请示；研究石嘴山市国土资源局惠农区分局关于《宁夏贺兰山国家级自然保护区惠农段整治执法检查工作方案》的请示；研究区发展和改革局关于2016年第二批国家专项建设债券基金项目有关问题的请示
7月13日	三届人民政府第62次常务会议	区长李彬	会议传达学习自治区人民政府党组会议和自治区人民政府第67次常务会议精神；听取各副区长第二季度分管工作完成情况和第三季度工作思路汇报；听取区政府办公室关于2016年惠农区十件民生实事办理情况汇报；听取区政务服务中心关于宁夏行政审批与公共服务事项进驻大厅与上线运行情况汇报；研究区农牧水务局关于《2016年惠农区农机深松作业补助项目实施方案》的请示；研究区交通运输局关于《惠农区2016年农村公路安全生命防护工程建设方案》的请示；研究区交通运输局关于《惠农区2016年农村危桥改造和张斗子桥危桥改造建设方案》的请示；听取区教育体育局关于惠农区全民健身活动中心建设项目的汇报；研究区发展和改革局关于2016年第三批国家专项建设债券资金有关问题的请示；研究区财政局关于调整惠农区红果子镇工业园区国有工矿棚户区改造项目部分中央预算内投资资金使用的请示；研究区工业和信息化局关于建设国家级石嘴山经济技术开发区亚太科技园的请示；研究区人民政府办公室关于调整区人民政府区长、副区长工作分工的请示；研究干部处分事宜
8月8日	三届人民政府第63次常务会议	区长李彬	会议书面传达学习代主席咸辉在自治区政府第5次全体（扩大）会议上的讲话精神；书面传达学习自治区安委办关于认真贯彻落实习近平总书记、李克强总理安全生产重要指示批示及7月20日全国安全生产电视电话会议精神，传达学习书记李建华在《2016年上半年全区安全生产情况汇报》上的批示精神；听取区安全生产监督管理局关于2016年上半年全区安全生产形势汇报；研究区司法局关于“七五”普法相关事宜的请示；研究区编办关于《惠农区人民政府2016年推进简政放权放管结合优化服务改革工作责任分工》的请示；研究区环境监察大队关于《惠农区2016年度大气污染防治工作实施方案》的请示；研究区环境监察大队关于《惠农区2016年燃煤锅（茶）炉综合整治方案》的请示；听取区农业综合开发办公室关于惠农区农业综合开发项目建设情况汇报；研究区交通运输局关于京藏高速红果子出口至滨河大道路灯亮化和交通信号灯工程建设方案的请示；安排部分重点工程建设资金及有关部门工作经费；研究区人民政府办公室关于调整区人民政府区长、副区长工作分工的请示
9月29日	三届人民政府第64次常务会议	区长李彬	会议研究区人民政府办公室关于《惠农区2016年政务公开工作考核细则》的请示；研究区财政局关于使用国家开发银行棚户区改造项目贷款及资本金支付第三季度国家开发银行贷款利息的请示；研究区交通运输局关于《惠农区推进“四好农村路”建设实施方案（2016—2020年）》的请示；研究区交通运输局关于《京藏高速公路惠农段改扩建工程建设征地拆迁实施方案》的请示；研究区农牧水务局关于《惠农区水利工程队改制方案》的请示；研究区气象局关于《惠农区“十三五”气象事业发展规划》的请示；研究区禁毒委员会办公室关于上报2016年自治区级戒毒社区康复示范单位（点）的请示；研究区发展和改革局关于独立设置统计工作机构的请示等事宜
10月19日	三届人民政府第65次常务会	区长李彬	会议研究区供销合作社关于《区供销合作社综合改革实施方案》的请示；研究区人民政府办公室关于《政府工作报告（送审稿）》的请示；听取区人民政府办公室关于2016年10件民生实事完成情况和2017年为民办10件实事意见建议征集情况汇报；研究区发展和改革局关于《惠农区2016年国民经济和社会发展计划执行情况与2017年国民经济和社会发展计划（草案）的报告》的请示；研究区司法局关于《惠农区法治政府建设实施方案（2016—2020年）》的请示；研究区财政局关于《2016年惠农区财政预算执行情况和2017年财政预算（草案）的报告》的请示

续表 5

时 间	届 次	主持人	会议议题
11 月 18 日	四届人民政府第 1 次常务会	区长李彬	会议主要传达学习《自治区人民政府办公厅关于加强和改进行政应诉工作的实施意见》精神；听取区民政局关于惠农区帮扶解困进展情况汇报；听取区人力资源和社会保障局关于惠农区农民工工资清欠工作进展情况汇报；研究区安全生产委员会办公室关于《实施惠农区安全生产监督管理行政责任规定》的请示；研究区林业和生态建设管理局关于《惠农区 2017 年春季生态建设实施方案》的请示；研究区住房和城乡建设管理局关于第四污水处理厂资产移交的请示；研究区住房和城乡建设管理局关于《惠农区应急避难场所建设方案》的请示；研究区卫生和计划生育局关于《惠农区综合医改试点工作实施方案》的请示；研究区财政局关于《惠农区加快发展农业特色优势产业贷款担保基金实施细则（试行）》等四个实施细则及设立加快发展农业特色优势产业贷款担保基金、贷款风险补偿、贷款贴息有关事项的请示；安排部分重点工程建设资金及有关部门工作经费
11 月 25 日	四届人民政府第 2 次常务会	区长李彬	研究干部处分事宜
12 月 14 日	四届人民政府第 3 次常务会	区长李彬	会议传达学习《自治区党委办公厅　人民政府办公厅关于印发〈宁夏回族自治区党政领导干部生态环境损害责任追究实施细则（试行）〉的通知》精神；传达学习自治区统计局全面建成小康社会监测评价报告及领导批示精神；传达学习自治区政府政务公开办公室《着眼“公开、解读、回应”三大板块奋力推进政务公开提速升级》精神；研究区人民政府办公室关于召开惠农区人民政府全体（扩大）会议暨勤政廉政工作会议的请示；研究区人民政府办公室关于各类应急预案编制修订有关问题的请示；研究区发展和改革局关于确定 2017 年惠农区和石嘴山市重点项目建设计划的请示；研究石嘴山市市场监督管理局惠农区分局关于《惠农区创建国家食品安全城市工作方案》的请示；研究区农牧水务局关于《惠农区水资源使用权确权方案》的请示；研究宁夏惠安市政产业有限公司与宁夏水务投资有限公司水务一体化合作相关事宜的请示；研究区财政局关于动用 2016 年预备费的请示
12 月 20 日	四届人民政府第 4 次常务会	区长李彬	研究区教育体育局关于《惠农区全民健身实施计划（2016—2020 年）》的请示；研究区财政局关于调整 2016 年财政收支预算的请示；研究中国农业银行股份有限公司石嘴山惠农支行、长城（宁夏）资产经营有限公司与区土地收储中心的资产转让有关事宜

【专题会议】

2016 年石嘴山市惠农区人民政府专题会议一览表

表 6

时 间	主持人	会议议题
1 月 24 日	常务副区长孙伟	就政府类投资项目农民工工资清欠工作有关事宜进行专题研究
1 月 19 日	副区长叶尤刚	就惠农区特色农产品地理标志保护和商标注册工作进行专题研究
2 月 26 日	副区长乔建文	就惠农区实施的中国农发重点建设基金项目有关事宜进行专题研究
2 月 26 日	常务副区长孙伟	就原市消防队房屋产权转让给市第一人民医院相关事宜进行专题研究
3 月 8 日	副区长乔建文	召开惠农区安乐桥街两侧及周边地区棚户区改造项目房屋征收动员会议，并就园艺镇园艺村 4 队、5 队和安乐桥街两侧 300 户居民的房屋征收工作进行专题研究
3 月 14 日	副区长乔建文	就惠农区镇南变电所高压线路入地迁移项目有关事宜进行专题研究
3 月 17 日	区长李彬	就中粮屯河惠农番茄制品有限公司流转土地相关事宜进行专题研究
3 月 17 日	区长李彬	就石嘴山市惠翔投资有限公司代持宁夏申银特钢股份有限公司股份相关事宜进行专题研究
3 月 22 日	副区长叶尤刚	就山梁路旱厕拆除改建有关事宜进行专题研究
3 月 29 日	常务副区长孙伟	就宁夏日盛高新产业股份有限公司年产 18 万吨合成氨、30 万吨液态尿素退城进园配套项目用地情况进行专题研究
4 月 11 日	区长李彬	就吉运 88 六期长期信访积案问题进行专题研究

续表 6

时 间	主持人	会议议题
4 月 13 日	副区长乔建文	就惠农区红果子工业园区棚户区改造红宝家园三期项目房屋安置有关事宜进行专题研究
5 月 4 日	区长李彬	就争项目、争资金及固定资产投资进行专题研究
5 月 5 日	区长李彬	就移民专项审计整改工作进行专题研究
5 月 12 日	常务副区长孙伟	就宁夏日盛高新产业股份有限公司年产 18 万吨合成氨、30 万吨液态尿素退城进园配套项目建设用地，所涉及黄河湿地保护林场苗圃基地内的固定资产及林木征收问题进行专题研究
5 月 25 日	副区长韩振军	就宁北鲜活农产品批发市场项目区域内铁塔迁移有关事宜进行专题研究
5 月 26 日	常务副区长孙伟	就石嘴山国宏兴业工贸有限公司兴惠湖土地事宜进行专题研究
6 月 6 日	区长李彬	就建设中阿物流园相关工作进行专题研究
6 月 13 日	区长李彬	就预算单位工程款未支付情况、拨付 2016 年第二批置换债券资金、棚户区改造项目相关事宜进行专题研究
6 月 14 日	常务副区长孙伟	就宁夏塞上无极生物产业有限公司借用农业综合开发财政有偿资金事宜进行专题研究
6 月 27 日	区长李彬	就惠农区劳务移民有关事宜进行研究
6 月 29 日	副区长张明俊	就中储粮银河 1 队至滨河大道道路改扩建工程相关事宜进行专题研究
8 月 12 日	副区长乔建文	就惠农区镇南变 110kV 电源进线迁改工程有关事宜进行专题研究
8 月 24 日	副区长符福魁	就原北街派出所办公楼用于建设惠农区刑满释放人员安置帮教基地有关事宜进行研究
9 月 22 日	副区长侯学云	就 2015 年回购水城民生小区 401 套棚改安置住房，房源不符合政府购买条件的相关事宜进行专题研究
10 月 8 日	区长李彬	召开惠农区“创卫”工作领导小组会议，专题研究部署惠农区“创卫”工作
10 月 12 日	副区长马立华	专题研究石嘴山市第五小学供暖事宜
10 月 31 日	区长李彬	专题研究部署京藏高速惠农段工程建设征地、拆迁等相关事宜
11 月 2 日	副区长侯学云	就宁夏东升远翔置业有限公司尽快办理部分建设项目规划、施工许可手续相关事宜进行专题研究
11 月 2 日	副区长马立华	就餐饮服务业营业执照办理相关事宜进行专题研究
11 月 4 日	副区长马立华	就电子政务外网接入光纤线路工作的有关事宜进行专题研究
11 月 7 日	区长李彬	就市民体育休闲公园建设相关事宜进行专题研究
11 月 9 日	副区长马立华	就惠农区 2015 年度扶贫资金使用情况存在问题及整改工作进行专题研究
11 月 27 日	区长李彬	就做好岁末年初辖区安全生产工作进行专题安排部署
12 月 5 日	副区长侯学云	就区住建系统安全生产相关事宜进行专题研究
12 月 9 日	常务副区长孙伟	就中国农业银行股份有限公司惠农支行和长城（宁夏）资产经营有限公司位于红果子镇原宁夏石鑫冶金（集团）公司工厂的土地、房屋等资产处置问题进行专题研究
12 月 9 日	副区长侯学云	就红果子镇为民路两侧带状公园、新桥头街角小游园和农副产品加工园区建设规划等有关事宜进行专题研究
12 月 14 日	副区长侯学云	就 2016 年惠农区园艺镇城中村棚户区改造项目使用农业发展银行石嘴山市分行贷款有关事宜进行专题研究
12 月 14 日	副区长侯学云	就红果子镇辖区部分办公用房处置有关事宜进行专题研究

【区长办公会议】

2016年石嘴山市惠农区人民政府区长办公会议一览表

表7

时　间	主持人	会议议题
1月5日	区长李彬	就争取国家专项建设基金及国家政策性贷款有关事宜进行研究
2月16日	区长李彬	就经济运行、固定资产投资和招商引资工作进行专题研究
3月22日	区长李彬	就区财政局工作有关事宜进行专题研究
4月21日	区长李彬	就暂停苏兴平执行行政职务问题进行专题研究
5月5日	区长李彬	就乡村医生队伍建设、乡村教师支持计划相关事宜进行专题研究
7月13日	区长李彬	研究区住房和城乡建设管理局关于惠农区河滨街棚户区改造项目安置拆迁有关问题的请示
7月23日	区长李彬	就做好中央环保督察、环境卫生综合整治和防汛相关事宜进行专题研究
8月22日	区长李彬	就惠农区公车改革有关事宜进行研究
9月27日	区长李彬	研究区人力资源和社会保障局关于部分参保人员养老保险有关问题的请示
10月19日	区长李彬	研究区住房和城乡建设管理局关于惠农区城市供暖工作情况事宜
12月1日	区长李彬	研究农民工工资清欠工作等相关事宜

政府机关政务管理

【概　况】 政府办公室承担着参与政务、处理事务、搞好服务等职责，内设综合管理、机要文书、政府督查、应急管理、金融服务、外事侨务6个行政岗位，下辖事业单位——地方志编纂委员会办公室。

【主任办公会议】 1月29日，区政府办公室副主任马国桢主持召开区政府办公室主任办公会议，就区政府办公室2015年表彰奖励和2016年春节期间慰问有关事宜进行专题研究。区政府办公室各副主任参加会议。

3月7日，区政府办公室主任马国桢主持召开区政府办公室主任办公会议，就2016年3月8日慰问区政府办公室女性干部职工有关事宜进行专题研究。区政府办公室各副主任参加会议。

6月18日，区政府办公室主任马国桢主持召开区政府办公室主任办公会议，就组织区政府办公室全体工作人员进行体检的相关事宜进行专题研究。区政府办公室各副主任参加会议。

【办文办会办事】 按照“办文精确、办会精细、办事漂亮”目标，坚持将“深、实、细、严”的工作要求，贯穿到办文办会办事的全过程，确保“办文零差错、办会零疏漏、办事零失误”。在办文上，认真组织文秘人员学习《党政机关公文处理条例》，坚持倡导办精品文稿，对文稿的起草、修改、成文坚持层层把关，校对、缮印、装订、分发责任到人，文件归档及时。严把公文“入口关”，对文种使用、公文格式不正确，印刷、装订不规范，内容存在明显错误的文件，一律退回报文机关修改后重新上报；在办会上，不断改进会风，能合并召开的会议合并召开，会议只安排与会议内容密切相关的领导和工作人员参加，尽量减少参会人数。做好会务服务工作，细化会议流程，明确职责分工，确保每一个会议细节环环相扣、服务周到、运转顺畅，先后重点完成惠农区2016年上半年经济形势分析暨重点项目观摩会筹备工作等大型会议的召开；在办事上，树立“马上就办、办就办好”的意识，强化时效约束，确保不漏事、不压事、不误事，尤其对政府常务会议议定事项、上级的决策部署等，坚持做到第一时间落实，先后完成2016“金冠杯”宁蒙黄河金岸（惠农）山地自行车邀请赛、“黄金水岸杯”健康徒步走等活动。

（李 雄）

【政务督查】 抓住工业经济、城市建设、农业产业化、社会稳定及重点工程建设等中心工作进行重点跟踪督查，实行“一竿子插到底”的硬督查方法，有效地提升督查工作的实效性。在具体工作中按照“定任务、定责任单位、定责任领导、定工作要求、定落实时限”的“五定”要求，坚持一事一办一报、现场核查等工作制度，落实专人对群众信访、环境保护、维护稳定等领导关心、群众关注的热点、难点问题的落实情况进行跟踪督办。对督查中发现的问题，通过召开现场会、下发督查通报等措施，确保各项重点工作任务的如期完成。2016 年，重点对中央第八环保督察组环保督办任务、十件民生实事、意见建议提案办理、工业经济运行、重点项目建设等进行跟踪督查，定期将督查落实情况书面报告区政府，推动政府决策的有效落实。

（李 雄）

【政务公开】 以惠农区政府公众网为第一公开平台，不断完善政务公开平台，设置政务公开、政策解读、权责清单等专栏，及时发布政务动态、部门动态、街镇动态、热点专题、公告通知等政府信息。2016 年，惠农区政府公众网共发布信息 4530 条。进一步强化便民服务措施，通过公开栏、电子屏、触摸屏等载体，向办事群众主动公开办理事项、法定依据、办理流程、办理结果等信息并印制办事指南，确保群众办事高效快捷。始终将政策解读与政策制定工作同步考虑、同步安排、同步推进。针对国家、自治区、石嘴山市出台的《中国制造 2025 宁夏行动纲要》《自治区公共卫生服务促进条例》等重大政策，及时通过惠农区政府公众网进行解读。2016 年，发布政策解读信息共 118 条。加强对政务舆情的监测力度，及时了解群众关切的热点难点问题，有针对性地做好回复工作。

（张 旭）

【应急管理】 坚持预防为主、预防与应急相结合的原则，在强化源头预防、夯实基层基础上下功夫，在完善体制机制、提高快速反应能力上求突破。严格落实区级领导带班、科级领导坐班和值班员 24 小时无缝值班制度，明确带班领导、值班人员的工作职责，严肃值守工作纪律，规范应急值守工作处置程序，收集整理应急信息，及时有效预防处置突发事件。修订完善《惠农区突发公共事件总体应急预案》等各类应急预案 43 个，其中，总体应急预案 1 个、各类专项应急预案 14 个、部门应急预案 28 个。为提高预案的可操作性，定期组织消防、水务、教育、工业安监等部门按制定的应急预案进行演练。政府投资 200 万元整合本辖区内各类应急指挥体系构建应急指挥平台，该平台主要由反恐维稳、消防安全、交通安全、安全生产、公共卫生事件、防凌防汛、抗震救灾、城市公共设施、人防和国防动员指挥系统等 10 个子系统构成，有预测预警、联动指挥、资源调度等 9 大功能，进一步地强化惠农区各部门间的信息共享，提高各部门共同防范应急事件的意识。在突发事件发生后，能够利用平台及时通知相关部门，合理、有效地整合资源，为妥善处置突发事件打下基础。为进一步提高惠农区应急管理水平和综合应急保障能力，按照自治区应急平台体系技术要求，区政府筹措 36.94 万元构建移动应急指挥平台，硬件设备和应用软件系统全部安装完毕，应用系统运行正常。年内，共向市应急办和区委办报送应急信息 376 期，向自治区报送应急信息 8 期，并在上级部门的指导下妥善进行处置。

（刘固永）

【金融管理】 与人民银行联系，支持重点产业建设。截至 2016 年 9 月，辖区涉农贷款余额 21.55 亿元、工业贷款余额 43.48 亿元、科技型企业贷款余额0.4亿元、小微企业贷款余额2.91亿元，基本满足企业的生产资金需求，与工行、农行、中国银行、建行、邮政储蓄银行、贺兰山村镇银行、信用社的对接，继续争取金融支持力度，截至2016年9月，各金融机构贷款余额94.28亿元，同比增加4.2亿元，增幅4.68%。与国家开发银行、农业发展银行等政策性金融机构合作，拓宽融资渠道，重点支持红果子工业园区工矿棚户区改造项目、安乐桥街两侧棚户区改造项目和城中村园艺镇棚户区改造项目，实现融资近6亿元。与银行业金融机构和企业进行交流，举办2017年重点项目建设融资对接座谈会，推介2017年96个固定资产投资项目，共有16个企业投资项目表达融资需求，个别银行机构已开始前期对接工作。为打击和处置非法集资工作，惠农区印发《惠农区人民政府办公室关于调整惠农区打击和处置非法集资工作领导小组的通知》，成立领导小组，建立处置非法集资联席会议制度，同时配套制订《惠农区防范和处置非法集资工作实施方案》《惠农区应对非法集资专项应急预案》等相关文件，并组织落实。经排查，辖区未发现有从事网络借贷的公司，也没有发现有从事网络集资的行为。

（张　旭）

【外事侨务】 外事侨务办贯彻落实《中华人民共和国归侨侨眷权益保护法》及其他法律法规，严格执行出国（境）审批管理，规范因公出国（境）相关活动规定，积极配合市侨办开展各项工作。坚持“外事无小事”为原则，以为侨服务为宗旨，积极探索侨务工作与外事工作相互促进机制。以服务慰问为抓手，凝聚侨心，关心归侨侨眷，切实解决归侨侨眷困难问题。春节期间，对辖区15户归侨侨眷进行慰问。为辖区侨资企业宁夏日盛高新产业股份有限公司与北方民族大学牵线搭桥，促成校企合作项目，促进培养实用型人才、解决高校毕业生就业。

（曾　龙）

【人才培养】 坚持人岗匹配、循序渐进原则，发挥老员工传帮带作用，对新进人员制定专门培养计划，使之能够独当一面。推荐政办工作人员到上级机关学习锻炼，鼓励参加各级遴选、公选。坚持才岗匹配原则，根据个人专业、特长、性格等因素合理安排分工，将合适人才放在合适位置上，做到人尽其才、才尽其用。坚持“分工不分家”原则，在业务工作较多、工作任务较重、标准要求较高时，尤其在重大会议的会务工作、重大材料的撰写工作中，合理安排人员，进行互助合作，确保工作任务按期保质保量完成。将办公室各项工作按照重要性和紧急性进行分类，在分工协作基础上，发挥办公室整体效能，权衡大事小事、急事缓事，抓大事不放，抓急事先办。沟通上下左右，做到上情下达、内外有别，使各项工作有条不紊地进行。

（李　雄）

【党建工作】 组织学习中共十八大，中共十八届三中、四中、五中、六中全会精神和习近平总书记系列重要讲话，同时，结合“三严三实”教育活动、“两学一做”学习教育，注重抓好全体党员干部的廉政教育。坚持党建各项工作制度，召开支部党建工作会议10次，及时分析党组织建设工作中存在的问题，并研究解决的办法。严格落实民主集中制，充分听取班子成员和党员的意见和建议。精心组织召开民主生活会，严肃开展批评与自我批评，从我做起，动真碰硬，不留情面地讲存在的问题，提出整改的方向和时限。2016年，发展预备党员2人，转为正式党员1人。

（张　旭）

【党支部换届选举】 2016年8月24日，根据《中国共产党章程》（以下简称《党章》）和《中国共产党基层组织选举工作暂行条例》的有关规定，区政府办公室党支部召开全体党员大会，以无记名投票的方式，实行差额选举，选举产生新一届支部委员会，马国桢当选支部书记。

（张　旭）

【下基层活动】 开展“下基层”“帮扶解困”活动，坚持党员干部联系企业、领导干部包抓贫困户工作制度，帮助企业协调解决困难，助力贫困人口逐步脱贫。纪念中国共产党成立95周年活动期间，举办座谈会、讲党课、重温入党誓词等活动，走访慰问老党员和生活困难党员，其中2人被评为全区“优秀党员”和“优秀党务工作者”，1人荣获全市“优秀党员”称号。

（张　旭）

【党风廉政建设】 以中央八项规定“回头看”“两学一做”和群众评议机关作风活动为契机，大力改进工作作风，全面加强党风廉政建设。组织专题学习研讨会，召开全体党员组织生活会，强化党员干部党性锻炼，深入查摆不严不实问题，认真开展工作纪律、工作效率、群众信访问题整改。教育引导党员干部牢固树立服务群众意识，强化自身管理，严守办公室各项工作纪律，自觉接受党内外监督，转变工作作风，克服慵懒散现象，做到敢于担当、勇于担责、真抓实干、廉洁自律，树立党员干部良好形象，形成办公室风清气正、干事创业的良好氛围。

（张　旭）

史志编纂

【概　况】 地方志办公室隶属于惠农区政府办公室管理，在编在岗人员2名。主要职责：完成地方志、史、年鉴的编纂工作，收集整理地情资料，指导辖区部门、企业及事业单位的部门志、行业志的编纂工作。

【修志编史】 补充《惠农区志（2007—2017）》2015年、2016年惠农区社会经济发展情况资料约20万字，并进行5稿的编辑校对，该书共设24篇、72章、379节、约12000个条目的内容，整书字数100万字，计划年底编纂完成，拟送审后出版。3月上旬启动《惠农年鉴（2016）》编纂工作，经过近5个月的编辑,《惠农年鉴（2016）》于9月份送出版社出版。全书设特载、大事记、惠农综览等28个部类，共计50万字，甄选图片100余张，系统地反映惠农区2015年自然、政治、经济、文化、社会等方面基本情况。完成2016年《宁夏年鉴》《石嘴山年鉴》惠农区相关资料的编撰工作，完成文字1万余字，征集图片30余幅，并及时报送自治区、石嘴山市年鉴编委会。5月18日，配合自治区地方志办公室举办的地方志宣传日活动。印制《地方志工作条例》宣传单，在党政机关、企事业单位发放。参加石嘴山市史志办在大武口青山公园举办的赠书活动，共向市民赠送《惠农区志》《惠农史话》《惠农风情》等书300余册。配合自治区地方志办公室完成《贺兰山志》惠农区相关资料的现场调研工作。配合惠农区政府申报国家地理标志产品，查询关于惠农蔬菜、枸杞的相关文献100余册，撰写资料50000余字。为惠农区各部门、直属单位提供文史资料的查询和整理工作。

政务服务

【概　况】 2016年，按照相关规定，将惠农区政务服务中心设定为政府直属事业（参公）单位，核定全额预算事业编制8名，正科级领导职数1名，副科级领导职数2名，共入驻20个单位，设有22个服务窗口，窗口工作人员41名。设有国税局、地税局、不动产交易中心、人力资源与社会保障局4个分厅。进驻部门14个，进厅事项241项。全年累计受理各类审批服务事项67550件，办结67552件，即办件57332件，承诺件10189件，正常办结率100%，提前办结10178件，无超期办结现象。

【党的建设】 1月18日，成立政务服务中心党支部，坚持“围绕服务抓党建、抓好党建促发展”工作理念，制定党建及党风廉政建设工作安排，建立健全党建、党风廉政建设和反腐败工作的相关制度，开展“送党章戴党徽、彰显党员风采”“访贫思廉送温暖”、党员领导干部谈心和青年文明号创建活动，组织收看收听庆祝大会实况转播，重温入党誓词，开展“两学一做”知识测试、演讲比赛等系列活动，强作风、树形象、抓管理，着力打造优质为民服务示范窗口。

【运行机制】 进一步完善政务服务工作运行机制，严格实行“一个窗口受理、‘一站式’审批、‘一条龙’服务、一个窗口收费”的运行模式。修订完善首问责任制、一次性告知制、限时办结制、预约服务制、责任追究制度、责任追究制度、延期（退办）事项备案审查制、窗口工作人员管理制度、周例会（学习）制度、签到、请假、监督巡查等制度，从审批服务的程序到工作人员的行为规范都作出新要求。通过各项制度的落实，改进工作作风，增强服务能力，提高办事效率。

【服务方式】 免费为办事群众填写各类表册及申请等资料，对前去大厅办事的老年人、残疾人等行动不便办事人员，实行特事特办，提供导办帮办服务；对老弱病残或因长时间工作忙无法按时取证的群众开展送证上门服务；对即办事项严格执行当日办结制度，如果群众提交的即办事项在下班时未办理完结开展延时下班服务；对部分群众因受上班时间、上学时间的限制，没有时间在正常上班时间办理户籍业务，中心在每周日下午3点至5点开展双休日节假日预约服务。对所有前去大厅办理业务的群众，留下电话联系方式，证件办下来后，通过手机短信平台或电话通知，开展电话温馨提示服务；对一些户籍在本地、人员在外省的办事群众，开展百姓快递服务，将办下来的证件通过快递邮寄给办事群众，节省办事群众来回奔波的麻烦。全年共为群众提供证件下发电话、短信告知服务30904件，双休日节假日预约取证服务1152件，上门送证服务28件，延时服务221件，百姓快递279件。共收到群众送的锦旗3面，收到表扬信14封。

【政务公开】 以惠农区政务公开试点单位为契机，积极推进政务公开信息化，采取“两屏、两网、一册、一号”（“两屏”指政务中心LED电子显示屏和大厅电子触摸屏；“两网”指宁夏政务服务网和惠农区政府门户网站；“一册”指意见建议登记册；“一号”指政务微信公众号）等多种形式，加强政务公开的管理工作。通过宁夏政务服务网、政府门户网站、政务中心LED、电子触摸屏、微信公众号等多种形式，及时公开服务事项、办理依据、办理条件、办理程序、申报材料、承诺时限、收费项目与标准、监督渠道、办件量、中心公告、服务中心概况、工作制度、考核制度、进驻窗口审批事项、办事指南和各类相关政策等。对政务服务事项的动态管理，重新印制窗口《办事指南》，通过中心微信公众平台，定期发布《办事指南》，方便办事群众掌握进驻大厅的办理事项、咨询方式、监督方式等信息。通过一系列的信息公开措施，不断提高政务服务工作的透明度，保证各项工作在阳光下运行，同时，也保障办事群众对政务服务工作的参与权、知情权与监督权。

【制度改革】 根据任务分工，整合惠农区各级各类公共服务资源，推进改革，狠抓措施落实，规范各类行政审批行为，简化各部门办事程序，切实把政务服务工作做细、做深、做透、做好，努力实现政务服务中心“能办事、快办事、办实事”的目标，加快推进以户籍管理为主的表态管理模式向实有人口为主的动态管理模式转变。全年共办理“一站式”审批业务646件，简化相关材料办理业务1749件，办理市内其他派出所业务1848件。推行建设项目并联审批工作，详细制定工作流程图，将建设项目并联审批分为备案和核准两种，审批时限由原来的140个工作日压缩到75个工作日（不包括竣工验收审批时限65个工作日），时限压缩46.4%，共受理3件并联审批项目。继续推行“三证合一”，食品流通许可证和餐饮服务许可证“两证合一”，个体工商户“两证整合”“五证合一、一照一码”登记模式。推行“容缺受理”机制，全年共办理“三证合一”企业营业执照1750户，其中新登记516户、变更登记1234户；办理“两证合一”1512件；办理个体工商户“两证整合”448户；办理“五证合一”205件；办理“容缺受理”246件。

【群众评议机关活动】 根据《惠农区2016年群众评议机关作风活动实施方案》，印发《惠农区2016年群众评议机关活动政务服务中心测评工作方案》，明确评议对象、内容、方式，要求工作人员落实任务分工，认真开展评议工作。对照测评工作内容，中心及四个分厅通过工作例会、召开座谈会，并开通电子邮箱、政务服务中心微信群和网络调查问卷，设立意见箱、发放倡议书和宣传册等多种形式，让社会各界和广大群众积极参与评议活动，听取群众的意见，虚心接受群众的评议，自觉接受群众的监督。同时，组织多个层面的“两代表一委员”为政务服务工作进行测评。共发放倡议书1000份，发放群众评议机关作风活动宣传册500余份，印制1000余份调查问卷。通过调查，在政务服务总体评价中“非常满意”为960人，“满意”21人，“基本满意”2人，满意率达100%。

【监督考核】 将派驻区政务服务中心窗口工作的人员，年终考核由区政务大厅统一进行，指标单列，优秀等次的按15%的比例确定。完善考核奖惩制度，根据《进驻惠农区政务服务中心部门窗口季度考核细则》及《进驻惠农区政务服务中心部门窗口工作人员季度考核细则》，加强对窗口工作人员的日常考核，严格落实每季度对政务服务窗口和工作人员进行的考核和通报工作，在考核的基础上，积极开展评优评先活动。2016年共评选出“红旗窗口”14个、“党员先锋岗”5个、“服务标兵”10人。

信访督办

【概　况】 面对经济下行压力加大等因素的影响，完善信访工作机制，规范信访办理程序，实现矛盾发现在基层、化解在基层，有效地维护全区社会和谐稳定和良好的经济发展环境。截至10月底，全区初信初访273批1089人次，其中集体访54批732人次，批次和人次分别占来访总量的19.8%和67.2%。与2015年同比，初信初访批次和人次分别下降24%和40%，集体访量批次和人次分别下降40%和49%；进京非正常上访1批1人次，比2015年的4批5人次分别下降75%和80%。群众来信来访主要集中在拖欠职工（农民工）工资、社会保障、住房安置、城市管理、征地拆迁、土地流转、土地确权及冬季供暖等方面。

【疑难信访问题化解】 2016年年初，区信访联席会议共分析梳理信访疑难问题44件，年内，共彻底化解30件，引导或建议信访人进入司法程序解决6件，化解率82%，自治区信访局交办信访积案4件，市信访局交办信访积案4件，全部化解，化解率达100%。

【网上信访信息系统建设】 打造“互联网+信访”，组织各乡镇、街道、各有关单位开展“网上信访”主题宣传活动，引导信访人通过“网上信访”表达诉求，并在区信访接待大厅配备联网和查询电脑，张贴《网上信访投诉流程图》，方便群众进行“网上信访”投诉，及时查询和了解信访件办理进展情况，以“网上信访”助推“阳光信访”建设；依托自治区信访局网站，投资20余万元建设惠农区网上投诉平台门户网站和互联互通受理平台，共有24个单位纳入信访互联互通受理平台体系；截至10月底，通过自治区信访平台受理信访事项173件。

【矛盾问题排查化解】 在全区范围内不间断地组织开展矛盾问题大排查大化解活动，将排查出来的矛盾问题建立台账，实行销号制度；着力夯实基层基础，突出管理与服务并重，加强和创新社会管理，充分发挥村（社区）等基层组织和网格化管理的作用，切实将不稳定因素化解在基层，将矛盾纠纷解决在萌芽状态。1—10月，共排查调处矛盾问题400件，化解376件，化解率达94%。全区未发生因矛盾纠纷排查不及时等引发的极端信访事件。

【信访事项规范化建设】 4月底，邀请自治区信访局信息中心专家集中对全区从事信访工作的业务人员进行专题业务培训，系统讲解信访事项受理、转送、交办等方面的工作流程，提高全区信访规范化办理水平。5月，通过信息系统排查、实地查看相结合等形式，对全区6个乡镇、6个街道及相关区直部门上半年信访业务工作开展情况进行督查考核。对督查考核中发现的问题，要求相关单位逐条梳理"对号入座"，进行整改，推进惠农区网上信访的受理办理工作。9月，组织各乡镇街道在红果子镇、中街街道办事处召开现场会，对督查中发现的问题，要求各责任单位及时整改落实。

【自治区督查通报问题整改】 年内，办结涉及惠农区的8件积案，还有2件待审核入库。要求各责任单位对上级转送及交办的信访件必须及时查看、接收，已接收的信访件必须在限期内向信访人出具《实体性受理告知书》并在系统中以短信的方式告知；责任单位在送达《信访事项答复意见书》时需告知信访人及时评价，或引导信访人签署《满意度评价委托书》，同时将网上投诉率、及时受理率、评价率和满意率等纳入年底考核。年内，及时受理率98.86%，参评率31.71%，满意率92.58%，按期办结率达100%

【信访系统规范化整改】 规范来访登记表填写工作，将所有来访人的信息录入完整，信访事项录入详细，做到来访必登、应录尽录；进一步优化完善业务工作流程，将规范化要求贯穿网上信访事项办理全过程，惠农区信访督办局加大与有权处理机关的工作对接，督促责任单位进一步规范办理流程，切实将书面告知、按期答复、及时送达等程序落实到位，以及工作程序规范确保实体问题处理到位。

【网上信访整改】 要求各责任单位加大网上信访的宣传力度，通过微信、微博、发放宣传单等方式进行网上信访宣传，进一步加大网上信访的宣传力度，不断扩大网上信访知晓度和影响力，让社会各界深入了解网上信访反映问题速度快、成本低、公开高效、监督到位的特点和优势，引导群众把网上信访作为表达诉求的首选方式，督促责任单位依法按政策解决群众合理诉求，倒逼改进工作。

（张素红）

政协惠农区委员会

综 述

【概　况】 政协惠农区委员会坚持创新、协调、绿色、开放、共享发展理念，坚持团结、民主两大主题，紧紧围绕区委三届六次全会的重大决策部署，把为“十三五”时期发展献计出力作为履行职能的主线，充分发挥人民政协作为协商民主的重要渠道和专门机构作用，为加快建设开放富裕和谐美丽新惠农贡献智慧和力量。

【委员变动】 区政协三届三次会议期间，共有26个界别，委员人数为137名。区政协三届三次会议闭会后，2016年1月15日，区政协三届19次常委会议同意田平雨、孙建华、李青、李国庆、李硕、李银山、张光林、张惠茹、赵建国、贾志军10人因年龄和工作变动等原因辞去委员资格；因涉嫌犯罪，决定免去易某政协常委职务、撤销其委员资格，决定撤销王某委员资格。增补马苹、龙春梅、何建忠、张少青、张明全、陈晓燕、林汉为、周雪峰、周福林、郝宝玉、侯学云、徐慧霞、黄忠孝、韩毅荣、谢瑾、魏创林16人三届惠农区政协委员。委员变动后，界别为26个（减少的委员李硕为共青团界别，新增的周雪峰、谢瑾为新阶层界别），委员人数为141名。区政协三届四次会议闭会后，2016年7月14日，区政协三届24次常委会议，因涉嫌受贿犯罪，决定免去苏某平政协常委职务、撤销其委员资格，决定撤销刘某委员资格。委员变动后，界别为26个，委员人数为139名。区政协四届一次会议期间，共设置26个界别，委员人数为135名。

重要会议

【全体委员会议】 2016年1月26—28日，区政协三届四次会议在惠农区举行。会议听取并讨论区长李彬所作的政府工作报告，讨论惠农区国民经济和社会发展第十三个五年规划纲要，惠农区人民法院、惠农区人民检察院工作报告及其他报告，对上述报告和文件表示赞同。会议审议通过主席谢海燕所作的政协石嘴山市惠农区第三届委员会常务委员会工作报告和副主席徐永宏所作的关于提案工作情况的报告，审议通过《惠农区政协2016年协商工作计划》和《政协石嘴山市惠农区第三届委员会第四次会议提案审查情况的报告》，听取惠农区政协委员大会发言，选举侯学云为政协惠农区第三届委员会副主席。

2016年10月25—27日，区政协四届一次会议在惠农区举行。会议听取并讨论李彬所作的政府工作报告，讨论惠农区人民法院、惠农区人民检察院工作报告及其他报告，对上述报告表示赞同。会议审议通过谢海燕所作的政协石嘴山市惠农区第三届委员会常务委员会工作报告和徐永宏所作的关于提案工作情况的报告，表彰政协惠农区第三届委员会优秀提案、提案先进承办和督办单位、提案工作先进个人，审议通过《政协石嘴山市惠农区第四届委员会第一次会议提案审查委员会关于提案审查情况的报告》，选举产生了政协惠农区第四届委员会主席、副主席、秘书长，常务委员。

【常务委员会议】

2016 年政协惠农区委员会常务委员会议一览表

表 8

时　间	会议届次	参加人数	主持人	会议议题
1 月 15 日	三届第 19 次会议	应到 25 人，实到 16 人	谢海燕	会议传达学习自治区政协十届四次会议精神，听取区政府关于区政协三届三次会议以来提案办理情况的通报，书面通报 2015 年全区经济发展情况及区发改、财政、工信、农牧部门工作情况，审议通过区政协三届四次全委会议有关事项
1 月 26—28 日	三届第 20—23 次会议	—	谢海燕	于区政协三届四次会议期间召开，审议通过大会有关事项
7 月 14 日	三届第 24 次会议	应到 22 人，实到 13 人	谢海燕	会议传达学习习近平总书记在庆祝中国共产党成立 95 周年大会上的讲话，听取惠农区 2016 年上半年国民经济和社会发展计划执行情况、财政预算执行情况、工业经济运行情况的通报，“三留守”（留守妇女、留守儿童、留守老人）人员工作情况的通报，听取区政协提案委三届四次会议期间委员提案立案、转办情况的通报，区政协各专门委员会视察、调研工作情况的通报；通过人事任免有关事项
10 月 19 日	三届第 25 次会议	—	谢海燕	会议讨论政协惠农区第三届委员会常务委员会工作报告和提案工作情况的报告（征求意见稿）
10 月 22 日	三届第 26 次会议	应到 21 人，实到 14 人	谢海燕	会议审议通过区政协四届一次会议有关事项，听取区政府关于区政协三届四次会议以来提案办理情况的通报，听取区委关于政协惠农区第四届委员会常务委员会人事安排情况的说明，审议通过人事任免事项

重要活动

【调研农业特色优势产业和新型经营主体发展】

3 月 22 日，区政协主席谢海燕，副主席徐永宏、侯学云带领部分政协委员，对全区农业特色优势产业和新型经营主体发展工作进行调研。区委常委、统战部部长张新，区政府副区长宋健以及相关部门负责人陪同调研。调研组先后到宁夏蕙民丰农林业开发有限公司、宁夏银达恒瑞农牧有限公司、李岗东永固露地瓜菜国家农业科技园区以及石嘴山市益农金禾奶牛养殖有限公司塞上富源奶牛养殖场等地进行现场实地调研。召开座谈会，听取区政府相关工作情况通报，委员们提出意见和建议。

【调研全区文化旅游产业发展】 4 月 15 日，区政协主席谢海燕，副主席徐永宏、王家邦、侯学云带领部分政协委员，对全区文化旅游产业发展情况进行专题调研。区委常委、区委宣传部部长谢丽，区委常委、区政府副区长叶尤刚和政府相关部门负责人陪同调研。调研组先后到河滨囤园社区文化活动中心，红柳园旅游开发项目，简泉西甜瓜合作社，燕窝池村一、二队果园，罗家园景区、葡萄种植基地、酒庄、园艺镇综合文化站、七彩园、石嘴子景区进行实地踏察。召开座谈会，听取区政府相关工作情况通报，委员们提出意见和建议。

【开展专题民主监督工作】 5 月 12 日，区政协召开专题民主监督工作协调会，区政协主席谢海燕主持会议，副主席王家邦、秘书长哈德林参加会议，石嘴山市惠农区农村工作领导小组办公室、财政局、发改局、审计局等10个部门主要负责人参加协调会议。会上下发民主监督工作方案，对民主监督工作进行安排部署并成立民主监督工作领导小组。对2014年以来支农惠农资金使用、城乡低保资金发放、政府投资工程招投标、环境综合整治和园林绿化等工作开展专题民主监督。

【调研全区电子商务发展情况】 5月18日，区政协副主席徐永宏、侯学云带领部分政协委员，对全区电子商务发展情况进行专题调研。区委常委、区人民政府副区长叶尤刚和政府相关部门负责人陪同调研。调研组先后到红果子镇区级电商运营中心、庙台乡东永固村村级电商服务站、寇家桥村服务站、乐天电子商务有限公司进行实地踏察。召开座谈会，听取区政府相关工作情况通报，委员们提出意见和建议。

【观摩大武口区、平罗县经济社会发展】 6月17日，区政协主席谢海燕，区政府副区长韩振军，区政协副主席王家邦、侯学云及部分市政协委员和经济界委员对大武口区、平罗县经济社会发展情况进行观摩。先后踏察彬彬能源（宁夏）有限公司年产55000吨动力型锂电池正极材料项目、宁夏金晶科技有限公司、宁夏恒达纺织科技股份有限公司、宁夏大地化工有限公司，听取相关介绍，感受全市经济社会发展所取得的显著成效。

【视察工业传统产业发展情况】 8月24日，区政协副主席徐永宏带领部分政协委员，对全区工业传统产业发展情况进行视察。区人民政府副区长马立华和相关部门负责人陪同视察。视察组先后到宁夏嘉峰化工有限公司、宁夏普瑞化工有限公司、宁夏众信机械设备制造有限公司、宁夏恒力钢丝绳股份有限公司进行实地视察。召开座谈会，听取区政府相关工作情况通报，委员们提出意见和建议。

【视察食品药品安全监管工作】 9月7日，区政协主席谢海燕带领部分政协委员对全区食品药品安全监管工作情况进行视察。区委常委、区政府副区长叶尤刚和区市场监管局、区食品安全办公室负责人陪同视察。视察组先后到惠农区先农奶牛养殖场、石嘴山市瑞福祥植物油有限公司、惠农区立恒光大药店、西夏红楼西北菜馆、新华百货连锁超市惠农店，对食品及药品的生产批号、进货渠道、有效日期及货品来源等情况进行详细询查。召开座谈会，听取区政府相关工作情况通报，委员们提出意见和建议。

【提案工作表彰】 10月27日，区政协四届一次会议闭幕大会上，进行提案工作表彰。区政协三届一次会议以来，政协委员、各民主党派、人民团体、工商联和各专门委员会，聚焦“四个惠农”建设，紧紧围绕全面建成小康社会目标，密切关注全区经济社会发展中的重点问题和人民群众普遍关心的热点、难点问题，积极运用提案建言献策。为了鼓励先进，进一步推动提案工作再上新台阶，充分发挥提案在履行政协职能中的重要作用，对区政协三届一次会议以来的16件优秀提案、5个提案先进承办单位和2个先进督办单位、8名提案工作先进个人进行表彰。

【工业传统产业发展咨政协商会】 11月22日，区政协召开工业传统产业发展咨政协商会。区政协主席谢海燕，区委副书记田兴海，区政府副区长张新民，区政协副主席徐永宏、曲显普、杜海雁，秘书长哈德林，部分区政协常委、委员、各委办主任以及区直有关部门和驻惠农单位的负责人和相关人员参加会议。副主席主持会议。会议听取区政府关于全区工业传统产业发展情况通报和区政协调研组关于工业传统产业发展调研情况的通报，委员们围绕推动工业传统产业转型升级、提升传统工业自主创新能力等作专题发言，并进行现场提问，区政府及相关部门做现场解答。

（徐永宏）

办公室及各专门委员会

【机关事务管理】 办公室负责区政协全体委员会议、常务委员会议、主席会议等重要会议的组织实施，并协助各专门委员会做好其承办的有关会议的会务工作。负责机关文电、档案、信息宣传、人事、财务、保密、对外联络、行政接待、车辆管理工作；负责机关工青妇、老干部工作；负责机关党建、党风廉政建设、精神文明建设、普法、依法治理、卫生城市、文明城市创建工作；负责制定并组织实施机关有关规章制度。

【提案立案、转办、督办】 区政协三届四次会议期间，共收到提案96件。其中，委员提案77件，各民主党派、工商联、人民团体、各专门委员会提出的集体提案19件。经提案法制委审查，共立案92件，不予立案的4件。在立案的92件中，作为提案53件（合并为52件），作为意见建议39件（合并为38件）。转区委办理的意见建议3件，转区政府办理的提案52件、意见建议34件，转区人民法院办理的意见建议1件。8件提案作为重点提案，由区委、区政府主要领导、联系领导和政协全体领导牵头督办，组织委员对办理情况进行视察，促进提案办理工作的有效开展。

【反映社情民意、宣传工作】 办公室加强对社情民意信息的收集、整理、编发，全年共编发《社情民意》5期，其中，“关于撤销110国道简泉收费站的建议”被自治区政协采用，社情民意直通车的作用得到了有效发挥。及时总结政协委员协商议政、关注民生、服务发展的新成效，反映委员联系基层、首个“委员接待日”等政协工作的各类宣传稿件在《华兴时报》《石嘴山日报》等自治区、市报刊网站刊载。认真做好《惠农政协报》和惠农政协网站日常宣传工作，发挥政协宣传主阵地作用。

【文史工作】 充分发挥文史资料工作“存史、资政、团结、育人”的社会功效，广泛征集惠农政协历史遗存，多方走访历史证人，在全自治区率先编撰完成了反映政协发展历史的《惠农政协简史》，集中反映了历届惠农政协各界人士参与惠农经济社会建设的辉煌历程。建成全自治区首家政协文史室——惠农政协文史室，全面展示从1949年惠农政协成立至2016年的完整历史沿革过程，为区政协文史工作增添了光彩。积极配合上级政协完成《回族百年实录》《回忆西部大开发》等文史资料的组稿任务。

【委员联系基层工作】 社会联络联谊委进一步做好政协委员联系基层工作，将自治区、市政协安排到惠农区开展基层联系活动的政协委员和调整后的惠农区政协委员，重新分配到全区委员基层联系点，加强政协委员与基层的联系，更好地促进政协委员走基层、访民情。开展委员基层联系点观摩学习培训会，组织全区13个三级政协委员基层联系点的分管领导和工作人员实地对中街街道委员基层联系点进行现场观摩，并进行培训学习。

【社会联络联谊】 社会联络联谊委搭建委员知情新平台，在全自治区率先开展主席、副主席“委员接待日”主题活动，共接待委员80人次，提出意见建议170余条。争取自治区政协“兴华爱心基金”支持，向惠农区礼和乡星火颐养院、尾闸镇尾闸村幸福大院、庙台乡幸福大院、惠农区老年公寓各捐助1台电视机、1台DVD，倡导全社会发扬中华民族扶贫济困、乐善好施的优良传统，让广大老年人感受社会关爱；争取自治区政协协调中国光华科技基金会向惠农区一幼、二幼、小清华等14家幼儿园捐赠每套价值5万元的幼教信息化管理信息平台，总价值60万元，协助举办了土星教育家园互动平台操作及应用培训班，增强教育信息化建设，为亲子平安家园提供保障。

（马　芳）

群众团体

惠农区总工会

【概　况】 2016年，惠农区总工会（以下简称区总工会）在区委、区政府的坚强领导下，充分发挥工人阶级的主力军作用。围绕发展和谐劳动关系，突出建功立业活动，维护职工合法权益，做好工会组织建设等重点工作，解放思想，开拓创新，各项工作有序推进。全年新组建工会37家，发展会员890余人，农民工会员150余人。截至2016年年底，共有基层工会组织530家，职工20437人，工会会员20035人。开展工会信息化建设工作，举办信息化建设业务培训，会员信息采集录入基层工会组织283个，会员17871人，完成全年目标任务。

【民主管理】 区总工会以非公企业为重点，深入开展工资集体协商和企业民主管理工作。以《劳动合同法》、《中华人民共和国公司法》（以下简称《公司法》）等法律为依据，推动企事业单位实行厂务公开、建立职工代表大会制度。全年共签订工资集体协商合同211份，覆盖企业248家，覆盖职工8780人，有效地维护职工的合法权益。不断健全完善以职代会为基本形式的企事业单位民主管理制度，积极推进厂务公开。

【劳动保障】 区总工会联合就业局组织专场招聘会6场，提供3000多个岗位信息；举办家政服务培训班3期，培训人员150余名；培训电工、电焊工、煤质化验工2期，为80余名初级、中级工晋升资格等级。指导25家基层工会开展形式多样的“争创”活动，参与职工达3000余人；培育职工之家、职工书屋23家。

【帮扶慰问】 区总工会在“两节”期间慰问困难企事业单位44家，发放慰问金56.16万元；年度开展生活救助748人、大病救助18人、困难职工家庭大学生助学43人，发放帮扶资金87.8万元，开展“金秋助学”活动；为79名困难职工家庭子女发放助学金29.8万元；开展“四送”（春送岗位、夏送清凉、秋送助学、冬送温暖）活动，慰问35家企业和重点项目建设工地，送去防暑用品，惠及农民工近4000余名；积极开展帮扶解困工作，组织干部深入70户困难群众家中，逐户调查，走访率达100%，并制定“一对一”帮扶方案。

【法律维权】 区总工会开展“工字号”劳动争议调解专项行动。培育10家劳动争议调解示范点、10家维权服务超市；主动参与劳动争议矛盾纠纷排查调解工作，监督用人单位补发农民工工资34万元；加强与司法、劳动监察及信访等相关职能部门合作，配合劳动监察等部门采取巡视检查、举报专查、专项监察等形式，对全区62家规模以上企业就生产情况、欠薪欠费等内容进行调查，抓好源头预防，维护职工权益；参加多部门组织的“维权服务与农民工同行”活动，检查企业17

家，上报案例10件。

【技能大赛】 区总工会全年组织基层工会开展“5·12”护士技能大赛，教师技能大赛，道路交通安全和维修、动物检验检疫、女职工烹饪等职工技能大赛，特别是围绕国家农业科技示范园区惠农蔬菜核心区建设，在全市首次开展鲜菜采摘和脱水蔬菜拣选技能大赛，受到上级工会的关注和农民工的欢迎。积极开展“安康杯”劳动竞赛活动，全年共有54家企业、82个班组、7636名职工参与其中，为惠农区安全生产教育做出努力，石嘴山市科通冶金工贸有限公司获得2016年全国“安康杯”劳动竞赛优胜单位。

【五小成果】 区总工会鼓励企业开展五小成果发明及实际应用，宁夏嘉峰化工有限公司的“液体二氧化氮替代传统白灰窑窑气生产双氰胺技术改造”、石嘴山市宝马兴庆特种合金有限公司研发的“多元合金加工技术”、宁夏日盛实业有限公司的“带滤机真空系统增加洗涤塔工艺的改进”等创新技术通过技能培训，技术成果转化应用，每年可为企业节约生产成本1200余万元，其中宁夏日盛实业有限公司的技改获得市级五小成果三等奖。

【劳模工作】 区总工会做好各级劳模的选树、推荐和管理服务工作，弘扬劳模精神。2016年选树的宁夏嘉峰化工有限公司双一车间马正林班组、石嘴山市盛港煤焦化有限公司两家集体，评获自治区工人先锋号和市级五一劳动奖状；张琼、薛永祥获得市级五一劳动奖章。全面开展劳模服务管理工作，将74名省部级以上“先进工作者”和劳动模范信息录入数据平台，全年为69名劳模送去生日祝福，共计10350元，为18名自治区（省）部级困难劳模发放补助金116527元。开展“创建劳模创新工作室”活动，年内培育宁夏嘉峰化工有限公司马应洪等3家劳模创新工作室，为企业节本增效和职工创新创造搭建平台，增添活力。

【文体活动】 区总工会开展丰富多彩的职工文体活动。举办庆“五一”国际劳动节专场文艺晚会；牵头举办“工会杯”惠农区阳光体育运动冬季长跑、黄河金岸“金冠杯”宁蒙山地自行车邀请赛、第二届乡镇干部职工运动会、群团组织联谊会等十余项大型活动，展示职工风采，宣传惠农精神。

【经费审查】 区总工会强化经审工作，在基层工会开展“阳光经费”活动，严格执行“三公开”政策，活动开展取得明显成效。指导基层工会开展同级、下级审计工作任务，对2015年度工会经费收支、专项资金及固定资产的管理使用情况进行审计，对抽查审计的21家基层工会2015年度的工会经费使用情况下发审计意见书，要求基层工会针对提出的问题做出书面整改；开展工会财务大检查，规范基层工会财务工作，真正地做到依法理财、有效用财，更好地为基层和职工服务。

（潘　矜）

共青团惠农区委员会

【概　况】 共青团惠农区委员会为群团组织，编制3人，主要职责：围绕党政中心工作，充分发挥党的助手和后备军的作用，以创建文明城市为契机，以强化团的基层工作为基础，以提升服务青年能力为重点，以创新青年服务机制为保障，切实履行共青团四项基本职能，扎实推进“惠农共青团”品牌建设，青少年思想道德建设成效不断提高，服务大局的力度逐步加大，服务和谐惠农建设能力进一步提升，服务青少年成长成才手段不断拓展，组织建设有效加强。

【基层团干部队伍建设】 深入开展推进学校战线强基固本行动。按照“团建全覆盖、工作到支部”的要求，推动学校团的组织建设、团员意识教育等方面有新突破。按照《石嘴山市少先队规范化建设实施方案》，推动少先队建设逐步规范化、标准化，二十四小和九小顺利通过市级验收。严格按照调控团员发展比例，全区2016年新发展共青团员500人。积极推进共青团互联网转型，开展共青团新媒体推介周活动，新增微信粉丝1100人。坚持线上线下集合，“青年之声 · 惠农”网络互动社交平台运行良好，建立专家队伍399人。加强团干部教育培训，组织基础团干30人，分别参加赴杭州、上海、井冈山的团务知识、新媒体知识及共青团改革等专题培训班。草拟《惠农区团委挂职、兼职干部选拔及管理办法》。通过团委书记讲团课、专场宣讲会、校园主题团队会等形式，开展共青团改革宣讲十余场，范围覆盖辖区所有初中及乡镇、街道基层团组织。

【精神文明建设】 抢占网上青年思想引导主动权，把青少年民族团结教育贯穿青少年宣传思想工作始终，创新载体，丰富内容，增强思想引导的针对性、实效性。以重大节日、纪念日为契机，结合青少年特点开展活动，深化“我的中国梦”主题教育。抓住“我们的节日”系列活动、“五四”青年节、“六一”儿童节等重要时间节点开展网上祭英烈活动、表彰活动、文艺会演。开展“红领巾相约中国梦　核心价值观记心中”“学党史、知党情、跟党走”等主题核心价值观宣传教育实践活动20场次。广泛开展“浓浓粽香情”庆端午、“清明祭英烈　恭祝中华魂”等“我们的节日”系列活动10场次；通过微信公众号多场次开展“我读党章给你听”“晒晒你的学习笔记”等活动；开展青少年辩论赛、“薪火计划”优秀青年进校园活动，通过榜样力量激励大家为青少年成长树立远大目标。以“培育和践行社会主义核心价值观”为主题教育，坚持思想教育与实践教育相结合，发动全区各级团组织开展形式多样、青少年喜爱的宣传教育活动。

【青年创业就业】 深入推进青年创业就业行动，组织青年就业创业电商培训班5期，为辖区创业青年争取网络学习课程100人次，总价值10万元。为燕子墩乡返乡创业大学生联系扶持贷款资金10万元。与区就业局等部门联合举办“惠乡情”惠农籍青年创业就业论坛，吸引超过200名青年参加，开展创业青年座谈会，宣传“双创”政策、分享创业故事，激发青年创业热情。通过参观辖区优秀企业、观摩创业青年基地，激发青年返乡创业、就业热情。积极与辖区金融机构沟通，为创业青年争取资金支持。

【扶贫解困】 扎实开展青春扶贫助力行动。多方筹措资金，加大希望工程实施力度，2016年共筹资助学金43.5万元，资助二本以上贫困大学生115人，实现建档立卡困难家庭大学生资助全覆盖。通过“营养计划　暖冬行动”“爱心一日捐”“微心愿”等活动筹措资金4.5万元，帮扶、慰问移民孩子、留守儿童、残疾儿童等困难群体220人。争取“光华书海工程”富龙集团爱心书屋项目，为惠农区两所小学争取价值20万元的“爱心书屋”2个。

【青少年法制教育】 围绕全方位建立学校、家庭、社会的宣传教育体系，立足于青少年本身的特点，充分运用法制专栏、法制图片展、法制讲座等多种形式，广泛深入地开展多形式、多层次、全方位的法制宣传。引导各学校利用板报、宣传栏、校园网、校园广播等进行法制宣传，采用演讲比赛、征文比赛、校班队会等形式对学生开展经常性的法制宣传教育。强化青少年禁毒宣传教育，通过文艺演出、知识竞赛、千人签名、禁毒情景剧比赛等活动扎实开展禁毒宣传教育工作，选送5支队伍参加团市委禁毒情景剧比赛，获得2个二等奖、1个三等奖。举办“青年法治说”演讲比赛，吸引区直各单位30人参加。

【青年文化活动】 为稳定干部队伍，服务单身青年。七夕，组织“相约七夕节　缘聚惠农情”；10月，组织“相约团旗下”单身青年联谊会，吸引辖区青年400余人次报名参加。为活跃青年文化生活，团区委组织“青春走基层，文化‘三下乡’”“青春勇担当　助力‘十三五’”等一系列文化气息浓郁的活动，在推动促进文化繁荣方面起到积极作用。

【青年志愿服务】 稳步推进志愿者招募和志愿者注册工作，组建各行业的专业志愿者服务队伍，推进志愿者服务稳步化、常态化。选送惠农区10个优秀项目参加石嘴山市首届志愿服务项目大赛，7个志愿服务项目分别获金、银、铜奖，惠农区倡导的“微公益”志愿服务理念得到广泛好评。组织各类志愿者、社会爱心人士、公益团体，开展“四进”（进敬老院、进社区、进学校、进家庭）志愿服务活动40余场次，涵盖公益宣传、环境保护、爱心帮扶、精神慰藉、爱心理发等内容。组织志愿者做好“金冠杯”宁蒙黄河金岸山地自行车骑行赛和“我的核心价值观　青少年才艺大赛”等大型赛事志愿服务工作。

（丁　娜）

惠农区妇女联合会

【概　况】 惠农区妇女联合会（以下简称区妇联）为妇女组织，编制3人。主要职责：代表妇女参与社会事务的民主管理和民主监督；关注并积极研究涉及妇女切身利益的热点、难点问题，及时提出解决处理的建议；参与制定有关保护妇女儿童合法权益的政策并组织落实，切实维护妇女儿童合法权益。加强与社会各界妇女的联系，巩固和扩大各族各界妇女的大团结。积极发展同各地妇女和妇女组织的友好交往与合作，增进了解和友谊。加强妇联组织自身建设，指导建立健全各级妇联和基层妇女组织。指导各级妇女组织按照章程独立自主地开展工作。加强干部队伍建设，提高妇联干部的整体素质。

【维护妇女儿童合法权益】 依托村、社区妇女维权工作站和妇女之家，加大法律法规的宣传力度，保障妇女儿童权益的法律知识真正进社区、进家庭。“三八”维权周期间，在文景广场开展“防治和制止家庭暴力　依法保护妇女儿童权益”大型宣传活动，发放宣传资料1000余份；5月法治宣传周开展“依法维护权益　合法表达诉求”法治宣传教育主题实践活动。发挥妇联、司法和民政部门在维护妇女儿童权益、促进家庭和谐、维护社会稳定中的作用，协调司法局、民政局建立婚姻家庭服务中心，全年调解家庭矛盾纠纷211件，调解不离婚16件。开展“禁毒流动课堂”宣传教育活动，依托基层妇女之家，广泛宣传禁毒知识，提高妇女禁毒防毒知识的知晓率。接待来信来访14件，联系派出所、司法局、法院调处妇女因家庭暴力、财产纠纷、孩子抚养等上访案件14件。在“三八”妇女节、综治宣传日、母亲节、科技周宣传日等，在惠农区文景广场组织人员进行反家暴法律法规知识宣传，发放宣传资料及书籍20000份。

【家庭文明建设】 面向全区开展寻找“最美家庭、五好文明家庭、无毒家庭”活动，并将活动向机关单位推广。对评选出的“最美家庭”“五好文明家庭”和“无毒家庭”共101户进行表彰。推荐上报自治区“最美家庭”6户，市级“最美家庭”12户，自治区“百孝之星”2名。聘请教育心理学专家，在辖区幼儿园、学校、社区家长学校举办家庭教育、家庭心理健康专题讲座10余场，向广大家庭传播和谐、健康的家庭关系，科学的教子方法，把科学的家庭教育理念和现代家庭教育知识传播到每一个家庭，为孩子营造健康成长环境，进一步提高惠农区家庭教育水平。

【关爱特殊妇女儿童群体】 “两节”期间慰问单亲母亲、卸任妇女干部、先进典型、困难家庭、“两癌”妇女110人，发放各类慰问金13.89万元。邀请国家二级心理咨询师举办“塑造阳光心态，成就精彩人生”妇女健康知识讲座。开展“感恩

母亲　亲情寄语”母亲节活动，慰问贫困母亲30名。协调石嘴山市潇湘国际影城为200名贫困母亲免费播放电影一场。开展庆“六一”活动，举办少儿绘画展示和才艺演出活动，为50名贫困留守儿童捐赠书包、文具。“七一”期间，与结对支部联合开展庆祝中国共产党建党95周年系列活动。到老党员家中“送学上门”，走访慰问单位、社区老党员、困难党员5名。中秋节期间，组织志愿者到社区走访慰问退休老干部、老党员、孤寡老人、孤儿、留守儿童、低保困难户。重阳节期间，下基层，与新村社区联合开展“敬老月，老人趣味运动会”，并走访慰问高龄老人、重病老人；开展文艺表演、义诊、免费按摩等丰富多样的活动，给老人们送去节日的温暖。实施“消除婴幼儿贫血行动项目”，发放价值90万元营养包232箱。争取中国红十字会“幸福天使基金”贝婴美奶粉40万元，发放至273名儿童。

【争取项目资金，服务妇女发展】 针对有创业意向和能力的农村妇女，通过提供政策咨询、举办就业招聘、开展技能培训等方式，帮助831名农村妇女实现转移就业。走村入户进行贷款需求调查，积极为农村妇女创业发展提供资金支持，帮助更多的妇女创业致富。2016年，为176名农村妇女发放贷款894万元，贴息75万元，争取妇女贷款工作经费11万元。积极争取8万元中国福利彩票和中国体育彩票项目资金，救助8名农村患“两癌”的贫困妇女；积极协调资金，“两节”期间慰问两癌妇女30人，发放救助金2万元。

【基层组织建设】 完成乡镇、街道妇联组织扩员工作。结合辖区实际，制定工作方案，明确各乡镇、街道妇联主席、副主席、执委的配备数量、人选范围、条件、产生方式及工作职责。对12个乡镇、街道妇联进行扩员，在全区提前完成该项工作。并在5个条件成熟的社区妇代会改建为妇联。在非公企业、行业协会、商会建立妇女组织。在人民商场、石嘴山市万德隆商贸有限公司、区工商联总商会、区医疗行业协会、石嘴山市宏润达奶牛产业合作社、惠农区杞红枸杞合作社、惠农区新芝瓜果菜产销专业合作社、宁夏回风手工协会建立妇女组织并开展活动。积极争取资金2.3万元，打造自治区示范妇女之家16个。

（石晓庆）

惠农区工商业联合会

【概　况】 惠农区工商业联合会（以下简称区工商联）认真学习贯彻中共十八届四中、五中、六中全会和习近平总书记系列重要讲话精神，以促进非公有制经济健康发展、非公有制经济人士健康成长“两个健康”为主题，以“五好”工商联创建为载体，牢牢把握团结、服务、引导、教育的工作方针，充分发挥工商联工作统战性、经济性、民间性的作用，促进惠农区非公企业在转型升级中平稳较快发展。截至2016年年底，全区非公有制企业1169家，规模以上非公有制企业94家，个体工商户11140户，实现增加值93亿元，非公有制经济占全区GDP的比重约为88%，非公企业从业人员6.8万余人。

【组织机构】 经2016年2月23日区委常委会议研究，提名文军为惠农区工商业联合会主席人选（同年8月，被推荐提拔离任）。经2016年9月21日区委常委会议研究，提名孙学娟为惠农区工商业联合会主席候选人。

【换届选举】 根据《自治区党委办公厅转发自治区党委统战部〈关于市、县（区）工商联（民间商会）换届工作的实施意见〉的通知》要求，区工商联换届选举于10月18日经四届区委2016年度第1次常委会议研究通过。同年11月18日，召开选举大会，从127名代表中产生89名执委。大会依法选举产生区工商联（总商会）第三届执行委员会主席、副主席、会长、副会长、秘书长。孙学娟当选为区工商联主席、总商会会长。周福林、吴建宁（兼秘书长）被选举为区工商联副主席。马苹（女）、马为民（回）、马虎林（回）、王宝库、王献乐、石少云（回）、史荣伟、朱智、刘军、刘海庆、孙莉荣（女）、李华、杨晓东（回）、宋振峰、张勇、张中科、陈庆国、林少锐、林汉为、周鸿丽（女）、郝宝玉（女）、柯超前、郭峰、曹迎春、梁华、韩正伟、蔡张永明、樊宗政、魏创林29名工商联执委被选为兼职副主席。丁红勇（回）、丁明君、王涛、王启海、王迎梅（女）、刘怀珍、关忠（满）、芦红卫、李东燕（女）、杨智钧、吴红兵、张秀国、陈宗贵、周涌华、郑亚威、赵占林、侯兵、贺长帮、徐忠杰、高春燕（女）、谢成伟、潘占岐22人被选为总商会副会长。吴建宁兼任总商会秘书长。

【招商引资】 按照市委《关于开展全国工商联暨民营企业助推宁夏创新发展专项招商引资行动的通知》要求，从6月起启动为期一年的专项招商引资工作。区工商联开展为期一年的专项招商引资工作。经过多方联系协调，对接江苏韵凯新能源科技有限公司、集盛星泰（北京）科技有限公司、江苏中昇电气有限公司、扬州国鑫科技有限公司投资等。在全市招商引资集中签约的项目中，惠农区筛选宁夏天德豪安新材料有限公司年产1GW高效单晶硅棒项目、宁夏鑫垦简泉光伏电力有限公司350MW光伏电站项目、宁夏日盛高新产业股份有限公司精细化工循环化产业链等9个项目在全市进行签约，累计签约金额167万元。

【会员服务】 牵头举办2016年度"银企洽谈会"，9家驻惠农金融机构深入11家有贷款意向的企业达成意向贷款协议，签约资金约8亿元，有效地解决部分企业融资难题，为企业进一步发展壮大提供持续的政策服务和金融支持，实现银企互利共赢。

开展企业法律服务工作，成立惠农区工商联非公经济法律服务中心，与宁夏一德律师事务所签订法律服务协议。

组织会员举办和参加各种对内对外经贸交流活动，与银川市西夏区工商联建立"友好工商联"，邀请西夏区工商联15名会员企业家，到惠农区考察交流，加强会员间的沟通联系，为会员企业间商贸合作开通渠道。

【教育培训】 制定惠农区非公有制经济人士理想信念教育活动实施方案，组织召开"守法诚信、坚定信心"理想信念教育实践活动专题讲座，80余名会员企业家参加会议，特邀辖区知名律师王东从法律角度就非公企业如何正确开展守法诚信进行讲解，进一步强化与会企业家守法经营、诚信经营意识。同时利用微信群、"E信通"信息平台宣传非公经济发展相关法律法规政策，提振民营企业家信心，教育民营企业家坚决听党的话、跟党走，要讲真话、说实情、谏诤言。组织企业家参加自治区、市工商联组织的外出培训学习，选派的6名会员企业家分别到上海、欧洲经贸培训学习，学习先进的企业管理理念，促进惠农区非公有制经济人士健康成长。

【参政议政】 把握工商联工作统战性、经济性、民间性的基本特征，吸纳一批拥护中国共产党的领导、思想觉悟高、群众基础好、责任意识强的非公经济的骨干分子加入工商联。惠农区两会换届选举时，区工商联会员中有政协委员22人，其中市政协会员6人；有人大代表10人，其中市人大代表6人。非公经济代表、委员认真履行参政议政职责，围绕全区社会经济发展开展调查研究，撰写议案、提案及意见建议。

【光彩行动】 引导非公经济人士投身光彩事业、回报社会。宁夏为民实业集团有限公司董事长马卫民，为园艺镇园艺村160位60周岁以上贫困老人每月发放慰问金100元，为礼和乡70位60周岁以上的贫困老人每月发放慰问金100元，捐助区教育发展基金30万元；区商贸联合会、民营医疗行业协会、创业者协会等协会会员在春节、中秋节等传统佳节多次组织慰问惠农区"最美惠农人”、区消防官兵和敬老院孤寡老人，慰问资金总计达30万元；会员企业石嘴山市祥顺公共交通有限公司、石嘴山市顺运运输有限公司积极开展“爱心送考”志愿服务活动，共出动出租车、公交车200余辆免费接送高考学生，传递奉献社会正能量。

【大事要事】 6月，制定关于惠农区开展全国工商联暨民营企业助推宁夏创新发展专项招商引资活动任务分解方案，提请区人大常委会研究通过，启动专项招商引资工作。

6月23日，银川市西夏区工商业联合会组织部分会员单位到惠农区宁夏润龙包装新材料股份公司、宁夏众信机械设备制造有限公司、石嘴山市大东工贸有限公司、石嘴山绿宝工贸有限责任公司、庙台乡国家农业科技园区东永固李岗露地瓜菜核心区参观考察。搭建两地会员企业经贸往来的共赢平台，助推两地区域间经济协调发展。

7月29日，根据关于举办“民营企业石嘴山行”活动的通知要求，筛选企业参加以“汇聚民企力量　助力转型发展　打造魅力石嘴山”为主题的百名企业家行动。参会企业家先后到惠农陆路口岸、宁夏富海物流有限公司、石嘴山润龙塑化有限公司、宁夏英力特有限公司、宁夏恒力钢丝绳有限公司等地进行实地考察。活动期间共签订投资项目19个，签约金额44.02亿元。

8月26日，自治区工商联党组成员、副主席范瑜，自治区党委统战部经济联络处副处长杨培华、宣教处主任科员丁媛在石嘴山市工商联主席李万祥陪同下，督查惠农区换届选举工作。区委常委、统战部部长张新作专题汇报。

2016年8月底，推荐惠农区出席石嘴山市工商联第八届暨总商会第三届会员代表大会代表24名。

9月，按照自治区统战部《关于转发〈加强和改进非公有制经济代表人士综合评价工作的意见〉的通知》文件要求，对85个会员单位非公经济代表人士进行综合评价。

同月，推荐产生工商界系统人大代表、政协委员。经考察，确定区工商界人士中共有政协委员22人，其中市政协会员6人；有人大代表10人，其中市人大代表6人。

11月18日，召开区工商联（总商会）第三届会员代表大会，选举产生执行委员会主席、副主席、会长、副会长、秘书长。

（吴建宁）

惠农区残疾人联合会

【概　况】 内设综合办公室、教育就业中心、康复中心，行使代表、服务、管理的职能，听取残疾人意见，反映残疾人需求，维护残疾人权益，为残疾人服务。

【康复工作】 2016年，惠农区残疾人联合会（以下简称区残联）组织实施下肢假肢安装8人、矫形器安装8人；为354名精神病患者免费服药治疗，为68名提供住院治疗补助；开展0—14周岁残疾儿童筛查工作，共筛查出38名残疾儿童；完成下肢假肢安装8人、矫形器安装8人；为符合条件的152名贫困低视力患者现场适配158件助视器具；开展“天籁列车”捐赠活动，为辖区75名听障患者进行听力检测，并免费适配助听器86件；发放各类辅助器具共计1270件；为社区发放康复器材3套，依托社区卫生服务中心，建成残疾人标准化康复站4个；举办盲人定向行走训练培训班，培训44名盲人、盲人家属及街道残联专职委员。

（冯　军）

【扶贫解困】 2016年，区残联为惠农区170户特困残疾人发放冬季取暖救助8.5万元；重大节日慰问贫困残疾人266人次，发放米、面、油等折合资金16.8万元；为200户农村残疾人发放种养殖补助资金10万元；在燕子墩乡简泉村打造设施农业扶贫基地，扶贫基地中共有14户残疾人种植59屯温室，每户扶持2000元，共发放扶持资金2.8万元；为85名残疾人个体工商户提供养老保险补贴，补贴金额共计19.09万元。根据“两项补贴”（残疾生活补贴、护理补贴）文件精神，为符合条件的残疾人发放补贴。其中：困难残疾人生活补贴1667人，每人每月100元，全年发放困难残疾人生活补贴193.56万元；重度残疾人护理补贴2501人，每人每月80元，全年共计发放重度残疾人护理补贴229.49万元。

（陈少林　景丽芬）

【教育就业】 2016—2017学年，区残联共资助贫困残疾学生134名，发放助学金12.16万元（其中，学前教育7名，0.7万元；义务教育阶段80名、3.2万元；高中阶段22名，1.76万元；大中专残疾学生及残疾人子女25名，6.5万元）。充分发挥福利企业作用，集中就业93人；推进按比例安排残疾人就业，按比例就业142人；新增灵活就业95人，个体创业24人；农村贫困残疾人实用技术培训四期共培训305人；举办三期计算机操作提高班，一期手工串珠培训，一期儿童推拿培训，共计90人；组织40名残疾人到银川参加宁夏残疾人就业招聘会。

（景丽芬）

【组织建设】 聘用17名乡镇（街道）专职委员和78名村（社区）残疾人联络员，形成以区残联为主导、乡镇残联为骨干、村（社区）联络员为基础的三级残疾人组织网络。将残疾人专职委员和联络员报酬全部纳入财政预算。为加强残疾人工作者队伍的素质建设，积极组织单位干部职工参加自治区、市残联及惠农区开展的各类培训；研究制定《惠农区残疾人专职委员管理办法》、修订《惠农区残疾人专职委员、联络员选聘办法》，提升惠农区的残疾人工作者队伍素质，改善干部作风。

（陈少林）

【维护权益】 区残联进一步完善残疾人就业保障金征收制度，实施残疾人就业保障金由财政代扣的征缴办法，提高残疾人就业保障金征收水平，共征收残疾人就业保障金54.9万元；做好500名残疾人机动车燃油补贴发放工作，根据自治区、市残联的工作安排，按照每户260元补贴标准，共发放机动车燃油补贴13万元；积极推进残疾人法律援助工作站规范化建设，为残疾人开通法律援助“绿色通道”，坚持应援尽援，加强残疾人信访工作，区残联共接待来信来访24人次，来电72人次，做到件件有回音、事事有着落；实施残疾人家庭无障碍改造工作，对红果子镇50户残疾人家庭进行改造。

（陈少林）

【残疾人基本服务状况和需求专项调查】 区残联在自治区、石嘴山市残联的指导和帮助下，经过宣传动员、组织培训、基础信息核查、入户调查、调查表自查互查督查、信息录入复录、档案交接封存等环节，完成惠农区3个乡、3个镇、6个街道、3个农场持有第二代中华人民共和国残疾人证的5471名残疾人的基本服务状况和需求信息数据动态更新的各项工作任务。准备阶段，采取集中授课和模拟入户培训的方式；入户调查阶段，采取分片包干的方式，开展不间断的检查督导，做到村不漏户、户不漏人、人不漏项；调查期间，开展宣传周活动，通过印发张贴宣传年历、横幅、宣传单等方式，营造良好的舆论环境。该次专项调查充分认识和准确把握惠农区残疾人工作面临的形势和任务，推动各项惠残政策的落实，促进残疾人保障体系的建立完善，为推动全面工作提供基本思路和理论依据。

（景丽芬）

惠农区文学艺术界联合会

【概　况】 惠农区文学艺术界联合会（以下简称

区文联）成立于2016年7月，是在中共惠农区委员会领导下的区级文艺类行业组织组成的专业性人民团体，年内，按照工作职责，着力创新、狠抓特色。全区共有国家级、自治区级、市级文联（作家协会、美术家协会、书法家协会、摄影家协会、舞蹈家协会、民间文艺家协会等）协会会员100余名。

【组织参赛】 7月14日，组织舞蹈家协会会员参加由教育部中国下一代教育基金会、文化部东方华夏文化遗产保护中心、中国音乐舞蹈教育协会等联合举办的"永远跟党走"少数民族青少年艺术节暨第二届"魅力上海·国际青少年艺术盛典"活动，惠农区文联选送的花儿舞蹈团53人表演的舞蹈《春》获特别金奖，36人表演的舞蹈《茉莉花》获金奖，爱乐艺术团45人表演的歌舞《宁夏川》获金奖。2016年7月22—24日，组织花儿舞蹈学校的57名学生在宁夏体育馆参加宁夏回族自治区教育厅和石嘴山市文化广播电视局主办的2016"锦绣杯"全国青少年国际标准舞公开赛，惠农区文联获优秀组织奖。8月，组织书法、美术家协会的书法家参加自治区"展职工风采，绘多彩宁夏"五市联展活动和石嘴山市"美丽家园，绿色发展"书画展，两次书画展共获21个奖项。

【音乐人才摸查】 2016年7月开始，历时一个多月，文联对惠农区音乐教师、社会力量办学教师和企业、机关、社区等音乐爱好者进行摸底调查，整理最新资料，建立档案。并向石嘴山市音乐家协会推荐44名骨干加入市音乐协会。

【书法美术创作】 组织参加由宁夏回族自治区党委宣传部、宁夏美术报、宁夏日报报业集团、宁夏回族自治区文联、宁夏报业传媒集团公司主办，宁夏书法家协会、宁夏美术家协会、宁夏报业会展有限公司、宁夏天下艺和文化艺术有限公司承办的第八届中国西部（银川）房车博览会书法美术展。惠农区获二等奖1个，三等奖1个，书法美术优秀奖2个，1人获入围奖。组织书法美术家协会参加由宁夏书法家协会、宁夏博尚健康管理集团博尚体检院主办，宁夏青年书法家协会、西夏区文联、西夏区书法家协会承办的"博尚健康杯"宁夏第四届青年书法篆刻作品展，9位惠农区作者获佳作奖和提名奖。

【服务社会】 在"七一"来临之际，深入机关、企业、社区，为庆祝中国共产党建党95周年练合唱，辅导的单位分别是公检法司队、公安局、检察院、中街社区、人民银行等。"七一"前夕，演出分别演出在惠农区体育馆、石嘴山市银行、银川市人民检察院等地进行。

【组织考级】 7月16—28日，文联组织2016年夏季艺术考级。该次组织的考级小组分别来自北京舞蹈学院、中国音乐学院，共有1200多名考生参加考级，年龄最小的5周岁，最大的65周岁。

【进军营活动】 7月31日，组织惠农区书法美术家协会、摄影家协会、石嘴山市书法家协会共11名艺术家到惠农区消防中队开展"书画进军营——情系子弟兵"慰问活动，活动历时3个小时，为子弟兵创作81幅作品。

【项目申报】 8月，申报2个自治区对文艺扶植的项目。分别是马爱喜创作的回族歌曲《赞歌飞遍宁夏川》和刘宝熊、吴建宁创作的情景剧《圆梦》。

【文学采风】 10月23日，由惠农区文联、作家协会组织，文联名誉主席岳亚东，石嘴山市作家协会副主席、惠农区作协主席徐忠杰带队，组织惠农区及平罗县文学艺术工作者13人，赴石嘴山市广播电视台影视基地开展采风及文影对接活动。

（马爱喜）

惠农区红十字会

【概　况】 惠农区红十字会（以下简称区红十字会）在区委、区人民政府的领导和市红十字会的具体指导下，围绕中心，服务大局，以“携手人道、共建和谐、献爱心”为主题，坚持“人道、博爱、奉献”的红十字精神，开展宣传动员工作，推进红十字各项事业不断深入，持续开展救灾、帮困和送温暖活动，充分发挥政府人道事务工作方面的助手作用，各项工作取得了较好发展。

【宣传活动】 利用“12·1”世界艾滋病宣传日、“5·8”红十字博爱周、无偿献血日、全国爱牙日、世界人口日等宣传日，在市区和乡镇繁华地段，先后开展以发放宣传资料、播放红十字知识录像、义诊、培训等为内容的宣传工作，发放《中华人民共和国红十字会法》《中国红十字会章程》《红十字会运动基本知识》《艾滋病防治知识手册》《红十字急救常识》《健康100》《应急救护指南》等8000余份，义诊500余人。开展学校红十字青少年系列活动。为树立在校青少年学生正确的世界观、人生观，从小培养关心社会、服务他人、乐于奉献的道德观和价值观。增强自救和互救能力，区红十字会与各乡镇卫生院联系所在地学校组织开展以红十字知识讲座、初级卫生救护知识培训疾病防控等知识为内容的红十字宣传教育系列活动，共有1500余名师生参加培训和学习。以各种媒体为平台，营造舆论氛围。在石嘴山电视二台开辟《卫生与健康》栏目，播放以健康全民行动“工作目标”“应急救护知识”为主要内容的宣教片，同时在惠农区公众网上公布城乡居民应知应会的基本健康知识和疾病防控方法等。

【救灾、救护、救助】 1月，市红十字会下拨惠农区价值15.24万元的博爱慰问物资，要求基层乡镇、社区对受捐家庭进行公示，在认真审核受捐家庭基本情况后，严格按程序发放。组织医疗专家在文景广场和乡镇为1379人提供义诊活动，发放科学就医等健康常识与科普资料10种7152份。结合纪念红军长征胜利80周年，组织各乡镇卫生院、社区卫生服务中心（站），为18名红军老战士进行体检、送医送药等义诊活动。在辖区为老年人建立健康档案，开展免费体检、健康评估、健康知识宣传等健康服务，辖区内65周岁以上老年人共体检2.01万人次。为惠农区敬老院送去300套内衣及米面油等生活必需品和常用药，价值2万元。

【普及救护知识】 在惠农医院、育才社区卫生服务中心开展医务人员应急救护培训2期，培训人员60人。在居民社区开展培训1期，培训居委会干部27人。共举办健康大讲堂13期，参加人数1210人，发放健康教育宣传材料5542份。

【博爱家园项目】 惠农区承接香港红十字会博爱家园社区减灾项目，在初步调查的基础上，分别对礼和乡和庙台乡的候选村进行调查及问卷填写，并把初步分析资料上报给市红十字会。共开展基线调查2次，接待香港红十字会和自治区、市红十字会考察2次。

（杨殿国）

军 事

军事工作

【概　况】 惠农区人武部坚持以中共十八届六中全会精神为指导，以强军目标为统揽，认真贯彻"两学一做"学习教育活动和军委国防动员部和宁夏军区、军分区党委（扩大）会议精神，坚持战斗力标准，着眼新的职能使命任务，狠抓作风改进和全面建设提升，坚持抓班子强能力，抓基层打基础，抓重点谋发展，抓管理促正规，抓风气改作风，圆满地完成政治教育、作风建设、战备训练、正规化建设、军民融合深化、民兵和兵役等全面工作任务。

【自身建设】 惠农区人武部始终坚持以创新理论为牵引，大力加强思想建设。及时将中国共产党的创新理论和习近平主席系列重要指示纳入党委中心组学习，打牢坚定信念、真抓实干、修身正德，把政治纪律和组织纪律内化为思想共识和自觉行动，时刻以军委主席习近平强军目标要求的"三个绝对"（绝对忠诚、绝对纯洁、绝对可靠）为最高准则，坚决防止和抵制军队"非党化""非政治化"等意识形态的渗透和影响。坚持以强军目标为统揽，大力加强能力建设。坚持把提高党委核心保障能力建设作为推进强军实践的根本。坚持把增强民兵预备役质量建设标准体现到平时各项建设之中，严格以"平时应急、急时能保"的标准定计划、谋发展、抓落实，先后结合自身实际积极探索总结惠农区军民融合式发展规划、提高民兵整组训练和加强基层武装部正规化建设等多条经验。

（郭云瑞）

【学习习近平主席系列讲话精神】 惠农区人武部始终坚持把学习贯彻习近平主席系列重要讲话精神作为重大的政治任务，切实靠习近平主席重要讲话精神统一思想、凝聚意志、指导实践。扎实抓好理论学习、宣讲普及、授课辅导和观点解读，切实靠习近平主席重要讲话精神统一思想、凝聚意志、指导实践。4月下旬，在军区团以上干部轮训一遍的基础上，集中利用5天时间，采取理论学习、授课辅导、观看录像、体会交流、理论测试等方法步骤，组织11名干部职工理论学习。

（郭云瑞）

【"两学一做"主题教育活动】 坚持"五强五突"（一是强化宣传引导，突出认知深刻化；二是强化基层调研，突出方案科学化；三是强化责任落实，突出学习示范化；四是强化协调督导，突出教育常态化；五是强化形式创新，突出载体丰富化）标准，引导广大党员边学边做，推动学习教育进入思想、融入工作、伸入长远。强化思想引领，突出理论奠基。注重抓思想预热，把理论学习贯穿始终，落实"三会一课"制度，按方案计划系统跟进抓好《习近平总书记系列重要讲话读本（2016年版）》及《中国共产党章程》，在抓好《中国共产党章程》、《中国共产党廉洁自律准则》、《中国共产党纪律处分条例》、《中国共产党问责条例》、“七一”重要讲话等规定内容学习的同时，将学习培训与学习教育有机结合起来，系统建模组织中共十八届六中全会通报传达学习，同步参加军委国防动员部和宁夏军区理论培训班，认真组织学习《习主席关于深化国防和军队改革重要论述》、中央军委主席习近平在十二届全国人大四次会议解放军代表团全体会议上的讲话；为每名党员干部购买《中国共产党的九十年》丛书1套，丰富理论学习载体。组织2次《中国共产党章程》知识考试，检验学习效果。集中组织观看《中国共产党廉洁自律准则》和《中国共产党纪律处分条例》宣讲辅导录像，持续清除郭、徐案件影响。制作“两学一做”宣传展板烘托氛围、组织党员观看电影《建党大业》、关注军区“贺兰山先锋”微信公众号、手抄党章明党史，引导广大党员明党史、悟党性。

（郭云瑞）

【党委民主生活会】 7月16日，石嘴山军分区司令员董栓怀到惠农指导惠农区人武部党委召开专题民主生活会，会前司令员宣读了任命梁福祥担任惠农区人民武装部党委第一书记的命令批示，梁福祥就任职作表态发言。惠农区人武部党委班子成员从理想信念、党性观念、履职尽责、廉洁自律、重点说明的问题共五个方面，召开专题民主生活会，开展批评与自我批评。会后，司令员董栓怀对惠农区人武部今后工作发展方向和综合建设提出意见建议。

【国防教育建设】 开展国防教育“进机关、进院校、进清真寺、进社区”活动。派代表出席市一中高一新生军训动员大会，利用“国防教育日”对二中、四中上千名中学生进行爱国主义教育2场次。聘请清真寺阿訇、退伍军人、老干部为国防教育宣传员，宣传党的方针政策，开展国防教育，筑牢广大群众爱党爱国爱军的思想根基，促进国防教育的群众化、全民化。在各街道（社区）、企业通过办国防板报、宣传橱窗等方式宣传国防法规，宣扬先进典型事迹，形成立体多层的宣教格局。结合全民国防教育日、征兵工作，组织全区各单位开展国防教育宣传活动，印发《中华人民共和国国防动员法》《中华人民共和国兵役法》《退役士兵安置条例》宣传材料1万余份，悬挂横幅200余条、制作展板20余块。

（郭云瑞）

【“军地共创”活动】 着眼抓在日常，把学习教育落实到党的组织生活之中。党支部制定方案计划和党日活动计划，党小组定期组织集中学习，党支部分专题组织全体党员讨论交流。开展党委民主生活会，对照党性标准严肃认真检查、分析问题。严格落实党课教育，部领导带头在本支部、庙台乡及宁夏天长民爆器材有限责任公司等企事业单位讲党课。结合开展中国共产党建党95周年纪念活动，组织党员志愿者到惠农区园艺镇街道小区清扫街道、维护秩序，助力市文明城市创建活动；安排党员职工参加惠农区礼和乡水利渠道排水工程施工建设，引导全体党员学典型、明方向、见行动，积极释放正能量。协调“中国健康促进会”驻银川办事处健康讲师到惠农，为园艺镇静宁街群众讲授健康保健常识，提高群众自救防病能力。

（郭云瑞）

【“双拥共建”活动】 年内，各级首长到联系点进行调研，实地走访慰问贫困户，并对做好脱贫攻坚工作作出重要指示，为惠农区人武部强化看齐意识，积极参与助力打赢脱贫攻坚战作出表率。及时成立以主官为第一责任人的脱贫攻坚领导小组，对接乡镇政府掌握“穷根”数据信息。9月，投入经费29750元为庙台乡李岗村实施精准文化扶贫，购买电脑5台、桌椅5组、各类文化书籍251册、书柜4套，以实际行动推动“双拥共建”工作引向深入、实惠落地。

（郭云瑞）

【战备工作】 区人武部认真贯彻强军使命要求，严格对照《战备工作条例》和兰州军区下发的《省军区军分区人武部战备工作规定》，对战备设施进行配套规范化建设，着眼应急应战需要，大力加强应急分队实战化训练。按照军分区人武部战备库室建设标准，全面提高部队应急应战能力。5月初以及7月7日至12日，分别集中5天时间组织区防化救援分队若干人、民兵应急队伍若干人进行队列、轻武器操作、实弹射击训练考核和防暴维稳、防化救援等专业训练和应急处置突发情况演练，全面锤炼和提升应急分队的应急处突能力。

（何　红）

【应急队伍建设】 区人武部针对辖区可能担负的职能任务，按照优化布局结构、提高建设质量的原则，着眼完成多样化军事任务需要，对应急队伍、支援队伍和储备队伍的兵员编组进行科学规划、合理调整和按编编配。通过拉动、训练、演练和执行任务等实践检验，经过调整后，各支队伍动员集结迅速、组织动员便利、完成任务出色。

（何　红）

【民兵军事训练】 整组期间，民兵训练主要分为民兵干部训练、新入队人员训练、民兵分队训练三个层次，重点突出理论和基础训练。主要训练内容是军事理论和军事技能复训、重难点课目教学法和本级指挥训练。对新入队人员进行内务纪律条令、队列、民兵常识、轻武器常识、战术基础、防护与救护6个课目训练。民兵分队年度训练采取集中训练、岗位训练、实兵演练等办法，按照年度训练计划和要求，严格落实计划、严格组织训练、严格组织考核，确保训练质量。

（何　红）

【应急处突演练】 6月上旬，惠农区人武部协调区应急办联合水务局、国电英力特股份有限公司和庙台乡、河滨街道等12个街道乡镇，分别组织防化救援、防汛抗洪和应急处突、维护重要目标安全维护为内容的应急演练，使全体人员在演练拉动中进一步熟悉应急指挥、临情处置的工作流程、主要任务和应对方法，进一步提高民兵队伍的应急处突能力。

（何　红）

【新任职武装部部长集训】 5月8日至20日，人武部组织园艺镇、育才街道2名新任职基层武装部部长和2名民兵教练员，参加宁夏军区组织的全区新任职基层武装部部长和民兵教练员集训，集训按照理论辅导、教学组训、参观见学、考核验收的方法步骤，增强新任职基层武装部部长懂教学、会组训、善管理的能力。在集训考核中，惠农区民兵教练员李团兵取得投弹个人第一名的好成绩，受到宁夏军区通报表彰。

（何　红）

【“八一”军事日活动】 7月26日至27日，人武部组织惠农区党政机关和民兵应急分队开展“八一”军事日活动，区党委书记梁福祥、区长李彬带领“四套班子”成员和机关职工全程参加活动。活动主要安排国防知识教育、实弹射击和篮球、乒乓球比赛等，军地人员在活动中融洽了关系、凝聚了力量，增强了合力推进国防建设的大局意识。

（何　红）

【组织学生军训】 8月中下旬，惠农区人武部协调武警、消防、基干民兵多名教官，对石嘴山市一中、十三中高一新生开展学生军训。军训工作组织严密、方法科学、效果明显，不仅增强了全体入学新生的军政素质，更在教育学习和日常训练中提高了学生的国防意识。

（何　红）

【武器装备专项检查保养】 为保持武器装备的良好技术能力，2月开始，惠农区人武部采取逐件核查、逐件保养的方式，对所属枪支、炮具和武器附件器材全面进行清理检查和修理保养，保证军事训练高质量地落实。

（何　红）

【征兵工作】 7月26日，惠农区组织召开2016年度征兵工作会议，惠农区常务副区长宋健出席会议，并就扎实抓好年度征兵工作提出具体要求。征兵工作按照安排部署、政策宣传、组织报名、体检政审、复查定兵、整档交兵、起运输送和总结工作的步骤全面展开。

（何　红）

法 治

政法委及综治

【概　况】 2016年，在惠农区委、区政府的领导下，区委政法委认真贯彻落实中共十八大、中共十八届六中全会和习近平总书记系列重要讲话精神及中央、自治区、市政法工作会议精神，推进社会矛盾化解、创新社会管理、深化平安创建工作，加强基层基础建设，进一步提升社会治安综合治理工作的水平，确保全区社会治安良好、人民生活和谐稳定，努力为惠农区经济、文化、社会全面发展保驾护航。

【法治综合宣传】 结合惠农区实际情况，确定以4月14日、15日为综治集中宣传日，组织各乡镇、街道，惠农区综治委各成员单位分别在惠农区文景广场、红果子集贸市场、燕子墩市场、河滨市场、火车站广场等人口聚集地，相继开展集中宣传活动。该次宣传活动共有70余家单位参与，发放宣传材料60000余份，宣传读本10000余件，现场接受群众法律法规咨询300余人次，悬挂标语90余条，利用LED电子屏滚动播放宣传标语200余条，出示展板200余块，同时，利用安防大队巡逻小队居民区日常巡逻职责，对主城区居民住宅小区开展社区黑板报宣传法治工作，每十天编办一期，并及时通报警情和当月刑事案件发案的特点，提醒居民做好自我防范工作，为建设平安惠农、法治惠农尽职尽责。

【“两卡一会”活动】 在惠农区范围内开展“两卡一会”活动，即在各乡镇、街道发放“民忧卡”，在机关单位发放“连心卡”，在企事业单位召开“恳谈会”，深入基层查找问题、宣传政策，着力解决群众关心的热点、难点问题，将“群众上访”转变为“主动走访”，及时将矛盾问题排查出来，切实做到矛盾问题排查化解“全覆盖”。

【矛盾纠纷排查调处】 坚持“谁主管、谁负责”“分级管理、责任到人”的原则，每月将矛盾问题进行梳理分析并召开矛盾问题协调会，当场下发交办单，第一时间将矛盾问题交办至责任单位，切实增强排查化解矛盾问题的针对性和实效性。2016年，全区共排查矛盾问题356件，共化解202件，未化解154件，化解率达56.74%。重点化解黄某芝、刘某平疑难信访问题，依法对28件30人扬言实施个人极端行为的案件进行处置。

【惩治“两抢一盗”犯罪】 把“两抢一盗”等多发性侵财性违法犯罪作为平安建设、群众社会安全感的重点，对现发案件快速反应、集中力量、快侦快破，集合刑事侦查、技术侦查、网络安全、治安、情报、派出所等警种与部门的优势，发挥合成作战威力，实施立体打击、高效打击、现场打击；2016年，全区共发侵财类案件945起，破案470起，破案率49.74%。先后成功侦破了自治区公安厅首起挂牌督办的“2·15”金冠大厦特大盗窃案等一批有社会影响的系列案件，有力地维护了辖区社会治安稳定。

【惩治非法集资犯罪】 加强对规模以上企业信贷数据监测。对石嘴山经济技术开发区368家企业基本情况进行实地采集，开展征信知识进工业园区系列宣传活动。重点对惠农区77家规模企业的信贷数据进行监测，及时为货币信贷和金融稳定工作提供数据和信息支撑。组织全区11个职能部门对辖区256家各类企业和机构就担保、小额贷款、投资理财（管理、咨询）、保险代理、房地产中介等信用中介机构，电子商务、典当、融资及非融资租赁、高科技开发等资金密集型行业企业等重点领域进行全面细致排查。由区人民政府办公室牵头，对辖区规模较大的企业、厂矿、机关单位、宾馆、超市、农贸市场、酒店等进行全面摸排。建立非法集资活动的监测预警体系，经过细致排查，惠农区未发现该类现象。

【土地征收专项整治】 对2014—2015年惠农区征收集体土地面积、核算兑付补偿费571.2468万元情况进行梳理，除个别征地农户因补偿金额存在分歧未签订补偿合同领取补偿款外，其余征地户土地补偿费全部通过“一卡通”形式兑付完毕，没有出现拖欠土地补偿费的现象。将1045户人均承包农田少于0.5亩的失地农民纳入养老保险范畴，全面解决失地农民今后的生活保障。

开展集体土地征收突出问题专项整治。根据《国有土地上房屋征收与补偿条例》相关规定，启动国有土地房屋征收（棚户区改造）项目2项，征收户数约1407户，征收面积约112560平方米；完成国有土地房屋征收补偿安置工作的项目1项，涉及征收户数约108户，征收面积8640平方米，于2016年2月签订房屋征收补偿协议。征收工作未发生违规拆迁、群体性上访事件。

【清理拖欠职工（农民工）工资问题专项整治】 共接待受理各类拖欠农民工工资投诉案件217起，涉及6546人9509.11万元，结案率达95%以上，农民工工资清欠9128.7万元，清欠率达96%以上。针对投诉案件中拖欠职工（农民工）工资问题居多的特点，区人社局联合住建局检查建筑工地30多家，联合安监、国土、矿山派出所对非煤矿山用工检查11家，共受理劳动者举报投诉151起，涉及劳动者4742人，涉及金额7741.8万元，下发《劳动保障监察限期整改指令书》3起，办结2起。2016年，共收取工资保障金988.8万元，涉及29个建设施工项目；退还和提前支取工资保障金63.8万元，累计结余925万元。

【农村基层组织建设】 编印《惠农区做实村民代表会议制度及村监会工作相关文件汇编》《做实村民代表会议宣传手册》等2000多份，张贴宣传横幅50余条，制作宣传专栏20多期，分级分批举办专题培训59期，培训人员达1657人次；开展村民代表会议制度“回头看”活动，下大力气狠抓自身建设，及时组织对村民代表选举情况进行专项普查、自查和梳理，对没按照既定程序推选的村重新进行推选，形成老、中、青相结合、覆盖不同层次的村民代表群体，保证代表的广泛性。

【基层综治建设】 由区综治办牵头，政法各部门负责承办，对全区综治专干、158名网格助理员和637名人民调解员进行业务培训，努力提升基层综治专干、网格员、人民调解员做好群众工作的水平和能力。

【执法规范化建设】 进一步规范全区26个基层政法机关服务型窗口单位建设，由区委政法委统一设立“投诉监督台”，安装“投诉意见箱”，公布投诉电话和微信公众号，并聘请21名特邀监督员，定期、不定期地开展督查。2016年，共发布进展情况3次，共接到投诉电话10次，全部核实并解决。

【流动人口服务管理】 全面落实“以房管人”模式，及时下发工作方案，组织开展流动人口、出租房屋排查整治专项行动，依托“两实”系统，采取主动上门服务、预约服务、延时服务、错时服务、部门协作等方式，强化流动人口服务管理，做到人来登记、人走注销，及时了解和掌握底数，并对流动人口中发现的重点人在系统中进行标注实行动态管控。2016年，共采集录入出租房屋4180家，流动人口25668人，行业场所4541家。

【精神障碍患者管理】 由区综治办牵头，协调民政、残联、卫生、公安等部门，建立严重精神障碍患者救助收治工作机制，对无劳动能力、无生活来源，符合城乡居民最低生活保障条件的肇事肇祸等严重精神障碍患者家庭纳入保障范围。对红果子精神康复中心进行改造，在原有基础上增设住院床位，改造、更新硬件设施，提升中心整体水平。2016年，惠农区共有各类残疾人5466人，重度精神病患者（含肇事肇祸等严重精神障碍患者）103人，其中二级以上精神残疾人283人。二级以上精神病人共283人全部录入全国重性精神病库，并建立管控档案，在“两实”系统中进行标注，实行动态管理，20名肇事肇祸精神病人实现集中收治。

【禁毒管理】 召开2016年禁毒工作会议暨“大收戒”专项行动启动仪式，与各重点成员单位签订2016年禁毒工作目标责任书。举办“6·26”国际禁毒日宣传暨百名无毒最美家庭表彰文艺晚会。招录55名禁毒专干，3月，对新聘用人员进行岗前培训，分配至各街道（乡镇）开展禁毒工作。查获吸毒人员220人，收戒吸毒人员135人，破获毒品刑事案件26起。

【食品安全管理】 上半年，组织食品生产经营单位召开季度例会共10次，培训人员达750余人次，提高从业人员的自律意识；开展食品安全示范创建工作，在全区范围内创建1个食品安全示范乡镇、1个食品安全示范街道和30个食品安全示范店。2016年，完成8个品种、89个批次的国家监督抽检任务，共检查食品生产企业61家次、食品生产加工小作坊162家次、食品经营户176家次、餐饮单位396家次，整治重点地区11个，重点品种15个，立案查处违法行为29起，查获不合格食品36公斤，罚款12万元。

【寄递和物流行业管理】 结合实际，落实邮件快件100%收寄验视、100%实名寄递、100%X光机安检等制度，签订治安管理责任书，每月开展一次治安检查，对寄递、物流行业开展拉网式排查，重点排查企业资质、企业危化品投递的相关制度和相关台账记录，并对相关证照进行查验；查看寄递、物流行业对安全管理有关规定的宣传教育活动开展情况，对从业人员的安全培训情况以及从业人员身份审查制度落实情况。2016年，惠农区32家物流快递行业全部登记建档；共检查寄递物流行业32家，在检查中没有发现违法经营情况。

【网络舆情监控和处置】 搜集上报各类情报信息1817条，深入排查调处各类矛盾纠纷177件，妥善处置群体性上访事件45件，对重大突出的35件不稳定因素有效落实稳控措施，依法处置扬言实施个人极端行为28件、30人。依法惩治邪教组织违法犯罪活动，查处非法宣教案件3起，行政拘留28人，收缴涉案物品2100余件。

【队伍建设】 按照政治坚定、业务精通、执法公正、作风优良的要求，深入贯彻落实中共十八大和习近平总书记的重要指示精神，牢牢把握坚持和发展中国特色社会主义这条主线，顺应人民群众对公众安全感、司法公信力的新期待，以打造过硬队伍为目标，以提高五种能力为抓手，全面提升政法队伍的思想政治、业务能力、纪律作风建设，有力地保证各项政法工作的顺利开展。强化业务培训。采取以会代训、分期分批轮训、聘请专家授课、定期命题调研、典型案例会诊等方式，加大对政法干警的教育培训力度，及时把新的政策理论、新的法律知识和新的专业知识通过教育培训的形式转化为广大政法干警的基本素质。强化岗位练兵。定期组织开展岗位练兵活动，使政法干警进一步巩固掌握的理论知识，并自觉用于指导实践，真正把广大政法干警的素质潜能转化为队伍的实战能力，建设一支关键时刻能“拉得出、打得赢”的政法队伍。

（张 磊）

法治政府建设

【概 述】 结合权力清单工作，对全区行政审批事项进行全面的梳理和清理，在清理过程中做好中央、自治区、市政府取消和下放事项的落实和承接工作，取消非行政许可审批事项，最终保留行政审批事项96项，在全区权力清单中一并向社会进行公布，同时列入惠农区政府部门、乡（镇）街道行政职权事项目录汇编，实行动态管理。完成事业单位分类工作，其中，行政类3个、公益一类127个、公益二类4个、暂不分类3个。对全区各部门报送的行政权力和责任清单进行认真梳理，共审查确定惠农区共性行政权力9项，政府部门行政权力1329项，乡镇行政权力71项，街道行政权力31项，责任事项9205项，追责情形13259项，担责方式8104项。印制《石嘴山市惠农区政府部门乡（镇）街道行政职权事项目录汇编》3000本，制作《惠农区政府部门乡（镇）街道权力清单和责任清单汇编（公布版）》《惠农区政府部门乡（镇）街道权力清单和责任清单汇编（内部版）》光盘各300张。全年共审查惠农区人民政府提起的重大行政决策事项5项，未通过1项；共审查各部门（单位）代草拟的规范性文件7件，通过审查5件，2件未予通过。审查合同、协议8件，退回完善2件；梳理全区具有公共服务事项及行政审批事项涉及的25个部门事项信息及办理流程，所有事项均按照自治区梳理的政务服务事项三级指导目录、《政务服务事项核填范例》以及各部门“两个清单”进行梳理，并将梳理出的279项公共服务事项与行政审批事项的职权类型、办理主体、提供材料、收费依据及标准、办理流程、办结时限、咨询方式等内容全部在宁夏政务服务网上进行公示。在惠农区政府门户网站公众服务栏，将全区公共服务事项进行公开，对公共服务事项名称、项目类别、服务对象、法律依据、受理条件、所需材料、收费依据和标准、法定时限、承诺时限、办理流程等进行公开。

【督察考核法治政府建设工作】 区法制办依据上级法治政府建设实施方案起草《惠农区法治政府建设实施方案（2016—2020年）》（以下简称《实施方案》），向全区各相关部门（单位）印发征求意见稿，广泛征求公众意见，修改完善后经区党委、政府常务会议通过，于11月4日印发实施。《实施方案》从重大行政决策、规范性文件制定、行政决策、行政执法、社会矛盾防范和化解、行政监督、依法行政能力建设和普法工作等方面进行考核。11月9日至11月15日，对全区30个部门（单位）的法治政府建设工作进行督察考核。进一步检验各单位的法治建设工作落实情况，促进依法行政。高效地完成上级部门对惠农区法治政府建设考核检查工作。

公 安

【概 况】 惠农区公安分局内设纪检监察室、政工科、警务督察大队（督考办）、指挥室（内含情报信息中心）、警务保障室、基层基础科、国保大队、治安大队（含矿山派出所）、法治大队、巡警大队、经济侦查大队、禁毒大队、刑事侦查大队13个机构，下辖南街、河滨街、园艺镇、红果子镇4个派出所。

【情报信息搜集研判】 强化情报信息的综合搜集、运用，准确、及时获取深层次、内幕性情报信息，做到提前预警、快速应对、妥善处置。全年共组织开展不稳定因素排查18次，搜集上报情报信息1260条，专题报告18份，不稳定因素风险评估报告9份，妥善处置群体性上访事件。

【重点人员群体稳控】 深入开展矛盾纠纷“大排查、大化解、大稳控”行动，滚动式、全方位地排查化解辖区矛盾纠纷，对摸排出的54件群访、个访不稳定因素逐人逐件落实稳定措施及稳控责任，化解重点上访人员非正常信访事件，对辖区内扬言实施极端行为的43件47人全面进行训诫，并依法进行处罚，逐个落实稳控措施。发扬不讲困难、不讲条件、不遗余力的“三不”精神，妥善地处置“9·27”事故善后工作。

【重大活动安保】 开展各类重大活动安保工作，通过全面加强治安管控、巡逻防控、设卡查控，实现中央领导到宁夏视察、G20峰会等80余次重大活动期间秩序良好的工作目标。区公安分局京藏高速惠农治安检查站因工作成绩突出，被公安部授予集体二等功。

【反恐防暴工作】 构建反恐重点人员联动联查机制，累计核查进出惠农区重点关注人员27人次。建立健全常态化社会巡逻防范机制，强化对学校、商场、车站、公交车辆、广场公园等人员密集场所的防范控制，有效地防范暴恐活动的发生，全区未发生任何危安涉恐案事件。积极组织开展反恐防暴宣传，全年开展4次反恐防暴演练，提升公安机关反恐防暴和处置突发事件的能力和水平。

【化解信访案件】 落实分局领导信访案件接访工作机制，对各类信访案件做到稳妥处置、案结事了。全年共受理各类信访事项56件，其中，全国公安机关专用举报电话和互联网举报平台“12389”转办5件，局长接访8件次，其他局领导接访6件次。除市局挂牌督办的1件尚未办结外，其他信访事项全部办结。

【惩治犯罪专项行动】 组织开展“攻命案、破小案、除黑恶、反诈骗”四大战役及“打侵财、破小案、防诈骗、降损失”等一系列专项行动，通过多警种同步上案、合成作战，成功侦破“6·21”“7·23”两起现发命案及“8·07”系列抢劫强奸等一批有社会影响的案件。1—12月，全局刑事案件共立案1235起，破案688起，破案率55.7%，破案绝对数715起。

【禁毒执法】 以大收戒专项行动为契机，广辟线索、主动出击，依法惩治毒品违法犯罪活动，全年共查获吸毒人员251人，收戒137人，破获毒品刑事案件35起，缴获毒品500克，提前超额完成全年禁毒执法工作任务。

【侦破经济犯罪案件】 加强与税务、市场监督管理等部门的联系协调，逐步建立涉众型经济犯罪情报互通、线索移交、信息共享、定期通报、预警防范等工作机制。全年，经济案件共立案13起，破案9起，追赃挽损146.2万元，破获惠农首起非法吸收公众存款案及全市首起非法传销案。

【防范电信诈骗犯罪】 结合辖区实际，主动作为，与银行部门创新建立警银防范惩治电信诈骗协作机制，通过“建联动、广宣传、打源头”三步棋，防范惩治电信网络诈骗犯罪活动。1—12月，电信诈骗案件共立案109起，同比下降0.9%，破案21起。通过密切警银协作联动，共冻结阻拦电信诈骗46起，挽回损失61.91万元，工作经验在自治区推广。

【网上在逃人员抓捕】 认真梳理历年逃犯信息，全力开展命案积案攻坚和命案逃犯抓捕工作，通过人像比对、信息研判等多种手段，抓获漂白身份、潜逃21年的抢劫案件在逃人员张某壁及漂白身份潜逃11年的命案逃犯翟某伟。分局共抓获在逃人员39人，其中历年在逃人员11人。

【社会治安立体防控体系建设】 制定印发建设方案，细化目标任务及具体措施，全面开展社会治安防控网、重点行业治安防控网、乡镇（街道）

和村（社区）治安防控网、机关企事业单位内部安全防控网、信息网络防控网、视频监控防控网“六张网”建设工作，组建防暴维稳处突“山鹰”机动队，运行交巡警城管联勤联动联巡综合执法警务模式，推动平安惠农建设。

【巡逻防控】 组织开展常态化巡逻、机动队错时巡逻和武装巡逻，强化社会面巡逻防控，全年共抓获现行违法人员86人，带破刑事案件57起、行政案件60起，全部刑事案件、八类主要刑事案件及街面可防性案件同比分别下降2.6%、23.2%、7.89%。

【行政案件侦查】 全年共受理行政案件2060起，查处1325起，查处率64.3%，行政处罚1306人。

【行业场所管理】 开展治爆缉枪、扫黄扫赌等专项整治，通过继续推行旅店业等级评定、加油站点实名登记、寄递行业“三个100%”（快递行业对收寄物品100%“先验视、后封箱”；收寄物品100%通过X光机进行安检；物流寄递100%实名制）等管理制度，全面加强日常安全检查及隐患整改，规范辖区各类行业场所的日常管理。年内，共通过行业场所管理抓获网上在逃人员4人，查处黄、赌刑事案件2起，行政案件54起，收缴管制刀具48件，审批炸药349.096吨，雷管3.75万发，工业索类火工品4.1万米。

【治安复杂场所管理】 排查辖区治安复杂场所及治安乱点，采取上报挂牌的方式，集中对惠农区5个治安复杂区域开展治安整治工作。全年共开展集中清查12次，整改安全隐患80余处，查处案件150余起，治安问题得到全面整治。

【基层社区警务建设】 新建8个社区警务工作站，建立“1+N”社区警务、机关民警下社区和社区民警与村干部兼任助理等工作制度，将全区4个派出所辖区划分为26个警务区，配备26名社区民警和52名协勤，在社区警务工作中创新基础工作指导法，相继推出燕子墩“微警务”工作法、礼和警务室“加减乘除”（礼和警务室创新社区警务“共建、共管、共防范”的一种工作方法，即“加”强沟通交流，热忱服务群众，亲民心；“减”少案件发生，构筑平安家园，赢民心；“乘”群众需求时，搭建警民“连心桥”，暖民心；“除”去矛盾纠纷，营造和谐乡村，入民心）工作法、静安社区“三个为民”工作法等警务工作法，社区警务工作亮点频出。

【户籍制度改革】 贯彻落实石嘴山市《关于进一步推进户籍制度改革的实施意见》，进一步简化户政审批流程，在全市率先实行由大厅负责人统一审批分局所有需要审批的户政业务，取消局领导和业务科室审批环节，实现户政审批“一站式”办理。全年共受理户口业务21128起，受理出入境业务5001件，办理二代身份证11773人，办理临时身份证2649人，审批户政业务474件、印章业务275件，办理边防证63件。

【流动人口管理】 依托“两实”人口信息核查系统，全面登记核查社区流动人口，做到人来登记、人走注销，及时了解和掌握底数。全年共核查实有人口174234人，户籍人口182691人，分别完成全年任务的89%、109.72%，核查更新出租房屋4484家、流动人口28909人、特殊人群2176人、行业场所3800家、从业人员12931人。

【严重精神病人日常管理】 主动配合相关部门做好精神病人排摸、救助及日常管理工作，确保为辖区群众创造良好的治安环境。全年，共核查精神病人454人，其中三级以上精神病人97人、肇事肇祸精神病人30人，协调有关部门送治肇事肇祸精神病人20人，有效地避免肇事肇祸刑事案件以及走失等事件发生。

【智能图控系统建设】 坚持建设与应用并重，继续采取“以租代建”的形式完成130个监控探头的选址、勘查、上报、建设工作，形成“整体布局成网络、局部区域呈闭合、重点路口全摄入、重要部位全覆盖”的监控体系，为侦查破案提供有效支撑。全年调取视频540件，提供线索600

余条，协助抓获嫌疑人 27 人，破案 302 起。

【刑事案件侦查】 全面推行现场勘查“一长四必”（“一长”，即公安局长对现场勘查工作负总责；“四必”，即现场勘查工作要做到“必勘、必采、必录、必比”）机制，通过现场痕迹物证勘查为侦查破案提供线索。1—12 月，分局共勘查现场 1289 起，占全部刑事案件立案数的 104.37%，提取十指纹 4313 枚、现场指纹 158 案 373 枚，提取率 12.25%，指纹比中 14 起，破案 157 起。

【执法能力建设】 开展领导干部集中学法、举办集中培训班、开展专题讲座，全年共举办法制培训 9 期，参训民警 1200 人次，外派学习 280 余人次，民警执法能力和办案水平稳步提升。全年，160 名民警全部取得初级执法资格考试认证，104 名民警取得中级执法资格，15 名民警通过高级执法资格等级考试。全面推行集体议案、案件审核五级把关、执法过错责任追究及刑事案件法制部门“一个出口”等工作机制，严格落实“每案必评”，实现执法过程实时、动态、全程监督。

【执法场所建设】 筹措资金，改造各执法部门案件管理中心（室）、涉案财物管理中心（室），并积极争取党委、政府及上级市局的支持，在原第二看守所院内改造分局刑事侦查办案中心、案件管理中心及涉案财物管理中心。制定《惠农区公安分局案件管理中心工作职责》《惠农区公安分局案件管理中心运行规定》《惠农区公安分局涉案财物管理中心专管员职责》，通过规范化的执法管理工作，强化执法监督，提高执法效率，确保执法安全。全面深化“十个方面”执法突出问题整改销号工作，完成 156 名犯罪嫌疑人的清查工作并全部整改销号。

【执法公开工作】 利用信息化手段，推行执法办案的网上流程管理、网上审批、网上监督，以信息化规范执法程序、落实执法制度、强化执法监督，提高执法效能。建立执法权力清单，并落实案件回访、执法告知等公开制度，执法执勤规范透明。

【“两学一做”专题教育】 以学为基，以做为本，相继邀请市委党校老师开展专题辅导讲座，组织民警参观警示教育基地，举办应知应会知识测试、演讲比赛和征文活动，召开基层党支部书记培训班及系列主题党课教育，确保学习教育更加精准到位，使全体党员更加自觉地履行党员义务、发挥党员作用，使党员领导干部更好地指导实践、推动工作。

【基层党组织建设】 坚持抓在日常、严在经常，深入推进基层服务型党组织建设，进一步落实“一岗双责”责任制，严格落实“三会一课”、三色预警、轻微违纪问责等制度规定，狠抓党风廉政建设“两个责任”落实，全局未发生民警重大违纪、违规事件。

【科学配置警力】 牢牢把握“人往基层走，劲往基层使、钱往基层花”的治局理念，注重警力下沉和街面布警，做大做强派出所和巡警大队警力，使一线警力的配备达到总警力的 90%，其中每个派出所民警和协警配置为 1∶1.5，社区民警的协警配置达到 1∶2，全局聘用的 186 人协警队伍中，130 人为一线配置，有效地提升基层一线防控能力。

【爱警暖警措施】 最大限度地科学配置警力，组织开展民警双向选择，激发队伍活力，推出“警营之星”评选，使选树典型制度化、日常化。加强公安宣传报道，全年在各类媒体上发表新闻稿件 845 篇。完善民警住院探望、生日祝福、子女高考慰问、意外伤害保险、受伤民警救助“绿色通道”等制度，并重新修缮民警食堂，提高协勤工资待遇，提升全体民警、协勤的工作积极性。

【服务型窗口单位建设】 实行双休日节假日预约取证服务，证件下发电话、短信告知服务，上门送证服务，延时服务，证件邮寄服务，开辟了绿色通道，全面落实各项便民服务举措。截至年底，共利用休息日为群众预约取证 219 件，电话短信通知群众9365人，办理加急业务104件，容缺服务132件，办理邮寄业务175件。

（张海涛）

派出所治安管理

【河滨街派出所治安管理】 辖区刑事案件共发案147起，与上年同期相比下降25%，自破现行刑事案件37起，自破历年刑事案件1起，拘留6人，取保候审2人，其他处理7人。治安案件立案304起，查获222起。拘留32人，罚款48人，警告149人。共破获毒品刑事案件2起（任务数3起），吸毒人员刑事拘留2人，强制隔离戒毒16人，社区戒毒2人，罚款2人。排查矛盾纠纷47起，化解36起。共受理群众来访反映执法问题6件，回访报警（案）群众21件，短信告知704人，短信预约、延时服务85人，对偏远地区、交通不便群众提供邮寄12人次，发放警民联系卡5000余张。

【南街派出所治安管理】 南街派出所共接报警1264起，受理行政案件596起，查处362起，完成全年任务的125%；依法惩治处理305人，其中行政拘留202人，并处罚款50人次、罚款84人、行政警告19人、罚款60030元。查破现行刑事案件67起，提请批准逮捕14人，抓捕逃犯4人，任务完成率为50%；五类侵财案件起诉人数2人。年内，共惩治处理吸毒人员36人，强制隔离戒毒21人，成功办理1起违反社区戒毒协议案件。共查获处理吸毒人员36人，强戒吸毒人员21人，破获毒品刑事案件4起，缴获毒品2.75克。查处黄赌行政案件16起，行政拘留21人，罚款27人；破获涉黄刑事案件1起，刑事拘留1人。核查实有人口62460人，任务完成率为101.98%；核查户籍人口70285人，任务完成率为111.24%；行业场所录入1376家，从业人员信息录入3255条，特殊人群标注555人，流动人口录入3969人，出租房屋录入1183家。

【园艺派出所治安管理】 年内，共接各类报警1189起（其中，违法犯罪案件537起、纠纷54起、公民求助189起、其他409起）；发现受理行政案件430起，查处治安案件266起，完成102%；依法惩治237人，其中罚款74人、拘留62人（并罚款18人）、警告88人、其他处罚13人。辖区共发刑事案件334起，自破刑事案件19起，完成47%。依法惩治22人，其中刑事拘留15人、取保候审12人、逮捕7人。共查处涉毒行政案件29起；共查获吸毒人员34人，完成97.19%；收戒吸毒人员21人，完成率达116.7%；破获毒品刑事案件2起，完成50%。2016年，完成手机信息采集215人（完成率达107.5%）；DNA、指纹采集580份（完成率达112%）；SIS信息采集完成409585条（完成率达102%）；抓获在逃人员5人（完成率达125%）；逮捕7人（完成率达53.8%）；收缴假币9150元（完成率达95%）；内宣发布84篇，外宣发布稿件50篇。年内，共化解、处置10人以上群体性事件5次，处置意外死亡事件5件，确保每起事件都能够妥善处理，避免不必要的隐患与不稳定苗头。核查共录入实有人口46577人，户籍人口37666人，共录入行业场所1125家、从业人员2995人、出租房屋662家（系统显示数据）、流动人口2001人、特殊人群标注1021人、录入实战应用信息70条。共查处涉毒行政案件29起；共查获吸毒人员34人，收戒吸毒人员21人，破获毒品刑事案件2起。查处涉黄涉赌治安案件12起（其中，卖淫嫖娼4起、赌博8起），依法惩治43人，其中拘留17人、罚款26人，共计罚款4700元，收缴赌资29197元。

【红果子派出所治安管理】 全年共接处警2120起，下降2.1%；调解矛盾纠纷554起；其他接警832起；公民求助142起；刑事案件发案52起，上升11.5%。其中，电信类诈骗案件下降21.42%，共破获44起；侵财类案件破获33起，逮捕4人、追逃2人。行政案件发案367起，上升3.8%；查处288起，上升3.8%；治安拘留140人，上升23.57%；罚款及收缴赌资30226元；查获吸毒人员36人；强制戒毒18人。核查实有人口40782人；行业场所录入831家，从业人员录入2517人，特殊人群标注546人，出租房屋1448户，流动人口录入7931人。查处赌博案件11起、采集DNA 718条、采集手机信息246条、采集SIS 49万条、收缴假币9000元，发布各类简报、工作动态163篇，外宣83篇。

消　防

【概　况】 惠农区消防大队下辖3个中队：惠农中队、红果子中队、特勤中队，担负惠农区的灭火执勤、抢险救援、消防监督、防火宣传教育等任务。灭火救援力量有3个专职消防中队，2个企业消防队，1个农村消防队。

【抢险救灾】 2016年，大队共接警出动116起，出动车辆292辆次，出动警力1673人次，扑救火灾76起，参与抢险救援40起，抢救被困人员46人，抢救和保护财产价值397余万元，处置各类急、难、险、重的事故。

【执法监督】 共检查单位1468家次，发现火灾隐患及违法行为633处，督促整改火灾隐患633处，下发《责令改正通知书》430份，下发《临时查封决定书》11份，行政处罚36起，"三停"（停产停业、停止使用、停止施工）11家；下发"公众聚集场所投入使用、营业前消防安全检查合格证"20份，办理审核项目5起，验收项目2起，消防设计备案抽查13起，竣工验收备案抽查16起。

【专项行动】 2016年以来，消防大队不断在监督执法工作中寻找突破口，力争变"执法"为"服务"，坚持践行习近平总书记"听党指挥、能打胜仗、作风优良"的总要求，在区人民政府的领导下，结合辖区特点，积极组织开展一系列重大节日及活动的消防安全保卫工作，深刻吸取全国重特大亡人火灾事故教训，积极认真开展一系列消防安全专项治理活动。年初至全国两会期间，开展冬季火灾防控专项整治行动；年中，开展夏季防火大检查活动。全年检查社会单位1468次、查改火灾隐患633处、下发《责令改正通知书》430份、下发行政处罚决定书36份、下发临时查封决定书11份、责令"三停"单位11家。

【火灾防控】 2016年5月至10月，按照区人民政府的工作部署，联合安监、市场监督管理、商务、治安等职能部门开展为期6个月的夏季火灾防控大检查专项行动，重点排查全区易燃易爆场所、人员密集场所，消除一批火灾隐患。

2016年7月，根据辖区东大街商圈火灾风险高、火灾荷载大等特点，选址在万德隆商贸广场南侧建设全区首座消防水鹤。水鹤建成后，东大街商圈周围一旦发生火情，消防车可迅速自如地用水鹤进行快速加水，极大地缩短注水时间，提高抢险速度，减少火灾损失。消防水鹤具有流量大、压力充足、加水速度快、操作方便、防冻效果好等优势，使用普通地下消火栓为一辆10吨消防车加满水需要耗时近20分钟，而使用消防水鹤仅需不足3分钟。

【火灾及险情处置】 4月14日，位于石嘴山市惠农区庙台乡通风村3队的奶牛场里面一辆车着火，接到报警后，惠农红果子中队立即出动2辆车共10人赶赴现场，发现一辆饲料搅拌机正停在一大堆草料旁边，整个车身正冒着滚滚浓烟，此时整辆车都已被大火吞噬，火苗不时从车门和车窗向外翻卷，由于风向原因，飞火随时可能引燃搅拌车旁边的其他草料，如不及时处理，后果将不堪设想，经过消防官兵奋力扑救，大火被完全扑灭。

5月7日，接到指挥中心命令称位于惠农区化石沟内有人被困，请求救援。接到命令后，红果子消防中队出动抢险救援车、水罐车，及14名指战员赶赴现场，前后经过4个多小时、翻越3

个山头，将被困人员安全送达山脚下。

10月31日16时01分，惠农中队接到指挥中心调度称：惠农区石嘴山市第一中学对面领航新苑工地，有2人因索要工资欲跳塔吊。接到命令后，惠农中队迅速出动2车14人前往现场实施营救。经过3个小时的耐心疏导与劝说，该工人终于放弃轻生念头。由于长时间滞留在高空，低温导致工人体力不支、双腿麻木，消防官兵立即组织人员攀登至塔吊上方营救，利用安全绳、安全腰带做好被困男子安全防护，在2名消防人员的协助下安全将该工人成功救下，救援行动结束。

（王 静）

检 察

【概 况】 惠农区人民检察院紧紧围绕区委“建设开放、富裕、和谐、美丽新惠农”的发展战略，忠诚履行宪法法律赋予的职责，强化法律监督，规范司法行为，深化司法改革，加强队伍建设，不断提升工作效能，各项检察工作取得新进展。惠农区人民检察院内设反贪污贿赂局、反渎职侵权局、法警大队、公诉科、侦查监督科、控告申诉检察科、民事行政检察科、政工科、办公室、检察技术科10个部门。为适应工作需求，又增设纪检监察室、职务犯罪预防办公室和案件管理办公室3个部门。

【惩治刑事犯罪】 全年，惠农区人民检察院共受理公安机关提请批捕案件80件112人，经审查批准逮捕54件69人，不批捕26件43人，其中不构成犯罪不批捕3件7人，构成犯罪无逮捕必要15件21人，事实不清、证据不足不批捕8件15人。受理公安机关移送审查起诉174件234人，经审查起诉142件194人，不起诉12件18人。对于犯罪情节较轻微、主观恶性较小的初犯、偶犯等犯罪，从化解社会矛盾，促进社会和谐稳定的角度出发，慎用逮捕强制措施，对达成和解的8名犯罪嫌疑人、13名没有社会危险性的犯罪嫌疑人依法作出涉嫌犯罪无逮捕必要不批捕的决定。全年无错捕、错诉无罪案件发生。

【查办和预防职务犯罪】 紧紧围绕区委和上级检察机关关于反腐败斗争的决策部署，加大查办职务犯罪力度，始终将社会关注的行业和领域、侵害民生民利的犯罪行为作为查办职务犯罪工作的重点。依法惩治为谋取不正当利益，“围猎”国家公职人员的行贿犯罪，共立案侦查贿赂案件、渎职侵权案件15件18人，其中受贿案件4件4人、行贿案件10件11人、滥用职权和受贿案件1件3人。在查处的人员中，正科级现职干部4件4人，人民法院作出有罪判决13件14人。与上年同期相比，件数、人数分别上升36%和50%。加强工程领域预防职务犯罪工作，与惠农区纪委联合制定出台《惠农区工程项目建设“2+2”廉政警示与预防告诫制度》，向相关单位发放《廉政警示与预防告诫书》20份，提供行贿犯罪档案查询247次，举办法制宣传讲座16次，开展警示教育9场次，共750余人接受警示教育，开展个案预防分析11件，发出检察建议11份，撰写年度预防综合报告和专项预防调查报告5份，为党委和政府决策提供参考依据。

【履行法律监督职能】 加强刑事立案、侦查活动监督，对公安机关移送审查的案件开展羁押必要性审查，变更强制措施1件1人，追诉犯罪嫌疑人6人。发出《纠正违法通知书》11份，发出检察建议12份，均已得到回复。加强立案监督工作，监督公安机关立案6件7人，监督撤案14件16人。公诉人出庭支持公诉134件；发出量刑建议书130份，法院采纳率为96.9%；落实检察长列席审委会制度，检察长列席审委会6次；审查法院判决、裁定书144份。加强对法院民事行政检察监督，共受理各类民行案件92件，发出检察建议53件，支持起诉6件，督促行政机关履行职责33件，全部被相关单位采纳和回复。在行政执法与刑事司法的“两法”衔接工作中，整合内部资源，加强侦监、民行两个部门之间的配合，对惠农区市场监督管理局、烟草公司等多家行政执法机关开展行政执法检查，查阅900余册案卷，向国土、环保等行政单位发出督促履行职责检察建议21件，全部被采纳。“两法”衔接工作已经纳入惠农区综治管理考核目标责任制中。重点加强对刑事案件有案不移、有案不立，立而不侦，适用法律不当案件的监督工作。坚持以规范为依据提升监督实效。对侦查活动、审判活动中的违法行为，通过口头和书面检察建议、纠正违法通知书等不同的方式进行监督，并加强跟踪监督，保证监督意见得到彻底落实，保证违法行为得到纠正。

【信访与控告申诉】 加大窗口接待人员业务培训，严格落实首办责任制，规范信访接待、信访事项办理，继续巩固和深化服务型窗口建设成效。利用信息网络技术，在“检务U盘”的基础上，在“水韵名都”社区设立“电子信息发布机”，将检察职能、工作性质、办案流程、典型案例等内容以动漫、漫画等浅显易懂的方式向群众公开，实现设备远程操控，内容更新及时，形式喜闻乐见的新型检务公开方式，不仅节约了人力资源，也使检务公开工作更加深植基层，贴近群众。畅通“12309”检察服务热线，接听解答群众法律咨询、受理群众来信来访33件次，检察长接待来访群众26人次，检察长带案下访6次。对可能引起矛盾激化的5件重点信访案件，逐案分析原因，实现“案结事了、息诉罢访”的工作目标，切实杜绝越级上访和赴区进京非正常上访。先后向生活面临急迫困难的3名被害人发放司法救助金12万元，切实把司法救助工作做深、做细，维护社会稳定。

【综合协调及服务】 对2015年资产进行分类核对，形成资产卡片，对所有资产购置价值、购置时间、使用年限、管理部门、凭证号等详细内容逐一进行查找录入，同时联合技术部门对全院13个部门819件固定资产进行逐一核对，确定每件固定资产对应的使用部门及管理人员，进一步加强资产的统计管理。按照区委统一安排，完成公车改革工作，留下的执法车辆严格按照警务车辆管理使用制度，派出车辆合理有序，无滥用、私用、借用等违规违纪使用警务车辆现象。车辆实行维修、加油定点定量审批制作台账制度，GPS定位系统安装到位，所有车辆安装行车记录仪。完成财务收归自治区统管的准备及备案工作，各项财务工作依制度办理，有章可循，财务收支全部纳入财务统一管理，严格按财务软件管理程序记账，做到中央、地方、本级分科目明细记账，记账管理符合财务管理要求。建立“三公”经费预警机制，定期公示。积极推广公务卡使用，制定规范公务卡使用和管理的相关规定，每月填制厉行节约报表报送，与上年同期数值进行比对核算，有针对性进行节能降耗。每季度向领导汇报各项经费开支情况，出现经费超额开支情况提前预警，保证资金支出的合理合规平衡高效。“下基层”对接帮扶联系工作，做到经常性联系走访慰问，切实解决辖区困难户的生活保障问题，对包片社区进行资金及物品的支持，帮扶企业、移民安置、生态建设等专项工作进行有效联系对接，顺利完成年度工作任务。为保证检察院各项工作的正常运转及全院干警的切身利益，积极协调与人社局、财政局、医疗保险中心、养老保险中心、住房公积金管理中心等相关单位，并做好对接联系工作，确保干警应该享受的福利待遇能够得到及时保障。

【案件管理及律师接待】 案件管理办公室完成独立电子卷宗制作工作室的建设，配备符合要求的专用电脑、扫描仪、律师专用阅卷终端、电子监控等相应的工作设备，共制作电子卷宗245本。接待律师38次，处理律师阅卷事项并刻录光盘

38次，接待当事人案件信息查询15次，发出流程监控通知书10份，系统内口头预警18次。结合规范司法，同时开展案件评查活动，修改案件评查办法；并根据市人民检察院和惠农区人民检察院制定的评查办法，实行网上卷宗和纸质卷宗同步评查。对上年12月以来的110件案件、逐案进行评查打分，并填写评定意见表，按时完成案件评查工作，撰写评查报告4份和案件管理工作情况4份。开展案件评查和流程监控相结合，发出流程监控通知书10份，接收流程监控回复10份，系统内口头预警19次，同时纠正统一业务应用系统内案卡数据填录问题143次。设立独立的电子卷宗制作工作室，配备符合要求的专用电脑、扫描仪、律师专用阅卷终端、电子监控等相应的工作设备，案件管理部门的干警在电子卷宗系统测试版中反复地制作练习，并及时解决发现的问题，为正式运行扫清技术障碍。年内，共在系统内制作电子卷宗168件案件326卷。

【保障和服务检察办案情况】 法警大队落实院年度工作计划，坚持“服务检察办案，保障办案安全”的工作方针，严格队伍管理，狠抓规范执警，在法警队伍建设、警用装备管理、办案区的使用及管理，警务保障方面取得一定的成绩，法警大队严格规范管理，切实承担起办案工作区的管理职责，始终把保证不出办案安全事故作为法警工作的第一要务，严防死守，把看管工作抓细、抓实。在办案工作区使用方面，严格按规定进行，不打折扣，依法定程序使用办案安全区，坚持看审分离的原则。办案工作区使用的审批、登记、看管工作的交接、警务执勤、安全防范方面周密组织，精心安排，资料齐全，确保执行看管任务“零事故”，保障办案安全。圆满地履行了司法警察职责。检察技术科围绕最高人民检察院关于加快科技强检和创新检察技术工作发展新格局的要求，以提高检察技术业务水平为工作重点。以检察技术和信息化促进执法规范化、队伍专业化、管理科学化和保障现代化。年内，协助自侦部门完成各项案件的同步录音录像、刻制光盘资料等工作，同步录音录像文书材料齐全、装订规范，光盘保存完好，并及时移交档案部门归档。

【队伍建设】 惠农区人民检察院先后获得第四届“全国文明单位”等多项荣誉称号。在加强队伍建设和精神文明建设上取得实质性进展。按照上级检察机关对司法体制改革工作的总体规划和部署，惠农区人民检察院党组加强政策宣传，制定司法改革实施方案，成立院检察官遴选领导小组，确定遴选工作详细推进计划。在遴选报名、资格审查、组织考试、实绩考评，民主推荐及党组综合评议等环节，严格按照上级院的要求，做到环环相扣，全程规范运行，全程纪检监督，遴选出符合条件的员额制检察官22名。举行员额制检察官宣誓仪式，通过庄严的宣誓仪式，进一步增强了员额检察官的责任感、使命感。按照自治区检察官职业保障政策，做好员额制检察官工资待遇的发放工作。建立检察人员履职考评机制，突出办案实绩和工作业绩，明确细化考评内容、科学设置考评指标、严格规范考评程序，充分调动干警工作积极性。

【法治宣传】 利用案件信息公开系统，发布程序性信息384件，发布重要案件信息16条。在充分发挥好新浪微博、官方微信、今日头条等新媒体的同时，坚持每月推送“惠农检察手机报”，将检察工作动态向上级检察机关和辖区人大代表、政协委员推送，加强与社会各界的联系。为宣传检察职能，提升检察机关的影响力，在《检察日报》《宁夏法治报》等报刊上刊发稿件300余篇，连续三季度位居全区检察机关前5名。

【党风廉政建设】 扎实开展“两学一做”学习教育，不断加强思想政治建设，全面提升干警思想政治素养。层层签订《党风廉政建设暨“一岗双责”责任书》，认真落实党风廉政建设两个主体责任。重新修订干警作风建设系列制度，做到各项管理有章可循、处理有据可依。通过召开党组扩大会、全院干警大会、支部会，采取集中学与个人自学、线上线下讨论学等多种形式深入贯彻中共十八届六中全会精神，确保学习不流于形式，将行动落实到各项检察工作中，着力营造检察机关风清气正的政治生态。

【司法专项工作】 加大对毒品犯罪活动惩治力度，依法严惩毒品犯罪分子，批准逮捕毒品犯罪嫌疑人 18 人；建立检法联席会议机制，统一毒品犯罪案件事实认定、证据采信、法律适用尺度，依法对 21 名毒品犯罪分子提起公诉，并全部作出有罪判决，维护了法律权威，收到了良好的法律效果和社会效果。

（李卓瑶）

法　院

【概　况】 惠农区人民法院内设机构 13 个（其中政工科与纪检监察室合署办公），派出法庭 3 个。

【诉讼立案】 深化立案登记制，建成诉讼服务大厅、诉讼服务网、“12368”诉讼服务热线“三位一体”的诉讼服务机制，开辟家事案件、农民工案件“绿色通道”，开通网上立案、预约立案、律师服务平台等多样化立案方式，为不同群体提供个性化司法服务。完善涉民生案件快速立案、审判、执行机制，受理诉前保全案件 32 件，标的金额 1800 余万元；落实法律规定，共为当事人减、缓、免交诉讼费 4.7 万元，让贫困群体当事人打得起官司。

【刑事审判】 贯彻实施《刑法修正案（九）》和“两高”司法解释，依法惩治危害公共安全、抢劫、爆炸等严重暴力犯罪，切实维护公共安全和人民财产安全；继续保持对贪污贿赂、滥用职权、失职渎职案件的严厉打击高压态势，严惩发生在群众身边的腐败；依法惩治黑恶势力犯罪、毒品犯罪，做好对毒品犯罪的预防宣传教育工作，加大对毒品犯罪分子财产刑罚的执行力度，为构建平安惠农、法治惠农营造稳定和谐的社会环境。受理刑事案件 163 件，同比下降 20.87%，审结 163 件，结案率 100%。

【民商事审判】 充分发挥民商事审判服务经济社会发展的重要作用，成立家事审判法庭，受理民商事案件 3634 件，同比上升 31.14%，审结 3494 件，同比上升 39.87%，结案率 96.15%，同比上升 6%。积极探索矛盾纠纷多元化解机制，加大对婚姻家庭、劳资纠纷及涉众等隐患点排查，有针对性地及时调处化解，全力预防和消除隐患，防止矛盾纠纷激化，调撤率 66.15%，同比上升 17.35%。

【案件执行】 开展执行攻坚战、集中清理积案、“一打三反”、涉民生案件执行等专项活动，努力化解“执行难”，受理执行案件 2507 件，同比上升 27.32%，结案 2165 件，同比上升 55.2%，结案率 86.36%，同比上升 15.36%，到位标的金额 8246.7 万元；集中发放涉民生案件执行款 5 次，为 94 件 130 人发放执行款 400 余万元；积极争取信访资金，化解一批信访缠访难案，司法救助 15 件 16 人，救助资金 42.50 万元。

【审判监督】 以公开透明、全程留痕的方式改进审判管理，科学合理设定评估指标及指标权重，做到放权不放任。完善审限动态监控机制，制定《2016 年绩效考核目标责任书》，实行审务通报制度，评查案件 5516 件 6748 册，人民陪审员参与案件审理 480 件，占一审普通程序案件的 97.36%。

【司法改革】 落实立案登记制度，规范刑事案件、民商事案件、执行案件立案操作流程，开展审判权运行机制改革，限定审判委员会讨论案件的范围，完善承办法官、合议庭办案责任，规范裁判文书签发，裁判文书由院庭长“审批制”向“审阅制”转变，加强院庭长对案件的管理权和监督权的同时，放权合议庭和主审法官，有效地提高审判质效；扎实推进法官员额制改革，完成36名法官入额工作；建立专业法官会议制度，组建11个相对固定的审判、执行团队，落实“谁审谁判谁负责”的基本要求；认真落实中央涉法涉诉信访改革要求，通过院长、庭长接待，办案包信访，远程视频接访，网上信访办理，成功化解一批积案。

【队伍建设】 坚持抓党建带队建促审判，深入开展“两学一做”学习教育，宁夏法院“改革发展年”“司法能力提升工程”等系列活动，引导干警增强“四个意识”，坚定法治理念。加强司法能力建设，开展庭审观摩评议、法律文书评比、书记员技能竞赛及司法警察技能大比武，全院每个部门确定1—2项重点和亮点工作，按照计划、节点逐一落实推进。注重对骨干法官的培养，争取区委的大力支持，选拔任命8名副科级干警。深化党风廉政建设，认真落实防止干预过问案件的“两个规定”，制定《监督执纪问责工作实施细则》《惠农区人民法院工作人员问责实施办法》《诫勉谈话制度》，结合中央八项规定“回头看”活动，深入整治人民群众反映强烈的“七难三案”（门难进、脸难看、话难听、事难办、立案难、诉讼难、执行难和办关系案、人情案、金钱案），确保法官清正、法院清廉、司法清明。

【巡回办案】 创新多元化纠纷解决机制，拓宽纠纷化解渠道。主动适应经济发展新常态，总结在南街街道社区共建的“法律便民直通中心”的做法，建立“点对点”纠纷化解机制，实行法官热线村居通制度。推行巡回接待点和流动审判法庭“二合一”办案模式，试点在纠纷集中的行业领域建立专业性、行业性纠纷调解组织，先后成立惠农区人民法院“棚户区项目改造法官工作室”“驻石嘴山经开区法官工作室”“企业法律服务站”“物流纠纷巡回合议庭”“劳动争议纠纷巡回合议庭”，拓展司法服务，提升化解矛盾纠纷效能。对涉及农民土地流转的案件，主动与乡镇党委、村委会召开联席会议，多方参与共同调解，避免形成系列案件和群体性纠纷。发挥法律便民流动法庭车功能，将诉讼服务送到当事人家门口，开展巡回办案70余件。

【法律宣传】 在各类节日、宣传日开展法律“九进”（法律进机关、进乡村、进社区、进学校、进企业、进单位、进监所、进中介、进军营）50余场次，发放宣传资料及自编《百案说法》6000余份；全年发表各类稿件595篇，其中《宁夏日报》22篇、《石嘴山日报》55篇、《法治新报》108篇，宁夏新闻网71篇、新华网16篇，扩大法律宣传效果。

【创新工作】 全面实行立案登记制，为人民群众依法维护自身权益敞开大门。建成诉讼服务大厅、诉讼服务网、“12368”诉讼服务热线“三位一体”的诉讼服务机制；开通网上预约立案和电话预约立案服务等措施，加快建设“一站式、多功能”标准化服务平台；对于涉及民生、困难群体、农民工工资、妇女儿童权益的案件，开通绿色通道优先立案，及时保全、调解、审判、执行，受理诉前保全案件32件，标的金额1800余万元；集中发放涉民生案件执行款5次，为94件130人发放执行款400余万元；积极争取信访资金，化解一批信访缠访难案，司法救助15件16人，救助资金42.50万元；落实法律规定，共为当事人减、缓、免交诉讼费4.7万元。

（郭　芬）

司法行政

【概　况】 2016年，惠农区司法局在区委、区政府的坚强领导下，在全局干部职工上下共同努力下，各项工作取得了积极的成果，为平安惠农、法治惠农做出积极努力，为惠农区经济发展、社会和谐稳定发挥了积极作用。

【普法宣传教育】 制定依法治区和法治城市创建工作方案、考核办法、考核细则，对工作任务进行分解，设立法治城市创建单项奖。2016年7月、11月，区法制办、督查室对全区81个单位的依法治区和法治政府建设工作进行督查考核，将督查考核结果作为年终目标绩效考核重要内容。制定“七五”普法《实施意见》和《决议》。8月25日，惠农区第三届人大常委会第三十次会议听取和审议区人民政府《关于“六五”普法决议执行情况的报告》和《关于提请审议深入开展第七个五年法治宣传教育的决议（草案）的议案》，通过《关于深入开展第七个五年法治宣传教育的决议》。9月，惠农区人民政府常务会议和区委常委会议通过《关于在全区公民中开展第七个五年法治宣传教育全面推进依法治区进程的实施意见》。按照国家、自治区、市的统一部署，惠农区共申报全国法治宣传教育先进集体1个；自治区先进集体6个、先进个人6人；市级先进县区1个，先进普法办1个，先进单位8个，先进个人8人，先进工作者3人；惠农区先进集体10个，先进个人20名。通过评选表彰，进一步调动全区参与“七五”普法工作的热情和积极性。及时启动“七五”普法工作。结合自治区“七五”普法启动，召开全区“六五”普法总结表彰暨“七五”普法启动大会，全面总结惠农区“六五”普法的经验和成效，表彰先进，部署全区“七五”普法工作。开通惠农区司法行政网、“惠农司法行政”新浪微博、“法治惠农”微信公众号，编制推广“法治惠农”二维码的使用。共刊发《法治惠农》期刊2期，“法治惠农”微信公众号关注人数达1100余人，共推送信息29期、微博800余条。

【法律“八进”】 落实“谁执法（主管）谁普法”责任制，年初制定印发《惠农区2016年普法依法治理工作要点》和《惠农区构建“大普法”工作格局实施方案》。强化各单位开展部门专业法学习，每月安排相关部门（单位）开展专业法律法规宣传，组织全区61个部门单位，深入38个行政村和42个社区，开展“送法进村（居）入户”活动，与农民群众面对面开展法律宣讲、解答法律咨询、提供法律服务。开展法治文艺创作和巡演活动，依托乡镇、街道法治文艺团体和惠农区安防大队文艺演出队，以惠农区2016年“魅力惠农·清凉宁夏”广场文艺演出暨“我为乡亲送戏来”文化惠民专场演出活动为契机，结合实际，编排内容丰富，形式多样，教育性、针对性强的各类法治文艺节目，弘扬传播法治理念和法治精神，营造出崇尚法治的浓厚氛围，共演出13场次。建立法官、检察官、行政执法人员、律师等以案释法制度，开展以案释法活动25场次，惠农区人民法院先后印制2辑《百案说法》。针对人民群众的多元司法需求，惠农区人民法院主动建立诉调对接平台，构建法院与社区共建解纷减诉机制，开通辖区6个街道42个社区、6个乡镇38个行政村“法官热线村村（社区）通”微信群，以创新项目建设提升社会治理水平。健全守法诚信褒奖机制和违法失信惩戒机制。年内，惠农区人民法院共公布失信被执行人自然人158件180人；法人64件69个。完善惠农区法律服务（普法）志愿者中队制度，指导7个分队投入法治城市创建及法律“八进”等活动的法律服务（普法）志愿活动中，帮助群众学法、用法、守法，增强全民法治意识，努力营造普法依法治理良好环境。共开展法律志愿服务活动80多场次。开展2016年度宁夏“守法好公民”评选表彰活动。采取属地推荐的方式，由个人申请、村（居）推荐、乡镇（街道）、部门推选、自下而上、逐级推选，共推荐上报20人，其中学生1人、人民教师2人、干部职工5人、服务业8人、城乡居民2人、产业工人2人，向市级推荐宁夏“守法好公民”5人。

【矛盾纠纷排查调处】 年内，全区各类人民调解组织共排查调处矛盾纠纷1639件，调处成功1569件，调解率为100%，成功率为96%。全面完成年初制定的民生实事化解矛盾纠纷1400件任务。

【人民调解组织建设】 惠农区司法局共有调委会111个，其中乡镇调委会6个、街道调委会6个、村调委会38个、社区（居委会）调委会42个、行业性专业性人民调解委员会10个、企业调委会9个，共有人民调解员656人。各类人民调解委员会建立健全岗位责任、工作例会、业务登记、学习培训、报表统计、档案管理等内部管理制度，以及矛盾纠纷排查、社情民意分析研判、疑难复杂纠纷集体讨论、重大纠纷报告、矛盾纠纷回访督促等调处工作制度，编印《人民调解工作手册》，逐步形成规范完善的人民调解工作制度体系。

【法律援助】 法律援助中心共接待来电、来访咨询1300人次，受理案件630件，办结法律援助案件571件，完成年初制定的为困难群众办理法律援助案件300件目标任务的190.3%，累计为受援人挽回损失1510万元。

【特殊人群管理】 通过完善社区矫正“四统一”模式［统一矫正社会风险调查评估程序、统一设立乡镇（街道）社区矫正工作站、统一矫正工作流程、统一建立个人信息档案］，严格执行社区矫正人员“两个八小时”（社区服刑人员每月接受教育学习和参加社区服务的时间不少于八小时）制度，配备定位手机等方式加强监外执行人员监管，全年实现社区矫正人员无脱管漏管现象。认真完成社区矫正适用前调查评估工作，规范服刑人员交付执行环节，把好社区矫正“入口关”。共开展社区矫正适用前调查43人。建成集“教育矫正、监督管理、帮困扶助”为一体，功能齐全、设施完备的社区矫正管理教育服务中心。在石嘴山市大东工贸有限公司建立惠农区新起点人员安置帮教基地。在各乡镇、街道挂牌成立安置帮教工作站。辖区共有社区服刑166人。其中，缓刑115人，假释1人，暂予监外执行3人，接收社区服刑人员760人，解除社区矫正服刑594人，撤销缓刑5人，再犯罪2人，作出社区服刑人员警告处分决定43次。接收社区服刑人员94人，解除社区服刑人员73人。

【推进法治政府建设工作】 组织专业律师、部门专责人员对全区各部门报送的行政权力和责任清单进行认真梳理，严格遵照职权法定原则，经过两个多月时间的反复审核、比对、会商，查找600余部法律、法规、地方性法规、部门规章、规范性文件，5万余条法条，共审查确定惠农区行政权力9项，政府部门行政权力1329项，乡镇行政权力71项，街道行政权力31项，责任事项9205项，追责情形13259项，担责方式8104项，对应责任事项、追责情形和担责方式列出25836条、法律法规党纪法规条款依据，做到权力依据、责任事项、追责情形、担责方式于法有据、依法合规、权责一致。起草《惠农区法治政府建设实施方案（2016—2020年）》，向全区各相关部门（单位）印发征求意见稿，广泛征求公众意见，修改完善后经区党委、区政府常务会议通过，于2016年11月4日印发实施。2016年11月9日至11月15日，对全区30个部门（单位）的法治政府建设工作进行督查考核。制定印发《并于开展执法主体和执法人员专项清理工作方案》，对全区539名行政执法人员的行政执法资格及证件开展审查清理工作。共清理非在编人员及在编工勤人员8个执法证件，因辞职、退休、调离、证件到期共注销94个执法证件，因单位变动已注销原证拟换证人员23名。全区持有行政执法证人员449名，于8月24日在惠农区公众网上对全区行政执法主体及行政执法人员予以公开，接受社会监督。制定下发《惠农区关于开展行政执法专项监督检查的通知》。被检查执法部门（单位）共有行政处罚项目958项、行政许可项目91项。重点检查各执法部门（单位）2015—2016年行政处罚案卷，抽查部分行政许可、行政给付等执法案卷，共检查案卷106件。

【干部队伍建设】 区司法局党总支按照“两学一做”学习教育安排，严格落实计划表，积极组织召开动员会、印发学习安排、列明学习内容、标清学习结点、加强学习监督、开展专题讨论等，严格按照活动方案落实“两学一做”学习教育。结合中央八项规定“回头看”和自治区、市、惠农区若干规定的要求，对照查改干部尤其是党员干部自身存在的问题，明确整治措施，做到问题“对号销号”。年内，共开展集中学习21次，领导干部带头讲党课3次、优秀共产党员讲党课1次，专题讨论3次。

【下基层活动】 按照“送温暖”“访贫思廉”“下基层”等活动的要求，组织区司法局全局党员干部职工先后深入各乡镇、街道，入户走访困难家庭，了解群众疾苦，倾听百姓呼声，密切党群干群关系。年内，共走访困难家庭60余户，送去慰问资金物品8000余元，撰写活动体会、信息50余篇，进一步增强党群关系和党员干部廉洁从政、服务群众、为民办事的责任感和使命感。组织机关全体党员到河滨钢花社区、荷花社区亮身份、树形象、搞服务、做表率。根据社区实际情况，结合司法行政工作职能，认领帮扶项目，充分发挥党员的模范带头作用，广泛开展法制宣传、法制讲座、矛盾纠纷排查化解、节点慰问、参加环境卫生整治等活动。共开展环境卫生整治11次，借助节点走访慰问困难群众6户，送去慰问金1200余元。

【服务型窗口建设】 围绕“亲民、利民、便民、惠民”的准则，规范法律援助中心、人民调解中心以及12个司法所等14个服务窗口建设。制定工作方案，召开专题会议，认真安排部署，将窗口单位建设纳入《目标管理责任书》中，加强规范化管理，确保窗口单位建设提升晋级。配备急救药箱、雨伞、老花镜等便民工具，便于群众办事；印制《社会公众法律服务联系卡》《司法所便民服务联系卡》《窗口单位法律服务受理登记本》等。建立法律服务超市，在法律服务超市摆放与群众日常生产生活有关的法律法规手册，极大地方便群众取阅。惠农区法律援助中心先后被评为自治区政法系统服务型窗口建设先进单位、全市政法系统服务型窗口单位建设先进单位。惠农区司法局被评为自治区维护妇女儿童权益先进集体、全区农民工工作先进集体。

【全国文明城市创建】 每月组织全体干部按照自我反省、唱歌曲、看视频、诵经典、听故事、做点评、向“德”字鞠躬七个程序举办“道德讲堂”，做到“一堂一档”，在全局范围内营造良好道德风尚。参加学雷锋志愿活动、“我们的节日”、“文明餐桌”、节俭养德全民节约行动、“勿忘国耻圆梦中华”网上签名寄语、庆祝建党95周年纪念、善行义举等活动，建立网络文明传播志愿者队伍，运用普法微博、手机短信等平台，大力宣传普及文明礼仪、交通法规、社会公德、公民基本道德规范等内容。加强机关精神文明创建活动，绿化美化办公场所，组织干部定期走上街头，开展文明劝导工作。共组织党员干部开展普法宣传和环境卫生整治40余次。

（丁小慧）

农　业

农牧水务

【机构队伍概况】 惠农区农牧水务局（挂扶贫开发办公室牌子），核定行政编制13名、工勤人员编制2名、聘用编制1名。领导职数：局长1名（正科级），副局长4名（副科级）。机关内部设综合办公室、财务室、水利规划设计室、水利建管中心、防汛办、灌排中心6个站室。下属事业单位：惠农区动物疾控中心、惠农区动物卫生监督所、惠农区农技推广服务中心、惠农区农业机械安全监理站、惠农区农业综合执法大队、惠农区农村合作经济经营管理站和惠农区良种繁殖场7家事业单位。礼和乡、尾闸镇、庙台乡、红果子镇和燕子墩乡5个乡镇设5个乡镇农业服务中心。全系统干部职工编制数165人，在岗干部职工数162人，不在岗人员3人。专业技术干部143人，其中正高级3人、副高级17人、中级职称55人、初级54人、其他14人。全系统在岗干部职工中45周岁以上有86人，占52%；45周岁以下79人，占48%。

【农业经济】 2016年，惠农区农业总产值11.7亿元，增长3.2%；农业增加值6.06亿元，增长3.2%。农民人均可支配收入11850元，增长7%。新型农业经营主体方面，发展农民专业合作社131家，培育家庭农场43个，培育各类种植大户217个。

【农业基础设施建设】 开展中低产田改造，改造面积4.1万亩。组织实施农业综合开发项目，项目区覆盖面积2.6万亩。高效节水灌溉发展迅速，灌溉面积0.86万亩。盐碱地改良成效显著。先后完成小型农田水利配套工程、第五排水沟治理工程、艾依河惠农段治理工程、新开盐湖沟治理工程、暗管排水工程、以沟补渠灌泵站建设工程等一批水利工程，盐碱地改良和中低产田改造面积年均达到10万亩。配合工程建设，组织实施种稻洗盐、深松深翻、种植耐盐作物和秸秆还田等一批农艺措施，秋季继续组织实施10万亩的深松深耕项目，秸秆还田10万亩，推动盐碱地改良工作，项目区内排水明显畅通，土壤盐碱化、地下水矿化度普遍下降，农田保苗能力显著提高，玉米保苗率普遍由往年的65%提高到85%。小麦产量由过去的250公斤/亩提高到300公斤/亩，油葵产量由200公斤/亩提高到250公斤/亩，玉米亩产平均可提高100公斤左右。

【农业供给侧结构性改革】 按照中央1号文件提出的“稳粮、优经、扩饲”农业供给侧结构性调整方向，立足“一优三特”产业，加快一、二、三产业融合步伐，调整优化农业生产结构和产品结构，增强农产品供给结构的适应性和灵活性，突出露地瓜菜、枸杞和草畜产业发展。优质粮保持在20万亩左右，露地瓜菜稳定在5万亩，发展有机枸杞1万亩、优质牧草3万亩。

【设施蔬菜种植】 种植业结构调整突出优势特色、加工能力和市场需求，推广粮饲兼用型玉米品种，压减籽粒玉米，扩大青储玉米及优质牧草面积。露地瓜菜以国家农业科技示范园为重点，大力发展优质鲜菜抢占市场，稳定脱水蔬菜确保企业原料基地，加快脱水企业技改升级。共有10家脱水菜加工企业取得自营出口权；2家被确定为自治区级农业产业化龙头企业；10家脱水菜企业被确定为市级农业产业化龙头企业；5家企业已注册品牌有“福民”“马莲”等商标。严格按照国际市场质量要求，检测191项产地和产品指标，建设优质脱水蔬菜生产基地2万亩，加工生产量0.22万吨，实现产值4000万元，出口创汇500万美元。

【畜牧生产】 畜牧业实施以单体牧场为主的奶产业提质增效计划，发展优质牧草，打造国内高端奶源基地，惠农区建成投产的奶牛场（园区）共计13个，其中建成单体牧场11个，奶牛现存栏1.7万头，日产鲜奶133.4吨，年产鲜奶近5万吨，优质苜蓿留床面积2万亩。以发展标准化肉羊肉牛养殖场为重点，兼顾小群多户的牛羊养殖模式，巩固和扩大覆盖全区域的清真牛羊肉产业，全区共先后建设标准化肉牛场2家，10头以上的散户养殖达500户，肉羊场18家。肉牛存栏2.3万头，肉羊存栏22万只；全年牛肉产量2723吨左右，羊肉产量4621吨左右。培育开发枸杞药酒和枸杞系列饮品，抓好有机枸杞基地建设和枸杞销售，带动枸杞产业全面转型升级。

（哈金华）

农业机械安全监理

【概　况】 在区委、区政府及农牧水务局的正确领导下，在上级业务部门的大力支持和指导下，按照上级部门要求的目标任务，惠农区农业机械安全监理站精心组织、周密安排、求真务实、真抓实干，较好地完成了农机购置补贴项目、农机深松和秸秆还田机深翻项目、玉米全程机械化示范园区建设、保护性耕作试验示范项目建设、农作物秸秆禁烧示范项目建设、农机免费管理、农机安全监督管理、农机社会化服务体系建设等工作任务。

【农机购置补贴项目】 惠农区农机购置补贴资金总额为716.32万元，其中2016年自治区安排农机购置补贴资金额为470万元，2015年结余农机购置补贴资金246.32万元。农机购置补贴资金主要用于耕整地机械、种植施肥机械、田间管理机械、收获机械、收获后处理机械、农产品初加工机械、排灌机械、畜牧水产养殖机械、动力机械、农田基本建设机械、设施农业设备共11大类、27个小类、76个品目。补贴重点涉及覆膜及残膜回收机械、植保机械、饲料机等特色产业发展所需的机械设备。2016年，农机购置补贴继续实行“自主购机、定额补贴、县级结算、直补到卡”的补贴方式，实现农机购机补贴全覆盖。全年完成补贴资金317.661万元，受益农户达到135户，购置各类农机具182台（套）。在实施过程中，严格执行国家和自治区的有关规定和程序，严格把关、规范操作，切实遵从“八个不得”（各级农机化主管部门不得指定经销商，不得违反规定程序确定补贴对象，不得将未获得部级和省级有效推广鉴定证书的产品纳入补贴，不得保护落后强行向农民推荐补贴产品，不得向农民和企业以任何形式收受任何额外费用，不得以任何理由拖延办理农民购机补贴手续和补贴资金结算手续，不得委托经销商代办代签补贴协议或机具核实手续，不得以购机补贴名义召开机具展示会、展销会、订货会），做到“八个不发生”，紧紧围绕惠农区特色优势产业的发展，突出补贴重点，加大对玉米、畜牧养殖、饲草收获加工等重点农作物、重点产业所需机械设备补贴力度。

【农机深松和秸秆还田机深翻项目】 农机深松项目是国家和自治区重要的惠民政策，2016年安排惠农区机深松翻任务13万亩，其中机深松8万亩、机深翻5万亩，安排项目资金520万元，补足标准40元/亩。为加强管理、保证作业质量，参加农机深松和秸秆还田机深翻作业的拖拉机及其配套机械全部安装GPS定位测量系统，在实施过程中惠农区农业机械安全监理站组织技术人员进行跟踪检查、跟机服务，作业后对作业质量进行随机抽查，有效地保证项目的顺利实施。

【玉米全程机械化示范园区建设】 按照自治区农牧厅的安排部署，2016年，惠农区在庙台乡乐土岭村新建1个农机农艺融合籽粒型玉米收获全程机械化示范园区，示范园区建设面积2300亩。该园区土地由石嘴山市聚和农机作业有限公司流转并承担建设。园区配套激光平地机、精量播种机、植保机械、秸秆还田机械、籽粒型玉米收获机械等机械设备；主推激光整地、精量播种、植保、中耕施肥、籽粒收获、秸秆还田等农机化技术；配套合理密植、配方施肥等农艺技术。园区建设以农机化作业为主体，农机农艺深度融合，示范园区整地、播种、植保、中耕施肥、收获、收获后秸秆处理等关键环节的机械化生产水平均达100%，玉米秸秆综合利用率达80%以上。通过园区建设，惠农区玉米机械化精量播种水平达到91.5%以上，玉米机械化收获水平达到75%以上，秸秆综合利用率达到75%以上。同类种植产量提高5%以上，辐射带动6万亩。

【保护性耕作试验示范项目建设】 根据自治区农牧厅2016年农机保护性耕作及配套新技术推广项目安排部署及要求，惠农区农业机械化推广服务中心与石嘴山市农业技术推广服务中心共同在尾闸镇团结1队新建2个保护性耕作示范点，其中小麦示范区400亩、玉米示范区500亩。重点试验、示范推广以玉米、小麦免耕播种，病虫草防控，秸秆覆盖还田，机械深松，机械收获等为主要内容的农机化保护性耕作技术。园区设置玉米免耕播种，深松层播种与常规（旋耕）整地播种对比试验；小麦匀播与常规（条播）对比试验。按照试验方案对各生产环节试验数据检测收集汇总。通过保护性耕作的试验示范，选择出适合惠农区农业生产实际的农机化保护性耕作技术，实现农业节本增效。惠农区社会经济调查队测查显示，保护性耕作示范区匀播单种小麦产量280.21公斤/亩，常规条播产量247.19公斤/亩，亩均增产33.02公斤。小麦匀播技术较条播技术在作业环节减少2次，节省作业费40元/亩以上。在玉米深松后播种、免耕播种、旋耕播种的试验中，经测产，深松平均亩产增加37.64公斤，增幅达17.7%，免耕平均亩产增加98.04公斤，增幅达12.6%。

【农作物秸秆禁烧项目示范建设】 按照石嘴山市农牧局和石嘴山市环保局的安排部署，2016年惠农区在燕子墩乡和红果子镇新建2个农作物秸秆禁烧示范点，重点推广应用农作物机械化收获、秸秆打包回收、秸秆深翻还田等机械化技术，减少秸秆焚烧，提高农作物秸秆综合利用率，保护生态环境。共实现秸秆综合利用1万亩。

【农机免费管理】 严把农业机械的登记关、检验关和农机手的培训考试关、审核关，提高拖拉机、联合收割机及驾驶员的入户率、持证率、检审率，预防和减少农机事故的发生。2016年，检验拖拉机、联合收割机2919台，审验驾驶员1800人，举办农机驾驶员培训班5期，培训考试驾驶员309人。与农机服务组织、种养大户、家庭农场及有机户签订农机安全生产责任书1200份，与各农机安全联组签订农机安全生产承诺书33份。2016年，享受农机购机补贴的拖拉机、联合收割机上牌入户率100%，驾驶人持证率100%；农机服务组织的拖拉机、联合收割机上牌入户率100%，驾驶人持证率100%。农机安全检查24次，出动农机安全检查人员84人次，检查各类农业机械258台次，纠正各种违章违法行为19台次。

【农机安全监督管理】 为保障广大农民群众的生命财产安全，预防“六小农机”（微耕机、卷帘机、铡草机、脱粒机、粉碎机、插秧机）使用操作事故发生，2016年年初组织执法人员深入乡村、农机户家中开展“六小农机”调查摸底。建立健全“六小农机”安全检查、检验制度，对卷帘机450台、微耕机370台、机动脱粒机30台、饲料粉碎机85台、铡草机275台开展一次全面检查，做到排查安全事故隐患经常化、制度化。

【农机社会化服务体系建设】 2016年，新成立农机合作社4个，新组建成立农机作业公司2个，2个作业公司被纳入自治区重点扶持的农机作业公司。惠农区共注册成立农机服务组织17个，其中农机作业公司4个、农机合作社13个；社员达462户；从业人员达289人；拥有各种拖拉机402台，其中大中型拖拉机232台、小型拖拉机170台；联合收割机38台；拥有各种配套农机具352台（套），固定资产达2586万元。

林　业

【概　况】 石嘴山市惠农区林业和生态建设管理局为政府职能部门，核定行政编制6名，聘用编制1名。领导职数：局长1名，副局长2名。下属惠农区林业技术推广服务中心、惠农区林木检疫站、惠农区枸杞工作站、惠农区礼和林业工作站、惠农区红果子林业工作站、惠农区燕子墩林业工作站、惠农区黄河湿地保护林场7个事业单位。惠农区林业和生态建设管理局按照区委、区政府的决策部署，以生态文明建设为指导，以南扩新区街路绿化、城区绿化改造为重点，兼顾城市外围生产、生活环境改善和美丽乡村绿化，不断提升城市品位和档次，逐步改善辖区城乡生态环境。

【植树造林】 完成造林绿化2188亩，其中生态防护林1048亩、生态经济林1140亩，完成围栏封育5000亩。栽植各类苗木156万株，平整土地1500亩，回填土方8.4万立方米，清运垃圾土2.8万立方米，铺设输水主管道18.7公里，铺设小管出流10.6万平方米。

【市民休闲公园建设】 将治沙林场2队现有果园改造为城市运动休闲公园，包括惠安大街宽幅林带及银善湖水系，规划总用地612亩，规划总投资额为6148万元。一期建设范围东至惠安大街、西至石大路、南至南环路、北至天津路，用地面积385亩；二期范围是南环路以南果园60亩及银善湖水系，共227亩。

【南扩新区街路绿化】 完成绿化面积80亩，共投资438万元，清运土方0.6万立方米，回填种植土1.5万立方米，铺设主管道1.5公里，栽植河北杨、国槐、丝棉木、高秆金叶榆、变色龙须柳等各类苗木8.4万株。

【滨河新区绿化】 完成惠安大街与南环路交叉路口节点、天津路警苑小区门前分车带、延安路、城区节点实施景观绿化提升改造，种植各类苗木15.85万株，其中乔木和常青树5074株、花灌木1.45万株、花卉13.89万株；清理垃圾土方1000立方米，回填种植土1900立方米；铺设小管出流2050平方米，微喷4100平方米。

【中利科技厂区周围绿化】 完成绿化面积45亩，栽植各类树木4100株。其中中利科技厂区南侧新植一条宽幅林带，长410米，宽25米，栽植树种为河北杨；中利科技厂区后面和中诚塑料厂区门前绿化2条道路，长度各为430米，道路两侧各栽两行河北杨；中利科技厂区和中诚塑料厂区西侧绿化1条道路，长度为800米，道路两侧各栽两行刺槐。厂区周围绿化全部采用小管出流节水灌溉，共铺设主管道2.7公里，小管出流3万平方米。

【林业产业】 2016年，共完成林业产业基地建设1140亩。其中：在贺兰山东麓发展红枣、枸杞及其他125亩，在礼和乡、燕子墩乡新建枸杞基地1015亩，主要由企业、公司、个人完成。

【农村绿化】 各乡镇结合美丽村庄建设，共完成造林44亩，植树13.1万株，其中常青树29863株、乔木5956株、灌木27000株、花灌木67728株，平整造林地动用土方0.5万立方米，总投资148.52万元。

【采煤沉陷区绿化及国土整治项目】 共计完成880亩，其中：国土整治项目中小企业孵化基地完成新建道路绿化3条，总长度6.7公里，绿化面积80亩，栽植乔木6000株；二矿6号坑改造提升绿化300亩，补植乔木4000株，花灌木5万株；罗家园葡萄基地营造防护林300亩，为民公司、万彪公司、富海煤业等企业、个人造林200多亩。

【森林资源管护】 对辖区2.37万亩臭椿树监测调查，设立沟眶象监测点6处21个点，设立标准地3个。设置苹果蠹蛾监测点8处55个点，监测面积3530亩，增加悬挂诱捕器300个，挂迷向剂5000条。对434亩果树采取统防统治喷洒化学药剂达到2次，主要采用高效氯氰菊酯和苯氧威混合使用，安置杀虫灯2台；对无人管理没有经济效益年长果园采取彻底清理苹果树，清理年长无人管理果园38亩集中销毁。

【苗木检疫】 实施苗木产地检疫4768.9亩，签发产地检疫合格证35份，共计62种苗木726.12万株，检疫率达到100%。复检苗木112.74万株，其中省内96.74万株、省外16万株，开具检疫证书82份，复检率100%。成立惠农区林业有害生物普查领导小组，制定下发《惠农区林业有害生物普查实施方案》，根据实际情况，以6个乡镇、2个林场及城市绿化管理所为单位分片实施，同时采集标本（病虫标本及危害状），拍摄有害生物的生物学和危害状的照片（包括光学照片），并将调查结果填入样地调查记录表和标本采集记录表。

【林政案件查处】 查处各类林政案件4起，毁林案件以滥砍滥伐、剥树皮居多，其中过度修枝1起、剥树皮3起，处理违法人员4人，罚款200元，补植树木6株。

【党建和精神文明建设】 精心组织开展“两学一做”学习教育。制定《惠农区林业系统深入开展“两学一做”活动实施方案》，及时召开林业系统开展“两学一做”动员会，对林业系统开展该项活动进行全面安排部署；抓好教育学习，召开会议、座谈交流会7次，参加138人次；领导干部讲党课活动1次；领导干部走访帮扶次数14次；组织局机关干部职工及下属开展《条例》《准则》学习、知识测试；党员干部100%签订廉洁从政承诺书；干部职工做学习笔记15000字，每人撰写学习心得体会1篇；完成林业系统全体党员关系集中排查工作，排查党员人数76人，并审核党员信息，核发党员证，做到党员1人1证。

【党风廉政建设】 认真落实党风廉政建设和反腐败工作责任制。组织全体党员认真学习党章、中共十八大、“六项禁令”、中央八项规定、习近平总书记系列重要讲话精神等。努力抓好干部队伍特别是领导干部的思想、组织、作风和业务建设，努力提高综合素质，提高拒腐防变和处理复杂问题的能力，做到勤政廉政。结合廉政讲堂，开展反腐倡廉专题教育活动，修订规章制度，以制度管人管事管权，对重点生态建设项目实行责任制。完成党委、纪委责任清单编制，健全完善领导干部分工负责工作机制，切实做到党风廉政建设与业务工作两促进，同时进一步规范党务、政务公开工作制度。

【自身建设】 强化内部管理，完善监督机制，建设高效廉洁机关。严格执行公车管理和使用制度，建立公车信息库（车辆型号、车牌号、驾驶员姓名），并将公车信息库上报区纪委，严格履行公车使用申报、审批手续。建立干部作风监督专栏，自觉接受社会监督和内部监督，同时抓好厉行节约工作，严格执行各项支出预算。

（张艳兵）

工业经济

工业和信息化管理

【概　况】 惠农区工业和信息化局为政府职能部门，承担惠农区工业经济、信息化推进、节能降耗的综合协调等工作。2016年，区工信局围绕区委、区政府确定的重点工作任务，采取有效措施，进一步加强工业经济运行监测分析和综合协调，争取落实相关扶持政策，加快推进重点工业项目建设，加大节能降耗工作力度，强化信息化建设，推动"两化"融合，使各项工作有序推进。年内，规模以上工业企业完成工业增加值68.1亿元，同比增长6%；完成工业固定资产投资91.2亿元，同比下降13%；规模以上工业能源消费量为448.3万吨标准煤，同比下降1.1%；单位工业增加值能耗同比下降6.7%，完成市上下达的各项目标任务。

【工业经济运行】 辖区83家规模以上工业企业完成工业总产值290.12亿元，同比增长3.22%。83家规模以上企业中，工业产值同比增长39家，增加产值35.7亿元；停产企业10家，完成市上下达的停产面控制在15%以内的目标。同比下降企业44家，减少产值26.65亿元，增减相抵净增产值9.05亿元。

【产值增加因素】 2015年及2016年新入规中利科技、日盛高新、君丽等9家企业共新增产值15.48亿元；因价格及产量变动产值增长的然尔特实业、惠冶冶金等重点企业共增加产值17.7亿元，占全部新增产值的50.65%。

【产值减少因素】 惠农供电企业、国电发电责任公司和国电第一发电公司减少产值4.43亿元，占全部减少产值的16.89%；受市场及产品价格等因素影响，荣之耀、新日恒力等减停产企业累计减产14.83亿元，占全部减少产值的56.54%；宁煤、富海等5家煤炭企业累计减少产值5.76亿元，占全部减少产值的21.96%。主要行业运行呈"五升三降"态势，电石化工、新材料、新能源、新型煤化工、装备制造行业呈现增长趋势，冶金、电力、煤炭行业同比下降。

【行业运行情况】 2016年，27家冶金企业完成工业产值83.67亿元，占比28.84%，同比下降4.12%。2016年，18家电石化工企业完成工业产值49.59亿元，占比17.09%，同比增长17.76%。2016年，5家新材料企业完成工业产值18.32亿元，占比6.31%，同比增长3.3%。2016年，3家装备制造企业完成工业产值14.16亿元，占比4.88%，同比增长112.5%。5家新能源企业完成工业产值2.22亿元，占比0.77%，同比增长20.64%。6家新型煤化工企业完成工业产值18.28亿元，占比6.3%，同比增长20.05%。3家电力企业月完成工业产值52.28亿元，占比18.02%，同比下降9.56%。7家煤炭企业完成工业产值48.05亿元，占比16.56%，同比下降3.54%。

【推进项目建设】 13个重点工业项目中，除中宏环保昊华骏化新型煤化工产业园项目正在办理前期手续、盛鼎丰金属变质剂项目因市场暂缓外，其他11个项目均开工建设。其中鑫垦光伏、荆洪生物及久盛光伏等新建项目正在建设，永润石化仓储物流及安能生物质等续建项目建设有序推进。中利惠泽湖渔光互补、中诚塑胶、鸿瑞达废弃物利用、沃达化工以及日盛高新精细化工产业链项目中发泡剂、水合肼生产线均已投产。另外，实施胜蓝多晶硅副产物综合利用和无害化处置扩建以及嘉峰一万吨单氰胺生产线改造等。全年共实施工业项目77个，累计完成投资91.2亿元，同比下降13%。

【落实惠企政策】 为科通、锦华、东明、华岳4家企业争取自治区新型工业化发展专项资金贷款贴息资金共计104万元。为34家企业争取享受电力直接交易优惠政策，为企业减负近2亿元；34家企业享受差别化电价补贴，为企业减负约1.2亿元。组织企业申报2016年自治区中小企业及非公经济发展专项资金，科通、众信等7家企业被认定为2016年“专精特新”中小企业；石嘴山市塑料厂、润龙新材料等4家企业被认定为“专精特新”示范企业，每户获得奖励资金20万元。为企业争取过路过桥费减征票共5批28080张，企业降低公路通行成本100余万元。争取电力需求侧管理终端监测系统项目补贴资金共计121.3万元。争取市工业转型发展财政扶持政策。其中，中利科技、日盛实业、惠义冶金等16家企业获得“企业增产扩能”奖励资金725万元；中诚塑胶、东明化工、荣泰生物和日盛高新4个项目获得“项目投产达效”扶持奖励资金256万元；日盛高新、申银气体、晟达通、君丽化工和发途发蔬菜5家企业获得“企业进规入库”奖励资金100万元；嘉峰化工获得“整合重组”奖励资金200万元，另有煜林化工获得补助资金20万元。组织科技型中小企业认定申报。宝马兴庆、长江塑胶、普瑞化工、发途发蔬菜和金圆化工5家企业被认定为2016年科技型中小企业。2016年，宁夏润龙包装新材料股份有限公司被评为高新技术企业。华辉、惠冶、新日恒力被认定为自治区级企业技术中心，分别获得30万元补助资金。

【信息化建设】 做好规模以上企业“两化”融合评估的组织申报工作，使企业加大信息化建设和投入，从而提高企业的信息化程度。指导日盛实业、润龙塑化、宝马兴庆、中利腾辉4家企业开展“两化”融合整体性评估工作。进一步推进惠农区企业信息化建设进程，增强企业核心竞争力。近六成企业降低运行成本，包括生产成本、交易成本和管理成本。超过半数的企业通过信息化应用缩短了生产周期或作业时间。英力特化工股份有限公司、国电石嘴山发电有限公司、宁夏嘉峰化工有限公司等企业利用信息化为企业占领市场赢得机遇。部分规模较大或知名度较好的企业从网上获得产品的需求信息后，还在一定程度上拓宽了产品的销售渠道，增加了产品销售量。协调移动、电信和联通等企业做好“宽带石嘴山建设”工作，进一步提高惠农区城市、农村无线宽带的覆盖率。

【节能管理】 把节能降耗作为转方式、调结构、拓空间的重要手段，大力淘汰落后产能，着力提升传统产业，加快培植新兴产业，积极发展循环经济，节能降耗工作开展顺利。编制《“十三五”工业转型升级规划》《冶金及金属制品产业发展规划》《聚氯乙烯树脂加工产业园建设方案》等总体规划和分项方案，明确产业发展方向和各专业园区功能定位。受经济下行压力影响，惠农区高耗能企业生产率不足，对节能工作具有积极促进作用。1—12月，六大高耗能行业能耗为411万吨标准煤，占全区规模以上企业能耗的91.64%，同比下降0.06个百分点。第三产业实现增加值43.8亿元，同比增长8.9%，占地区生产总值29.03%，较上年（占比27.9%）上升了1.13

个百分点。抓好重点节能技改项目建设。加大节能技改项目建设，实施节能改造项目24个，计划投资6.17亿元，项目投资额较上年增加2600万元。年底，完成投资4.98亿元，其中，鹏盛化工双氰胺石灰氮节能改造、宏丰化工铁合金炉改造等19个项目已完工；东明化工电石氰胺循环经济、惠泽环保工业废弃物处理等5个项目正在建设。进一步落实重点耗能企业节能管理措施，对42家重点用能企业能源管理人员进行重新申报备案；指导38家企业做好2016年度能源利用状况报告的填报和审查工作。2016年，宝马兴庆、煜林化工取得能源管理体系认证。按照《石嘴山市重点工业企业清洁生产审核工作推进方案》，指导督促企业组织开展清洁生产审核，国电石嘴山发电有限公司、一发公司、宝马兴庆3家企业通过自治区清洁生产审核验收。按照国家、自治区2016年淘汰落后产能目录，积极组织申报淘汰落后产能，对惠冶镁业1.2万吨金属镁、日盛实业13万吨隔膜法烧碱装置进行淘汰，淘汰落后产能14.2万吨。鼓励引导企业通过新技术应用、新产品开发，提升装备水平。胜蓝化工、众信机械等10家企业被认定为自治区第三批“专精特新”中小企业和示范企业。长江塑胶、普瑞化工等5家企业被认定为自治区科技型中小企业。华辉活性炭、金圆化工、润龙包装等8家企业获得自治区科技创新后补助项目资金432.03万元；惠冶镁业、新日恒力等3家企业获得自治区科技发展专项补助90万元；惠冶镁业、申银特钢、英力特化工等10家企业的主要产品被自治区经信委列入“2016年宁夏工业名优产品推荐目录（第一批）”；宝马兴庆冶金多元合金复合烧结料被自治区认定为新产品，在第五届中国创新创业大赛（宁夏赛区）暨首届“宁夏银行杯”宁夏创新创业大赛上获得“多元合金产业技术创新团队二等奖”。制定《惠农区2016年节能执法工作计划》，明确监察目标、工作重点，把日常监察与专项监察结合起来，先后对宝马兴庆、弘耀化工、嘉峰化工等11家企业开展日常节能监察，自11月开始对辖区内钢铁企业开展月度能耗专项监察。9月，按照工信部统一部署和自治区、市具体安排，对8家重点用能企业开展重大工业节能专项监察，下发《节能监察建议书》8份、《限期整改通知书》7份。加大电力需求侧管理终端监测系统项目的实施。2016年，有6家企业安装电能终端监测系统，新增运行点（套）179个，安装电能终端监测点的企业达40家，占规模以上企业比例50%以上，使企业用电管理水平得到有效提升。鼓励企业实施合同能源管理项目，完成了科通冶金3兆瓦余热发电项目，加快推进惠义冶金烟气余热发电项目。制定《2016年节能宣传周和低碳日活动实施方案》，编印《节能法律法规汇编》《高耗能落后机电设备淘汰目录汇编》等资料。

（高永春）

安全生产监督管理

【机构队伍概况】 惠农区安全生产监督管理局（以下简称区安监局），为惠农区人民政府工作部门。机构改革后，将原工业和安全生产监督管理局承担的安全生产监督管理职责划入区安全生产监督管理局。新增加2项职业卫生和烟花爆竹零售经营企业管理职责。加挂区安全生产委员会办公室牌子，承担区安委会日常工作。区安监局核定行政编制8名，领导职数为局长1名、副局长2名。

【安委会会议】 2016年，组织召开全区安全生产暨消防工作会议一次，组织召开安委会会议三次。会议及时通报辖区安全生产形势，安排部署下一阶段安全生产工作。

【落实安全生产责任制】 年初，与各乡镇、街道、相关部门、相关企业签订2016年安全生产目标责任书，共签订责任书70份；将市安委会下达惠农区的安全生产事故死亡控制指标17人，分别分解下达至各责任单位。其中，工矿商贸 9 人，道路交通 8 人（红果子交警大队 3 人、惠农区交警大队 3 人、河滨交警大队 2 人），每月定期进行道路交通、火灾、工矿商贸事故进行统计分析。2016 年，辖区共发生各类事故 46 起，死亡 21 人（其中，工矿商贸生产安全事故死亡 7 人、道路交通经营性死亡 2 人）、受伤 57 人，直接经济损失 1152 万元。与上年同期相比，事故起数下降 33%，死亡人数持平，受伤人数上升 14%，直接经济损失上升 0.03%。

【安全生产执法】 严格执行《2016 年度安全生产监管执法计划》，根据季节性和重点时段的安全生产工作特点，强化安全生产监督检查。同时，针对薄弱环节和突出问题，针对重点行业、重点领域、重点企业，组织开展煤矿、非煤矿山、危险化学品、烟花爆竹、工贸企业执法检查，及时消除事故隐患。共检查生产经营单位 517 家次，完成 1034 个执法工作日，完成执法计划的 99%，治理隐患 1767 条。其中，检查煤矿企业 51 家次，完成 102 个执法工作日，完成执法计划的 142%；检查非煤矿山企业 43 家次，完成 86 个执法工作日，完成执法计划的 75%；检查危险化学品企业 209 家次，完成 418 个执法工作日，完成执法计划的 86%；检查烟花爆竹经营单位 2 家次，完成 4 个执法工作日，完成执法计划的 100%；检查工贸企业 110 家次，完成 220 个执法工作日，完成执法计划的 143%。

【安全生产十大专项整治】 组织开展十大专项整治行动，制定印发《2016 年度惠农区安全生产十大专项整治行动方案》（以下简称《方案》），严格按照《方案》的要求和目标，切实加强对客运车辆、危货运输车辆、煤矿、非煤矿山、建筑施工、危险化学品、油气管线、特种设备、职业卫生、粉尘防爆等领域的专项整治，全面摸清辖区企业的安全隐患和薄弱环节，彻底排查治理重大安全隐患，进一步提高安全生产保障水平，有效防范和坚决遏制较大以上事故发生。各行业领域共排查各类生产经营单位 404 家次，治理隐患 1115 条。其中，安监部门检查煤矿 50 家次，排查治理隐患 169 条；检查非煤矿山 28 家次，排查治理隐患 63 条；检查危险化学品企业 119 家次，排查治理隐患 609 条；检查加油站 24 家次，排查治理隐患 134 条；以机械制造行业为重点，进行职业卫生专项检查 12 家次，排查治理隐患 45 条；检查粉尘涉爆企业 8 家次，排查治理隐患 16 条；运管部门检查客运企业 17 家次，查扣非法运营“黑车”16 辆，对辖区 2 家危货运输企业进行检查，排查治理隐患 2 条；住建部门共抽查在建工程 18 项，建筑面积 22.3 万平方米，排查治理隐患 56 条；市场监管部门以液化石油气钢瓶为重点，共检查充装站 1 家，使用单位 125 家次，抽查液化气瓶 261 只，排查治理隐患 21 处。

【事故调查处理】 年内，辖区工矿商贸企业共发生事故 5 起，其中，由石嘴山市安监局调查处理 1 起，由惠农区调查处理 4 起事故，分别组织监察、公安、检察、劳动保障局、工会等部门严格按照“四不放过”（一是事故原因未查清不放过；二是事故责任人未受到处理不放过；三是事故责任人和周围群众没有受到教育不放过；四是事故制订切实可行的整改措施没有落实不放过）原则进行查处，对事故责任人和事故单位依据安全生产相关法律法规进行处罚。共罚款 105.88716 万元，已缴纳罚款 71.62716 万元，收缴率为 68%；处罚事故单位相关责任人 10 人。

【安全生产责任制落实】 按照《自治区人民政府办公厅关于开展深化安全生产责任落实年活动的通知》要求，制定印发《惠农区开展深化安全生产责任落实年活动实施方案》，明确目标任务、重点内容和时间安排，细化工作措施。同时，制定下发《惠农区人民政府办公室关于印发惠农区安全生产百日专项整治行动实施方案》，各部门按照“党政同责、一岗双责、失职追责”安全生产责任制和“三个必须”（管行业必须管安全、管业务必须管安全、管生产经营必须管安全）要求，集中对所管辖的行业和领域开展全面的安全生产大检查大整治，排查治理安全生产事故隐患。年内，各行业归口监管部门共检查生产经营单位369家次，排查治理隐患749条。

【隐患排查治理】 深入推动隐患排查治理，有效提高企业安全风险防控体系建设，组织辖区企业负责人、系统管理员320人参加隐患排查治理培训，发放培训光盘168份、《宁夏回族自治区安全风险预防控制体系建设指导手册》183本，进一步提高企业管理人员运用互联网信息技术监督管理安全生产的意识。辖区228家工业企业全部上线，通过系统上报隐患4338条，共整改4336条，整改率为99.9%。其中，危化行业上报隐患3026条，共整改3024条；矿山行业上报隐患57条，共整改57条；工贸行业上报隐患1255条，共整改1255条。

【安全教育培训】 加强“三项岗位人员”的安全教育培训。组织生产经营单位主要负责人、安全生产管理人参加全市、惠农区安全教育培训，共培训企业主要负责人、安全管理人员9期，共培训564人；以“安全生产月”“宣传咨询日”活动为契机，申请开通“惠安微聚焦”微信公众平台，应用互联网信息技术传播快、覆盖面广、受众群体多的特点，深入持久地开展安全生产宣传活动。2016年全国第十五个“安全生产月”活动期间，采取安全文化、自行车骑行队沿街宣传、广场LED大屏幕滚动播放宣传片等多种形式开展卓有成效的宣传活动。“6·16”安全生产宣传日当天，参加单位制作宣传展板58块、发放各种宣传资料37200余份，受教育群众达2.3万人次。

电力供应

【安全生产】 全年未发生配网线路、设备、交通、火灾和人身伤亡事故，安全运行长周期8163天。

【电量电费】 累计完成销售电量21.54亿千瓦时，同比增长1.84%。售电收入8.76亿元，同比降低7.23%。

【配网建设】 惠农区供电公司开展电网建设大修、技改等工程项目，完成24项，投入共计3590.64万元。

【春秋检修】 遵循“综合检修、修必到位”的运检原则，制定停电检修计划78项，编制综检方案4个，对31条线路实施综合检修，开展防污治理。绝缘子涂刷PRTV涂料2826支，增强线路防污闪能力；安装防风拉线241条、更换P-20T瓷瓶1013支、更换瓷瓶扎线36基，落实防风预控措施；加装绝缘护罩261套，设备线夹绝缘化处理1434处，着力提升绝缘水平；更换刀闸20组、快速熔断器39组、设备线夹90只，变台整治7台，对79台柱上开关、34台站房类设备及自动化终端进行综检，不断提高运行质量。截至12月31日，配电八级及以下事件0次，主线及分支开关跳闸37次，较2014年、2015年同期比较分别减少66次、19次，降幅分别为64.08%、33.93%。

【重要时段保电】 惠农区供电公司根据节假安排、地方政府活动要求以及主网检修工作部署，认真开展春节、国庆节、惠农区两会以及“惠农变35kV开关柜故障抢修、福祥变站内计划检修”等重要保电工作。针对惠农区高考保电工作部署，6月3日协同石嘴山市第一中学组织完成“国网惠农区供电公司2016年高考保电应急演练”。全年累计开展保电12场次，出动人员72人次，保电车辆12辆次，圆满完成各项保电任务。

【优质服务】 惠农区供电公司积极开展“六进”（进农村、进社区、进学校、进单位、进场所、进企业）宣传活动，共走访社区42次，走进学校3次，发放各类宣传材料2300余份，注册“网上营业厅”5430余户；开展掌上电力、网上营业厅、多元化缴费终端推广使用，不仅稳定了“十分钟”缴费圈，也把营业厅的服务推广到小区、客户家门口、客户手心中，实现营业厅服务的无缝衔接，惠农区供电公司营业班实现10年无投诉。开展惠农公司供电服务防止投诉十条措施有奖征集活动，制订防范投诉应急预案，切实提高工作人员投诉防范意识，提高服务质量。年内，未发生1起属实性投诉，在地区行风评议中蝉联第1名。

【队伍建设】 惠农区供电公司严格按照上级公司各项要求，认真开展“两学一做”学习教育活动，加强理论学习，把个人自学与集中学习结合起来，党支部组织集中学习12次，累计学习30.5小时。领导班子带头完成四个专题研讨学习活动。认真落实党支部中心组学习制度，通过“三会一课”制度，严格落实党建工作责任制。工会全年征集合理化建议25条，上报市公司5条。2016年，营业班获宁夏电力公司“工人先锋号”称号，班长王鹏获宁夏电力公司“优秀班组长”称号。

（孙　晖）

商 贸

商业贸易

【机构队伍概况】 惠农区商务和文化旅游局（挂经济技术合作局牌子），承担商务招商（三产服务业、口岸、物流）、文化（文物广播电影电视、新闻出版、版权）、旅游三项管理职能。核定行政编制11名，领导职数为一正四副；核定经济技术合作事业编6名。2016年，商务和文化旅游工作紧紧围绕区委、区政府中心工作，以重点工作、重点项目为抓手，着力改善民生，促进服务业转型升级；进一步优化服务环境，着力抓好招商引资协调服务工作。

【商贸流通】 抓好万宇、万德隆招商入驻，万宇商业广场已建成并于2016年10月29日正式开业运营，万德隆商业广场已建成并于2016年5月19日开业运营。充分利用节庆、店庆、开业等形式，举办大型促销活动扩大商贸领域市场消费。在元旦、春节、“五一”劳动节、古尔邦节、中秋节、国庆节等节日期间，组织大型商贸企业举办各类促销费活动十多场次，扩大市场消费，实现销售收入5000多万元。2016年10月28日至11月3日，指导惠农区商贸联合会组织辖区内6家大型商贸企业、15家餐饮企业，举办惠农区东大街第三届购物街，实现销售额800余万元。

【电子商务】 实施农村电商“筑梦计划”，农村电商体系建设完成1个区级服务中心、42个村级服务站，率先在自治区、市实现农村电商全覆盖。依托本地优势农产品，打造“喝泉水长大”西甜瓜、原生态枸杞、酸奶、凉皮等品牌商品，提升产品竞争优势，扩大商品营销种类。自建冷链直通车特色服务，成功实现跨区域O2O模式，与银川天天鲜社区服务站合作，在银川建立100家连锁店。通过提升改造，鲜送达、乐天电商、杞红枸杞专业合作社3家电商企业被自治区商务厅列为电商筑梦计划实施企业，争取资金94万元给予支持。截至2016年12月，惠农区拥有各类电商企业500余家，电商运营团队2000多人。全年实现电商网上交易额9300万元，跨境电商实现零突破。

【电子商务一体化发展】 积极探索一体化的电商发展模式，采取政府引导、社会参与、企业运作的形式，成功引进上海元轼信息咨询有限公司、新华网创客会与惠农区宁夏乐天电子商务有限公司，合作创办宁夏首家电商培训专业机构——西夏创客大学。2016年3月，在全自治区首次举办全国性的“宁夏石嘴山市首届互联网+创业创新资源企业转型发展高峰论坛暨新华网创客会西夏创客大学宁夏总部成立授牌仪式”，利用原乐天百货现有1.64万平方米场地，创立石嘴山市电子商务创业创新孵化基地，开启电子商务培训、孵化、创业一体化发展模式。基地创立半年时间，共培训专业人才600人，累计培育小微企业200

家，实现销售收入1080万元，取得良好的经济效益和社会效益，得到了自治区、市各级人民政府的高度肯定和社会各界的一致认可。2016年6月22日，在惠农区召开全市电子商务发展推进现场会，电商创业孵化基地作为自治区和全市县域经济观摩点，在全市及全自治区范围内推广惠农区电商发展模式。

【大众创业万众创新工作】 经过与市级商务等部门联系对接，惠农辖区内宁夏富海物流有限公司、宁夏邦德物流有限公司、石嘴山然尔特煤炭物流园、石嘴山市棚户区静安市场、宁夏乐天电商创业园、宁夏惠发农产品现代物流园6家商贸企业被石嘴山市双创领导小组确定为第一批市级创业创新基地，争取到专项补贴资金91.9万元。共认定培育小微企业300家，带动创业人员1000人以上。

【“两节”市场保供工作】 开展2016年“两节”期间石嘴山市政府储备蔬菜储备投放工作，完成600吨冬储菜、63吨政府限价肉的储备及市场投放，基本满足“两节”期间低收入居民的餐桌需求。

【市场监测】 指导辖区35家重点流通、生活必需品、重要生产资料流通监测样本企业，做好市场运行监测数据上报工作，为商业业务部门提供市场宏观调控依据。同时对指定56种蔬菜市场销售价格进行采价分析，掌握市场蔬菜价格趋势，为居民提供消费信息。完成34家成品油年度资质审验工作，确保成品油的经营秩序和安全。

【重点项目建设】 按计划顺利推进宁北鲜活农产品批发市场项目，完成1.34万平方米蔬菜交易区、水果交易区建设，基本具备批发功能，于2016年10月26日试运营。冷链、肉类、水产、粮油、干果、土特产、生活必需品交易区及配套配送中心、办公分拣监测综合楼土建框架全部完成，水暖电及配套内部设施工程正在按照计划有序建设。惠农区然尔特煤炭物流园运输设施项目按照项目建设方案，完成购置环保运输车辆40辆，完成铁路运输专用站台、园区道路硬化工程、上下水工程，正在进行站台装卸设备的安装等工程。石嘴山市城乡物流配送中心项目完成立项、初设，土地规划，环保审批。物流土建工程完成拆迁、场地平整等前期工作。年内，共建成配套社区便民连锁店18家，均开业并投入运营。

【招商引资】 自治区认定惠农区共落实招商引资项目76个（含融资2个），计划引资总额173.86亿元，实际到位资金140.68亿元（其中，实体项目到位120.53亿元、融资项目20.15亿元），完成自治区下达全年目标任务的100.49%。招商项目中，新建开工项目56个，计划投资119.47亿元，实际到位资金93.60亿元；续建项目18个，计划投资24.24亿元，实际到位资金26.93亿元；融资项目2个，计划融资30.15亿元，年内共融资20.15亿元。

（任东业）

亿元以上的招商重点项目

【宁夏国晶科技有限责任公司高新亚太科技园项目】 位于惠农区城区，建设期两年，其中蓝宝石衬底项目于9月开工建设，4号、5号、9号厂房基座开挖，建设主体工程，设备已定购，供排水等基础设施管网已架设。项目落地将使惠农区城区形成蓝宝石长晶设备、蓝宝石长晶、蓝宝石加工的完整产业链，产生产业集聚效应，促进石嘴山经济技术开发区产业转型升级，打造亚太地区最具规模的蓝宝石生产基地。项目建成后可以实现年销售收入16亿元，年利税4亿元，就业人员1400人落户石嘴山经济技术开发区。

【宁夏荆洪生物科技有限公司生物医药中间体项目】 位于石嘴山经济技术开发区淄山工业园，占地约200亩，分两期建设。一期主要实施10000吨/年丙烯醛，10000吨/年乙烯基醚类，

10000吨/年戊二醛，2000吨/年2，5-二氯苯酚（含500吨/年3-羟基苯乙酮）；二期主要建设2000吨/年3，6-二氯水杨酸，5000吨/年聚乙烯基醚类，300吨/年苯丙三氮唑项目。一期项目于2016年4月开工建设，已完成场地平整，戊二醛、丙烯醛2个车间及辅助用房正在进行主体施工，正在进行冷冻站基础开挖及浇筑，其他辅助工程也将陆续实施。项目全部达成后，可实现年产值11.3亿元，能够对惠农区稳增长、调结构发挥积极作用。

【中汽大夏汽车（宁夏）有限公司年产2000台汽车改装生产销售项目】 位于石嘴山经济技术开发区，项目以加工、技术改造房车、电动车为主，噪音小、能耗低、污染少，技术先进，市场需求大，属于国家鼓励类项目。项目租赁富海物流7000平方米的标准化厂房，建成房车改造综合生产线，已购置200台改造车辆。该项目填补了石嘴山市旅游产业房车新业态发展的空白，有效地促进惠农区乃至全市旅游文化产业快速发展。

【宁夏德昊科技产业有限公司邻氨基苯酚及年产2000吨邻硝基苯酚项目】 位于石嘴山经济技术开发区，占地面积200亩，主要建设办公楼、生产车间、辅助工程、公用工程及环保工程。主要用作医药、染料、橡胶助剂、感光材料等有机合成的中间体，生产硫化染料（硫化草绿GN、硫化还原黑CL、硫化还原黑CLB、硫化红棕B3R、硫化还原蓝RNX等），制备医药非那西丁、对乙酰氨基酚、显影剂米妥尔和农药有机磷杀虫剂对硫磷、甲基对硫磷等。亦可用作单色pH值指示剂，主要用作染料、医药和有机合成中间体。该项目将提升惠农区精细化工的品质，延伸医药中间体的产业链，增强产品的市场竞争力。

【宁夏信德长兴房地产开发有限公司宁北鲜活农产品批发市场建设项目】 位于惠农区城区，规划占地47897平方米，总建筑面积72263平方米，主要建设的商业综合体功能区划包括：新鲜蔬菜交易区；冷链、水果交易区；肉类、海鲜禽蛋鱼类交易区；非清真类交易区、清真类交易区；粮油、干果土特产、调味料品交易区；配送中心和检验检测及安全监控等辅助设施；配套商业服务用房、综合办公区等配套设施。项目以鲜活农产品采购集散—信息物流—批发零售产业链条整合为特色，将打造一个多重资本组合、多行业共同经营的大型商贸流通项目。

【宁夏日盛高新产业股份有限公司精细化工循环化产业链项目】 位于石嘴山经济技术开发区，占地面积420亩，已建成年产32万吨离子膜烧碱、年产6万吨水合肼、年产10万吨发泡剂、年产20万吨废渣制取纯碱项目；3×30MW背压热电项目场地已平整，一期两炉一机已建成。离子膜烧碱装置生产的氯气、烧碱作为生产发泡剂和水合肼的原料，氢气用于高纯盐酸和合成氨的原料，合成氨用于液态尿素作为生产水合肼和发泡剂的中间产品；盐酸用于离子膜烧碱、发泡剂和盐渣回收装置；背压式热电装置产生的电力用于离子膜烧碱电解装置，所产生蒸汽用于整个产业链项目用汽；采用日盛研发的独创专有技术，在生产水合肼过程中联产氯化钠和纯碱产品，在生产发泡剂过程中联产氯化铵产品；盐渣回收氯化钠作为生产烧碱的原料。项目全部投产后，预计实现年产值12亿元，节约标煤约4万吨，减排氨氮400吨，氨氮废水400万吨、化学需要氧量5000吨，实现产业的循环综合利用。

【招商项目签约活动】 2016年，惠农区在各类招商活动中共签约协议项目4个。在全国工商联民营企业助推宁夏发展招商活动中，签订杭州前进科技有限公司颜料和染料中间体项目，江苏盐城天宝化工与浙江明盛控股化工合资颜料和染料中间体项目、浙江珊瑚化工有限公司增白剂、中汽大夏汽车宁夏有限公司年产2000台房车改造项目项目。

（任东业）

供 销

【机构队伍概况】 惠农区供销合作社是惠农区供销社系统的联合组织，由惠农区党委、政府领导，实行理事会责任制。内设机构有党支部、办公室、财务监察审计股、合作经济发展股，主管惠农区农村合作经济组织联合会和惠农区农产品经纪人协会。区供销社机关有工作人员5人，其中，正科1人、科员4人；大专学历5人；中级职称1人、初级职称4人。

【直属企业及基层社】 直属企业有石嘴山市绿谷农业生产资料有限公司。辖尾闸、庙台、燕子墩、礼和、西永固5个基层供销社。领办惠农区禾旺种植、惠农区黄河谷肉羊生态养殖、惠农区耕青农机服务3个专业合作社。

【农资供应工作】 确保惠农区农业生产所需化肥等主要农业生产资料供应是政府赋予供销合作社的主要职能。2016年，农资类销售各种化肥10765吨，同比减少2.9%；种子、农药实现销售额168万元，同比分别增长28%。

【农产品购销】 发挥社属企业的流通带动作用。先后与贺兰原种场、宁夏马莲商贸有限公司等企业签订小麦制种和脱水蔬菜种植合同，种植制种小麦400亩，春、秋两季共种植各类蔬菜400余亩。为黄河谷肉羊生态养殖专业合作社提供玉米、蔓菁饲料20多吨。与石嘴山青山粮库联营，烘干、购销玉米6800吨。

【基础设施建设】 组织申报燕子墩供销社改造翻建项目，并获得批准。按照计划，该项目工程建设期为一年。已完成项目设计、图纸审核、招投标等前期准备工作，11月完成旧址拆迁。年内，完成黄河谷肉羊生态养殖专业合作社新开荒地的土地治理工程，共砌护渠道19条8.5公里，清挖新开治理沟道13条5.6公里，完成路桥等配套建筑物17座，建设排灌站1座，新建暗管排水面积740亩。该工程的实施，将有效改善项目区内灌排水条件，降低土壤盐碱化和地下水矿化度，提高农田保苗能力。

【社会化服务】 发挥农机作业合作社机械装备优势，组织耕青农机服务专业合作社参与惠农区人民政府实施的10万亩耕地深松深耕项目招投标，承担并完成8000余亩土地的深松深翻任务。该项目的组织实施，为今后融入社会化服务体系，创造了更加有利的条件。积极推进与系统外企业的联合合作，共同打造农产品产、销、储平台。利用禾旺种植专业合作社场地优势，与石嘴山青山国家粮食储备库合作，引资近300万元，建设的日烘干300吨玉米项目圆满落地并投入运营。该项目的建设，不仅使禾旺种植专业合作社土地资源得到有效利用，使自产农产品收有销路，而且通过为社会其他粮食储备和经销单位提供粮食烘干加工，提升了地产粮食产品进入市场的竞争力、地产玉米资源的掌控能力和市场影响力。

【运行机制】 加强对直属企业的监管，协调企业通过制定经营费用预算，落实捂紧“钱袋子”措施，控制经营性费用规模。严控农资赊销规模，进一步规范各类合同的合法性和严肃性，防范资金风险。年末，绿谷农业生产资料有限公司资产负债率控制在43.2%以内。

【队伍建设】 认真开展员工的培训教育工作，邀请农业技术、农资营销等专家授课，自办各类培训班5期，参培人数286人次。先后选派专业合作社管理人员和农业技术骨干16人，参加自治区、石嘴山市、惠农区农牧、农机部门举办的农艺、农机等实用技术培训，其中6人经培训后，取得人力资源和社会保障部颁发的“高级农民经纪人”从业资格证。

【供销合作社综合改革】 认真贯彻落实《中共中央 国务院关于深化供销合作社综合改革的决定》和《自治区党委 人民政府关于深化供销合作社综合改革的意见》2个文件精神，惠农区党委、人民政府于2016年12月9日出台《惠农区供销合作社综合改革实施方案》。文件明确了区供销合作社机关按事业单位法人登记注册。核定财政供养人员6人（含现有供养4人），人员及经费列入区级财政预算，人事管理按照“老人老办法、新人想办法”的原则逐步规范，平稳过渡。其中，现有供养人员4人，按老人老办法执行，每年由财政补助10万元；新增加2人，可由其他事业单位调剂，其身份、职级待遇、财政供养渠道不变，也可依照相关规定实行聘用制。区联社理事会主任由组织任命，其身份、职级待遇、财政供养渠道不变。

（张志明）

石嘴山市田园食品有限公司

【概　况】 石嘴山市田园食品有限公司成立于1997年，公司位于惠农区食品科技工业园区，是一家专门从事古法酿造食醋、酱油的企业。注册有“釜满香”“釜宝”2个商标和1个企业标志。“釜满香”荣获第九届、第十届宁夏著名商标称号。公司拥有自主发明专利3项、实用新型专利10项。经过20多年的发展，已经实现了将传统古法酿造与现代化科研生产相结合，并形成一套完整的、工艺可控的、产品质量安全可追溯的高科技企业质量体系。

【主要产品】 “釜宝”“古法酿造‘零添加’（无添加：色素、香精、甜蜜素、醋酸、味精）”的枸杞醋系列；“古法酿造‘零添加’”香醋系列（熏香醋、面条醋、饺子醋、凉拌醋、米醋）、酱油系列。“釜满香”古法酿造系列（田园香醋、田园陈醋、田园白醋、田园酱油）等。

【质量体系】 2006年，公司引入ISO 9000质量体系管理模式。作为一家科技型“专、精、特、新”小企业，技术上坚持古法纯粮酿造工艺，利用宁夏地区高粱、小麦、枸杞和葡萄等产地优势，通过培养增香酵母，获得“田园酱醋”系列产品质量和风味的提升，保持了自己产品的特色，并将传统酿造工艺精华继续发扬光大。公司与江南大学生物工程学院、宁夏大学食品系、北方民族大学微生物工程系及上海酿造科学技术研究所建立长期合作关系，在优质菌种培育、新技术研发和应用等方面有着较好的合作。

【技术研发】 公司董事长岳鹏秀于1990年毕业于无锡轻工业大学（现江南大学）发酵工程专业，曾多次领导和参与酱油、食醋的研发工作，在功能性食醋的研究开发上具有丰富的经验。公司拥有一支具有丰富酱醋产品生产经验的研发团队，每年都有新产品推出。2006年，经公司科研团队技术攻关，研制成功“零添加”枸杞醋系列、香醋系列、酱油系列。

【田园枸杞醋】 田园枸杞醋采用贺兰山富硒山泉水，以精选大米、高粱、麸皮、稻糠等优质粮食为原料，辅以枸杞、黄芪等中药材，采用古法酿造技术熏制而成。经过“蒸、酵、熏、淋、陈”五道工序，通过微生物发酵，让枸杞中的枸杞多糖等营养成分充分转化、析出，将枸杞和醋的营养成分完美结合，使枸杞和醋的营养被人体最大化吸收。枸杞醋味甘，酸绵香醇，常饮有养肝明目、软化血管、降血压、降血脂、健脾暖胃之功效，是一款实用型的保健醋。2006年至2016年，田园公司共生产并销售枸杞醋950吨，产值达1900万元。2016年，生产并销售150吨，产值达300万元。枸杞醋主要销往本地及北京、上海、深圳等城市。

【发展远景】 公司始终坚持“以质量求生存，以品牌谋发展”的生产经营理念，20年如一日为广大消费者提供优质的产品及服务。为消费者生产绿色、健康、营养、功能性的调味品是田园公司未来发展的趋势，也是田园公司发展的目标。公司计划在原址扩建枸杞醋古法酿造生产线、灌装生产线、库房、电商物流、醋文化展示厅，打造成枸杞醋文化观光园，是集农副产品深加工、枸杞深加工、葡萄深加工古法发酵酿造工艺展示体验、醋饮、醋渣的循环利用、醋文化展示、旅游、科研实习、特色小镇为一体的公司，是惠农区具有特色的食品生产、休闲、旅游地。

【荣 誉】 田园公司是中国调味品协会会员单位，是第一批获得国家食品生产许可的企业，历年获得宁夏科学技术厅颁发的“科技型中小企业”、宁夏非公经济服务局“专、精、特、新”示范企业等称号。“釜宝”和“釜满香”是宁夏的知名商标和名牌产品；田园公司是石嘴山市“龙头企业”，“重合同 守信誉”“质量安全”企业，是石嘴山市创建国家食品安全示范城市的重点示范企业。多年来，产品经国家质量监督检验检疫总局、自治区进出口检验检疫局监督检测，全部合格。该公司是宁夏食品药品监管行业的明星企业，生产的产品是行业的放心产品。“零添加”枸杞醋及系列酱醋产品的技术处于国内领先水平。

（岳鹏秀）

城乡建设　环境保护

城乡规划与管理

【机构队伍概况】 根据《石嘴山市委办公室、市人民政府办公室关于印发〈惠农区人民政府职能转变和机构改革方案〉的通知》文件精神，设立石嘴山市惠农区住房和城乡建设管理局（挂城市管理综合执法局、地震工作办公室牌子），职责调整4项，确定主要职责18项。共设定文秘岗、综合管理岗、建设工程管理岗、建筑业管理岗、住房保障管理岗、城市管理行政项目审批岗、公用事业及物业管理岗、政策法规监察岗、地震工作管理岗共9个行政岗位，核定行政编制14名，实有行政编工作人员10人，工勤人员编制3名（含聘用编制1名），实有3人。领导职数5名，设局长1名、副局长4名。下设建设工程质量监督站、城市管理执法大队、环境卫生管理站3个副科级事业单位，以及城市园林绿化管理所、市政工程管理所、公用事业管理所、村镇规划站、物业监督管理站、建筑管理站、住房保障中心7个不定级事业单位。主要承担贯彻实施有关住房保障、城乡建设、城市管理等方面的方针政策、保障城镇低收入家庭住房、维护城乡建设管理秩序、城镇建筑节能减排、对物业管理企业资质进行初步审验，贯彻执行国家、自治区关于人民防空、防震减灾工作的方针、政策、法律和法规等职责。

【党的建设】 制定“两学一做”学习教育实施方案、学习计划，成立领导小组，组织召开全局“两学一做”学习教育动员会议，制作“两学一做”学习教育宣传展板10余块，营造浓厚的学习宣传氛围；以“住建大讲堂”为载体，严格执行周一局领导班子及科级以上干部集中学习制度，组织集中学习30余次，观看电教片4场次，邀请市委党校讲师作专题辅导1次，局领导班子成员下基层讲党课5次，组织下属各站（所）、大队党支部，非公企业党支部开展“两学一做”知识竞赛、演讲比赛，对老党员开展送学上门辅导，丰富学习内容，提升学习效果；组织开展专题讨论会，对查摆出来的问题建立整改台账，明确整改措施、整改责任人和整改时限，学习教育取得明显实效。着力加强党员干部队伍建设。建立党员干部理论学习制度，利用住建局微信群推送各类学习内容，提升党员干部的综合素质；按要求做好干部“干事档案”和“周讲评、月总结、季推优”干部管理考核机制，进一步激发干部责任意识和比、学、赶、帮、超的工作热情；开展党员组织关系集中排查工作，健全完善党员档案，规范党员日常管理。推进非公企业党组织覆盖和工作覆盖。建立企业党组织台账，加大对星洲房地产开发有限公司党支部的指导联系，组织开展各类党建活动。开展机关干部“下基层”和在职党员到社区开展服务活动，深入公园社区联系对接，了解社区的民情民意，并发挥自身优势，帮助解决社区下水井盖破损、下水管道整治等问题。做好发展党员工作。2016年，按期转正党员7人，新接收预备党员3人，培养入党积极分子7人。

（马　静）

【廉政建设】 制定出台《惠农区住建局党风廉政建设党委主体责任清单和纪委监督责任清单》，明确局党委班子5类主体责任和局纪委7类14项监督责任，同时明确主要负责人“第一责任人”责任和班子成员“一岗双责”责任。强化学习教育，通过党委中心组廉政专题学习、主讲廉政党课、廉政教育提醒等多种方式，加强对班子成员和党员干部的党性党风党纪教育和廉洁从政教育，督促领导班子成员、下级领导班子廉洁从政，落实“一岗双责”。召开专题党委会，研究安排年度党风廉政建设和反腐败工作，与分管领导、站（所）层层签订目标责任书，层层分解任务，责任落实到人，确保党风廉政建设工作落地生根。完善谈话提醒制度，对班子成员和全局干部做到经常提醒和告诫，对“两个责任”落实情况进行问询、督查，确保各项工作落到实处，先后谈心谈话21人次。按照《惠农区纪检监察系统信访“六定”工作方案》要求，设立专门的信访接待室，及时公开信访举报电话和举报地点。加大纪律审查力度。共收到信访转办及督办30件次，网络投诉1326件次，民情民意5件次，区长信箱交办3件次，办结率100%。

（马　静）

【老旧小区及旧街路改造】 投入资金9200万元，完成惠农区2016年老旧小区改造任务，改造总建筑面积32万平方米、128栋楼，惠及居民3284户。完成乐才路、红果子镇惠新街、步行街陶瓷社区、康乐市场巷2.2万平方米改造工程；完成福利路、康乐路、育德巷、矿中小区南门、矿中社区龙村巷3万平方米背街小巷整治工作。

（杨红梅）

【城区主要街路亮化工程】 投入资金200万元，维修及改造惠安大街、新村路、109国道天津路—南二路段等主要街路路灯及整体配套设施更换，始终保持城市亮灯率及设施完好率在99%以上。

（丁　玲）

【无障碍设施改造工程】 投入资金33万元，在城市主次干道、商业大街建设无障碍设施3600平方米。投资48.87万元，改造12座水冲式公厕无障碍设施，包括门前坡道、残疾人专用间坐便器、小便池、无障碍扶手，报警装置，老化设施及洗手台改造工程。

（苏　龙）

【康乐东路排水工程】 投资1022.52万元，建设康乐东路排水工程，用以解决市区内涝问题。

（杨红梅）

【增设停车位】 在城区内增设891个临时停车泊位，超额完成区委、区政府交办的重点项目，有效地缓解停车难、停车乱的现象，为市民安全出行提供有效保障。

（朱延金）

【村镇建设】 加强村镇和美丽村庄建设，切实提高人居环境质量。投资1415.4万元，完成礼和5队、雁窝池队2队、西永固村1队、通丰3队共4个美丽村庄建设任务。

（王　芸）

【廉租住房补贴及实物配租】 加快城镇棚户区项目建设，推进棚改货币化安置。完成2016年惠农区棚户区改造任务522户，其中园艺镇及周边地区298户、中街片区224户，总投资约1亿元，全部采取货币化安置方式进行安置，货币化安置率为100%。年内交付公共租赁住房3470套，已实物配租入住3146套；完成发放廉租住房货币补贴5071户，412.644万元；新增234户住房困难家庭廉租住房补贴保障申报审核工作。

（许英武）

【市政公共设施排查】 完成辖区内各城市街道路灯日常的管护和维修工作，确保城市街道路灯亮灯率达99%以上。加大对老城区排污管道的检查维护，确保辖区排水设施完善，排污管道和设施完好率达100%以上。

（丁　玲）

【物业管理】 完成吉运88（吉馨苑）、水韵名都、摩尔骄子、黄金水岸（谦园）、老街坊小区5个创建规范化物业住宅小区考核验收工作，以典型引路，示范带动，提高物业公司管理与服务水平。对辖区20家物业企业、30个重点物业小区的管理运作、秩序维护及管理等六大项目内容以评分的形式进行考核，发现问题及时进行整改。

（张　倩）

【建筑业质量监管】 开展综合性的建筑质量安全大检查7次，发出隐患整改通知单75份，其中停工整改6份，对违反基本建设程序的责任单位作出行政处罚10起，处罚金10.9万元。全年无重大质量事故发生，监督覆盖率100%，监督工程合格率100%。开展辖区宗教场所安全隐患排查，下发隐患整改通知书158份，完成整改宗教活动场所91处，整改安全隐患668个，整改率达99%。2016年3月23日，顺利通过自治区党委统战部、民委（宗教局）、住建厅等部门进行的核验。

（高　宁）

【城市建成区燃煤茶浴炉管理】 按照《惠农区2016年燃煤锅（茶）炉综合整治方案》文件要求，将淘汰城市建成区域燃煤茶浴炉工作列入重要议事日程，专门进行安排部署，采取有效措施，加快工作进度，确保按时完成工作任务，完成淘汰燃煤茶浴炉33台。

（高　宁）

【化解吉运88小区延期交房问题】 按照“矛盾早排查、纠纷早解决”的原则，积极配合区人民政府、信访局、劳动监察部门协调化解吉运88小区六期因延期交房问题引发的群体性上访事件，共有274户业主接房，其他业主正在陆续办理接房手续，部分业主已经入住。

【农民工工资“一卡通”】 规范惠农区建设领域农民工实名制管理和农民工工资支付行为，在全区建设领域内全面推行农民工实名制管理和农民工工资支付。通过对辖区在建工程劳动法规执行情况专项检查，新开工工程基本符合农民工工资“一卡通”要求。全年清欠建筑领域农民工工资1300余万元，涉及18个工程项目、农民工约1110人次。

（宋泽华）

【城市周边环境整治】 联合公安局、市场监督管理局、工信局、环保局、供电局、国土局及乡镇街道等12个部门，对西河桥工业区及周边环境开展为期一个月的专项整治。出动大型机械30余台，集中拆除污染严重的制砖土窑12座，关停、断水断电洗选企业10家，清理清运各类工业废料10万余吨，平整掩盖场地约11万平方米，对西河桥沿线所有企业责令限期整改，对厂区及周边环境进行彻底整治。在城区周边先后查处违法建设19起，制止车辆行驶未盖篷布造成路面污染现象52起，查处乱倒各类垃圾行为6起20余吨。对园区5处违法建筑限期要求整改，责令清理整治乱倒工业废渣3万余立方米。查处110国道未盖篷布污染路面运输车辆156辆。

（朱延金）

【市容市貌管理】 规范和治理城区流动摊点占道经营行为，教育、处罚流动摊点经营户152人次，在时代商贸城早市划设临时进城农户自产、自销蔬菜果品摊位170个，方便和满足周边农户因无摊位而无法交易的困难，解决走街过巷占道经营的难题。开展户外广告牌匾专项整治行动，规范要求设置门头牌匾，拆除各类门头牌匾及一店多牌LED显示牌720余块，清理张贴小广告796处，有效地提升各街路市容市貌的整洁度。在部分街路新增划设机动车临时免费停车泊位750个，非机动车停车22处，劝离、规范非机动车停放600余辆，规范城区交通秩序。

（朱延金）

【城区环境卫生】 更新维护环卫设施，累计维修果皮箱内箱体300余个，地埋式垃圾箱体20余个。加大公厕管理力度，对31座水冲公厕、11座旱厕定期不定期地进行监督检查。规范垃圾处置程序，对城区956个果皮箱、66个地埋式垃圾箱、59个沿街摆放式垃圾箱及19个露天式垃圾做到日产日清，日清运生活垃圾80余吨，收集处理餐厨垃圾12余吨，垃圾填埋场日处理生活垃圾量为200吨。优化机械作业模式，减轻人工劳动强度，将老城区、新区、南扩新区65条街路，总面积470.15万平方米道路分成3个机械清扫组，每组配备4台清扫车辆负责对路面进行吸尘、洗扫、洒水工作，机械化清扫率为25%，加大环卫工作精细化、规范化。拆除旱厕28座，新建4座环保水冲公厕投入使用，新建15座水冲公厕主体部分基本完工。

（苏　龙）

【城市绿化美化】 完成春季绿化植树造林工作，共计新植树木360890株，及时对新植树木进行养护，确保成活率，提高景观效果。完成一级泵站改造工程。投资29万元对文景广场原有废旧音乐喷泉进行改造使用，提升城市品位。

（李占东）

【公用事业管理】 全年共收集清运生活垃圾7400余吨、建筑垃圾80余车、树枝杂物100余车，清洗污染垃圾箱100余次，油漆刷新垃圾箱80个，对惠新街400多个树坑填埋石子。加强红果子镇城区、110国道两侧及农贸市场户外广告管理和乱堆乱放治理，规范出店经营400余家，清理乱堆乱放200余处，清理不规范横幅150余米，铲除小广告等城市“牛皮癣”1500余张。检修污水泵5次，更换丢失及损坏的污水井盖30个，雨水篦子35个，清淤堵塞管道3处，确保辖区排水畅通。更换消防栓及阀门3处，维修公园损坏地面300余平方米，新植树木49340棵、修剪行道树2500多棵、修剪绿篱4000多平方米。

（吴　琼）

【土地征收及拆迁】 配合中街、北街街道办事处完成108户被征收户补偿款支付工作和房屋拆除工作。配合园艺镇政府实施安乐桥街两侧和城中村园艺镇及周边棚户区约135户居民房屋征收工作，完成中街448户、南街45户、育才86户居民房屋征收工作。配合红果子镇政府按棚改计划实施红果子工业园区工矿棚户区搬迁安置工作，签订房屋征收协议478份，分配安置房480套。

（安增云）

市政建设

【概　况】 2016年，惠农区市政工程管理所（以下简称区市政所）在区委、区政府及主管局的正确领导下，紧紧围绕路灯维护及道路维修管护的中心工作，始终践行方便群众的服务理念，不断追求更高的工作效率、更优的服务质量及更快捷的运行机制，较好地完成了各项工作任务。

【路灯管理与维护】 根据《2016年办好关系民生的十件实事——实施城区主要街路亮化工程》计划，4—5月，完成南北大街85基景观灯的改造任务；6月中旬，在花园小区北路—福利路新安装7基路灯，铺设电缆350米；8—10月，完成惠安大街130基景观灯改造工程和109国道（天津路—兰州路）76基路灯改造工程。全年，区市政所共更换镇流器480个、灯泡720个、触发器500个，更换镇流器570个、灯泡975个、触发器720个、空气开关60个，华祥西街安装电表

2块，对新区、静宁街、兰州路、南环路等损坏地埋电缆进行修复，更换损坏的电缆3000余米，市政所始终保持城市亮灯率及设施完好率在99%以上。

【排污管网管理与维护】 3月，完成康乐路龙江国际段排水管线下沉改造工程。区市政所组织职工及时更换损毁的排水设施，更换雨水井，检查井190套，共更换损坏的雨水井篦子260个，确保辖区排水设施完善，排污管道和设施完好率达100%以上，保证排水设施的畅通和行人出行的安全。

【及时修补破损道路】 6月中旬，开始根据《2016年办好关系民生的十件实事——实施无障碍设施改造工程》计划，区市政所自备材料、自己组织对南北大街、福利路、邮政路、园艺路等10条城市主次干道、商业大街建设无障碍设施（盲道）进行施工，施工面积达3600平方米。

（李文萍）

润泽供排水

【概　况】 石嘴山市润泽供排水有限公司惠农供排水分公司现有地表水厂1座，供水能力8万立方米；地下水厂1座，日供水能力4.5万立方米；污水处理厂1座，日处理能力8万立方米；中水厂1座，日供水能力4万平方米。主要承担惠农区城区、滨河新区和河滨工业园区生活饮用水、行政企事业及工业用水的供水和城区污水收集和处理。同时，加大中水用水市场拓展，积极参与创建文明城市工作，为惠农区的城市经济发展提供供排水保障。

【安全生产】 惠农供排水分公司紧紧围绕“安全第一、预防为主”的方针，以“重大责任事故为零、重大设备事故为零”为目标，制定年度安全生产工作方案，将安全指标分解到部门和班组，责任落实到人头。结合春、秋两季安全生产大检查活动的开展，采取多种形式和手段，深入细致地开展安全生产宣传和检查工作。每月组织全员参加安全培训和考核；每月召开一次安全生产及生产经营分析会，深入贯彻落实安全生产工作方针；同时，组织学习发生的安全生产事故案例，对安全生产麻痹大意的思想进行有效预警。在安全检查中，严格把遵循检查到位、整改到执行、查设备安全隐患和查劳动纪律作为公司年度安全生产工作的主要内容。

【服务素质提升】 按照创建文明城市和集团公司服务素质提升要求，惠农分公司全面加强和提高营销收费、抄表服务、抢（维）修、服务投诉窗口单位的服务质量和服务意识，把用户反映的重点、难点问题作为服务提升的重点内容，在创建文明城市和行风建设中大力开展抓劳动纪律、员工行为规范、转变工作作风工作。公开服务承诺、公开服务投诉电话，通过公益视频、节水宣传和石嘴山市议政网、惠农区公众网，全面接受用户监督，通过聘请社会监督员，召开社会监督和用户座谈会，广泛征求用户意见和建议，由专人进行受理、处理用户投诉及回复，尽最大的努力满足用户的需求及解决用户问题。

【企业文化建设】 开展企业文化建设。惠农分公司注重引导员工积极参加社会公益活动，以此提升全体员工的社会公德和文明素质，积极组织开展创建文明城市、帮扶农民子女、关爱孤寡老人、金秋助学等活动，使良好的道德风尚在公司得到了进一步地弘扬和升华。认真开展“双拥”共建活动，签订“双拥”协议，并多次与惠农区消防特勤中队组织开展消防演练、液氯泄露、火灾应急逃生演练，进一步巩固“双拥”工作成果。

【党组织建设】 以党支部为中心加强政治理论学习，结合“党员主题日”活动，组织全体党员每月重温入党誓词、学党章、观看警示教育宣传片、撰写读书笔记、围绕生产经营开展形式多样的党员活动，有重点地全面推进党支部的思想政治建设，提升广大党员的政治素养，提高政治理论水平。深入开展“两学一做”活动，使每位党员在学习中找差距，在工作中锤炼党性，自觉、坚定增强贯彻执行党的路线、方针、政策。党员在各项工作中率先垂范，以身作则，争做“四讲四有”合格党员。同时，引导广大党员干部充分发扬“精诚团结、创造辉煌”的企业精神，通过“诚信、务实、创新、高效”的管理理念增强责任感和使命感，形成上下思想同心、目标同向、行动同步的良好局面。结合《党员承诺书》和签订党风廉政目标责任书工作的落实，充分展示党支部良好的工作作风、整体形象和力量的凝聚。工作中，坚持用制度约束行为、用制度规范程序、用制度净化风气、用制度提高水平，坚持围绕中心抓党建、抓好党建促发展的指导思想，同心同德把党支部建设成坚强的战斗集体。

星泽燃气供应

【专项稽查】 年内，走访稽查用户58391户，其中入户22599户、入户率38.7%，主要存在表具入柜7061户、胶管老化3279户、无喉夹1439户、堆放杂物1088户、未带熄火保护灶具859户等突出问题，追缴违章用气款5万元，对发现的隐患均已现场告知用户，及时予以处理，现场不能处置的已转相关部门后期跟进。同期，开展“激光检测进社区”活动，共检测惠农区140个小区5.25万户燃气用户，通过入户宣传燃气使用常识，电话回访未入户人员，对发现的隐患均已现场告知用户，对漏气现象及时处理，现场不能处置的已转相关部门后期跟进。

【设备维护】 注重日常检查与季度检修相相合，对阀井进行抽水，维护保养106座阀井，45个电流桩、电位桩；检修保养15座民用调压站、42座调压柜、63座调压箱、3座工业调压撬块；定时检修保养工器具；加强防雷防静电检测，顺利通过消防、压力容器、压力表具等设备年检；先后与各工地施工方签订燃气管道安全协议21份，补栽标志桩（牌）136个、补刷标志桩（牌、砖）2731处，补加阀井放散短节10个；及时处置调压设备故障72起，完成调压设施防腐喷漆、调压站“严禁烟火”喷字、调压柜“燃气重地、严禁烟火”标志牌安装、调压箱更换锁鼻及锁具的配套工作；完成各小区燃气设施侵占清理及标识张贴工作。

【隐患排查】 2016年，排查5次，井窖计27102座次，处理泄露16处；户内立厅检测2次，计6773户，发现漏气128户；打孔排查9513个，处置漏气33处；孔洞检测更换盖子988个，管子109根，处理漏气6处；安装地标1480块，检查引入管8351个，发现的问题均已作出妥善处置。

【工程建设】 完成居民用户送气1075户、工商业用户送气25户，实施续建工程进士第1期、御河城堡1、2期共382户中低压外线、楼前管施工及送气工作；完成新建工程三矿110段中压输气管道DN200中压管道1.9公里施工及置换送气、黄金水岸蒙园、吉运88城市花园六期等小区庭院工程安装工作；完成川西坝子火锅、鸿顺轩餐厅等25家商业用户安装、送气；完成静安一区、二区、四区、五区、吉运88小区、汽车公司家属楼等多个老旧小区的改造工作，累计敷设管道约10公里。

【市场开发】 先后与永润石油、阳光洁净消毒中心、中诚塑胶、驰创贸易4家工业用户签订用气合同。签订裕祥楼餐厅、华祥酒店、万德隆酒店等商业安装合同25份，比上年同期增长4家。签订黄金水岸蒙园、御河城堡等民用安装合同5份3037户；年内，分公司拥有燃气磁卡表用户52291户，比上年同期增加1835户，其中民用51904户、商业369户、公服18户，现惠农燃气总民用户达62365户。

（张　鹏）

不动产登记

【概　况】 2016年4月，根据宁夏回族自治区编委《关于市县不动产登记职责整合及机构设置的通知》精神，设置石嘴山市不动产登记事务中心，为石嘴山市国土资源局所属公益一类事业单位。石嘴山市不动产登记事务中心设置综合科、受理登记科、权属调查科、权籍信息科、档案管理科5个内设机构及惠农区分中心1个派出机构，分中心现有工作人员16名，负责惠农区区域内不动产登记各项工作。

【不动产登记】 按照《中华人民共和国物权法》（以下简称《物权法》）、《不动产登记暂行条例》、《不动产登记暂行条例实施细则》等相关规定，做好不动产登记工作。不动产登记中心设置后，分中心共办理首次登记、转移登记、变更登记、更正登记、预告登记、抵押登记等各类登记业务5243件，共收取登记费及工本费合计733220元。

【不动产登记质检缮证】 严格按照市中心分级质检规定，对I类业务进行抽检，II类、III类业务进行普检，共质检业务3781件，缮写不动产登记证明1824本。

【不动产权籍调查】 严格按照《宁夏回族自治区不动产权籍调查工作方案》规定开展权籍调查工作，分中心共开展权籍调查业务14宗，制作不动产权籍调查成果报告14份，报市国土资源局土地科审批确认报告14份。

【不动产注销登记】 严格按照《物权法》《不动产登记暂行条例》的相关规定办理注销登记，共办理不动产抵押注销登记2034件。

【不动产档案查询】 按照《不动产登记暂行条例》规定，面向社会提供档案查询服务4456件，为居民出具首套房屋查阅告知单2230件。

【不动产司法协助】 配合公、检、法及律师工作，共计完成协助业务1291件。

（邬玛莉）

环境保护

【概　况】 惠农区环保监察大队对每一起环境投诉均安排专人认真进行调查处理，做到件件有查处、事事有落实。加强城区建筑施工扬尘及控制餐饮油烟污染投诉，开展环境污染矛盾纠纷排查化解工作，对群众投诉及上访的，严格做到快事快办、特事特办。

【信访工作】 全年共受理各类环境信访案件116起（中央第八环境保护督察组转办事项除外），其中70起废气、38起噪声、6起废水、2起固废，办结率100%。中央第八环境保护督察组督查转办事项专项执法工作。2016年7月12日至8月12日，共接到中央第八环境保护督察组转办事项42件，其中惠农区环境监察大队牵头办理32件、协办2件，其他单位办理8件，均已办结。共下达责令改正违法行为决定书17份，对9家企业进行立案查处，罚款29万元。

【违法违规建设项目清理】 重点抓好未批先建、未验先投建设项目整治工作，按照《关于进一步做好环保违法违规建设项目清理工作的通知》文件要求，全力开展建设项目违法违规清理工作，对市局下放验收的34家违法违规进行集中约谈。2016年年底，检查出来的77家违法违规企业，共完成整改61家，完成率为79.2%。

【建设项目环境影响评价和“三同时”制度】 按照市环保局下放石嘴山经济技术开发区环境保护分局审批的权限，及时办理环保审批项目。2016年，共办理115家建设项目审批登记（备案）表。其中，社会事业与服务业20家；机械电子4家；农林牧渔47家；轻工4家；非金属矿产采选及制品制造1家；工程建筑13家；金属制品5家；污染治理设施提标改造项目1家；机械及成套装备制造1家；电力18家；城市交通设施1家。

【排污费征收】 严格按照《排放污染物申报登记管理规定》和《排污费征收使用管理条例》的

相关要求，按时完成排污申报登记工作。严格工作程序，全面实施排污费核收分离，建立健全辖区企业污染源监督检查及排污收费档案，做到一企一档，档案资料齐全。全年征收排污费1190万元。

【大气污染防治】 按照市人民政府办公室《关于印发2016年度大气污染防治工作方案的通知》要求，督促企业认真整改。开展煤锅（茶）炉淘汰工作、脱硫治理项目6家，脱硝治理项目3家，烟粉尘治理项目24家，挥发性有机物污染综合治理7家。

【水污染防治专项执法检查】 对辖区内涉水企业认真开展水污染专项执法检查工作，共检查20家涉水企业；对宁夏石嘴山市众兴宏泰精细化工有限公司和石嘴山市兴农化工有限公司危险废物没有按照规范化要求进行管理；对宁夏普瑞化工有限公司和宁夏源生生物科技有限公司擅自改变生产工艺环境违法行为，下发责令改正决定书（宁夏普瑞化工有限公司已停产整治，宁夏源生生物科技有限公司已恢复原有生产工艺）。专项检查石嘴山市第二污水处理厂和第四污水处理厂运行情况。

【畜禽养殖场专项检查】 按照自治区环保厅《关于开展全区农村环境保护专项检查的通知》要求，根据下达责令改正决定书和环境监测通知，督促辖区内16家规模化畜禽养殖场，对未办理环评审批手续、未通过环保设施竣工验收、污水设施未正常运行和未建设配套的污水处理设施等问题加快整改，对整改情况进行现场检查，其中6家养殖场污水处理设施已投入试运行。

【农灌渠沿线专项检查】 按照自治区环境保护执法局《关于开展全区主要农灌渠沿线污水排放企业专项执法检查工作的通知》要求，对辖区内主要农灌渠惠农渠（惠农段）、官泗渠（惠农段）、滂渠（惠农段）3条引黄主干渠沿线，大四渠、魏家小口渠、蛟龙口陈渠、铁三渠等41条支渠及工业集中区企业污水排放情况进行排查，没有发现工业废污水排入农灌渠的环境违法行为存在。

【自然保护区环境监管】 按照《关于加强自然保护区环境监管工作的通知》要求，对保护区内煤矿、硅石矿开采企业开展拉网式排查，惠农辖区内贺兰山（国家级）自然保护区由沙巴台、柳条沟、红果子沟、偷牛沟、北岔沟以及落石滩四合木保护区组成。其中，四合木保护区为自然保护区核心区。保护区内共有煤矿开采企业9家，分别位于沙巴台8家、红果子沟1家。非煤矿开采企业38家，分别位于柳条沟、偷牛沟、北岔沟、葫芦峪。仅有宁夏英力特煤业有限公司沙巴台煤矿依法办理环评审批手续并通过验收。剩余企业均未依法办理环评审批手续，擅自投入生产。惠农区人民政府联合各相关部门对38家非煤矿开采企业实施断电，部分企业已对生产设施进行拆除。针对7家煤矿开采企业未依法办理环评审批手续，环境监察大队已对其违法行为下达《石嘴山市环境保护局责令改正违法行为决定书》。

【工业固废监管】 按照自治区和市环境保护局的要求开展固废专项检查。对惠冶镁业渣场、万彪渣场、然尔特渣场、西泰煤化工和英力特化工进行调查，并将调查结果及时上报。针对石嘴山市然尔特实业有限公司工业固体废物处置场和宁夏万彪工业垃圾处置有限公司工业固体废物处置场未按照环评审批要求建设渗滤液装置和地下水质监测井的环境违法行为，环境监察大队向两家公司下发《石嘴山市环境保护局责令改正违法行为决定书》，责令立即整改。石嘴山市然尔特实业有限公司工业固体废物处置场已建设完成渗滤液收集装置，设置工业固体废物处置场识别标识牌。由于该公司处置场属于采煤沉陷区，2010年按照环评要求在处置场周边打过探井，但未发现水源，故未建设地下水质监测井。宁夏万彪工业垃圾处置有限公司对填埋场分区域作业，及时洒水覆土降尘，已完成1个容量为130万立方米的电厂粉煤灰专用填埋池，由于粉煤灰属可回收利用工业废料，无水分，粉末颗粒小，压实后密度非常大，不产生渗滤液，故未建设渗滤液装置。该公司已在处置场南北角建设2眼水质监测井，规范设置了工业固体废物处置识别标志。

【危废监管】 强化辖区危险废物企业监督检查，督促涉危企业上报2016年危险废物管理计划和申报表；对辖区9家国控重点源企业开展环境安全隐患排查整治；要求辖区内宁夏新日恒力钢丝有限公司等15家危废企业更换新的危废标识，对宁夏英力特化工股份有限公司非法转移危险废物和宁夏西泰煤化工有限公司危废利用建设项目未办理环评审批的环境违法问题，下发《石嘴山市环境保护局责令改正违法行为决定书》，对宁夏英力特化工股份有限公司立案处罚2万元。按照《关于开展全市2016年危险废物规范化管理考核工作的通知》要求，对辖区内15家涉及危险废物企业开展自查，并配合自治区环保厅对4家危险废物经营单位和7家国控及区控重点企业进行专项检查。

【医废监管】 加强对医疗机构的监督管理，在检查过程发现石嘴山市惠兴医院、石嘴山市第一人民医院、石嘴山泰和中西医结合医院、石嘴山市惠农区人民医院、宁夏回族自治区第五人民医院石嘴山中心医院5家医院污水处理设施未能严格按照环评要求配套建设在线监测设施，主体工程正式投入使用，违反了建设项目“三同时”制度。环保监察大队依法向5家医疗机构下达《石嘴山市环境保护局责令改正违法行为决定书》，责令5家医疗机构立即按照环评要求建设在线监测设施。同时针对上述5家医疗机构存在的环境违法行为进行立案处罚。各医院正在积极整改。

【规范发展煤炭市场】 按照《巩固提升规范发展煤炭市场工作实施方案》和区年度工作任务清单，配合煤炭市场，认真抓好各项工作，确保年度目标任务按期完成。配合煤炭办加大清理取缔巡查力度，确保全面完成非法煤炭经营企业的清理取缔任务。检查涉煤企业储煤仓的使用情况，督促企业加大储煤仓的使用，以降低煤粉尘污染。与城管配合协调交警大队和运管科对运煤车辆不遮盖篷布进行查处，杜绝环境污染。

【日常监督检查】 2016年，分局共出动执法人员8270人次，检查企业2225家次，制作现场检查笔录628份，询问笔录168份。对石嘴山市明顺达工贸有限公司等15家环境违法企业当场处罚，对宁夏金圆化工有限公司等28家环境违法企业立案处罚，下发环境违法行为责令改正决定书123份，下发环境监察通知29份。共计处罚77.05万元，已缴纳66.55万元。

（惠农区环保监察大队）

交通运输

交通管理

【概　况】 惠农区交通运输局在惠农区委、区政府的正确领导下，以讲担当、转作风、抓落实为重点，以争项目争资金为抓手，以强化工程建设质量为关键，圆满完成了全年工作任务。

【重点工程项目】 完成了国道110麻黄沟至正谊关沟段改扩建工程征地拆迁工作，迁移树林9400棵，迁移供电线路2.0公里，迁移电信、移动、联通和国防光缆6.0公里，石英线110kV供电线路完成迁移；完成红礼黄河大桥工程惠农区境内征地拆迁工作，征地资金已全部补偿到位；完成京藏高速红果子出口至滨河大道连接线工程。

【农村公路建设】 建设农村公路4条共13.575公里，总投资1812.69万元。分别是静安至省悟公路，线路长4.75公里，总投资573.87万元；汪家庄1、7、9队路2.392公里，总投资364万元；红柴良至沿河公路4.069公里，总投资407.51万元；下庄子中心路2.356公里，总投资287.31万元。通过召开“2016年农村公路建设协调会”，与各乡镇村、设计单位、施工单位和监理单位对接，充分听取基层意见，完善设计方案，彻底解决群众出行难问题。6月，工程顺利开工建设；9月底，全部建成完工并通车运行。

【危桥改造及生命防护工程】 完成黄西路黄渠拐子桥、红礼路五排沟桥和上营子中心路张斗子桥3座桥梁建设工程。完成对滨河大道、下简路、红礼路、石礼路、惠陶路等12条农村公路安装标志牌和安全护栏。

【公路养护工作】 重点完成红礼路、石礼路等县道及农村公路219条662公里养护任务，及西线大道、青年路、正谊路等60公里日常保洁养护工作。

【民生实事工程】 交通运输局改变工作思路，突破工作局限，以构建大交通为工作目标，在抓好本职工作重点项目建设、重点工作和农村公路建、管、养的基础上，创新完成城区安装交通信号灯8处30套，安装电子警察8处，改造电子警察路口3处，安装智能图控球机21套，安装黄闪警示灯12套，爆闪灯1套；指示标志63套，大型指示标志1套，反光警示柱49根，16个学校区域标志31套，反光警示桶3个，警示标志33套；滨河大道隔离墩1500个，农村公路标志牌194个。南北大街、惠安大街、学校区域施划双组分标线13938平方米，旧标线清除1500平方米，热熔标线5000平方米。

【治抛治洒】 6月3日，在惠农区人民政府召开2016年惠农区治超治洒工作会，安排部署2016年度治超治洒工作，副区长张明俊代表区治超治洒专项治理工作领导小组与各责任单位签订目标责任书。6月6日、7日两天，由交通局牵头，联合交警、运管、市场监督等相关部门开展集中联合路面执法工作，主要查处超限车辆及货车路面抛、洒、滴、漏等行为。通过2天的规范治理，约90%拉运易抛洒、易滴漏车辆都能够规范装载，及时遮盖篷布，加盖布兜，辖区内公路路域环境得到了明显改善。

（郭　茹）

运输管理

【机构队伍概况】 惠农区运管科（以下简称区运管科）主要承担惠农区道路客运、货运、机动车维修、机动车综合性能检测、机动车驾驶员培训、道路运输服务等行业管理工作。全科共有在职干部职工21人，内设办公室、运管安全股、维修驾培股、稽查队、业务大厅5个股室。

【客运管理】 辖区共有4家班线客运企业，有班线客车164辆；客运汽车站1个（其中一级1个），日均发班150次，日均运送旅客约1200人次，乡镇通班车率达100%，行政村通班车率达100%；辖区有4家出租车企业，有出租车772辆；有1家公交客运企业，公交汽车100辆；全区有2家危货运输企业，危货车25辆，普货车1422辆；有1家驾驶员培训学校（其中一类驾校1家）；有机动车维修经营业户161家（其中一类企业1家、二类企业10家、三类业户138家、摩托车维修业户12家），有机动车综合性能检测企业1家。全区从业人员达3500余人。

【运输检查】 全年检查客运企业139家次，出动执法人员332人次，下发整改通知书4份，提出整改意见4条；检查货运企业59家次，出动执法人员230人次，下发整改通知书13份，提出整改意见13条；检查维修企业111家次，出动执法人员224人次，下发整改通知书5份，提出整改意见5条；检查驾校16家次，出动执法人员32人次；驾校安运驾培系统专项检查1次，出动执法人员2人次；检查机动车检测线11家次，出动执法人员22人次。

【道路运输管理规范化建设】 为建立良好的道路运输市场秩序，严格按照道路运输管理法规实施行政监督的要求，强化制度建设，加强规范运政执法、行业市场监管，确保辖区道路运输行业安全稳定。

【队伍建设】 坚持每周二组织全体职工学习政治理论和行业相关法律法规及文件，着重从“思想、政治、勤政、作风、业务”五个方面抓好职工的学习教育工作，进一步提高执法人员综合素质和业务能力。严格落实AB岗工作制、限时办结制和考勤制度，实行考核与绩效挂钩，为群众提供及时、快捷的办事环境。

【加强党风廉政和精神文明建设】 加强反腐倡廉宣传教育，积极组织职工参加反腐倡廉、警示教育专题讲座。深入开展“两学一做”主题教育活动，做到严格自律、政令畅通，提升劳动纪律和工作效能。认真开展群众评议机关和干部工作，畅通群众诉求渠道。积极组织筹建辖区行业工会，为行业从业人员搭建维权、金秋助学、困难帮扶、矛盾调解平台。“三八”妇女节，邀请健康专家为行业女性从业人员开展健康知识讲座，并对困难从业女职工进行慰问。10月16日，在辖区道路运输行业开展从业人员技能大赛，进一步提高道路运输行业从业人员在行业内学技术、比技能、争标兵的良好氛围。开展“温暖工程”和精准扶贫工作。春节前，为44户困难群众以每户300元标准送温暖活动；对陶乐镇庙庙湖村6户困难群众开展结对帮扶，解决帮扶子女上学困难问题。组建“爱心送考”服务志愿者车队，圆满完成高考期间义务接送高考师生活动。认真开展“创城”“创卫”工作。在汽车站、公交车、出租车张贴“创城”“创卫”宣传标语、禁烟标识2000余份；对公交车文明服务硬件功能设施加强检查，督促公交公司对31辆不能正常使用的公交车语音报站器进行维修。在《法治新报》、《石嘴山日报》、网站和杂志刊登好人好事、行业工作动态宣传报道60余篇。同时，鼓励运输企业向社会刊物积极投稿，对外宣传运输行业涌现出的好人好事。

【客运市场监管】 加强源头管理，监督客运站经营行为，重点督促客运站执行“三不进站六不出站”规定、驾驶员安全宣誓“五不两确保”承诺宣誓和“安全带—生命带”警告提示工作。督促客运企业加强从业人员培训教育，严格执行客运车辆GPS监控制度，坚决杜绝客运车辆超速、超员、不在线、改线运行行为。指导客运企业开展消防应急救援和反恐演练，提高客运从业人员应对突发事件知识，进一步保障旅客运输安全。认真开展行业稳定排查，对发现影响行业稳定的信息和苗头及时上报并积极开展稳控工作。针对公交1路、3路营运困难，通过实地调研实施线路合并，妥善解决1路、3路公交车营运困难的问题。强化对校车公司的管理，督促校车公司严格落实主体责任，加强对从业人员和车辆的管理，确保校车运行安全稳定。完成出租车、公交车、农村班线车2015年度燃油补贴发放工作。

【货运市场监管】 加强货运企业源头监管，通过实地摸底调查，建立货运企业台账。对货物运输企业进行质量信誉考核，对存在问题的企业下发整改通知书督促企业进行整改。指导货运企业完善突发事件应急救援预案并开展演练，确保企业有效应对突发安全生产事件。督促企业加强对安全管理人员、从业人员安全培训教育，要求企业充分利用卫星定位监控平台，加大运输车辆监管力度，同时加强对运输车辆技术状况及从业人员资质的检查，确保货物运输安全。严格按照货物运输企业开业条件和许可时限核发货物道路运输经营许可证件8家。

【维修市场监管】 认真做好交通运输部1号令的宣传贯彻工作，督促二级维护企业严格按照新修订《道路运输车辆技术规定》标准作业。结合行业“挂牌评星”和“3·15”质量维修服务月活动，加强汽车维修质量监管措施，加大惩治车辆二级维护只收费不维护、偷项漏项等经营行为。加强维修企业安全隐患排查，指导督促机动车维修企业进行消防演练，避免易燃油品引发消防安全事故。配合惠农区园艺镇开展安乐桥汽车维修一条街维修业户“创城”“创卫”工作。

【驾培市场监管】 监督驾校严格按照教学大纲实施教学培训，实施营运车辆驾驶员继续教育培训计划和驾驶员培训计划。

【综合性能检测市场监管】 加强对机动车综合性能检测站安全检查，规范经营行为。

【客运稽查】 加强惩治非法营运，维护客运市场秩序。组织执法人员进社区、集市，联系公安、交警部门，利用宣传车在城区开展惩治非法营运宣传活动，告知市民非法营运车辆的危害性，提醒市民抵乘、拒乘非法营运车辆；开展巡查惩治活动，依法查处非法营运车辆27辆。对非法驾校培训点进行整治，取缔3个非法驾校学员代培点，对4辆非法教学车依法查扣。规范出租车行业经营行为，查处违规运营出租车13辆。加强货运市场监督检查，依法查处违规运输货运车辆34辆。

交通秩序管理

交通警察分局六大队

【机构队伍概况】 交警分局六大队在分局党委的正确领导下，在全体民警、协警的支持下，围绕分局的重点工作部署，全面开展秩序管理、事故预防、队伍建设、规范执法、窗口服务等工作。年内，大队共动警力4041人次，警车1015台次，查处各类交通违法行为69527起，共处罚款金额716760万元，其中非现场执法罚金516986万元。办理行政案件243起，刑事案件28起。办理交通事故案件629起，死亡8人，伤51人，电子抓拍28850起。

【队伍建设】 把开展“两学一做”学习教育作为

一项重大政治任务，尽好责、抓到位、见实效。先后召开动员部署会议2次，专题会议4次，民主生活会2次，支部书记讲党课6次，推进会、问题查摆会议各2次。组织民警、协警开展撰写个人心得、自查报告、共享笔记各6次。组织开展民警、协警“两学一做”应知应会测试，50人参加考试，合格达100%。开展纪律作风教育整顿，从纪律、作风、执行力等6个方面，查找有令不行、有禁不止，通报大队纪律作风差的民警、协警24起，批评13人，开除协警2人。强化窗口单位建设，开展好“五个一”活动，严格落实窗口单位创建要求，抓好窗口部门工作人员服务工作，制定6项措施。8月，大队邀请辖区5个街道、1个乡镇、23家社区、8家运输企业共计40人召开政风行风评议恳谈会，会议收集大队队伍管理、公正执法、窗口服务、廉洁从教、程序公开等8个方面的合理化建议17条，大队结合意见和建议进行归类梳理，并进行整改和落实。结合“内强素质、外树形象、优化服务”，大队开展50周岁以下的工作人员体能训练，进行法制、交通违法车辆查缉、事故研判、舆情宣传等专业培训。

【秩序管理】 全年，圆满完成14个重大节日期间道路交通安全保卫工作；执行等级警卫、非等级勤务工作24次。开展春运工作、隐患排查治理工作、“创城”工作等16个专项整治行动工作。查处醉酒驾车23起、饮酒驾车78起、无证91起、无牌36起、准驾不符13起、暂扣驾证127本、吊销驾证23本、行政拘留55人。重点车辆源头管理重落实。对辖区“营转非”车辆、公路客运违法未处理的车辆，向6家客运公司、3家货运公司、1家驾校共送达45份重点车辆清理整改通知书。并将重点车辆违法情况抄告惠农区安监局、运管科。坚持早市岗、护学岗、高峰岗，有效地确保道路畅通。

【安全隐患排查】 对辖区27家中小学、幼儿园进行走访排查，排查需要拆除的非机动车道隔离设施，安装电子警察、划标线等15处安全隐患；对辖区安乐桥街、石大路、滨河大道的3家加油站和南环路、永乐街、沿河路的3家加气站进行走访，全部按照指定路线办理通行证；联合市公路局在109国道、水城民生小区门口、小清华幼儿园门口画斑马线并设置学校区域提示牌；分别在黄河大桥下桥匝道出口和上桥匝道入口硬隔离顶端设立反光沙桶2只和白色LED单侧导向指示灯。全年多次对辖区道路系统进行排摸，排查安全设施、标牌标线缺失损毁路段的安全隐患共271处。

【交巡警联合执法】 以主城区“网格化”巡区为依托，实现职能互补，交巡警联合勤务共成功处理威胁社会治安案件19起，处理交通事故12起。

【事故预防】 全年共接处警1739起，简易处理600起，一般程序案件29起、死亡8人，受伤51人，财产损失5.06万元，与上年同期比：事故起数下降上升3.5%、死亡人数下降20%、受伤人数上升65%、财产损失下降20%。

【宣传工作】 在公安部交管局、区厅交管局、市局、分局域网刊登各类交管工作简报260余篇，发布微博600余条、微信352篇、各级报刊稿件90篇，在辖区悬挂条幅13条，组织重点企业驾驶员开展交通法律培训9次；辖区开展企事业单位交通安全专题讲座3次。联合教育局召开校车安全会5次，开展中小学“文明交通安全讲座”16次；完成“六进”工作，开展违法培训42期，培训2000余人。发放交通安全宣传单13000份，共有10000余名群众受到教育。

【创新窗口服务】 8月初，六大队在惠农区屯园社区率先设立“流动岗亭”开展“保安全”“创和谐”“送服务”进社区活动，努力构建和谐警民关系。共开展“流动岗亭”进社区服务活动13次，举办违法记分培训5次共210人，办理17起委托驾驶证审验工作，通过“解纷减诉”平台成功调解交通事故6起，通过微信交通信息小助手为社区居民发布交通违法信息、恶劣天气信息、信息查询服务 281 人次。

交通警察分局七大队

【机构队伍概况】 交通警察七大队共查处各类交通违法行为 29331 起，查处无证 13 起，无号牌 8 起，准驾不符 7 起，使用伪造驾驶证 4 起，行政拘留 20 人，酒后驾驶 50 起（饮酒后驾驶机动车 46 起，再次饮酒 1 起；饮酒后驾驶营运车辆 3 起，醉酒驾驶 7 起），暂扣驾驶证 46 本，刑事拘留 2 人；发生一般交通事故 8 起、死亡 3 人、受伤 7 人，直接经济损失 15000 元；同比一般交通事故下降 42.85%、死亡人数下降 33.33%、受伤人数下降 50%、直接经济损失下降 9.09%；“五小”车辆入户 448 辆，新办驾驶证 288 本；完成对内宣传上稿 145 篇，对外宣传行为报道 94 篇（其中省级 84 篇、地级市 10 篇），编发微信 228 条、微博 1831 条。

【队伍建设】 开展学习解放军精神，创美丽警队，争做优秀交警活动。2016 年以来，按照交警分局要求，以创建美丽警队为抓手，先后到红果子消防中队参观，邀请消防教官到大队进行消防知识培训，开展警营开放日等活动，成立篮球、象棋、乒乓球兴趣小组，经常组织开展体育比赛，营造出积极向上的警营文化氛围，促进队伍的精神文明建设。涌现出许多先进典型：舍小家顾大家、带病坚持工作的文中，“最美交警”马涛，充分体现人民警察为人民的良好精神风貌。开展“两学一做”学习教育暨纪律作风活动。自 3 月开始，结合工作实际，以“学党章党规、学系列重要讲话、做一名合格党员”为主题，在全队上下扎实开展“两学一做”学习教育暨纪律作风活动。在学习阶段，采取个人自学、专题辅导、集中交流等多种形式，组织党员民警、协警认真学习党章、党规、习近平总书记系列重要讲话。通过撰写学习心得、接受警示教育、开展大讨论等措施，提高党员民警的思想认识。在学习的基础上，通过走访、座谈等形式开展调研活动，形成专题调研报告。在整改阶段，进行深入剖析，进一步找准当前存在问题，理清今后发展的思路，制定促进队伍建设和工作开展的措施。组织开展学习累计 32 次，召开专题讨论交流会议 4 次，支部查摆问题 8 条，支部班子成员查摆问题 18 条，并且制定支部班子、党员民警整改推进表，限期进行整改。

【服务型窗口单位建设】 落实便民利民措施，深化机动车和驾驶人管理。2016 年以来，七大队结合服务型窗口单位创建活动，在辖区 3 个乡、2 个镇开展车驾管服务下乡活动。大队五小车管所定期到乡镇集中为农民进行办理车驾管业务。组织流动车管所下乡办证 6 场，受益农民达 230 人，解决偏远农村群众办证难问题。

【群众评议活动】 按照上级的统一安排，七大队结合群众评议公安机关干部作风活动，组织全体民警、协警认真开展“三进”“四访”“两帮扶”工作。“三进”，即进辖区党政机关、进企业、进农村；“四访”，即走访交通事故当事人、走访被处罚交通违法当事人、走访服务对象以及走访人大代表、政协委员等社会各界重点人士；“两帮扶”，即对在交通事故中受害致残、致贫的当事人家庭进行帮扶。在活动中，大队深入党政机关、企事业单位 20 家，深入 3 个乡、2 个镇、47 个行政村，走访慰问交通事故当事人 10 人，慰问困难群众 3 人，发放征求意见表 100 份，征求到意见建议 15 条，逐条进行整改。召开警风警纪监督员座谈会 1 次，召开辖区各界代表座谈会 2 次。

【交通秩序管理】 狠抓重要节日期间道路交通安全管理工作。在春运、全国两会和清明节、“五一”劳动节、端午节、“十一”国庆节等重要时期，坚持早动员、早部署、早落实，做到广泛宣传与严格管理相结合，定点设卡和流动巡逻相结合，全面排查与突出重点相结合，源头防范与路面检查相结合，确保辖区交通安全畅通。结合大队辖区交通事故发生规律和特点，先后组织开展摩托车无牌无证、酒后驾驶等专项行动96次。

【安全隐患治理及重点车辆管理】 实行隐患治理“销号制”。七大队会同惠农区安监局、惠农区交通运输管理局、各乡镇等部门对辖区红礼路，盐湖路，同城化干道，国道110、109线，简滨路，惠滨路出村口存在安全隐患的路段进行系统排查，共排查出道路交通安全隐患46处，安装反光警示柱192根、减速路拱234.55米、监督提示牌32块、爆闪警示灯8个、反光锥桶12个。

【交通宣传】 创新宣传模式，借助“三微”模式加强宣传。大队建立农村道路交通安全微信群，及时编辑各类交通安全提示微信，通过三级网络平台层层转发至驾驶员及农民手中。共编辑交通安全常识微信960条，转发微信2880条、微博3650条，受益者达11万人次。

【创新工作】 针对辖区企业职工在上下班期间（尤其是夜间）容易发生交通事故，存在很大安全隐患，大队积极协调辖区申银特钢、科通冶金等29家企业，为3000名职工免费配发反光背心3000套，摩托车、电动车粘贴反光膜12000套，提升职工夜间出行的安全系数，夜间交通事故发生率大幅下降。建立事故预防提前“打招呼”机制。大队将预防工作作为重中之重，坚持每周五通过网络平台召开网上联席会议，及时收集掌握信息，对农村集中办理婚丧嫁娶家庭主动“打招呼”提醒，严防酒后驾驶、违法超载等严重违法行为发生，共“打招呼”460家。在惠农区47个行政村、社区设立劝导站，由各乡镇副镇（乡）长兼任交通管理员，村干部担任劝导员。利用乡、村、队干部人熟、路熟的特点，开展“随时劝导”工作，对农村地区面包车、农用车载人，摩托车无证、无牌、酒驾，电动自行车违法载人，不戴安全头盔等交通违法行为随时进行劝导，并及时向大队报送。启动3个农村劝导服务站，出动劝导员360人次，劝导站劝阻违法行为1200起。

（王清平　柳宏宾）

交通警察分局八大队

【概　况】 协调惠农区政府、经济开发区管委会以及社会各界力量，投资20余万元为辖区新增、改建交通设施3处，设立标牌5块，隐患治理10处。年内，辖区实际发生交通事故2起，死亡1人，受伤2人，造成经济损失1500元。接警195起，处理简易程序案件16起，刑事案件3起。共查处各类交通违法34100余起，其中无证驾驶12起、行政拘留36人，查处饮酒后驾驶机动车50起，醉酒驾车3起，刑事拘留3人。

【队伍建设】 扎实开展“三严三实”活动，大队支部组织集体学习15次，集中封闭学习1天，认真学习习近平总书记关于“三严三实”方面一系列讲话精神，大队班子成员共撰写体会文章10篇，讲党课6场次，开展谈心交流10余次。认真查找自身存在的不严不实问题，重点查找修身、用权、律己方面存在的问题，坚持边学习、边查找、边整改，确保教育实践活动善始善终，推进队伍建设实现新飞跃。

【服务型窗口单位建设】 为扎实推进服务型窗口单位建设，切实解决损害公安交警形象的“冷硬横推”问题，改进工作作风、提升服务效能、规范执法行为、树立良好形象，努力把公安交警服务窗口办成优化发展环境的示范窗口、服务人民群众的便民窗口、展示精神风貌的形象窗口。杜绝对待群众“态度冷漠、语言生硬、作风蛮横、办事推诿、拖拉”等现象，工作期间民警和协警要仪表端庄、着装规范，保证窗口环境整洁，设立群众便民台，使办事群众感到温馨。

【“美丽警队”建设】 以“三严三实”活动为契机，开展“美丽警队”建设活动。对单位老化的供热系统、洗浴间、卫生间进行改造，让大家在寒冷的冬季里有了温暖的办公环境，工作环境也得到美化。鼓励全体民警及协警踊跃参加分局举办的各类文体活动，锻炼民警及协警的体魄，激发大家奋勇争先的精神，强化团队意识，增强全体民警和协警的组织性、纪律性。

【群众评议活动】 为切实提高群众的安全感和满意度，大队以求实效为目的，以抓落实为手段，推进公安机关群众评议机关作风活动，通过开展群众评议机关作风，提高群众满意度，把群众对公安工作的安全感和满意度作为衡量自己的行为标准，走进辖区行政机关单位、社区、企事业单位等场所，大力宣传交管工作便民措施，通过上门走访，发放调查问卷、交流座谈等形式，扎实推进社会管理创新和群众矛盾化解工作。创新公安交警信息收集咨询发布机制，由专职人员负责，开通公安交警系统微博，及时发布公安交管信息，为网友提供咨询服务。密切网络舆情监控，快速高效处置舆情。全年，大队没有发生行政复议、事故责任复核和来信来访案件。

【交通秩序管理】 大队在条件困难的情况下，征得当地政府部门的支持，学习李德胜在全区预防道路交通事故现场会上的讲话精神，深入推进“三个不发生”创建活动，全面开展“除隐患、查违章、压事故、保安全”专项治理工作，对辖区内进行交通秩序及涉牌、涉证等开展专项整治工作。结合辖区情况，先后开展大货车加装后照灯，大号、号牌不清，故意污损号牌，反光条不清，保险杠遮挡号牌等重点整治工作。严查严处“三超一疲劳”现象，同时查处火车非法改型、双超、非法安装后视灯等严重交通违法行为，每周采取有针对性的集中统一行动，对酒后驾驶、涉牌涉证、摩托车无证驾驶、不戴头盔，多人乘骑、无号牌等违章行为进行集中整治。

【安全隐患治理及重点车辆管理】 对辖区生产运输易燃、易爆、易泄漏危险品的涉危企业进行广泛宣传《刑法修正案（九）》的相关内容，深入企业大力宣传交通安全知识，对危货车辆进行逐一巡查，建立台账，督促危化品运输企业对人员、车辆出现的问题，积极采取措施，限期进行整改，消除安全隐患。在危化品运输车辆经常通过的重点线路、重点路段设置固定检查点，实施重点监管，及时消除安全隐患。对违规运输或具有重大安全隐患的车辆，一律到安全地点停放，妥善控制，消除安全隐患。全年，辖区内没有发生一起危化品运输车辆交通事故。

【交通秩序集中整治行动】 为进一步加强市区道路交通秩序管理，深化文明城市建设，大队在全市开展“三超一疲劳”“预防重特大交通事故专项整治”“百日专项整治行动方案”等专项整治行动。明确以“降事故、保安全、保畅通”为第一要务，全力投入事故预防工作当中，加大对机动车超速、客车超员、无证驾车、闯红灯、违法停车、酒后驾车等严重交通违法行为的整治力度，形成对交通违法行为的严管高压态势。结合河滨工业园区交通特点，以“严厉打击各类严重交通违法行为”为主题，将路面查纠不文明交通行为作为执勤执法的重要工作，利用数码相机、摄像机等交通管理科技设备记录机动车违停、故意遮挡、驾驶机动车时打电话等不文明交通违法行为，并按规定对当事人进行教育和处罚，确保行动重点明确、管控有力、成效显著、群众满意。

【交通宣传】 通过悬挂横幅，播放光盘，上交通安全课，展示宣传挂图、图板，发放宣传材料，分析典型案例等多样化的宣传方式，加强对广大群众的道路交通安全教育，掀起交通安全宣传活动热潮。加大对学生、外来务工人员、驾驶人等交通重点群体的安全宣传教育。充分利用新闻媒体的作用大力宣传交通安全法律、法规。组织民警对天长民爆公司、富海物流公司、国电石嘴山发电厂和英力特化工等单位驾驶员召开交通安全座谈会 10 次，讲授交通安全法规课 80 课时，印发宣传资料 3200 多份，悬挂大小横幅标语 10 余条。先后在《法治新报》《石嘴山日报》和《交通安全周刊》等报纸杂志上发表各类宣传稿件10篇，在总队、市局和交警分局发表简报15篇，发表原创微博13篇，转发800余篇。

【创新工作】 贯彻落实中共十八届六中全会精神，学习贯彻公安部党委部署的推进基础信息化、警务实战化、执法规范化、队伍正规化“四项建设”的要求，大队把河滨街英力特化工有限公司作为亮点创新工作，切实提升群众安全感和满意度。深入河滨街英力特化工有限公司大力宣传道路交通安全知识，征求群众反映的问题及诉求，推动大队公安交通管理工作和队伍建设取得新发展、新进步。

（任向军　薛占军）

邮政　通信

邮　政

【机构队伍概况】 惠农邮政分公司按照"一体两翼"经营发展战略，围绕惠农区经济工作会议及市邮政分公司总体工作部署，主动融入地方经济发展，以"六盘山精神"为引领，牢固树立"五心"（坚持自强不息的信心、坚持勇攀高峰的决心、坚持团结奋进的同心、坚持百折不挠的恒心、坚持矢志不渝的专心）精神，树立"四个思维"（创新变革思维、共赢思维、"互联网+"思维及平台思维），实现"七个提升"（一是树立创新变革思维，着力推进经营转型，在竞争能力上实现新提升；二是树立共赢思维，着力打造四个共同体，在发展领域上实现新提升；三是树立平台思维，着力加快平台建设，在综合服务平台能力上实现新提升；四是树立"互联网+"思维，着力推进业务发展，在经营发展上实现新提升；五是科学管控，着力推进机制改革，实现企业管理水平新提升；六是构筑和谐，着力解决好员工关心的问题，在扎实推进企业文化建设上实现新提升；七是加强党建，着力强化效能监察，在党风廉政和工作作风上实现新提升），努力开创惠农邮政持续健康发展的新局面。分公司有职工100人，网点9个（综合网点8个、纯邮政网点1个），转趟邮路2条，投递机构2个，投递段道17条，投递机动车辆10辆，摩托车6辆，电动三轮车6辆，负责惠农区辖区及3个乡、3个镇的金融投递服务工作，开展社区便民服务站26家，空白乡镇网点4家。承担惠农区辖区的金融、通信服务工作。

【函件业务】 惠农分公司旅游年票销售85568元。刮刮卡销售金额110960元，取得全市第一的好成绩，其中春晖所的徐翠芳发挥厅堂优势，对办理交罚、开税票、寄包裹的客户，加大开口率，实时宣传，年销售刮刮卡2.5枚，旅游联票销售102册。与惠农区地税局签订邮资封片制作协议，定做邮资封片3000枚，共计实现收入5100元；与惠农区国税局签订协议制作DM广告20000份，实现收入7000元。在市一中"开展状元大讲堂"活动；在书信大赛招商的过程中，先后与司法局、公安局、消防队、供电局等多家单位联系，最终成功招商供电局掌上营业厅宣传20000份，实现收入16000元。

【报刊业务】 报刊收订工作，主要针对私费订阅，服务对象包括学校、团体、企业和个人。7月，在文景广场举办惠农"全民阅读"书展活动，销售图书92792元，利润13919元。"两学一做"主题活动销售图书8000元。为更好地完成报刊收订任务，在8月就将报刊收订活动当作重中之重来安排，并学习金融网点转型经验、引入晨夕会制度，每天总结不足，分享成功经验，在微信群每天通报收订及揽收量，分公司领导及时点评，在投递班中形成比、学、赶、超氛围，力争完成报刊大收订任务，提高私费流转额。

【集邮业务】 1月5日，举办生肖系列邮票品鉴会；1月10日，举办拜年邮票品鉴会；3月20日，中国邮政成立120周年邮票品鉴会。通过多方联系，销售美丽中国邮册230本。结合多次活动，共销售集邮品约32万元。10月中旬，成功开发云辉商贸公司企业形象年册500册，实现收入12.9万元。

【包裹业务】 结合"春耕特训营"和第二季度、第三季度"抓客户、强营销、促增长"劳动竞赛及"秋收特训营"活动的安排，要求普邮段道投递员达到每人每天揽收1件标快、1件快包的目标值。通过活动，包裹快递业务有了很大的提升。

【代理和信息业务】 为更好地拓展电商业务，3月12日，分公司与惠农区交警队合作在交警队营业大厅设立代收交警罚没款台席。该项业务的开展，不仅增加了业务，而且也拓展了1个业务平台，为今后发展车险业务开辟了另一条途径。与国税局联系接洽，开展国税"双代"业务，为分公司注入新鲜活力。

【分销与配送】 进一步优化产品组织，充分发挥分销平台的资源优势，强化电商分销、金融、快包、集邮、函件、报刊等专业联动发展，以稳定老客户、开发新客户，不断提升网点、便民站等渠道销售能力，实现从人员推销向平台分销转变。在年初"五节联送"销售中取得不俗的业绩。结合"激情飞越——春耕特训营""激情飞越——秋收特训营"活动，按照方案部署，营造氛围，将网点、后台、发投班人员分成9个小组，每日晨会各小组承诺目标，夕会总结外拓走访的不足及经验分享，安排部署次日发展主攻目标和方向。以网点为依托，围绕活动指标，对周边的商户进行走访，分析城市网点和农村网点的特性，做好窗口服务与导引工作，充分发挥柜员的开口率，提升思乡月产品及中邮期交保险的联动发展。走访企事业单位，以关爱留守儿童为主题，联系惠农区团委，由团委牵头、政府搭台，惠农区分公司提供思乡月产品，由私营企业老板买单，销售79元月饼100盒，为扶贫市场拓宽了发展新思路。举办2场思乡月产品及中邮期交保险产说会，实现产说会思乡月产品当日订单达4万元的好成绩。端午节及中秋节，惠农分公司通过全员营销，共计销售367219元。

【代理金融】 分公司按照区公司开展的旺季、跨年度营销，突出节点创新，结合市场资金量充裕的特点，根据各类客户的资金流量流向规律，按照时间节点安排金融、邮务主要营销活动，以数据分析为手段，细分客户，精准营销，实现客户增长、余额提升。惠农区邮政分公司引导每位职工积极主动参与竞赛活动。结合节日节点，通过布置厅堂，营造节日氛围，走千访万和网点厅堂宣传"春节不打烊，'八大惊喜'等着您"活动，让客户进一步了解进门有礼、开办有礼、提升有礼、参与有礼的营销活动；针对农村金融客户需求，网点在春节期间开展第一次大规模客户联谊活动，拔河比赛与抽奖相结合；开展邮政成立120周年客户联谊主题营销活动；实时邀请惠农刑侦大队的干警讲解防金融诈骗等安全知识。分公司先后多次通过网点按照"一点一策"开展理财沙龙，保险产说会，集邮品鉴会，社区、农资农家店联谊，办业务抽奖等活动，实时做好厅堂挖转工作，促进网点业绩提升；将8个网点按网点规模大小分成两组，每天统计业绩排名，每周对业绩靠后的柜员、网点进行沟通督导，并安排业绩靠后的网点集体参加绩优网点的夕会，通过学先进，找差距，强化危机意识，鼓励网点、个人争先进位；利用QQ群、微信群时时关注网点发展进程，随时对网点发展情况进行点评，激励每位员工提振信心、创造佳绩。针对周末网点厅堂营销力量不足的情况，要求网点负责人、理财经理轮换顶岗，没有配备理财经理的网点，后台行政人员分别到网点帮扶，确保厅堂始终有人引导宣传营销。

【安全生产】 以安全生产为主线，加强服务质量管控，严格落实金融网点人员强制轮岗轮休制度，强化检查岗位责任意识，代理金融网点从业人员轮岗率达到100%。结合“两加强两遏制”“合规回头看”及“服务专项提升”活动要求，制定《惠农公司金融从业人员差错积分考核办法》《惠农公司提升窗口服务考核办法》，开展专项管理整治工作；严格治安综合治理和安全保卫工作责任制，深入开展各项质量专项整治活动，努力提升安全意识、责任意识、风险意识，确保合规经营、安全生产。

电　信

【机构队伍概况】 中国电信股份有限公司惠农分公司（以下简称中国电信惠农分公司）隶属于中国电信股份有限公司石嘴山分公司，其前身是惠农区电信局。中国电信惠农分公司共有员工61人，网络组成是以光缆为主、卫星和数字微波为辅的全方位、大容量、多手段、高速率、安全可靠的通信传输网、世界先进水平的电话交换网、完整统一的公用数据通信网络，以及智能网、七号信令网、数字同步网和电信管理网等强大的业务支撑网络，电话交换机总容量4.5万门，固定电话用户总数达2.8万户，宽带用户总数达2.3万户，移动用户总数突破4.2万户，网络覆盖惠农城乡，服务网点遍布惠农城乡各地。主要经营固定电话、移动通信、互联网接入及行业应用等综合信息服务，拥有“我的e家”“商务领航”“天翼4G”“号码百事通”“翼支付”等知名品牌，具备电信全业务、多产品融合的服务能力。积极配合地方政府安排的各项工作，被评为石嘴山市“基层党建工作示范点”，获得由石嘴山市工商行政局、石嘴山市消费者协会联合颁发的“消费维权和解示范单位”称号，惠农分公司党支部多次荣获中国电信宁夏公司“先进基层党组织”称号。

【优质服务】 中国电信惠农分公司始终坚持“用户至上、用心服务”和“企业价值与客户价值共成长”的理念，诚信经营，切实履行服务承诺，维护消费者合法权益，将诚信服务、规范经营视为电信企业实现发展、竞争和生存的根本基础。建立服务质量预警机制，严格落实各项服务管理制度，有效地保障各项服务承诺的落实。进一步改进和创新服务工作，实施营业厅话费自助查询服务和免填单服务。完善网上、掌上（WAP）营业厅的服务功能，建成网上、掌上（WAP）业务申请办理和开通的营业服务体系。2016年，重点对新入网客户实名制登记认证、新入网用户辅导、终端升级引导、客户关怀、首次为中高值及会员客户回访、预警挽留和到期续约等动作进行细化，明确每一个营销服务动作规范的执行流程和执行标准，明确每一项动作的执行单位、执行人、考核单位、考核标准，印发《惠农分公司移动客户全生命周期管理规范（V1）》和《2016年服务质量考核办法》，将客户全生命周期规范执行纳入各部门服务质量管理考核当中。不断加强服务投诉管控，投诉处理及时率达100%，投诉处理用户满意率达99.9%。

【综合信息服务能力】 作为惠农区最大的综合信息服务提供商，中国电信惠农分公司一直致力于融合业务的开发，将智能4G网络与固定电话、宽带业务融合，形成多层次、全方位的综合信息服务新模式，为用户带来带宽最宽，覆盖最广，安全性能最好，网络性能最稳定，信息资源最丰富，网络功能、架构最先进的移动互联网应用。2015年，重点推出个人用户在办理享受“天翼”4G互联网手机业务的同时，可以获得免费宽带、宽带提速等服务，以及用户在办理上网服务的同时可以享受到视频业务服务。家庭客户可以组成家庭“天翼”4G互联网手机+IPTV视频+宽带的通信服务网络，手机之间、手机与固定电话之间免费互打。企业客户可以构建以“天翼”4G互联网手机+固定电话的VPN网，享受到集团式的总机、短信服务；还可以结合应用服务和行业系统，构成“天翼”4G互联网手机+宽带+办公网+全球眼监控+移动办公等服务，实现全业务信息化服务，方便用户使用单一套餐就能够享受多重业务的组合式服务。

【4G网络覆盖】 中国电信惠农分公司4G网络已覆盖至惠农所有城区、乡镇，同时覆盖了正义关煤矿等98%以上的矿区和山区，网络覆盖率达到99.54%。中国电信4G网络以广覆盖、高速率、绿色环保，获得用户的一致好评。截至2016年年底，惠农电信已建成20余个Wi-Fi热点，覆盖商务楼宇、车站、酒店及商业区等区域，基本满足惠农区“天翼”4G用户信息的需求。2016年，积极协调配合进行C网优化工程，新建4G基站10套，不断加强网络覆盖，提升用户感知。

【应急保障和抢修】 作为惠农通信应急保障和国防通信重点防护单位，中国电信惠农分公司密切配合、协同行动，组织有力，保障到位，较好地完成惠农区各项通信保障工作。为做好惠农区突发公共事件总体应急预案的落实工作，确保通信网络稳定可靠地运行，惠农分公司从公司领导到员工，在思想上给予高度重视，始终把通信保障工作当作一项政治任务来认真对待，进一步修订完善《惠农区突发公共事件总体应急预案》要求的保障措施、保障队伍、保障器材等应急通信手段建设，及时对地震应急、防空反恐、防汛救灾等通信保障预案进行完善和演练。中国电信惠农区分公司本地化队伍可提供7×24小时不间断支撑，全程全网的服务能力。

【促进行业发展】 惠农分公司把政务信息化建设放在助推全区经济社会平稳发展的战略高度来谋划，加快各类信息化工程的建设，全面推进公共服务信息化。推进电子政务和市、县、乡三级信息网络体系建设，依托天地一体化网络优势有效地保障惠农区公共场所等环境的安全，深化“平安惠农”建设，健全立体化社会治安防控体系，加大科技防范力度，中国电信惠农分公司积极投身惠农城区技防工程建设，通过布控治安监控网络，实现公安机关对全区社会治安的全方位动态监控，推进“和谐安民工程”项目不断向纵深方面拓展和延伸，全力将惠农打造成一方平安净土。配合政府建设全惠农应急联动指挥信息系统，配合水利、交通、地震、气象等部门完善相关应急系统，提高突发公共事件总体应急防控能力。为环保部门提供重点污染源单位的光纤专线视频监控，实现对监控点图像轮巡，有效地提升环保治污能力；为星瀚集团热力公司搭建远程监控网络，通过该网络，热力公司工作人员可实时监控管理供热站的计量和管网运行数据，劳动效率不断提高。实施工商E通、司法E通、翼机通、警务E通、环保E通等项目，把移动互联网与行业应用相结合，充分发挥依托固网资源的行业应用优势，为各行业提供便捷移动服务。推广“翼校通”和“绿色上网”服务，配合自治区教育厅和教育局将招考信息网络延伸，并通过多媒体远程教育和网上教育系统，把成人教育、职业技术教育等课堂开到社区、城镇和乡村。加快推进农村信息化建设，让网络为农民拓开一条致富大道，通过科技信息、市场信息建设，“农技宝”使村民坐上信息致富快车，让农民从中得实惠。惠农分公司紧跟世界先进技术，引领众多企业迈上信息化的快车道。

【光网城市·智慧惠农】 2015年开始，中国电信惠农分公司积极落实《推进内陆开放型经济试验区“智慧惠农”建设实施方案》总体部署，加强智慧政府、智慧民生、智慧产业三大领域深入拓展，集中实施翼机通、警务E通、司法E通、社保一卡通、社区网格化、翼校通等一系列基于智慧城市平台的信息化项目工程，把移动互联网与行业应用相结合，充分发挥依托固网资源的行业应用优势，为各行业提供便捷移动服务。在数据私密性、数据存储的持久性、网络接入性能上遥遥领先其他服务商，服务器硬件资源、存储资源、网络带宽资源充足，基础资源的运营服务优势明显。深入城市区域光网络的建设工作，加强光进铜退。2016 年，投资 600 万元，共建设光节点数 100 多个，建设光缆超过 2 万纤芯公里，共建设完成 40 个小区的 FTTH 新建和改造工程，其中新建小区 10 个，老小区改造 30 个，覆盖用户 2 万余户，实现全惠农政企客户 100%光纤到达。本地出口带宽由年初的 40G 扩容至 80G，部署新增光接入设备 66 余套，优化宽带端口 2 万线，宽带用户障碍历时由 2014 年的 272 分钟降低至 2016 年的 198 分钟，宽带障碍申告率由年初的 5.37% 降低至 3.14%。

【4G 应用与推广】 积极拓展 4G 应用业务，丰富 4G 互联网内容，重点推广以天翼阅读、天翼视讯、天翼空间、爱音乐、爱动漫、爱游戏为代表的八大基地业务，针对广大客户对 4G 业务的生疏和不了解，积极举办各类 4G 业务客户培训班，在各核心商圈、各电信中心营业厅共设置 4G 体验中心 12 处，进行 4G 终端体验和现场应用及操作演示，激发客户使用 4G 业务的兴趣，培养客户 4G 消费的习惯。努力营造健康、文明、绿色、和谐的移动互联网环境。

【不良信息治理】 中国电信惠农分公司一贯坚持创建文明、健康、以人为本的网络信息安全服务环境，建立健全和完善各类信息服务业务有害信息发现—监督—处置机制，有效遏制有害信息的传播，确保网络信息的安全、健康。严格规范互联网接入秩序，不为未备案 / 未经许可的网站、无许可资质擅自提供互联网接入和主机托管服务，认真做好电信业务接入审核工作，截至 2016 年年底，完成 17 个由电信接入的单位网站报备工作。开展网站信息安全应急演练活动，锻炼信息安全组织队伍，以提高信息安全问题的快速响应能力。集中开展“2016 年垃圾短信及互联网有害信息专项整治活动”，按照活动要求实施清理和整治工作。开通营业厅不良信息举报平台及对 10000 号人工受理平台的有效宣传，引导用户举报不良信息平台，加大举报处理力度，确保不良信息举报 100% 查证处理。

【党风廉政建设和精神文明建设】 中国电信惠农分公司扎实推进党风廉政建设，加强领导班子和员工队伍建设，营造良好的企业发展环境。紧密结合企业实际，深化“四好”班子创建工作，有效地提升各级领导干部落实科学发展观的能力。坚持述廉议廉工作，党风廉政建设责任制得到落实。深入开展廉洁从业教育活动，企业廉洁文化建设向纵深拓展。通过组织观看警示教育片、发送廉洁提醒短信、开展述职述廉及民主测评、召开专题民主评议活动等形式，加强法制教育和警示教育，引导管理人员培养健康的兴趣爱好，自觉廉洁从业，各级管理人员廉洁自律意识和拒腐防变能力明显增强。

【基层组织建设】 以提升客户感知和服务基层诉求为抓手，深入贯彻“激情、严谨、创新、和谐”的企业精神，促进基层党组织建设工作，制定标准化党支部考核办法，每月对 4 个党小组考核打分，根据考核结果评选年度优秀共产党员；号召支部及党小组开展节日营销、宽带装维、走进营业厅等经营活动，发挥党员模范带头作用，涌现了一批基层优秀党员。积极开展中国电信企业文化大讨论活动，深化基础管理年活动，通过“五化”和“7S 现场管理”加强对班组建设、财务预算、工会维权、安全生产等工作进行检查考评，并将考评结果与年终奖分配、先进集体、先进个人、工会积极分子、优秀党务工作者、优秀共产党员的评选相挂钩，全面提升公司的精确化管理水平。

（王会斌）

移动通信

【概　况】 中国移动通信集团宁夏有限公司惠农分公司（以下简称中国移动惠农分公司）隶属于中国移动通信集团宁夏有限公司石嘴山分公司。中国移动惠农分公司共有员工33人，移动用户总数15.3万户，网络覆盖惠农区城乡，服务网点遍布惠农各地。主要经营移动通信、互联网接入、无线固话及行业应用等综合信息服务。中国移动惠农分公司长期一直以服务客户为宗旨，根据用户及集团需求积极开发各种套餐资费及集团产品，依托服务和业务“双领先”战略，不断提升服务水平和网络质量。年内，惠农移动公司在惠农区城区及各乡镇完成4G（TD–LTE）网络深度覆盖，同时完成115个光缆小区的光纤接入，覆盖家庭住户6.3万户。同时，中国移动惠农分公司积极响应政府提速降费政策，以低价格、优服务、优网络为目标，围绕“中国移动提速降费八项举措”使客户切实享受到提速降费带来的实惠。

【行业发展】 年底，4G基站达一千余个，全面超越2G基站规模，实现主城区、县城城区、乡镇以上区域全覆盖，高校、风景区、政府机关、大型企业、商场等热点区域全覆盖，农村4G网络覆盖率达96%；4G网络下载速率39Mbps，VOLTE全程呼叫成功率100%。完成光缆验收交维共计1400公里，全面支撑医保专线、政务网专线、水利监控等重点项目顺利实施；加快各类信息化项目的工程建设，有效地保障惠农区“平安城市”“电子政务网”等政府核心项目的有效运行。加快惠农区“6995”平安联防项目建设，有效地提升农村区域的信息化建设，健全农村区域社会治安防控体系。

【透明消费】 中国移动惠农分公司积极落实“提醒服务围绕消费全过程，营造透明消费环境”，开展各类免费提醒服务的宣传推广活动，贯彻落实“资费办理提醒、生效提醒、套餐客户使用量接近及达到套餐限量提醒、超出套餐外收费标准和收费查询方式提醒、停机前提醒”等资费提醒服务，并通过厅店、报纸、广播、电视等媒体积极宣传资费提醒、139邮箱免费账单递送、10086话费快递等免费业务，确保客户的消费知情权，确保客户能够在订购收费业务时及时得到扣费提醒，并随时查询和退订已订购的包月业务。动态关注客户消费情况，适时通过外呼等形式为客户推荐更优惠资费，印制客户化语言的资费便民手册，在所有渠道投放张贴资费导购图，以客户化语言传递资费信息，规范资费营销行为。根据自身需求设置包括保留提醒记录、免打扰时间及短信发送频次等服务内容，为消费者提供贴心服务，确保用户及时了解自身通信消费状况和知情权。

【优质服务】 继续完善社会监督员制度，发挥社会监督功能，积极落实“倾听客户好声音，10分满意全为您”“我是资费达人”等“优质服务、慧选移动”活动，定期对中高端用户、集团用户、流量用户进行满意度抽检，聆听客户心声，倾听投诉客户和满意度测评不满用户的意见和建议，开展服务自查反馈工作，从消费者的角度及时反馈意见和建议，做到客户意见“有问必答”，完善服务质量，提升服务水平。拓宽投诉渠道，接受社会监督。公开举报电话、短信、邮箱、微博等监督方式，关注当地新闻媒体、政风行风热线对行业的反映和评价，主动与工商、物价、纠风部门及当地行业协会沟通联系，有效化解电信服务纠纷。承接“为民服务创先争优”活动，继续落实“总经理接待日”活动。通过分公司领导与客户面对面交流，解决客户最关心、最直接、最现实的需求和问题，进一步维护客户权益，提升客户满意度。同时常态化开展客户座谈会、客户体验日活动，广泛收集客户意见。

【企业责任】 积极参与2016年工程建设、网络质量运营劳动竞赛，加快基础网络建设和业务发展。进一步提高对网络信息安全的认识，加强网络信息安全体系推进落实。建立同地、市两级公安部门的联系机制，提升对各类自然灾害和突发事件应急处置能力，配合做好重大活动的通信保障工作。加强代理渠道实名制登记工作考核力度，新增电话用户全面实现真实身份信息登记；稳妥推进老用户真实身份信息补登记工作。强化用户登记信息保护管理制度，提升用户登记信息保护能力和水平，保障用户登记信息安全。面向内部员工和合作伙伴，针对高风险点采取有力措施，做好客户信息安全保护工作，规避垃圾短信骚扰、客户信息泄露等安全隐患。

【服务社会】 作为服务窗口单位，为了维护用户的合法权益，让用户的消费环境进一步透明、公正，公司在“3·15”国际消费者权益日，特地邀请惠农区工商局、消费者协会人员到移动公司开展维护消费者合法权益，促经济发展环境座谈会，广泛宣传“消费与安全”；组织员工开展“送温暖，献爱心”活动，为孤寡老人及困难群众开展捐助；在高考、中考期间开展志愿者服务活动；定期进社区、进集团开展“讲文明、树新风，创城在行动”“防范电信网络诈骗”公益宣传活动；在新年来临之际，公司领导带领党工团慰问前进社区贫困户。

【队伍建设】 抓理论学习，促党员服务意识，强党风廉政建设。2016年，中国移动惠农分公司党支部按照党委的部署和要求，夯实基层党组织建设，严抓党员理论学习，积极组织开展“两学一做”学习教育活动，认真落实“三会一课”制度，建立支部学习法，做到学有成效、学有成果，以支部带党员学、党员带群众学的帮带形式，有效地提升基层党员的思想觉悟与服务意识，起到先锋模范带头作用。同时通过组织学习，要求党员认真对照《条例》《准则》进行自查，从思想上、行动上严格要求自己，切实履行共产党员的职责，起好表率作用，在公司内部营造廉洁自律氛围，提升员工的思想觉悟和大局意识。2016年，惠农分公司将践行企业责任，把“客户为根、服务为本”的理念贯穿于生产经营中，营造规范、健康、让用户放心的服务消费环境。以人民群众是否满意来衡量服务效果，着力解决广大用户需求迫切的服务热点、难点问题，使用户满意度持续提升，社会信息化水平进一步提高，行业形象不断改善，全心全意为客户做好服务。

（惠农移动公司）

财政　税务　审计

财　政

【概　况】2016年，惠农区财政总收入完成124225万元。其中，中央级完成46445万元、自治区级完成19582万元、市级完成30091万元、惠农区本级完成28107万元。区本级公共财政预算收入完成22576万元，为年度预算的100.34%，同比增长0.46%。其中，税收收入完成15619万元，同比增长10.05%，占公共财政预算收入的69.18%；非税收入完成6957万元，同比减少15.99%，占公共财政预算收入的30.82%。政府性基金预算收入完成5531万元，为年度预算的100.18%，同比减少18.39%。

【财政现状】受经济持续下行、"营改增"试点扩面等政策性减收因素影响，税收收入大幅减少。支柱产业税源增长乏力，新型产业税源匮乏，财政缺乏稳定增长的骨干税源支撑，财政增收困难，持续发展动力不足。财政刚性支出、重点支出需求不断增加，历年工程欠款化解任务艰巨，政府债务进入偿债高峰期，财政收入低增长与支出需求不断加大的刚性矛盾突出。随着国家财税体制改革的不断深化，财政发展依然面临许多新困难、新挑战。财政绩效管理工作机制尚不健全，工作水平有待提升；市与辖区分税制财政体制需尽快完善，事权与支出责任需要进一步理顺。对于这些困难和问题，在今后的工作中，区财政部门将不断完善和改进工作措施，努力加以解决。

【公共财政预算收入】区三届人大四次会议审查批准的区本级公共财政预算收入为30270万元，后经区四届人大常委会第三次会议批准调整为22500万元，全年实际完成22576万元，为年度预算的100.34%，同比增长0.46%。其中，税收收入完成15619万元；非税收入完成6957万元。税收收入完成情况：增值税完成2539万元；营业税完成2746万元；企业所得税完成216万元；个人所得税完成741万元；印花税完成1892万元；车船使用税完成834万元；耕地占用税完成5337万元；契税完成1317万元。非税收入完成情况：行政事业性收费收入完成1319万元；罚没收入完成597万元；国有资源有偿使用收入完成4640万元。

【公共财政预算支出】区三届人大四次会议审查批准的区本级公共财政预算支出为67020万元，后经区四届人大常委会第三次会议通过调整为77484万元，全年实际完成110340万元，为变动预算的98.57%，同比增长10.4%。主要支出项目完成情况：一般公共服务支出11240万元；公共安全支出4940万元；教育支出18906万元；文化体育与传媒支出3592万元；社会保障和就业支出24890万元；医疗卫生支出7276万元；城乡社区事务支出11341万元；农林水事务支出20106万元；住房保障支出3588万元；债务付息支出2190万元。

【公共财政预算收支平衡情况】 区本级公共财政预算收入总来源为143333万元。其中，公共财政预算收入完成22576万元，中央、自治区、市级专项补助资金38135万元，财政体制补助收入28988万元，上年结转专项4375万元，从基金调入2155万元，从社保资金调入10579万元，债务转贷收入36525万元。2016年区本级公共财政预算支出完成141737万元。其中，一般公共预算支出110340万元，上解支出296万元，债务还本支出31025万元，安排预算稳定调节基金76万元。收支相抵，预算结余为1596万元。

【基金预算收支】 区三届人大四次会议审查通过的政府性基金预算收入为7770万元，后经区四届人大常委会第三次会议通过调整为5521万元，本年实际完成5531万元，为年度预算的100.18%，同比减少18.39%。其中，国有土地使用权出让金收入5451万元；墙体材料专项基金收入80万元。本年基金预算支出实际完成5889万元，完成变动预算的93.11%，同比减少56.8%。主要支出项目：城乡社区事务支出5081万元，资源勘探电力信息等事务支出70万元，其他支出246万元，债务付息支出487万元。

【基金收支平衡情况】 区本级政府性基金收入总来源为27536万元。其中，政府性基金预算收入完成5531万元，中央、自治区、市级专项补助816万元，上年结转专项2133万元，债务转贷收入19056万元。2016年区本级政府性基金支出完成27100万元。其中，政府性基金支出5889万元，调出到公共预算2155万元，债务还本支出19056万元。收支相抵，结余436万元。

【争取专项资金】 与各部门密切配合，紧盯中央、自治区、市投资重点和政策取向，加强与上级部门联系对接，加大融资聚财力度，提升财政保障和服务能力。全年累计争取各级各类专项资金148784万元。

【融资贷款】 争取国家开发银行、农发行贷款及农发重点项目建设基金共计45091万元，重点实施惠农区红果子镇工业园区国有工矿棚户区改造项目，安乐桥街两侧棚户区改造项目，城中村园艺镇棚户区改造项目，确保保障性住房、生态移民、征地拆迁等重点项目的实施。

【保障和改善民生】 继续加大对教育、医疗卫生、社会保障、就业、“三农”等方面的资金投入，全年民生支出达到83417万元，占总支出的75.6%。全面推进义务教育均衡发展，教育投入8000余万元，主要用于农村义务教育薄弱学校改造、公共体育服务设施建设、义务教育保障机制经费补助等。共落实免杂费和补助公用费1247.29万元，免费发放教科书21.6万册、免费人数28611人、免费资金191.23万元。享受寄宿生生活补助人数432人，补助金额55.68万元。加强基层医疗卫生服务体系建设。上解惠农区2016年城乡居民基本医疗保险配套资金325万元，落实村医工资补助47人13万元。医疗卫生投入2000余万元，主要用于基本公共卫生服务、医疗设备购置、计划生育奖励扶助等。社会保障投入22615万元，主要用于城乡低保、和谐社区创建、医疗救助、退役士兵自主就业补助、优抚对象补助等。认真做好城乡困难群众最低生活保障资金发放及提标工作，从2016年4月1日起，城乡居民最低生活保障标准调整为：城市居民最低生活保障标准从380元/人·月提高到440元/人·月，财政月人均补差水平不得低于308元；农村居民最低生活保障标准从2400元/人·年提高到3150元/人·年，财政月人均补差水平不得低于184元；高龄低收入老年人基本生活津贴标准调整为：80—89周岁城市高龄津贴标准由每人400元/月提高到450元/月；80—89周岁农村高龄津贴由每人220元/月提高到270元/月；90周岁以上城乡高龄津贴标准由每人450元/月提高到500元/月，按规定、按标准足额落实城乡低保补助资金3052万元，保障5115户8184人，做到应保尽保。加大就业再就业资金支持力度，共落实公益性岗位人员工资及社保补贴480人1221万元；“三支一扶”补助165人642万元；城乡劳动力技能培训及创业培训补助212万元；大学生到事业单位实习补助48人65万元。加大对“三农”的投入。全年共发放兑付粮食直补、农资综合直补等各项补贴资金1798.49万元。其中，粮食直补245.17万元、农资综合直补1078.76万元、农作物良种补贴155.51万元、农机购置补贴318.81万元、大中型水库移民扶持资金0.24万元。争取自治区、市级专项资金1100万元，辖区配套200万元，共计1300万元，安排贷款担保基金500万元，贷款风险补偿500万元，贷款贴息300万元，可发放贷款8500万元，切实解决农民和涉农企业贷款难、融资难的问题。对符合条件的失地农民进行认真审核，并按照有关规定予以财政补助，共补助676万元。争取农发项目资金2063万元，实施高标准农田建设项目2个、产业化项目4个。投入13299万元，主要用于兑付农业支持保护各项补贴、农业基础设施建设、农业综合开发、村级一事一议项目建设等。

【重点项目建设】 筹措资金7亿余元，重点用于南扩新区建设，礼和乡、红果子镇美丽小城镇建设，红宝家园等保障性住房建设，亲水大道等城乡道路建设，江河湖库水系综合整治，滨河广场工程建设，老旧小区节能改造，创建全国文明城市，银北百万亩盐碱地改良、农业综合开发等农业基础设施建设，采煤沉陷区地质生态园等生态绿化建设，河滨供暖维修改造等城乡管网建设、基层政权建设等。

【创新工作】 2016年10月17日，惠农区成立电子化工作小组和项目组；10月21日前，完成各预算单位电子印鉴的收集工作；10月24日前，将收集上来的签章进行核对，整理出有问题的签章进行更正；10月31日前，将收集无误的电子签章报送财政厅信息中心；12月30日前，完成电子凭证库及电子印章的系统测试工作及预算单位新业务培训、新系统操作培训。预计在2017年1月4日前正式启用集中支付电子化系统平台。该项工作使财政资金支付更加安全，财务工作实现无纸化办公，节约了办公经费开支，减轻了区属行政事业单位财务人员的工作量，提高了工作效率。

【会计核算】 惠农区纳入会计集中核算的单位有146家，规范设置核算账套154套，全年办理核算资金累计总额达15亿元。其中，资金收入总额7.7亿元，支出总额7.3亿元。纳入国库集中支付的预算单位131家，纳入率100%。预算资金支付全部使用集中支付系统支付，全年集中支付资金总额10亿元。其中，财政直接支付9.4亿元，占集中支付总额的94%；财政授权支付0.6亿元，占集中支付总额的6%。全年统发工资人员共计2944名，工资统发总额2.4亿元。

【财政改革】 全面推进预决算公开，区属所有行政事业单位预决算和“三公”经费实现全部公开，公开率100%。着力盘活财政存量资金，加大对结转结余资金的清理和统筹使用力度，提高财政资金使用效益。全年共清理结转结余资金19027万元。从严控制差旅费、公务接待费等“三公”经费支出及追加，全年辖区各党政机关行政运行成本支出同比下降45%。围绕加强财政管理，完善财政职能，推进财政改革，规范财经秩序，开展对区农经站、教研室、疾控中心等事业单位会计信息质量监督检查；开展对6个乡镇的公共服务维护运行经费专项检查；开展辖区涉企收费专项检查；协同区纪委对辖区卫生及农牧水务系统进行巡查；配合区政协对政府投资项目的招投标、资金使用情况等进行专项监督检查。对辖区参股企业石嘴山市然能达煤炭经营管理有限公司进行注资，将其改造成国有控股企业，为辖区国有企业及其他进行融资贷款提供担保。共向石嘴山市然能达煤炭经营管理有限公司注资34522.91万元，使该公司累计注册资本达38530.91万元，其中，惠农区政府持有股权22438万元，然尔特持有股权16092.91万元。持股比例分别为58.23%、41.77%。该企业增资扩股后，为惠农区星州房地产开发有限公司和惠冶镁业有限公司从石嘴山银行担保贷款共计4000万元，为辖区重点项目实施国有企业担保从农发行融资贷款26300万元。

农业综合开发

【概　况】 惠农区农业综合开发办公室（以下简称惠农区农发办）是隶属于区财政局的二级事业单位，属于副科级单位。核定事业编制10人，领导职数1名。

【项目申报】 土地治理项目4个，计划投资4152万元。**惠农区燕子墩乡上宝闸万亩高标准农田建设项目**。建设规模1万亩，投资1500万元，主要建设内容：暗管排水5900亩及太阳能灯配套设施，节水滴灌6200亩及机井等配套设施，砌护渠道14.88公里，沟道清淤39公里，栽植树木4000株，道路硬化8.89公里，平田整治1600亩，科技实验2000亩等。**惠农区礼和乡星火高标准农田建设项目**。建设规模0.75万亩，投资952万元，主要建设内容：建设规模0.75万亩，砌护渠道46.69公里，沟道清淤35.61公里，栽植树木800株，道路硬化8.1公里，平田整治及增施有机肥2000亩，科技实验1000亩等。**惠农区燕子墩乡上宝闸高标准农田建设项目**。建设规模0.5万亩，投资900万元，主要建设内容：暗管排水2700亩及太阳能泵配套设施，砌护渠道41.79公里，沟道清淤28.87公里，栽植树木1630株，道路硬化3.41公里，平田整治1500亩，科技实验1000亩等。**银北百万亩盐碱地改良骨干沟道治理**：建设规模5.3公里，投资800万元，主要建设内容：干砌石护坡治理，第七排水沟1.6公里，盐湖沟3.7公里。

【产业化发展项目】 落实产业化发展项目6个，养殖业5个，规模牛羊1.18万只（头），脱水菜加工1个，规模车间及厂房2400平方米，7个园区建设计划总投资1001万元。

【部门项目】 惠农区农业综合开发供销合作总社新型农业社会化服务体系项目，投资850万元，建设仓储3610平方米，场地硬化11700平方米，配备智能配肥设备等。

【土地治理项目】 完成土地治理项目4个，总投资3725万元。分别为：**惠农区红果子镇五渠村高标准农田建设项目**。建设规模0.76万亩，投资791万元，8月开工建设，建设内容：管道灌溉420亩管道铺设及机井等配套设施，渠道砌护40.9公里，配套建筑物189座，平田整治及增施有机肥2000亩，道路硬化7.18公里，栽植树木4200株等。**礼和乡黄河谷生态肉羊养殖专业合作社高标准农田建设项目**：建设规模1200亩，投资245万元，8月开工建设，主要建设内容：暗管排水1200亩及泵站等配套设施，渠道砌护7.67公里，沟道清淤7.38公里，平田整治1110亩，道路硬化2.58公里，栽植树木938株等。**燕子墩乡上宝闸万亩高标准农田建设项目**：建设规模1万亩，投资1500万元，12月开工建设，主要建设内容：暗管排水5900亩及太阳能灯配套设施，节水滴灌6200亩及机井等配套设施，砌护渠道14.88公里，沟道清淤39公里，栽植树木4000株，道路硬化8.89公里，平田整治1600亩，科技实验2000亩等。**燕子墩乡上宝闸高标准农田建设项目**：建设规模0.85万亩，投资1189万元，砌护斗渠14条10.96公里，农渠150条50.5公里，配套各类建筑物460座，畦田口3972个；清淤沟道31.75公里，其中清淤斗沟9条5.4公里，清淤农沟63条26.35公里；新开沟道5.68公里，新开斗沟4条1767米，农沟11条3911米。新建暗管排水2600亩，铺设主管2124米；铺设吸水管

18277米，检查井10座，集水井泵站2座，输变电线路0.5公里；太阳能光伏发电系统1座，修复5眼机井并更换水泵及机电设备。铺设输水管道2713米，维修截潜坝1座。

【产业化项目】 年内，产业化项目共批复总投资840万元。**石嘴山市惠农区3000平方米蔬菜冷藏保鲜新建项目：**投资292万元，新建保鲜冷藏库4座750平方米，储藏库550平方米，办公室及控机房300平方米。实施单位：宁夏发途发蔬菜产业集团有限公司。**石嘴山市惠农区1000头奶牛养殖扩建项目：**投资317万元，扩建标准化牛舍1座5365平方米，场区道路硬化1000平方米，购买24立方米TMR全混合日辆车1台，青贮取料机1台，小型挤奶机1台。实施单位：宁夏牛德草农牧有限公司。**石嘴山市惠农区800头优质奶牛养殖扩建项目：**投资141万元，扩建犊牛舍960平方米，场区道路硬化2000平方米，精料库1800平方米。实施单位：惠农区祥农奶牛养殖专业合作社。**惠农区20000只生态鸡养殖新建项目：**投资90万元，新建鸡舍4栋2000平方米，道路硬化2000平方米。实施单位：惠农区牧旺群生态散养鸡专业合作社。

（王自军）

国家税务

【机构队伍概况】 2016年，共有在职干部职工85人。其中，党员45人；本专科以上学历84人（本科65人，专科19人），占比99%；全局干部平均年龄45周岁，年龄结构偏大。全局共设有10个机关职能科室和3个外设税务分局，共有管户11140户。其中，个体工商业户7274户；一般纳税人899户；年纳税额200万以上的重点税源企业54家；500万元以上重点税源企业14家。年内，惠农区国税局认真贯彻落实市局党组和惠农区委、区政府各项决策部署，攻坚克难抓收入，聚精会神强队伍，从严从实转作风，各项工作取得明显成效。深入学习贯彻中共十八届三中、四中、五中全会和习近平总书记系列重要讲话精神，认真落实市局和惠农区委、区政府对税收工作的部署要求，牢记为国聚财、为民收税神圣使命，始终围绕服务地方经济发展大局，坚持以组织收入为中心，以作风建设为保障，以绩效管理为抓手，狠抓组织收入，推进依法行政，深化税收改革，强化税收征管，规范纳税服务，加强队伍建设，强化党建工作，深化反腐倡廉，全面提升税收工作现代化水平，全年累计组织税收收入6.64亿元，全局各项工作取得新成效。

【税收收入】 全年累计组织实现税收收入6.64亿元。其中，地方级税收收入2.76亿元，区县级税收收入0.26亿元，实现新突破。着眼助力“双创”工作落实，严格落实税收优惠政策，小微企业税收优惠政策惠及面达到100%，办理各类减免退税1.45亿元，有效地发挥了税收调节经济的职能作用，为地方经济社会发展做出应有的贡献。

（王　平）

【依法行政】 扎实开展巡视整改和全面自查自纠工作，先后自查出8类22项问题，全部整改完毕，税收执法和行政管理工作得到进一步规范。落实行政审批工作，规范行政许可工作9个方面内容，按照市局要求清理10项制度文件，以税收执法督察和执法监察强化跟踪问效；紧紧围绕“聚焦‘营改增’试点助力供给侧改革”以及“便民办税春风行动”等宣传主题，深入开展“七五”普法、税收宣传月、税法宣传“六进”及“营改增”专题宣传系列活动，解答各类涉税问答30000余人次，发放各类宣传资料10000余份，有效地扩大税收政策的宣传面、覆盖面、知晓面，提升税收法治意识。

（王　平）

【税制改革】 按照自治区、市局统一部署，全局上下集中力量全面推开“营改增”试点工作，取得3465户纳税人资料无差错移交，成功打响了“营改增”前四场战役，税制改革综合效应初步显现。稳步推进国地税征管体制改革任务，“简并纳税人缴税申报次数”和“涉税事项全区通办”两项专项改革试点任务平稳运行；认真落实国地税合作规范，成立大企业服务团队，互派1名干部到国地税局挂职锻炼，共同推进建设一体化办税服务厅，国地税合作走向深度融合，税收管理机制在巩固完善中有了新转变。

（王　平）

【纳税服务】 扎实开展“便民办税春风行动”，继续做好导税服务，抽调业务骨干进行网上申报和现场申报辅导，充分发挥值班岗、导税员作用，打造综合服务一体化的办税格局。拓展晨会内容，推行“网上纳税申报系统”和“税易办”手机申报软件，巩固拓展“同城通办”业务，加大自助办税终端投入力度，着力打造“一公里圈”邮政“双代”网点，截至2016年12月31日，9个邮政网点累计代开普通发票8732份，代征税款1582万元，优化服务迈入快车道，征纳关系日趋和谐。

（王　平）

【干部队伍建设】 规范领导班子分工，发挥领导班子成员的特长，促进履职尽责；制定完善组织绩效考核和个人绩效考核相关管理制度及考核指标体系，以考促效狠抓工作落实；依托自主培训和外聘师资等形式，年内共组织各类能力素质提升培训14期，培训面达到100%。1名干部在全区比武考试中获得“业务标兵”称号，6名干部获得“业务能手”称号。积极开展“访贫思廉”活动，走访慰问社区困难群众，捐款捐物50000余元，着力构建干部职工“工作在单位、活动在社区、奉献在岗位”的良好氛围。主动融入地方文明创建，积极参与城市志愿者服务活动和各种文体娱乐活动，进一步营造精神文明建设的良好氛围。

（王　平）

【基层党组织建设】 紧跟从严治党新形势，结合国税工作实际，积极践行“两学一做”教育活动，大力整治“三不为”，认真落实党建工作责任制，充分发挥党团工青妇作用，做到党建工作与税收工作同部署、同安排，有力地调动党员干部的工作积极性。以“评星晋级”活动为抓手，全力构建“党员责任区”，着力打造“党员先锋岗”，2名干部被自治区国家税务局评为“五好党员”、1名干部被石嘴山市直工委评为“五好党员”，第二党支部荣获自治区国家税务局“先进党支部”荣誉称号，有力地推动国税事业的蓬勃发展。

【党风廉政建设】 认真贯彻落实全面从严治党要求，紧紧围绕“四个意识”和“六项纪律”，完善《关于落实党风廉政建设党组主体责任和纪检监察部门监督责任实施办法》，将7类46项工作任务分解到主责领导和主责部门，层层签订《党风廉政目标责任书》等各类承诺、协议共计514份，进一步巩固单位、家庭和个人“三位一体”党风廉政监督格局；结合政风行风评议和纳税人满意度调查工作，对干部着装、工作纪律、服务态度等情况进行常态化监督检查，通过强化监督、换位体验、警示教育等一系列措施，有效提升干部的党纪国法遵从度。在2016年惠农区政风行风测评工作中，荣获驻惠农区单位第二名。

（马丽娜）

地方税务

【概　况】 2016年，各项收入累计入库72176万元。其中，累计入库税收收入33875万元；其他收入累计入库38301万元，同比增长7.75%，增收2756万元。特别是辖区级收入12963万元，较上年同比增长1.5%，完成社保费收入31138万元，同比增长10.24%，增收2893万元，完成年度计划的125.14%，超年初目标计划任务25.14个百分点，有力地促进地方经济发展。

【税收分析创收】 深入辖区企业进行税源调查摸底，对税源大户和重点行业认真分析，科学合理分解下达税收计划，按月通报税收进度确保税款及时入库；加强会统核算及退税等的管理，严格审核；每月对重点税源企业数据提取分析，核查疑点，强化重点税源管理。利用综合治税平台，联系惠农区国土、财政等相关部门，在切实摸清地籍底数及农用地使用信息的基础上，按照相关规定，核清应缴税款并积极组织入库耕地占用税。结合"营改增"工作，完成全年纳税评估计划。成立"以地控税"测量小组，根据对土地税纳税人的情况统计，以测图精灵为依托，驻点企业精细测绘，完成554户企业测量工作，联合国土局、测绘专家等解决企业疑义问题。联合人社部门、社保经办机构深入重点欠费企业清理欠费。

【征管体制改革】 严格按照区、市地税局关于做好"营改增"工作的相关要求，制定工作方案，与国税部门共同对纳税人信息进行审核，共向国税部门移交管户3792户，确保"营改增"纳税人基础户籍信息全面、真实、准确；组织召开"营改增"试点纳税人政策辅导会，做好"营改增"政策宣传解释工作；积极开展代征增值税和代开增值税发票业务，累计代开增值税发票1046份，代征增值税172.45万元。

【规范征管基础】 将清理漏征漏管户工作及国税部门代开发票清缴地方税费工作相结合，加强税务登记管理，堵塞征管漏洞；同时结合日常工作，强化税收征管规范与纳税服务规范无缝对接，规范个体工商户定额管理、注销户管理和非正常户管理工作；积极落实征管电子档案信息管理系统的应用；以"抓规范、树导向、创特色、求卓越"活动为契机，积极做好疑点排查工作，利用数据大集中系统、网上申报系统、综合治税平台等数据，查找纳税风险点，加强风险管理，夯实征管基础。

【"三证合一"商事制度改革】 简化企业办证流程，与工商、国税部门沟通，加快推进"三证合一"登记制度改革工作。2016年，累计新增纳税人1444户，其中"三证合一"登记427户；安排专人接收市局清分信息，联合国税办理设立、变更、注销登记工作，形成合力，信息共享，促使国地税变更信息基本同步。自实行"三证合一、一照一码"政策以来，共接受清分信息310条，采集信息201条，完成信息补录201户，补录率100%。

【依法治税】 按照"三集中三到位"（"三集中"是指行政审批职能向一个科室集中、承担审批职能的科室向行政服务中心集中、行政审批事项向电子政务平台集中；"三到位"是指做到事项进驻大厅到位，审批授权、窗口到位，电子监察到位）改革要求，规范行政审批程序和重大税务案件审理；落实税收执法权力清单制度，切实做到"法无授权不可为、法定职责必须为"。2016年，被石嘴山市依法治市领导小组评为全市"六五"普法先进单位；被自治区地税局评为"法治税务示范基地"。

【落实税收优惠政策】 全力做好"营改增"、资源税改革等工作，全面落实187号文件、小微企业税收优惠政策等，坚持组织收入原则，做到应收尽收。2016年，执行备案类减免税5728.05万元，执行187号及困难性土地减免5826.78万元，落实小型微利企业所得税优惠政策减免25.19万元，执行其他税收优惠政策减免地方各税费2145万元。

【资源税改革】 加强单位人员及辖区企业资源税的政策培训，强化对纳税人的填报辅导工作。8月1日，顺利开出资源税改革后石嘴山市地税局征收第一票。

【税收宣传】 联合国税分别选取最新惠民政策编印成册进行联合宣传，共同启动税收宣传月活动，利用公众信息平台、电子显示屏、微信公众号等媒体，结合“营改增”工作，主动公布税收政策，开展税收宣传；专设“营改增”纳税服务咨询点，提供全日在岗咨询解答；依托“以地控税”工作，向企业发放“营改增”等税收宣传资料，进一步扩大宣传辅导效应。同时积极发挥纳税人学堂职能作用，开展培训工作，以“问需求、优服务、促发展”专项活动提高纳税服务质量和水平。

【国地税大厅人员互驻】 5月1日，国地税成功在各自办税服务厅互设2个综合服务窗口。在完成各自应有的业务的基础上，互派窗口同时承担着部分对方业务的互通互办，初步实现“进一家门、办两家事”的效果。

【纳税人满意度调查】 发放“问需求、优服务、促改革”走访活动记录表500份，制作涵盖税收宣传、优惠政策落实等17个调查问题的惠农区纳税人满意度调查表1500份。地税局纳税服务工作得到纳税人的广泛好评。2016年，纳税人满意度调查位居自治区12个县区（地税系统）第一名。

【纳税信用等级评定】 按照国家税务总局宁夏回族自治区税务局、宁夏回族自治区地方税务局《关于联合开展2015年度纳税信用等级评定工作的通知》要求，对辖区内793户企业进行2015年度纳税信用等级评定，最终评出A级企业26户、B级企业254户、C级企业502户、D级企业11户，已将A级信用企业对外公布。

【队伍建设】 开展理想信念、党性修养等教育工作，以“练兵比武”活动为抓手，完成业务、政治、廉政学习计划，干部职工全年累计组织参加培训32次，参加学习近760人次。在2016年“岗位大练兵，业务大比武”活动中，分局陈笑、王宁分别以优异的成绩荣获石嘴山市局素质提升“115”工程岗位能手荣誉称号。经过资格审查、民主测评、组织考察等程序，2016年7月，又选树提拔5名副职科所长。组织工会换届选举，发挥工会职能作用，倡议捐款献爱心、慰问困难干部职工、组织开展包括退休干部在内的年度体检，分别召开50周岁以上老干部、近三年录用公务员座谈会，倾听干部心声；立足局情和工作需要，提高干部职工综合能力，调动各个年龄段、各个岗位工作的积极性，10月，对部分干部进行岗位调整与定责，切实增强干部队伍团结，提升队伍凝聚力。通过下发“绩效事项提示单”、“绩效知识普及”、电话指导、下基层辅导、组织举办绩效全员培训班等不同方式，提高全局干部职工对绩效管理工作的认识和系统操作水平，同时将绩效考评结果与评先评优挂钩。

【党的建设】 以“开展学习型和服务型基层党建星级评定品牌创建活动”为抓手，积极参加读书月等活动，并开展书记讲党课活动。为庆祝中国共产党建党95周年，组织全局党员和入党积极分子参观大武口区“五七干校”，重温入党誓词、歌唱爱党爱国歌曲。以“两学一做”学习教育活动为导向，落实“三会一课”制度，将“两学一做”教育与税法宣传相结合，组织开展党组中心理论组和“三查三树”专题讨论学习，开展讨论和自我剖析，认真查找问题；围绕以中共十八大精神和习近平总书记重要讲话精神，全面贯彻落实《准则》和《条例》，坚定理想信念和政治立场。以“重振信心、再创辉煌”专项活动为契机，采取“走出去、请进来”的方式，结合“问需求促改革优发展”和“群众满意度调查”活动，走访区委、人大、政府等部门和企业，召开特邀监察员座谈会议，广泛开门纳谏，征求意见和建议，积极开展群众评议机关和干部作风大走访活动，促进行评工作取得成效。

【团工青妇工作】 组织干部职工参与惠农区委和政府举办的创建卫生城市及文明城市等社会共创活动，组织“三八”座谈会、植树节、“我们的节日”系列主题活动，积极参加市局举办的

“五四”青年节、读书月演讲比赛及“道德讲堂”主题活动。2016年9月，局党总支获得全自治区地税“先进基层党组织”荣誉称号。

【廉政建设】 落实领导干部“两个责任”和“一岗双责”要求，认真组织开展“两学一做”学习教育工作，强化廉政宣传与警示教育，筑牢拒腐防变的思想防线，强化领导监督作用，加强日常工作落实力度和税收执法检查，有效预防违法违纪事件发生。层层签订廉政目标责任书，完成全年党风廉政工作计划，切实履行好党组党风廉政建设主体责任。坚持每月例会税收任务与行风评议工作同总结、同分析、同部署，及时分析解决新问题，促进行风评议取得新成果。按照工作权限和程序履行职责，自觉遵守党纪党规，坚持按章办事，依法办税，坚持公平正义，与人为善，待人以诚，能够按照要求定期上报个人事项说明，自觉接受群众监督。结合实际，深入查找和改进“四风”方面存在的问题，积极开展访贫思廉活动，严格落实中央八项规定和区市地税局廉洁自律相关规定，切实改进文风会风，从严把握公务活动的范围和待遇。

【创新工作】 为响应税务总局“展信息化之翼，圆现代化之梦”的工作要求，惠农局以深入学习实践“互联网+税务”为着力点，与自治区地税局法规处合作“税务公众互相交流问答平台”（以下简称“税点通”）。2016年，该项目入选全国税务系统“互联网+税务”特色项目，西北五省只有宁夏和陕西2个省份入选。“税点通”是通过网站和移动APP，对纳税人遇到的各类复杂涉税问题，提供问题在线交流和解答的平台。该项目邀请国税专家、税务师事务所、会计师事务所组建专家团队，对纳税人实现专业、及时、科学的答疑解惑。2016年12月，在区地税局召开“税点通”特色项目观摩会，受到各方的一致肯定。

（马佳丽）

审　计

【概　况】 根据《惠农区人民政府办公室关于印发〈惠农区审计局主要职责岗位设置和人员编制规定〉的通知》的规定，核定区审计局行政编制为9名，工勤编制1名。领导职数一正三副。按照自治区、市审计工作的总体部署和要求，紧紧围绕惠农区委、区政府确定的工作总目标，围绕“反腐、改革、发展”，不断强化对重点领域、重点部门、重点项目、大额资金的审计监督，着力反映公共资金使用、公共权力运行和公共部门履职尽责情况，全面履行审计监督职责。2016年，计划安排审计项目20项，实际完成24项。其中，2015年度区本级财政预算执行审计1项，部门预算执行审计3项，领导干部经济责任审计9项，专项跟踪审计4项，财务收支审计2项（委托中介审计），投资项目审计5项。同时计划外投资项目审计105项（工程决算审计102项、预算审计3项），审计投资项目总额54404.68万元，核减工程结算8158.63万元，工程核减率为15%。

【预算执行情况审计】 惠农区审计局以促进深化财政管理改革和提高财政资金使用绩效为根本目标，开展财政预算执行审计工作，分别对区财政局、人力资源和社会保障局、农牧局、教育体育局等部门预算执行情况及其他财政财务收支进行审计。重点审计预算编制执行的真实性、完整性、合法性，部门单位国库集中支付结余结转使用额度情况，社保专户、预算外专户、重点建设项目专户等财政专户资金使用效益，“三公”经费、政府负有偿还责任的债务、政府存量资金使用管理情况。对惠农区教育体育局、商务和文化旅游局、工业和信息化局等单位进行预算执行审计，对燕子墩乡、庙台乡、红果子镇等6个乡镇涉及的教育专项资金、新型工业化发展项目资金、文化专项资金等进行延伸审计，向区政府提交审计结果报告，7月28日，代表区政府向区人大常委会作审计工作报告。

【政府投资项目审计】 惠农区审计局紧盯建设项目的审计监督，摸清建设项目的性质和用途，查清建设资金来源、工程造价和项目建设等方面的管理情况及有关政策的执行情况，并针对存在的问题提出建议，以促进相关单位加强各项管理，堵塞漏洞，提高投资效益。针对审计人员少、审计项目对审计人员专业知识结构配备的现实要求，聘请社会中介机构参与审计项目，有效弥补了审计机关人力资源的不足。2016年，对惠农区棚户区改造配套基础设施市政道路南三街道路、滨河新区广场景观工程、红礼路美化亮化工程等102项工程结（决）算进行审计，送审金额5.44亿元，核减工程投资8158.63万元，工程核减率15%；对惠农区老年活动中心建设工程等3项工程预算进行审计，送审工程预算2093.5万元，核减工程投资42.86万元，工程核减率为2.05%。

【领导干部任期经济责任审计】 受区委组织部委托，先后对区人力资源和社会保障局、就业创业服务局、农牧水务局、教育体育局、燕子墩乡人民政府、卫生和计划生育局6个单位进行原任领导干部离任经济责任审计。经济责任审计内容，将监督检查领导干部履职经济责任情况，贯彻落实中央八项规定、厉行节约反对浪费和廉洁从政相关要求作为重点，加强对会议、车辆运行、接待活动等行政经费使用情况的监督审查。通过审计，在完善干部监督管理机制、客观公正评价干部业绩、促进领导依法行政和廉洁自律等方面发挥重要作用。

【专项资金及其他审计】 在开展财政预算审计、经济责任审计、投资项目审计的同时，合理安排时间、人员，对区厅、市局统一组织的项目进行审计，对2015年保障性住房安居工程进行跟踪审计；对惠农区生态移民工程进行跟踪审计；委托社会中介力量对惠农区人民医院、惠农区23所中小学及幼儿园等单位进行财务收支审计。

【审计整改】 注重审计整改，扎实做好审计结果的跟踪落实，加大审计问责追责力度。建立审计整改情况报告制度。根据审计实施和整改情况，定期或不定期对被审单位整改情况进行跟踪检查，并向本级政府报告，本级政府定期向区人大常委会报告，依法接受人大监督。加强与纪检、监察、组织、人事、财政及司法部门等密切配合，把发现问题与推动整改、完善制度结合起来，形成工作合力，发挥各类监督的整体效能。加大审计整改结果公告和追责力度，督促被审计单位积极整改，推进边审边改、监察整改、公开促改、追责问改等机制的建立和完善，将审计结果、整改结果全面用于党风廉政建设和干部考核等方面，促进各部门改进工作、规范管理、提高水平，切实发挥审计监督作用。加强对党政领导批示意见、审计决定、以前年度审计查明问题的整改，把它作为巩固审计成果、扩大审计效果的一项具体措施来抓，切实增强审计成果的运用。8月31日，惠农区审计局召开全区审计整改会议。对2015—2016年度审计查出问题建立审计整改台账，采取挂号、评估、销号方式督促整改。整改台账共涉及17个单位，其中2015年整改问题为35个、2016年整改问题为32个，区审计局对涉及整改的单位下发14份审计整改通知书。为加快整改进度，2016年9月7日，区政府督查室会同审计局对主要的13个责任单位进行整改工作督查，对尚未整改或整改不到位的单位进行督查提醒，限期整改，确保整改工作有力、有序进行，促进整改落实有效。截至2016年12月底，2015年审计查出的35个问题已整改34个，未整改到位1个，整改率为97.14%；2016年审计查出的32个问题已整改32个，整改率为100%。

（杨　帆）

金融业

人民银行惠农支行

【概　况】 中国人民银行惠农支行是中国人民银行总行的派出机构，支行位于石嘴山市惠农区德胜路。支行有职工30人，其中中共党员17人，占职工人数的56.67%。内设会计国库股、保卫股、综合业务股、货币金银股及办公室5个职能部门。在人民银行银川中心支行的领导下，依据《中华人民共和国中国人民银行法》(以下简称《人民银行法》)，在惠农辖区范围内履行中央银行职责。主要职责：贯彻执行货币信贷政策、综合运用货币政策工具实施宏观调控；贯彻执行国家和上级行制定的金融方针、政策、法规、制度、并根据管理权限，结合本地区实际、制定实施细则和具体办法。管理人民币流通，负责辖区内人民币反假网络体系建设、支付体系建设和金融生态环境建设，促进地方经济发展，对经济发展中的热点、难点问题开展调查研究，为上级总行及区委、区政府决策提供参考意见依据；监督管理银行间同业拆借市场；防范和化解系统性金融风险，维护地区金融稳定；经理国库，会同有关部门维护支付、清算系统的正常运行，负责国库资金的收纳、报解、上划、支付和退付的办理及监督，监督管理国库经收处；管理支付清算和审批账户，维护支付、清算系统的正常运行；指导、部署辖区内金融反洗钱工作，负责反洗钱的资金监测；管理信贷征信业，推动社会信用体系建设；组织实施金融业综合统计制度，负责数据汇总、经济调查和宏观经济分析预测以及上级行规定的其他职责。

【支持区域经济发展】 2016年，在惠农区经济下行压力持续加大、面临的困难和问题不断增多的情况下，为有效支持惠农区经济复苏，惠农支行班子成员多次拜会惠农区四套班子领导，汇报人民银行政策意图和支行工作开展情况；并协调召开经济金融运行分析会、政银企座谈会和银企签约会，在引导金融机构稳健发展、防范区域金融风险方面给予更多的关注，中央银行货币政策在惠农区得到较好发挥。

【金融服务】 深化国库信息化建设，强化对商业银行代理国库业务的监督管理，惠农支行组织开展国库业务现场检查，召开财税关库银联席会议。支付工作运行良好。按照《人民币银行结算账户管理办法》的要求对各银行业金融机构人民币银行结算账户的开立、变更、撤销进行严格审核，保证各机构开立银行结算账户的合规性和真实性。

【货币金银管理】 密切关注辖区经济金融发展趋势和市场现金运行态势，加强人民币流通环节管理，努力实现“总量满足、结构合理、票面整洁、持有者放心”的人民币管理目标，及时制定调拨计划，灵活调剂发行基金，保证现金合理供应。

【便民金融服务】 协调3家银行业金融机构，开展“易商易社区——银行在我身边”创新工作，与惠农区政府相关部门接洽，合力开通学费、物业费易支付业务，与惠农区巴塞小城和吉运88小区达成合作，可通过建行银行卡及手机银行平台缴纳幼儿园学费。

【金融风险预警】 通过每日监测两家地方法人金融机构存贷款及准备金交存情况，对流动性情况进行严格测算，确保不发生流动性风险。指导新设地方法人金融机构（村镇银行）成功加入统计监测系统，确保各类报表的及时准确报送，有效防范地方性金融风险。

【拓展反洗钱】 建立金融业反洗钱工作内控评价体系，加强对保险、证券、期货业的反洗钱工作指导；探索与公安、海关、工商和税务等部门实现数据库共享；走访7家银行、证券、保险业金融机构，有效地督促各金融机构履行反洗钱法定义务，推进辖区反洗钱工作进程。

【执法检查】 组织开展辖区人民币收付业务现场检查，共对9家金融机构、24个营业网点进行检查；对3家金融机构开展征信现场检查，为进一步规范用户设置、信用报告查询工作打好基础。

【防范电信诈骗】 制定工作方案，在全辖区范围内举办多场主要面向中老年人和部分单位的银行卡案例分析会，并向公安、部分银行机构发出授课邀请；建立联络员机制等，对可疑交易早提示、早预防。

【金融宣传】 利用“3·15”消费者权益保护日、“6·14”信用关爱日、“公共安全防范警示教育月”、“金融知识普及月”、“网络安全宣传周”、“反洗钱十周年”、“12·4”法制宣传日等主题活动的机会，组织辖区金融机构广泛开展金融知识宣传活动；成立惠农区反假币义务宣讲团，按季度开展进社区、进校园、进集市等重点宣传；协助中国人民银行石嘴山市中心支行成功举办“石嘴山金融系统征信之夜文艺晚会惠农专场”。

【内部管理】 制度建设落实到位。按照“务实、管用、长效”的原则，支行从行政管理、业务工作两个方面对全行制度进行补充修订完善。其中，行政管理类补充完善32项，业务类重新修订31项，各部门制度修订81项。作为目标量化考核办法的补充，支行专门针对青年员工出台考核办法，形成用制度管人、管事、管权的工作机制，有效整治庸、懒、散、虚的不良工作风气。

【企业文化建设】 以“党、团、工、青、妇”工作为抓手，将支行文化建设融入履职过程中，通过“三室”（党员活动室、图书室、职工之家）建设，完善支行文化长廊，改善职工学习工作环境；举办“羊辞旧岁猴接新春”迎新职工趣味联欢会、“我运动 我健康 我快乐”健步走、“红五月送文化”文艺志愿服务、按月开展“青年讲堂”、组织开展金融系统“激荡青春 绽放华彩”主题个人风采大赛、举办惠农区银行业金融机构首届职工运动会。建立《青年职工考核办法》，以适合青年发展的考核机制和管理制度来调动青年工作的积极性；始终站在支行发展的角度，教育青年要爱岗、敬业、奉献，把“团结 紧张 严肃 活泼”定位为当下及未来引领支行青年发展的主题与目标，以正确的理念引导青年成长；创建“惠农区金融青联”微信公众服务平台，建立电子金融服务窗口，加强金融青年沟通交流。

【金融服务】 中国人民银行惠农支行发挥“窗口指导”作用，为辖区内8家银行业金融机构提供优质高效的金融服务，努力推进辖区金融改革，切实维护区域金融稳定，深入开展金融生态环境建设，积极推动和谐金融发展。在该行的带领下，辖区内金融机构紧密围绕地方经济发展实际，以支持“三农”、中小企业和县域经济发展为重点，不断加大对金融机构的信贷支持力度，有力地支持地方经济持续健康快速发展。

（马鹏霞）

中国银行惠农区支行

【概　况】 中国银行惠农区支行成立于1992年，原名中国银行石嘴山区支行。2016年，全行共有员工47人，其中女员工30人。中国银行惠农区支行下设2个部室，分别为综合管理部、业务发展部；下设1个营业部、3个经营性支行，分别为惠农区支行营业部、北大街支行、惠安大街支行、河滨开发区支行。各网点均配备自助设备，另有1家离行式自助银行位于康乐路，机构网点覆盖全区。

【业务发展基本情况】 截至2016年12月末，实现营业利润285万元，拥有公司客户764户，个人客户40530户，实现利息收入2549万元，中间业务收入458万元。中国银行惠农区支行各项存款余额58254万元，较上年年末负增长10727万元。其中，公司存款余额为23757万元，较上年年末负增长15847万元；储蓄存款余额34497万元，较上年年末增长5121万元。中国银行惠农区支行授信余额为106328万元。其中，公司贷款余额为91523万元，较上年年末增加33000万元；银行承兑汇票贴现余额为3384万元，较上年年末负增长1129万元。个人零售贷款余额11512万元，较上年年末增加801万元。

【对公客户授信产品组合推进保证金业务】 宁夏申银烧结有限公司在中国银行惠农区支行的授信额度为2亿元，本年度共计开立信用证12笔，累计金额39518万元。中国银行惠农区支行以授信业务为切入口，为宁夏煜林化工有限公司开立全额银承37笔，共吸收保证金存款2850万元；为宁夏新思迪锰业有限公司开立全额银承7笔，共吸收保证金存款1680万元；为宁夏中利科技有限公司开立全额银承44笔，共吸收保证金存款1282万元。支行与宁夏新日恒力钢丝绳股份有限公司达成合作意向，中国银行成为该公司开立全额履约保函唯一合作银行，开立保函5笔，共吸收保证金存款437万元；为宁夏中利科技有限公司开立保函2笔，共吸收保证金存款6.6万元。中国银行惠农区支行贷款的发放不仅解决了企业资金周转的困难，还与企业建立了良好的合作关系，为后期各项业务的开展起到了决定性的作用。

【拓展公司授信客户】 在做好存量客户授信年审工作的同时，中国银行惠农区支行积极储备、申报新的授信项目。2016年全年，新拓展客户授信项目4个，分别是宁夏中利科技有限公司发放流动资金贷款2000万元、宁夏源生生物科技有限公司发放流动资金贷款400万元、宁夏润龙包装新材料股份有限公司发放流动资金贷款1200万元、宁夏绿沙湖农业开发实业有限公司发放流动资金贷款1200万元。有4个授信项目已获批并实现投放，金额4800万元。

【个人贷款业务】 中国银行惠农区支行重视个人贷款业务发展，除传统的个人消费贷款、个人投资经营贷款外，着力推广质押贷款、二手房按揭等个人贷款新产品，有效地拓展中高端客户群，带动支行储蓄存款的增长。2016年，个人贷款业务以二手房和一手现房按揭业务为主打，实现个人贷款业务新增802万元，虽然新增的量较小，但也是惠农区五大行中唯一一家正增长的银行，余额市场占有率较上年提升2.43个百分点。在推广个贷新品种的同时，中国银行微型企业贷款也得到商户的青睐。微型企业贷款以纯信用为主要授信方式，“重实质信贷风险，轻抵质押物”，区别于传统信贷业务，具有小额、信用、高效等特点，针对年销售收入2500万元以下、连续经营2年以上的小微企业和个体中商户，实现纯信用贷款发放，具有良好的发展前景，中国银行惠农区支行能够围绕微型企业客户需求，通过对银行产品的全面组合，以专业化的服务手段为微型企业提供全面的银行金融服务。

【代理保险业务】 中国银行惠农区支行与中国人

民人寿保险股份有限公司、平安保险公司、泰康保险公司等开展业务合作，旨在通过代理保险业务推动中间业务的发展。通过层层动员学习，各网点员工开展广泛地营销，中国银行惠农区支行代理保险业务有了较快的发展。2016年，成功代理销售保险447万元。

【个金产品营销】 中国银行惠农区支行借助品牌优势，着力开展个人金融产品的宣传，重点推介“个人汇款套餐优惠”“中银步步高”“快信通”“养老宝”“常青树卡”“社保卡”“杏林卡”“长城环球通信用卡”“信用卡专项分期”等新产品，为每位客户建立“基础产品+核心产品+选配产品”的营销模式，针对不同的客户群体匹配相应的个人金融产品。以“快信通”“优汇通”等产品具有的方便、快捷等优势，吸引本外币资金和客户，以此带动借记卡、个人网银、手机银行等产品的推广。结合该行特色优势产品大额存单重点开展营销工作，利用表内理财产品风险低、收益高的优势，通过差异化存款利率、客户介绍客户、表外理财转表内理财等多种方式，吸引和巩固中高端客户，提升客户金融资产贡献率，增加储蓄存款。通过保险沙龙推介寿险财险产品，促进中间业务的发展，从而带动基础客户群拓展。

【节日营销】 中国银行惠农区支行以情人节、“三八”妇女节、中秋节为契机，携手美伊佳超市开展美伊佳两周年店庆、佰德隆超市开展“迎新春”活动，投入较大的成本开展“刷卡送礼”“开卡预存交水费、暖气费、燃气费送豪礼”等多重优惠活动，结合中国银行业务产品组合进行多渠道宣传，鼓励客户使用中国银行电子银行等，活动取得良好的效果。在稳固存款工作的同时，有力拓展了电子银行产品客户，实现电子银行开户数及交易量的新突破，也在很大程度上提高当地居民对中国银行的认可度。

【社区宣传】 中国银行惠农区支行结合中国银行宁夏区分行客户营销方案及当地人民银行牵头的金融知识普及月活动，组织员工分批进入惠农区巴塞小城、摩尔骄子、吉运小区、华祥小区、春晖小区、北小区、山水华庭、惠农区第一幼儿园、电厂家属区等社区，以发放宣传彩页、讲解金融知识等方式开展宣传活动，活动不拘囿于市区。中国银行河滨开发区支行通过国电财务在局域网宣传中银E贷、加油卡相关信息，取得了很好的效果。在河滨工业园区也开展了宣传活动，宣传中国银行的理财产品、手机银行、大额存单、个人贷款等业务，普及存贷款、银行卡、反洗钱、防诈骗等金融知识。中国银行惠农区支行社区宣传活动中累计发放宣传材料6000余份，为上千余人次讲解金融知识，活动收到预期效果。

【自身建设】 服务是立行之本，中国银行惠农区支行作为驻惠农区文明单位，秉承总行“担当社会责任做最好的银行”的宗旨，对文优服务工作高标准、严要求，将优质服务的工作理念贯彻到每一个网点、每一位员工。2016年，经过对文优服务的专题培训，服务有了较大的提高。员工能够做到每天从接待第一位客户到送走最后一位客户，工作的各个环节都有统一、详细、明确的标准，接待客户有礼、有节、有度，处理业务规范、快速、准确，让顾客感到和谐、友爱、温馨。柜员在服务过程中能够较好地按服务流程进行作业，并开展营销工作；大堂提高厅堂管理自觉性明显提高，客户分流效果显著，在厅堂服务过程中能够较好地发现可挖掘的客户资源；理财经理熟练掌握财富管理系统，进行客户的维护营销。结合中国银行总行优质文明服务规范“创城”等工作，中国银行惠农区支行员工服务意识明显增强，服务水平显著提升，得到了客户的认可与好评。

【党建工作】 中国银行惠农区支行党支部充分发挥党组织的政治核心和战斗堡垒作用，坚决贯彻执行党的路线、方针、政策，着力开展党的群众路线教育工作，组织全体党员，以实事求是的态度、整改作风的精神开好专题民主生活会。每月组织全体党员学习《习近平总书记重要讲话文章选编》《习近平总书记系列重要讲话读本》《中国共产党第十八届中央委员会第六次全体会议公报》《中国共产党党员权利保障条例和中国共产党党组工作条例》《中国共产党党内监督条例》《关于新形势下党内政治生活的若干准则》《中国共产党廉洁自律准则》及有关党风廉政建设和反腐倡廉文件等内容，加强全体党员的理论学习，提高党员的知识水平，力争做到全面加强党建工作。

【职业道德教育】 中国银行惠农区支行以人为本，对员工进行职业道德教育和法制教育，以观看法制宣传片、发放书籍等方式开展职业道德教育，参与由中国银行石嘴山市分行组织的参观监狱警示教育，同时要求全体员工熟记中国银行“双十禁”，在例会、晨会上组织学习违法违规案例带来的危害及所要承担的法律后果，要求全体员工严格遵守各项规章制度、保持良好的职业操守，杜绝各项职务违规犯罪行为。

【队伍建设】 中国银行惠农区支行重视员工理论学习工作，选派人员参加中国银行宁夏分行、石嘴山市分行中小企业、微型企业等业务学习，组织员工开展对公账户、电子银行等培训。各网点组织员工学习柜台服务规范、反洗钱、反假币等金融知识。2016 年，中国银行惠农区支行在惠农区银行业金融机构货币金银业务考核中，获得第二名，并在网点开展网点销售服务流程导入工作，旨在提高员工的理论知识、服务礼仪、业务营销水平。

【创建文明城市】 自石嘴山市创建全国文明城市、卫生城市以来，中国银行惠农区支行积极响应政府号召，做好窗口单位的服务工作、卫生工作。各网点能够保证营业环境干净整洁，厅堂服务引导到位，在显著位置摆放社会主义核心价值观、道德守礼宣传语、创建国家卫生城市宣传手册及“创卫”条幅、标语，发布本单位善行义举四德榜等；在外部工作上，中国银行惠农区支行积极参与“创城”“创卫”志愿活动，与政府部门共同进行打扫街道活动、选派人员在街道站岗服务等。2016 年，是石嘴山市创建全国文明城市、创建全国卫生城市的重要年份，作为驻惠农区单位，中国银行惠农区支行大力支持“创城”“创卫”工作，配合创城办、创卫办各项工作安排，为全市“创城”“创卫”工作奉献了一分力量。

（孙爱华）

建行惠农支行

【概　况】 建行惠农支行共设 7 个职能部门，分别为综合管理部、财务会计部、公司业务部、个人金融部、个人贷款中心、风险管理部、纪检监察部。下辖营业机构 4 个，分别为营业部（宁夏惠农区广场东路 6 号）、煤炭路支行（宁夏惠农煤炭东路 36 号）、延安路支行（宁夏石嘴山市惠农区延安路 218 号）及惠安支行（宁夏石嘴山市惠农区静宁街 419 号巴塞名典 5 号楼）。

【存款业务】 全年实现利润 811.81 万元，比上年同期减少 1411.59 万元。一般性存款时点余额 77858 万元，比年初下降 4055 万元。其中，个人存款 49679 万元，是年新增 8202 万元，完成计划任务的 117%，前 9 个月连续位居四行第一；公司业务存款 28179 万元，虽然比年初大幅减少，在剔除神华宁煤集团转出 13000 万元和宁煤公积金中心缩减 3600 万元后，增长 4343 万元。

【贷款投放】 年末，贷款余额 11.1 亿元，较年初下降 9510 万元。其中，公司贷款 73502 万元，较年初下降 4199 万元；个人贷款 37511 万元，较年初下降 5311 万元；投放个人贷款 4030 万元，回收个人贷款 9341 万元。

【中间业务收入】 实现中间业务收入 760.3 万元，较上年同期少增了 66.9 万元，完成年计划的

74.8%，当地四行占比35.6%，占位第2名。其中，实现公司类中间业务收入272万元，较上年同期减少94.6万元。实现个人类中间业务收入488.3万元，较上年同期增加27.7万元，增幅6%。

【产品增量】 年末，信用卡客户净新增1200户，比上年同期增加61户，完成年计划的102%；活动收单商户新增79户，完成年计划的119%。个人网银和手机银行2016年活跃率均完成计划任务。短信银行新增4865户，完成年计划的86.88%；微信银行客户新增1284户，完成年计划的116.73%。

【战略转型】 从旺季营销活动开始，全面推行“减柜瘦身组团队”活动。通过精简柜面交易结算人员，优化出来的人员组建成为营销团队，开展有计划、有组织的“外出团队式”营销。成功签约区内物业E+悦生活使用，同时，对学校和幼儿园的拓展进行尝试，促进平台的应用。不断提高柜员的业务知识水平和综合营销能力，让更多的员工从结算型转变为营销型，充分发挥“大堂制胜”的优势，加强智慧柜员机的应用，减轻柜面压力，减少客户等待时间，提升客户满意度。实施“移动优先”策略，加大手机银行、网银、龙支付等电子银行业务的营销力度，实现客户的黏性。打造综合营销服务团队。由产品经理、客户经理、大堂经理及柜员组成综合营销服务团队，对存量客户进行梳理和维护，从电子银行、存款、理财等方面进行二次营销，力争激活底端客户，提升中端客户，防止高端客户流失，提高网点存量客户的经营质量。支行平均成功逐渐上升，不仅促进有效客户的增长，各项产品的营销也有大幅提高。

【营销战略】 继续发挥移动金融平台的客户分流作用，做大做强移动金融产品，重点营销龙支付、手机银行、微信银行等产品，大力提升移动金融交易在所有渠道交易中占比。为加强该行各项产品的营销力度，提高客户黏性，支行采取一系列措施，加强电子银行业务“四率”（同步率、渗透率、激活率、活跃率）的提升，强化战略性产品营销力度，狠抓增量客户的电子银行同步率和激活率、存量客户的渗透率以及全量客户的活跃率。同时，积极开展理财产品、贵金属、保险业务、信用卡业务及分期、消费等业务的营销工作，截至12月末，全行代理保险业务实现销售475.17万元，同比增长377%；贵金属销售快速增长，共实现自营金销售2210克，同比增长530%，进一步提升中收增长贡献。

【不良贷款化解】 年内，不良贷款32193.81万元，比年初增加7821.74万元。其中，公司类贷款不良2户共计31009.51万元，比年初增加7226.36万元，贷款不良率为40.89%；个人类贷款不良额1184.3万元，比上季度末减少44.96万元。

【精细化管理】 精细化管理作为建行“六个落地”（创新引领落地、综合服务落地、联动营销落地、风险管控落地、集约经营落地、精细管理落地）中的重要环节，支行也将其贯穿于全行的各项工作中，切实改进工作作风、工作方法和工作流程，不断提高工作质量，为全行稳健经营和转型发展提供保障。切实抓好“大堂制胜”落实，在重点岗位上做到规范、细致。加强大堂经理的引领和核心作用，能够准确对客户进行分流和识别，及时开展厅堂营销，提高智慧柜员机的使用率。不断完善“减柜瘦身”的考核方式，做到对重要工作要细分、精准，从任务的下达分解、团队的配置、营销的过程管理、结果的考核上不断细分和精准，确保起到激励作用。

【党的建设】 认真组织每月的中心组理论学习，坚持以中共十八届六中全会精神作为行动的指南，深入学习贯彻党和国家的路线、方针、政策。开展“两学一做”学习教育，认真研读党章党规、习近平总书记系列重要讲话精神以及《条例》和《准则》，要求每位党员都要撰写一万字笔记和一篇以上学习心得，进一步增强党员干部的政治意识、大局意识、核心意识和看齐意识。

【党风廉政建设】 强化纪律建设，把守纪律讲规矩摆在前面，营造守纪律、讲规矩的浓厚氛围，坚决制止有令不行、有禁不止的现象发生，强化监督执纪问责，深入推进“三转”（转职能、转方式、转作风）增强监督执纪效果，不允许装聋作哑、避重就轻，大事化小、小事化了。严格履行“一岗双责”要求，坚持一手抓发展，一手抓廉政。班子成员都能够高度重视各自分管工作领域的党风廉政建设和反腐败工作，坚持把党风廉政建设融入支行工作中，做到一起研究、一起部署、一起落实、一起考核，切实履行“一岗双责”，全面推动该行从严治党落地生根。强化责任担当，增强政治责任感和使命感，要求领导干部要敢于承担责任，敢于管理，敢闯敢拼。

【内控管理】 按照总分行深化“合规管理年”的工作要求，认真开展“合规建行 人人践行”系列活动，不断加强内部控制。通过规章制度梳理、员工行为排查、寻找身边的风险点、不相容岗位梳理自查等工作，及时发现问题，寻找潜在风险，严肃落实问责，有效地提升该行风险管理水平。

（徐　倩）

中国农业银行惠农区支行

【概　况】 2016年，农行惠农支行认真贯彻总分行相关政策，业务经营安全稳健发展，全行上下不断加快经营结构调整步伐，持续强化内部控制和风险管理。年末，全行各项存款突破10亿元大关，比年初增加24267万元。其中，个人存款增长13218万元；对公存款余额增长5585万元；各项时点数完成全年计划的133%。各项贷款较上年增长41557万元；不良贷款清收超额完成分行下达的清收计划；中间业务收入完成全年计划的99.43%；拨备后利润较上年多盈2331万元，增幅198.72%。不良贷款占比0.24%，控制在分行指标范围内；全年未发生案件和重大责任事故。

【业务营销】 2016年，在全行范围内开展“金钥匙春天行动”“激情仲夏”“赢在金秋”等系列综合营销活动，按需为网点配备专门的客户经理，加大支行特色产品“金穗农”“金E农”“金E顺”的宣传营销力度，使农行“金钥匙”产品真正成为社会强势金融品牌。

【开展中间业务】 通过进一步加大人民币结算、银行卡等业务拓展力度，结合“六走进”（走进企业、走进车行、走进楼盘、走进商场、走进市场、走进校园）活动，定期组织特约商户开展宣传营销和推广服务活动，以银行卡及电子产品有效性的提升，带动收入增长；加大保险营销，努力完成目标任务。

【贵金属销售】 紧盯贺岁金银钞、金邮票、金条等重点产品的旺季销售，以“现场微沙”等新形式开展推介营销，大力宣传营销账户贵金属、存金通、存金通2号定投等业务，全年贵金属销售收入完成目标任务的62%。

【电子银行业务】 大力推进K宝、K令、K码“3K”渠道应用；积极拓展掌上银行客户，提高全渠道开通电子银行业务占比；通过调整考核导向，充分发挥大堂经理分流业务的作用，全年电子银行业务收入（含自助银行）达到182万元以上。

【支持企业发展】 把贯彻落实国家支持企业发展的要求和农行自身经营转型、结构调整相结合，为惠农地区的优势企业宁夏嘉峰化工有限公司、宁夏新日恒力钢丝绳股份有限公司等龙头企业成功打入国内外市场提供出口商票融资、信用证、银行承兑汇票、贴现等全方位、立体式的金融服务。在针对小微企业融资难方面，农行惠农支行想方设法为中小微企业排忧解难，解决他们的资金困难，探索出诸如引入专业担保公司担保、应收账款质押融资、收费权质押等方法。已经建立了持续的小微企业金融服务长效工作机制。

【加强服务功能】 农行惠农支行辖属营业网点6个，通过为各营业网点设立超级柜员机、自助柜员机，增加大堂经理、开通网点无线网络，为转账电话、电话银行、手机银行、网上银行等电子服务渠道提供便利；面向“三农”地区开展惠农通工程，共布放11个惠农地区行政村，并针对“三农”金融服务采取多项措施，减免相关费用。针对农村地区融资难问题，开展向小额农户发放小额农户贷款和农村生产经营贷款。开展“金融消费者权益维护”“反假币知识进校园”“惠农天下、溢农万家”“征信知识宣传”等金融知识宣传活动，每年向辖内金融消费者普及金融知识、防金融诈骗常识、自助机的操作等技能，以点带面，提高“三农”客户的金融知识水平。

【化解不良贷款】 在涉诉案件方面，支行按照《中国农业银行诉讼案件管理办法》要求，严格执行案件会审制度、领导出庭制度、案件请示报告制度，诉讼案件信息纸质资料收集及时，管理比较规范、依法清收不良贷款、及时处置法律纠纷；强化逾期贷款催收工作。超额完成分行下达的清收计划。

【内控管理】 领导班子高度重视风险和案件管控，定期召开运营主管例会和风险例会，分析通报会计监管、信贷管理检查情况，通报全行重点环节风险点，提早进行风险预警；把“四项制度”落到实处，努力规避操作风险，关键岗位轮岗率达100%，对近亲属全部实现机构回避；强化声誉风险监控，制定印发《惠农支行声誉风险应急处置预案》《惠农支行声誉风险管理实施细则》，建立声誉风险应急响应机制，明确日常管理和应急处置流程；持续开展合规文化建设，以“抓合规、控风险、强基础、促发展”为主线，进一步加大对违规行为责任追究的力度，奖罚分明，促使员工从“要我合规”向“我要合规”转变；持续加强安全保卫和安全生产工作，以防范“四类案件”为重点，进一步加大安全保卫和反洗钱工作的力度；组织全行开展安全生产再次排查，排除安全死角。全年，未发生各类案件责任事故。

【党建工作】 2016年以来，农行惠农支行认真学习全面贯彻总分行党委关于加强党建和党风廉政建设工作的各项要求。以开展“三严三实”专题教育、“两学一做”学习教育、落实中央巡视反馈问题整改、“四风”整治“回头看”等专项工作为契机，进一步强化理想信念、宗旨意识、党性原则、党规党纪和警示教育，重点强化对《中国共产党章程》、“一准则、两条例”、习近平总书记系列重要讲话和中央八项规定、总分行各项纪律的再学习、再巩固。加强党建基础工作，增设3个基层党支部，调整加强部分支委，使网点设立党支部比率达83%。研究制定《惠农支行2016年党风廉政建设和反腐败工作要点》，修订《惠农支行党风廉政建设责任制考核实施细则》，形成《落实中央第三巡视组反馈意见整改工作方案》《开展“四风”问题整治情况“回头看”工作方案》和《“两学一做”学习教育实施方案》，始终坚持把党风廉政建设和反腐倡廉与业务经营同部署、同检查、同考核、同奖惩，切实加强履行主体责任的基础工作。

工商银行惠农支行

【概　况】 2016年，调整工作思路和营销策略，完善考核机制，强化内部管理和风险控制，促进各项工作和经营效益的发展。实现净利润1128万元。有员工81人，其中管理人员2人、在职人员79人。

【网点设置】 共有4个营业网点。营业室位于惠农区南大街119号；南街支行位于惠农区南大街4号；石电支行位于惠农区河滨区新电路4号；

惠安支行位于惠农区惠安大街惠通酒店一楼。有3家离行式自助银行。

【业务营销】 各项贷款余额110975万元，其中公司客户贷款余额107714万元、个人贷款余额3261万元；两项存款余额78596万元，其中储蓄存款余额56158万元，对公存款余额5115万元，机构存款余额13802万元；中间业务收入459万元。各项业务发展基本呈现稳步上升，盈利水平不断提高，经营质态有所改善。

【内控安保管理】 为杜绝风险发生，组织员工学习提高员工的内控案防意识和合规经营的自觉性，提高员工的综合业务素质，做好反洗钱管理工作。加强自助银行、ATM机的巡查，保证机具运行无阻。各网点每季度开展一次防抢、防火应急演练，提高员工防范意识。

【优质服务】 强化员工优质服务意识，从源头改进服务观念，通过树立"服务至上"的现代金融服务理念来全面提升服务水平。组织员工开展业务知识学习及业务操作的培训工作，加强柜面服务工作，提高工作效率，不断提升客户的满意度。

【员工救助】 工会委员会对特困员工开展救助，组织开展"两节"困难员工救助慰问活动，使广大员工切实感受到组织的关怀和温暖，不断增强特困员工的凝聚力和向心力。

（温　莹）

农村信用合作联社

【概　况】 石嘴山市惠农区农村信用合作联社（以下简称惠农联社）始建于1958年，2005年经中国银行业监督管理委员会石嘴山监管分局（以下简称石嘴山银监分局）批准，由辖区内13个分支机构统一法人改制而成，由黄河农村商业银行控股，正式更名为石嘴山市惠农区农村信用合作联社，下辖15个营业网点，其中8个城市网点、7个农村网点，共有216名员工。年末，惠农联社资产总额42.65亿元，各项存款34.07亿元，各项贷款总额29.90亿元，其中涉农贷款16.69亿元，实现涉农贷款和小微企业贷款"不低于"的监管目标，有力地支持地方经济的发展。

【公司业务发展】 惠农联社认真贯彻落实自治区人民政府和市人民政府出台的小微企业各项政策措施，努力改进金融服务，积极推进地区经济的稳定发展。对小微企业实行减费让利措施，规范服务收费，营造快捷便利的支付环境，通过减免部分服务收费项目让利于民，累计减费让利金额1445万元。实行差异化考核制度，制定《小微企业贷款尽职免责管理办法》，建全贷款风险管理机制，鼓励网点拓展小微企业客户，实行差异化考核机制，推动小微企业贷款长效增长。

【支持地方经济发展】 坚持"立足区域，服务地方，支农支小"的经营理念，以服务"三农"为重点，充分发挥支农主力军作用。全年累计投放涉农贷款13.68亿元；年末涉农贷款余额16.69亿元，占各项贷款（含贴现）的55.81%，占贷款余额的75.56%；涉农贷款存量和增量均位居惠农区各家金融机构首位，为支持农民增收致富、推动地方经济发展做出突出贡献。

【风险防范】 建立风险防范长效机制，提高风险管理水平。在信用风险方面，全面开展信用风险排查工作，刚性执行信贷政策，严格贷前调查和贷款审批，确保存量信贷资产质量不劣变，力争新增贷款零不良。在流动性风险方面，制定流动性风险应急预案，按月进行压力测试，加强与同业间的合作，合理配置资金期限结构，建立流动性预警和处置机制。在操作风险方面，成立远程集中授权中心、事后监督中心和放款审核中心，实现前、中、后台分离和柜面业务风险控制集中化管理，防范操作风险，采取"边检查、边辅导、边整改"的方式，强化对薄弱环节的管理，加大执行力监督，杜绝管理"断层"和风险控制

“盲区”。在市场风险方面，根据央行要求及时调整存贷款利率浮动比例，开展抵质押物品价值波动排查工作，开展主动负债业务，加强与银行同业间的合作，积极应对市场风险。在舆情风险方面，建立新闻发言人机制，印发声誉风险管理办法，提高全员声誉风险意识，提升惠农联社品牌影响力，防范舆情风险。

【规范化服务】 将全系统当作“一个银行”进行统一管理，定下统一标准、立好经营规矩，确保政令畅通，上下步调一致，通过整合全系统资源、厘清职责边界，做到有统有分，实现“抱团”发展，提供强有力的前台协调、后台支撑等集约、集优服务，形成相对竞争优势，让各机构轻装上阵，以更低的成本开展差异化竞争、特色化经营，提升综合竞争力和品牌形象。

【安全保卫】 在促进业务发展的同时，坚决遏制各类责任事故、案件的发生，对自助银行、自助设备、营业场所、现金柜台、计算机房、押钞车停靠点、尾箱交接等重点部位和环节，实施24小时远程视频监控，完善安防设施建设，同时加强对员工的安全保卫教育培训力度，建立人防、物防、技防“三位一体”的防范体系，确保安全正常运营。

宁夏银行惠农支行

【概　况】 宁夏银行惠农支行成立于2009年7月，共有员工34人，其中管理人员4人，共有2个网点，宁夏银行惠农支行位于惠农区惠丰路18号，下属网点型支行1家，位于石大公路6号。支行通过调整工作思路和营销策略，完善考核机制，强化内部管理和风险控制，促进各项工作和经营效益的发展。

【业务营销】 年内，各项存款余额85462万元，较年初增加11713万元。各项贷款余额98042万元，较年初增加6223万元，支行国际业务结算量827.12万美元，结售汇863.32万美元，发放信用卡731张。实现利润2714万元，上缴各类税金642万元。各项业务发展稳步上升，盈利水平不断提高，经营状态有所改善。

【内控管理】 为杜绝风险发生，支行坚持每月组织员工学习内控案防案例和相关文件，每季度组织案防和消防演练，有效提高员工的综合业务素质。

【优质服务】 强化柜面业务管理，提升服务效率，通过强化员工优质服务意识，树立“服务至上”的服务理念来全面提升服务水平，组织临柜人员开展业务知识及业务技能培训，加强柜面服务工作，提升服务效率，不断提升客户的满意度。

【“两学一做”主题活动】 支行按照上级党委的部署和要求，围绕“两学一做”主题，深入扎实地推进“两学一做”学习教育，按照年度工作安排，坚持一手抓业务，一手抓党建，党建带团建，做好党建及党风廉政建设各项工作，有力地促进各项业务发展。

（卢　勃）

石嘴山银行惠农支行

【概　况】 石嘴山银行惠农支行长期致力于地方经济的发展和中小微企业的金融服务，金融产品和服务方式丰富多样，能够满足客户各种金融需求，是功能全、产品多、实力强、服务周到的现代化商业银行。年内，支行共有在职员工34人，其中男职工10人、女职工24人，平均年龄28周岁。惠农支行下辖分支机构6个，服务范围覆盖至惠农城区及红果子镇、河滨街，金融服务可覆盖惠农区。6家营业网点分别为惠农支行营业部、惠农北街支行、惠农延安路支行、清华园支行、河滨支行、红果子镇支行。辖区设有ATM/CRS自助机具，共12台。

【业务发展】 2016年，是支行发展规划的重要之年，在区党委、区人民政府的正确领导下，在各级监管部门的有效监管和大力支持下，支行全员积极应对同业激烈竞争、区域经济下行、信用风险暴露等多重压力和挑战，不断适应新形势，以思路创新引领产品创新、渠道创新和服务方式创新，促进经营能力的全面提升，较好地完成了全年主要发展目标，在建设具有品牌特色好银行的征程上又迈出坚实的一步。年末，各项存款28.3亿元，较年初增加5.21亿元，增幅22.56%。各项贷款余额14.89亿元，较年初增加3.72亿元。

【产品营销】 年内，办理麒麟借记卡共计146232张，较年初增加16973张；手机银行共签约16310户，较年初增加10820户，平均电子替代率67%；累计安装POS机具229台，累计办理公务卡2721张。

【支持地方经济建设】 加大对实体经济的支持力度，进一步提升小微金融服务能力。2016年，支行累计发放各类贷款14.89亿元，较年初增加3.72亿元，增幅33.3%。围绕实体经济，支行组织信贷管户经理对多家企业开展贷中、贷后调研，确定重点企业的授信政策，重点支持化工、制造、农牧等行业。突出小微企业定位，积极创新小微企业服务模式。推广小微企业批量化营销，通过“创易贷”“信用联盟”“信用村”等产品，支持小微企业；创新担保方式，开发并推出“农村土地承包经营权抵押”新型担保方式，支持涉农小微企业发展。

【金融便民服务】 开展金融服务进社区、进学校、进企业、进乡村等便民活动，通过进企业为职工办理银行卡，进社区为惠农区移民集中办理银行卡，进学校为学校师生集中办理校园“一卡通”，进乡村为乡镇行动不便的残疾人办理银行卡，全年累计办理银行卡共计16973张，更好地为地方居民提供便捷的金融服务。

【农村信贷】 大力拓展农村信贷市场，创新推动农村妇女创业贷款。惠农支行小微投向方向明确，加大力度拓展农村信贷市场，年度对惠农辖区内38个村进行走访，与惠农区妇联联合举办“惠农区创新推动农村妇女创业贷款座谈会”，年度制定了一系列有利于推动农村妇女创业贷款的措施，助推农村地区经济发展。

【风险防范】 加强业务规章制度建设，改进和加强操作风险管理以及内控合规管理工作，层层签订案件防范责任书、内控管理防范责任书，以加强监督检查，确保经营安全无事故。加强内控管理，提升精细化管理水平，实行信贷业务晨会制、柜面业务周会制。组织客户经理、支行长学习了解本行信贷政策、业务制度，紧盯各项工作开展进度，针对经营过程中出现的各类问题进行分析讨论，并提出落实整改意见。加大业务培训力度，共开展业务各类培训30场次，开展银企培训2次。加大检查监督力度，建立检查监督三道防线，提高业务人员的责任心。

【自身建设】 加强安全、服务管理力度，提升安全、服务水平。与惠农区公安局联合开展惠农区防恐防暴演练，通过实际场景演练提升员工处理应急事务能力。邀请惠农区消防支队对全员进行消防知识培训，向员工普及防火防灾知识。开展服务投诉自查自纠分析会，对出现的各类投诉事件逐一进行分析讨论，找出投诉原因，叙述解决过程，让大家引以为戒的同时，吸取处置投诉事件的经验。着力打造星级服务示范网点，打造精品银行，实现温馨、便捷、高效的金融服务。

【企业文化建设】 严格遵守落实党风廉政建设责任制度，保持廉洁自律，民主治行。行领导班子成员做到分工不分家，坚持行长办公会议制度、周例会制度，行内重大事项均通过不同形式进行公开，广泛听取群众意见。组织开展团体活动，丰富员工文化生活，注重人才培养和人才选拔。年内，组织员工开展“三八”联欢活动、银行系统首届运动会等活动，获得运动会优秀组织奖、团体奖等3个奖项；注重人才培养与行内选拔，积极参加中国金融系统银行证券保险综合业务技能竞赛，并获得银行系统零售业务二等奖。

（白永梅）

中国人民财产保险股份有限公司惠农支公司

【概　况】 中国人民财产保险股份有限公司（以下简称中国人保财险），是国内历史最悠久、业务规模最大、综合实力最强的大型国有财产保险公司，是国内财产保险市场的领跑者，稳居亚洲财险公司第一。中国人保财险公司拥有门类齐全的在售产品种类，涵盖机动车辆险、财产险、船舶货运险、责任信用险、意外健康险、能源及航空航天险、农村保险等非寿险各个业务领域。中国人民财产保险股份有限公司石嘴山市惠农支公司（以下简称中国人保财险惠农支公司）是其分支机构之一。

【保费收入】 2016年，中国人保财险惠农支公司各产品线保费业务规模——保费5840.5万元，其中车险4023.01万元、政策性农业保险1034.83万元、财产险221.82万元、意外险260.05万元、责任险228.89万元、家财险3.39万元、工程险45.59万元、货运险19.56万元。

【理赔支出】 2016年，立案件数10368件；2016年，支付赔款3520万元。

【企业文化】 中国人保财险在六十多年发展历程中，以“做人民满意的保险公司”为共同愿景，秉承“风雨同行、至爱至诚”的核心价值观，坚持以市场为导向、以客户为中心，铸就公司核心竞争优势，树立杰出的企业品牌形象。

【品牌优势】 作为中国财产保险业第一品牌，中国人保财险在国内外享有广泛影响和显著声誉，相继成为1990年北京亚运会、2008年北京奥运会、2010年上海世博会、2010年广州亚运会保险合作伙伴；先后被授予“中国内地企业最高信用评级A1级”“中国最受信赖保险公司”称号；多次荣获“亚洲最具竞争力非寿险公司”“年度最佳保险公司”“服务最好的保险公司”等荣誉称号。

（中国人保财险惠农支公司）

中国人寿保险公司惠农支公司

【概　况】 在上级监管部门及当地政府的正确领导下，中国人寿保险公司惠农支公司牢固树立科学的发展观，以科学发展为主题，以市场需求为导向，以效益为中心，年度保费收入节节攀升，所缴纳的税金也不断增长，为惠农区的经济发展添砖加瓦，公司陆续推出“E宝账”等，客户足不出户就可完成保单借款等相关保全业务。2016年，实现保费收入4900万元，理赔支出1718万元。

【理赔服务】 公司理赔统一作业平台秉承“以客户为中心”的服务理念，整合5个核心业务系统，集保单查询、受理录入、影像采集、资料交接等功能为一体，大大简化了柜面理赔受理作业。客户临柜申请理赔无须填写《理赔申请书》和《资料交接凭证》，柜面受理人员在平台进行接案信息登记后打印《理赔申请受理单》，客户签名确认即可，解决一直以来“填单难、填单慢”的难题，平均可节省约15分钟填单时间，大大提高了客户临柜办理理赔手续的效率和便捷度。该平台设定了自动审批规则，对于1000元以下、符合条件的低风险案件，理赔处理后自动审批通过，减少人工审批作业量，提高审批效率，也为实现智能理赔奠定了基础。为减少客户报案手续，减少客户出行次数，公司推出“E宝账”，出险客户可以在任何地方直接在中国人寿平台上报案，金额在1000元以下的赔案在3个工作日内就可完成。

（中国人寿惠农支公司）

中国平安财产保险股份有限公司惠农支公司

【概　况】 中国平安财产保险股份有限公司宁夏分公司惠农支公司于2006年5月8日正式成立并对外营业。公司一直致力于管理机制的建设、经营业务的拓展、企业形象的树立和平安文化的推广，并取得了显著的成绩。在社会各界的支持下，公司得到了长足发展，业务规模和市场占有率不断攀升。2016年度，保费规模达2569万元，市场份额稳居惠农市场第二位，现有员工15人。

【经营理念】 公司经营区域覆盖全惠农，本着“以市场为导向、以效益为中心、以创新求发展、以品质求生存”的经营理念，加强内控管理、优化资源配置、努力开拓市场，开展诚信展业，合规经营活动，使公司业务规模的推进与业务品质的提升双轨并行，以实现永续发展为长期战略目标。

【业务发展】 2016年，公司在全体员工的共同努力下，通过不断深化改革，完善管理机制，转变经营理念，优化服务品质，突破发展瓶颈，使得业务保持快速健康发展，态势良好。恪守“平安精神”，坚持“客户至上，服务至上”，重视理赔服务，一直致力于管理机制的建设、经营业务的拓展、企业形象的树立和平安文化的推广，并取得了显著的成绩。在业务方面，公司较上年同期增长23.5%；在服务方面，公司累计承担理赔风险保额180914.4万元，处理各类理赔案件2084件，共计支付赔款1695.5万元，为惠农地区的家庭、企业提供全面的保障，对保持地区稳定做出重要贡献。

【开设险种】 公司经营范围包括：企业财产损失保险、家庭财产损失保险、短期健康保险、意外伤害保险、建筑工程保险、安装工程保险、货物运输保险、机动车辆保险、一般责任保险；养殖保险、代理国内外保险机构检验、理赔、追偿及其委托的其他有关事宜。主要成功承保的统保险种包括旅意险、旅责险、医疗责任险、校方责任险、食品安全责任险、安全生产责任险、雇主责任险等，在业务发展的同时，为地方的经济发展和社会稳定做出了一定的贡献。

（万　俊）

安邦财产保险股份有限公司惠农营销服务部

【保险业务】 安邦财产保险股份有限公司石嘴山中心支公司惠农营销服务部，在售产品种类齐全，涵盖机动车辆险、财产险、责任险、意外险等业务领域。惠农营销服务部全年保费收入合计210万元，其中车险205.83万元、非车险4.17万元。

【企业文化】 安邦财产保险股份有限公司石嘴山中心支公司惠农营销服务部始终践行“一个客户，综合服务”的服务理念，视客户为家人，为客户着想，不断提升服务水平，让客户满意。安邦保险以“帮助客户实现梦想”为愿景，秉承“客户增值、员工增值、股东增值、求真、求实、求善”的核心价值观，坚持销售服务一体化和以客户为中心的发展战略，铸就营销服务部核心竞争优势，树立杰出的企业品牌形象。

【工作年纪】 参加7月保险月和9月反洗钱宣传月的街区宣传工作，在社区、广场等人员密集、人流量大的地方组织开展宣传活动，发放宣传彩页，向民众宣传保险、反洗钱和警惕非法集资等内容，竭力提高全民对保险的认知度、强化全民参保意识，帮助客户规避风险。

参加中国人民银行石嘴山中心支行2016年10月开展的关于“反洗钱法颁布实施十周年”重点研究课题征集活动，参与征集的《互联网保险洗钱风险浅析》刊登于《宁夏反洗钱工作简报》第15期。

2016年，安邦财险惠农营销服务部在惠农区金融机构反洗钱考核评级中被评为A级，考评分数91分，在保险业中排名第一名，并获得人民银行惠农支行的书面表扬。

（丁惠敏）

阳光保险集团股份有限公司惠农支公司

【保险业务】 经营的业务范围：财产损失险；责任保险；信用保险和保证保险；短期健康保险和意外伤害保险；车辆的交强险商业险；上述业务的再保险业务；经中国保监会批准的其他业务。2016年，全年业务收入达到267万元，公司地址位于惠农区惠丰路29号。

【企业文化】 阳光财产保险股份有限公司惠农支公司始终坚持把品质、市场能力、盈利能力、可持续发展能力、客户满意作为一切工作的指南，没有客户便没有一切。确立客户主权思想，一切为了客户，是阳光人的核心价值追求。努力追求一切以客户的人性需求为核心，给客户机会，让客户做主，改善客户体验，提升客户价值。

（阳光保险惠农支公司）

综合管理与监督

人力资源和社会保障

劳动管理工作

【机构队伍概况】 惠农区人力资源和社会保障局为惠农区人民政府工作部门，承担人才管理、公务员管理、促进就业、劳动权益维护和完善社会保障体系的职责。下属4个事业单位，即区创业就业服务局、区社会保险经办服务中心和区劳动人事争议仲裁院、区劳动监察执法大队。根据编制部门核定，惠农区人力资源和社会保障局核定行政编制数为10人，核定局长1名、副局长3人。局属就业创服务局核定编制20人；社保经办中心核定人员编制9人；区劳动监察执法大队核定编制5人；区劳动人事争议仲裁院核定编制4人。局机关设有办公室、工资福利和专业技术人员管理股。局属事业单位4个。其中，区就业创业服务局、人事劳动争议仲裁院、劳动保障监察大队为3个参公事业单位，区社会保险经办中心1个事业单位。区就业创业服务局、社会保险经办中心2个直属单位均为独立核算的法人机构。局属事业单位中，就业创业服务局、人事劳动争议仲裁院均为副科级事业单位，分别核定副科级领导1人，现就业局实有副科1人；社保经办中心和劳动保障监察大队为不定级别事业单位。

【就业、创业工作】 强化人力资源市场智能化信息建设，录入求职人员信息3820人，录入企业374家，率先在全区开通远程面试系统，实现用工企业和求职人员“无缝”对接；认真开展“全市人力资源社会保障政策宣传月暨高校毕业生专场招聘会”、春风行动、高校毕业生就业服务月等公共就业服务专项活动，为就业困难人员免费提供政策咨询、岗位信息、职业介绍、求职登记等多项服务，共举办招聘会14场次，进场企业417家，提供岗位14904个，达成就业意向2196人；争取自治区专项资金购买公益性岗位407个，切实解决困难弱势群体就业问题；率先在全自治区开展经费直补个人和经费直补企业培训，真正达到“培训一人、就业一人”的目标。共开展经费直补个人技能培训4期200人，经费直补企业3期150人；成功举办惠·乡情2016大学生就业创业论坛，增强大学生对家乡的认同感，激发大学生的创业创新热情；筹措资金，创立惠农区e+就业创业人才培训基地，为城乡劳动力和创业者就地就近参加各种培训创造方便、快捷的服务；尝试开展“创业贴息贷款+商业贷款”模式和“创业担保中心+金融+创业基地+公司+商户”的“4+1”创业贷款模式，进一步简化贷款程序，拓宽受益面，有效地解决部分小微企业和商户融资难题。全年累计实现城镇新增就业7568人，就业困难人员实现就业528人，城镇登记失业率控制在3.96%以内。新增小企业404家，新增个体工商户1435个，创造新岗位5572个，大学生创业引领计划完成50人。开展创业能力培训21期620人，开展电子商务培训13期540人。发放创业担保贷款205户3000万元。开展城乡劳动力技能培训20期1000人（其中，直补个人培训4期200人），开展岗位技能提升培训18期900人。农村劳动力转移就业13507人次，实现工资性收入13273万元。

【社会保障】 加大城乡居民社会保险政策的宣传力度，使统筹城乡居民医疗保险、养老保险政策家喻户晓、应保尽保。全民参保登记20008人，完成目标任务的103%；城乡居民养老保险缴费人数1.29万人，预计12月底全面完成1.5万人的目标任务；城乡居民医疗保险参保人数10.62万人，完成目标任务的100.1%；被征地农民养老保险工作走在全市第一、自治区前列，在区财政十分困难的情况下安排配套资金1043万元，保障该项工作顺利开展。累计办理被征地农民养老保险1098人（其中，参加职工养老保险1048人、居民养老保险50人），累计配套财政补贴资金3577.83万元，符合条件人员基本完成参保缴费，共有150人到龄领取养老保险待遇，每月领取730.00元至770.00元不等；推进“一卡通”工程工作，累计制卡119526张，共发放115217张，通过系统实现报销结算比例达到100%，持卡就医结算比例达100%；加大对基层医疗机构诊疗和医保基金使用情况的监督检查力度，严格控制不合理费用的增长。年内，印发通报4期，对存在的违规情况进行处理并限期整改，共扣除违规费用2.45万元。

【人事监管】 紧跟区委、区政府干部管理的节奏，及时做好公务员信息库日常维护更新工作。安排做好科以下公务员网络培训，全区公务员网络培训工作圆满结束；完成公务员及事业单位人员考录和招聘计划申报、面试、考察等工作。全年共录用各类人员79人，其中，事业单位招聘工作人员35人、公务员44人。及时补充各类人才，有效地优化辖区机关事业单位工作人员的专业结构、年龄结构；严格职称管理，全年共推荐上报各类专业技术人员268人参加高一级职称的评审，其中高级97人、中级42人、初级129人；稳妥推进机关事业单位养老保险制度改革工作，完成机关事业单位人员信息采集和录入工作，共采集录入160家单位、4788名人员数据，并将数据移交市社保局，后续工作按照上级和市局相关文件遵照执行；同时，将121个单位1841名财政统发退休人员相关信息移交市社保局，实行社会化发放。

【劳动监察】 加强劳动保障监察日常执法检查，制定《关于全面治理拖欠农民工工资问题的实施意见》《惠农区建筑领域农民工工资支付“黄橙红”动态监管实施办法》和《惠农区建设领域农民工工资保证金收缴使用管理办法（试行）》，对辖区的建筑工地实施严格的管理和督查，接待受理拖欠农民工工资投诉217起，涉及拖欠6546名农民工工资9509.11万元，结案率达95%以上，农民工工资清欠9128.7万元，清欠率达96%以上；提升劳动人事争议处理效能，共受理劳动人事争议案件131件，已结案124件，法定时效内结案率100%。

创新工作

【惠·乡情2016大学生就业创业论坛】 有近200名高校毕业生、企业家、创业青年参加该论坛活动。论坛开讲前，组织参会大学生集中乘车观摩惠农区国家农业科技示范园区、燕子墩乡黑枸杞种植基地、惠农区中利科技有限公司、石嘴山经济技术开发区工业展示馆、惠农区大学生电商创业孵化园等，增强大学生对家乡的认同感。

【创业贴息贷款】 创新性地尝试开展“创业贴息贷款+商业贷款”模式和“创业担保中心+金融+创业基地+公司+商户”的“4+1”创业贷款

模式。简化贷款程序，拓宽受益面，为创业者“贷”来好前景，有效地解决部分小微企业和商户融资难题。截至10月底，共计发放创业担保贷款205户3000万元，其中通过“创业贴息贷款+商业贷款”模式贷款的创业者共计25户350万元，通过“4+1”创业贷款模式贷款共计20户200万元。

【远程面试应聘新模式】 多方筹措资金，聘请专业公司，在全自治区率先开通网上远程视频面试应聘新模式，建立就业局QQ视频群，让求职者通过网上视频面试的方式直接与用人单位进行面试，既减轻求职者奔波企业的交通负担，又为企业快速、便捷地招聘员工搭建了平台，实现企业与求职者的双赢。惠农区30多家企业已加入远程面试群信息库，56名求职者在网上面试成功。

【创立惠农区e+就业创业人才培训基地】 在新搬迁办公楼建立惠农区e+就业创业人才培训基地，设置电商网络培训室，创业能力培训、技能培训、项目路演吧等功能区，更好地对惠农区城乡劳动力和创业者就地就近参加各种培训创造方便、快捷的服务。通过e+就业创业人才培训基地，共计开展创业培训和电子商务培训6期，培训学员165人。

【率先在全自治区开展经费直补个人培训班和经费直补企业职业技能培训】 惠农区率先在全自治区开展“先付费、后培训”“学技能、享补贴”的经费直补个人培训班和经费直补企业培训班。经费直补个人培训是由参训学员先行垫付培训费用，经考试鉴定合格并取得相应证书后，由市就业创业服务局按自治区规定标准将培训补贴直补给个人的一种培训方式。与此同时，惠农区认真贯彻落实在工业企业中开展岗位技能提升培训相关文件精神，积极与企业对接，尝试性地实施经费直补企业培训模式，取得明显效果，得到企业认可。经费直补企业，即培训后取得的职业资格证书将与企业职工工资职称挂钩，极大地调动企业员工参训积极性，真正达到“培训一人、就业一人”的目标。惠农区共计开展经费直补个人技能培训4期200人，经费直补企业3期150人。

【优化缴费地点布局】 不断创新缴费方式，优化缴费地点布局，方便城乡居民参保。在以往柜台缴费的基础上，又在15个营业网点、38个行政村布放141台电话自助结算终端、31台万村千乡终端、19台ATM机、16台便民终端，为全区城乡居民提供便捷、高效的缴费服务，使城乡居民不出村、不用排队就能缴纳医保费，方便了广大参保群众，受到城乡群众的广泛好评。惠农区共有30320人参加居民基本医疗保险，其中通过自助渠道缴费21830人，占72%。

【被征地农民养老保险】 区政府在财政十分困难的情况下，安排配套资金1043万元，为47名符合条件的被征地农民办理养老保险。辖区累计共办理被征地农民养老保险1098人，累计配套财政补贴资金3577.83万元，符合条件人员基本完成参保缴费。共有150人领取被征地农民养老保险待遇，每月领取730.00元至770.00元不等。

【打造“职业技能培训基地+廉政知识测试阵地”模式】 在开展“两学一做”学习教育工作中，不断创新学习教育新模式，充分发挥职业技能培训基地优势，积极配合惠农区纪委监察部门打造“职业技能培训基地+廉政知识测试阵地”模式，分批次对全区科级领导干部开展廉政知识测试，增强党员干部纪律规矩意识，促使全体党员干部进一步熟知和掌握党纪政纪法规。

【率先制定《惠农区建筑领域农民工工资支付“黄橙红”动态监管实施办法》】 为规范建筑领域农民工工资支付行为，预防和解决惠农区建筑业企业拖欠农民工工资问题，保障农民工合法权益，总结近年来清欠农民工工资的经验，探索建立《惠农区建筑领域农民工工资支付“黄橙红”动态监管实施办法》，该办法根据问题性质不同，分为黄色警告、橙色警告、红色警告三种，分别对应表明严厉程度以及相对应的处理措施，为规范建筑领域农民工工资支付行为，预防和解决惠农区建筑业企业拖欠农民工工资问题起到积极作用。

（晁军学）

经济发展和改革

【概　况】 惠农区发展和改革局（挂科技局、统计局、经济动员办公室牌子），设7个行政职能科室（局综合办公室、经济综合办公室、项目中心、工业经济管理办公室、科技办公室、价格监督检查所办公室、统计办公室），另外还承担经济动员办公室的工作职能。

【地区经济】 2016年，全区累计实现地区生产总值150.9亿元，增长6.6%。总量、增速在全市两区一县中均居第2名。其中：第一产业增加值5.8亿元，增长3.2%；第二产业增加值101.3亿元，增长5.8%；第三产业增加值43.8亿元，增长8.9%。全区累计完成固定资产投资190.2亿元，增长1.7%。增速比一季度、二季度、三季度分别提高19.9个百分点、13.4个百分点、9.7个百分点。其中：辖区项目完成168.6亿元，增长3.5%；房地产4.3亿元，同比下降42.1%；其他投资16.6亿元，增长7.2%。分产业看，第一产业投资持续增长。全区第一产业累计完成投资23.84亿元，增长21.02%，增速比三季度提高16.4个百分点；第二产业投资比重缩小。2016年，第二产业累计完成投资81.56亿元，占全部投资额的42.8%，同比减少13.2个百分点；第三产业投资拉动作用明显。2016年，全区第三产业完成投资63.24亿元，增长64.13%，拉动全区固定资产投资增长13.2个百分点。

【项目管理】 截至8月，共批复20个项目，资金5.9亿元。开展PPP项目实施，征集14个项目，总投资158.4亿元，并上报自治区、市发改委项目库。通用博天工业污染处理厂项目正在建设中。争项目、争资金情况：落实基金项目13个，获批贷款到位资金4.28亿元，同时储备相关基金项目108个；申请获批2016年中央预算内投资各类项目9个，获批项目资金1804万元；申请棚户区改造配套设施资金1500万元。1—7月，全区民间投资额57.38亿元。第二季度完成70个项目的备案工作，向市发改委上报2个项目备案请示，组织企业向自治区申报产业专项资金，完成2个项目节能评估报告的批复，组织申报19个项目报自治区发改委。联合区财政局对2013年以来区人民政府投资项目进行了核查，并报送自治区、市人民政府；组织项目建设单位对2015—2016年下达的中央预算内资金执行情况进行摸底调查，接受国家发改委稽查组、自治区人民政府的督查。组织做好老工业基地搬迁改造方案编制。全面完成老工业基地搬迁改造红果子工业园区、西河桥、煤炭生产生活和经济开发区4个片区及整体实施方案的设计，并报请自治区、国家发改委。

【经济运行】 完成《关于惠农区2015年国民经济和社会发展计划执行情况与2016年国民经济和社会发展计划的报告》和“十三五”规划编制工作，并在惠农区第三届人民代表大会第四次会议上印发和审议。编制2016年国民经济和社会发展计划执行情况报告。完成发改局权利清单、权利与职责清单的编制工作。认真梳理出发改、物价、统计、科技4个职能部门的权利清单，审核并公示发布。经济社会发展情况分析。按月、按季度撰写惠农区经济运行分析，及时上报并为区委、区政府决策提供依据。编制《惠农区社会信用体系建设工作方案》，报区人民政府印发；编制《惠农区中小城市综合改革试点实施方案（2015年—2017年）》，区委、区政府两办印发执行。编制《惠农区行政许可和行政处罚等信用信息公示工作实施方案》，保障“双公示”工作的顺利开展。石嘴山市乐天电子商务孵化园等9个创业孵化基地确定为全市首批小微企业创业创新基地，占全市的45%；富海物流创业孵化园等4家创业基地被命名为市级创业孵化示范基地。全区现有科技型中小企业26家，宁夏润龙包装新材料有限公司被确定为国家级高新技术企业。2015年全区R&D经费支出占是年GDP比重达2.58%，万人专利拥有量达到7.95件/万人，企业科技创新步伐明显加快。

【物价监管】 做好平价商店价格管理，确保40种农副产品价格均比市场价低5%—15%。做好对肉禽蛋菜等40种生活必需品开展价格监测，及时发布价格变动信息；受理价格咨询92件，办理投诉案件16起，办结率100%；对涉案物品和国有资产的价格进行认定，受理鉴证36件，认定金额115.4万元；规范价费秩序。开展节前市场检查，共检查5家大型商场及200余户商家，对本区30多家农贸经销店的农资产品价格进行重点检查。清理规范行政事业性收费和经营服务收费。降低一批中介服务收费标准，将涉企行政事业性收费由原来64项减少到42项，涉企经营服务性收费由原来34项减少到25项。取消收费许可证制度及年度审验制度，同步取消收费许可证核发工作。

【科技工作】 通过开展科技下乡等形式，在文景广场、礼和乡、红果子农贸市场、河滨市场等地举行科技周活动，发放宣传材料48600份；组织相关企业参加自治区、市科技部门举办的培训班3期，培训44人次；组织10名科技特派员参加科技特派员分类管理及互联网销售平台建设、精准扶贫等方面培训。获批自治区科技项目9个，批复资金38万元；市级科技项目2个，批复项目资金5万元；共组织中小企业申报各类科技项目122个。顺利验收通过2012—2014年度自治区、市科技特派员项目18个。通过对4家企业21个专利进行资助申报，推动辖区企业申报的积极性。2016年全区申报各类专利49件，获授权专利22件，专利拥有7.95件/人。

【统　计】 做好统计调查，进行月度、季度和半年度撰写统计分析，提出有针对性、可操作性的意见建议。做好达标企业、投资项目及时入库及准规模以上企业摸底工作。做好入库资料的收集整理和审核上报，新入库企业8家，5000万元投资项目56个。开展全国第三次农业普查前期准备工作，积极参加自治区普查试点，组建普查机构、选聘人员、落实经费。开展妇女儿童“两纲”监测。与各相关部门协调，加强数据的审核、评估，提高监测质量。开展“四众”（众创、众包、众扶、众筹）企业专项调查。及时收集部门相关资料，制定实施方案，对筛选核实的“四众”企业进行逐一核查，建立完善“四众”企业平台。顺利完成2016年非公有制企业人才资源调查。

（赵梦莹）

国土资源管理

【概　况】 石嘴山市国土资源局惠农分局（正科级），为市国土资源局的派出机构，实行市、区双重领导，以市国土资源局领导为主。主要职能：依法管理惠农区土地、矿产资源（除煤炭、硅石资源）的开发利用及保护进行监督管理，负责惠农区土地征用、征收和土地使用权出让、转让的申请以及调查勘丈绘图等审核工作，承办惠农区区域内土地使用的变更、延续、登记和发证等工作。有在编在岗人员9人，其中行政编3名、事业编制6名，领导职数一正二副。

【规范使用土地】 2016年，共上报单独选址和批次项目建设用地共计17宗，其中已经自治区人民政府批准8宗，面积为184.3292公顷（合2764.938亩）。委托自治区公共资源交易中心以有偿出让方式挂牌22宗国有建设用地使用权，成交18宗，面积为80.443812万平方米，成交价款

5742万元；流拍2宗国有建设用地使用权，面积为87204.0平方米，挂牌起始价为570万元；正在网上挂牌2宗国有建设用地使用权，面积为23.0505万平方米，挂牌起始价为2345万元。全年累计上交惠农区财政土地出让收益8850.499505万元，做到应收尽收，及时上缴财政国库。

【耕地保护】 严格按照自治区、石嘴山市耕地保护责任目标考核办法的通知要求，认真履行耕地保护职责。根据2015年变更调查最终结果显示，惠农区的耕地面积为32.79万亩，年末净增耕地0.0216万亩，耕地保有量超下达指标8.39万亩。根据经自治区审核确定的《惠农区永久基本农田划定方案》，确定惠农区现有基本农田保护面积25.22万亩（含简泉农场），比下达的划定任务多37.55亩，划定后国家利用等（平均）9.32等。严格执行惠农区基本农田保护责任制度等九项制度。层层签订目标责任书，在自治区下达石嘴山市耕地保有量和基本农田保护面积指标后，石嘴山市人民政府与惠农区人民政府按照分解的指标任务签订耕地保护目标责任书，惠农区人民政府与10个乡镇、农场签订责任书，各乡镇与辖区35个行政村分别签订责任书，全面落实耕地保护责任。

【耕地占补平衡】 2016年，惠农区涉及非农建设占用耕地项目1个，占用耕地面积6.006公顷，等级为5等、6等，补充耕地6.006公顷，等级为6等，补充耕地来源为平罗县头闸镇邵家桥村耕地占补平衡土地开发整理项目，收缴耕地开垦费84.0456万元，已全额上缴。实施红果子镇上营子村耕地占补平衡项目，项目建设规模76.33公顷，投资概算约50.91万元，新增耕地50.47公顷。

【征地信息公开】 惠农区组织报批征收的征地项目1个，即宁夏石嘴山红崖子黄河公路大桥项目。惠农区国土资源分局监督指导礼和乡人民政府严格按照《自治区人民政府关于公布宁夏回族自治区征地补偿标准的通知》完成该项目征地安置补偿工作，并严格按照《征用土地公告办法》要求进行征地信息公开，做到征地信息公开、透明。按照国土资源部、国土资源厅有关要求，梳理完善2008年以来惠农区征地项目信息，并按要求逐步在市国土资源局和惠农区国土资源分局门户网站上予以公开，并同步填报“征地批后实施信息系统”。该项工作正在有序推进。

【耕作层剥离再利用】 惠农区国土资源分局上报惠农区人民政府，制定印发《惠农区非农建设占用耕地耕作层土壤剥离再利用实施意见》。规定今后对惠农区涉及非农建设占用的耕地项目在供地时，将耕作层剥离的内容作为项目建设开工的必要条件，要求其在施工前必须进行耕作层剥离利用工作，为耕地保护又探索出新的出路。

【执法监察】 2016年，共立案查处31起违法案件，其中土地违法案件27宗、矿产违法案件4宗。罚没收入45.388万元。健全部门联合执法机制，先后与区委组织部、纪检监察局出台《惠农区关于加强国土资源执法监察工作的实施意见》，与区人民法院出台《关于构建行政执法协调配合机制的意见》，与区公安分局出台《关于构建国土资源行政执法协调配合机制的意见》，不断完善与执法部门的协调配合，明确各部门职责，形成工作合力，保证国土资源执法工作全面、有力、彻底。

【土地矿产卫片执法检查】 自土地、矿产卫片监测图斑下发后，惠农区国土资源分局及时召开专题会议进行安排部署，对下发的195个土地疑似违法图斑和16个矿产疑似违法图斑逐个进行内业分析研判和外业实地核查，严格执行《惠农区2015年度土地矿产卫片执法检查工作方案》，对涉及拆除的18个图斑尤其是违法占用耕地的图斑及时向区委、区政府紧急汇报，区委、区政府主要领导先后召开4次专题会议进行动员、部署、实地督查，截至自治区国土资源厅验收前全部立案查处到位，违法占用耕地（基本农田）图斑拆除复垦到位，最终验收结果显示，辖区违法占耕地占新增建设用地占耕地比例为0.81%。

【不动产统一登记】 惠农区国土资源分局积极与惠农区房产交易中心办公室对接，做好惠农区土地登记和房产登记的整合工作。指导、培训分中心工作人员涉及土地登记事项，解决后勤保障问题。2016年7月16日，发放惠农区第一本不动产登记证。

【农村集体土地“两权”登记发证】 全区农村集体建设用地和宅基地登记确权工作已由惠农区国土资源分局组织技术承担单位开展完成，并经自治区和国土资源部验收通过。结合不动产统一登记工作，惠农区国土资源分局配合不动产登记分中心在红果子镇宝马村2队和团结村4队开展集体土地使用权和房屋所有权两证合一试点发证工作，并将全区11544宗宅基地调查数据库并入不动产登记系统进行落宗，切实保障农民群众的合法权益不受侵害。

【调整完善土地利用总体规划，划定永久基本农田】 2016年5月底，完成两项专项工作的初步成果；2016年6月3日，报经区政府召开专题审查会。会后依据各乡镇、街道、部门提出的补充意见，在基本农田保护面积、新增建设用地总规模、新增建设用地占用耕地指标不突破的前提下重点保障水利、交通、能源等基础设施用地，优先安排社会民生、扶贫开发、战略性新兴产业以及国家的健康和养老服务业、文化和旅游业、生产性服务业发展用地。尽可能地将“十三五”规划的建设项目纳入本次规划，调整完善数据库。两项专项工作成果均已通过市国土资源局初审，上报至自治区国土资源厅待批复。

【地质灾害防治】 成立惠农区汛期地质灾害防治领导小组，制定突发地质灾害应急演练预案（脚本）、地质灾害防治应急分队人员名单和地质灾害应急值班表，由领导带班，值班人员坚持24小时值班并填写值班日志工作。每天及时向国土资源厅资环处上报天气及隐患点最新动态，并上报带班值班人员信息报送工作，严格执行汛期值班制度。

【土地征收突出问题专项整治】 按照自治区国土资源厅、住房和城乡建设厅《关于印发〈开展集体土地征收和国有土地房屋征收突出问题专项整治工作方案〉的通知》和市国土资源局《关于印发〈开展集体土地征收突出问题专项整治工作方案〉的通知》文件要求，惠农区国土资源分局对惠农区2014—2015年度开展的11宗集体土地征收项目中存在的突出问题进行全面自查。经查，惠农区无拖欠征地补偿费、违规征地、养老保险等方面的问题。该项工作已经市国土资源局验收通过。

【土地领域突出问题专项整治】 惠农国土资源分局及时上报惠农区人民政府，制定印发《惠农区土地管理领域突出问题专项整治工作方案》，针对方案中提出的8个方面的突出问题，区人民政府区长李彬在政府常务会议进行动员部署，明确各相关单位责任，规定整改时限，将土地领域突出问题整治工作作为本年度一项重点工作抓好落实。惠农国土资源分局结合国家审计署稳增长等专项审计、西安督察局例行督察工作，按照时间节点完成自查整改。

【土地例行督察发现的问题整改】 惠农区国土资源分局对惠农区2014—2015年度土地报批、供应，土地预审、临时用地、设施农用地、耕地保护、卫片执法工作进行梳理，建立明细台账装订成册进行上报。完成惠农区2011—2015年建设用地供地矢量数据的上报工作。按照国家土地督察西安局《国家土地督察例行督察意见书》和自治区国土资源厅《关于抓紧做好2016年土地例行督察发现问题整改工作的函》要求，扎实开展土地例行督察发现问题整改工作。2016年11月10日，例行督察发现惠农区在土地管理方面存在的3宗违法占地、10宗闲置土地和1宗土地出让收入逾期未征收到位共14个问题已全部整改到位，整改率达到100%。惠农区国土资源分局在认真总结专项督察和例行督察整改处置的基础上，以土地动态巡查工作为抓手，建立和完善土地资源管理长效机制。充分利用《土地市场动态监测与监管系统》预警信息，及时开展出让金缴纳、交地、开工和竣工等巡查工作，做到建设用地供后开发利用全程、动态监管。

【中央环保督察事项】 自2016年7月12日中央第八环境保护督察组进驻宁夏督察后，惠农区国土资源分局在惠农区委、区人民政府和市国土资源局的统一安排部署下，严格按照“不留场地、不留人员、不留设备”的原则进行整改。先后对惠农区境内北岔沟荣盛银北硅石矿、惠冶镁业工业固废填埋场、宁夏钱城物资有限公司等16家无证采矿点进行专项整治，配合完成惠农区西河桥工业片区及周边环境治理工作，共拆除取缔黏土砖瓦厂12家、砖窑13座。对石嘴山顺平化工有限公司、石嘴山华路腐殖酸厂违法用地严肃查处，将地上建筑物及生产机械设备进行拆除，对企业的工作人员进行驱离，对场地进行恢复。

【环境整治】 惠农区国土资源分局积极配合石嘴山经济技术开发区开展工业园区重点区域环境综合整治工作，切实优化园区环境，聚集发展优势，按照区委办《关于加快推进石嘴山经济技术开发区重点区域环境综合整治工作的通知》文件要求，在区委、区政府的统一安排部署下，惠农区国土资源分局高度重视，及时组织各站室负责人传达学习通知精神，成立环境综合整治推进工作领导小组，明确责任分工和完成时限，按照责任分工迅速行动，使整治工作顺利有序完成。

【国土资源宣传】 惠农区国土资源分局充分利用门户网站、微博等渠道，以“4·22”世界地球日、“6·25”全国土地日、“8·29”测绘法宣传日、“12·4”国家宪法日、“大地之约”文艺巡演主题宣传为契机，宣传普及国土资源法律法规、土地保护利用、土地整治、地质灾害防治、不动产登记、两权发证等群众关心的法律法规及热点难点问题，使保护国土资源的意识深入人心，使国土资源违法行为得到有效遏制。

（惠农区国土资源分局）

规划管理

【概　况】 石嘴山市规划管理局惠农分局为市规划管理局直属正科级行政机构。主要职责：负责惠农区规划区范围内的规划管理工作，核发《建设项目选址意见书》、建设用地规划许可证、建设工程规划许可证、市政工程规划许可证，对惠农区在建项目进行监管。

【“一书三证”的核发】 全年核发《建设项目选址意见书》13份合计1276494平方米，建设用地规划许可证33份合计2131079平方米，建设工程规划许可证26份合计329305平方米，市政工程规划许可证13份合计296915平方米。

【项目快速审批】 开通“绿色通道”，快速审批项目，主要有石嘴山经开区东区工业污水处理厂工程、惠农区园艺镇生态环境治理工程、石嘴山经济技术开发区中央大道、西电路道路改造工程、年产1万吨戊二醛等化学产品生产项目等项目。

【违法建设查处】 以保障项目严格按照规划内容进行建设为目标，规划分局对全区40项新建、续建工程进行监督检查，查处违法建设共计8件，维护规划的权威性和严肃性。

（石嘴山市规划管理局惠农分局）

市场监督管理

【概　况】 石嘴山市市场监督管理局惠农区分局内设8个职能科室，即政办科、法制监察科、食品安全监督管理科、质量技术监督科、市场规范管理科、药品医疗器械保健品与化妆品监督管理科、企业（个体）信用监督管理科、餐饮安全监督管理科；外派5个市场监督管理所，即春晖市场监督管理所、南北街市场监督管理所、河滨市场监督管理所、红果子市场监督管理所、兰山市场监督管理所；指导惠农区个体私营企业协会和惠农区消费者协会；承担惠农区食品安全委员会办公室职责。承担惠农区3个乡、3个镇、6个街道办事处范围内10827户个体工商户、2459家企业、275户农民专业合作社，涵盖206家药品医疗器械经营使用单位（其中各类医疗机构105家、药品经营单位92家、三类医疗器械经营单位9家）、化妆品经营单位101家、食品经营户2337家（其中流通食品经营户1224家、餐饮服务单位858家、生产加工企业23家、食品加工小作坊232家）、特种设备使用单位212家（共有锅炉265台、压力容器2113台、压力管道178公里、起重机械725台，场内机动车177辆、电梯406部、气瓶2.028万只）的市场监管工作。

【商事制度改革】 以降低市场准入门槛为着力点，简化办事程序、丰富服务方式，落实注册资本认缴、“先证后照”、“一址多照”及“一照多址”等工商登记改革措施，扎实推进“五证合一、一照一码”登记制度改革，降低创业准入的制度性成本。推进个体工商户营业执照和税务登记证“两证整合”工作，实现工商、税务部门的个体工商户数据信息实时共享。推进食品经营许可“两证合一”，行政审批时间比过去缩短近一半。在全区率先启用“企业名称自主申报核准系统”，企业名称实现了网上申报、网上核准。积极创新审批机制，打破传统审批流转模式，率先实行“容缺受理”工作制度，大大提高了审批效率，降低了审批启动门槛。年内，新登记企业321户，新登记个体工商户1408户，新增注册资本16.2亿元，比上年同期增长72.3%。累计发放“五证合一、一照一码”营业执照114户，“两证整合”营业执照262张，食品经营许可证1399张，办理“容缺受理”审批事项113件。

【事中事后监管】 通过举办培训班、设立咨询电话、建立网络平台、上门现场帮扶等方式，指导帮助企业（个体工商户）开展年度报告工作，企业年报率达86.63%，个体工商户年报率达93.8%，其中网上年报率41.2%，居全市首位，利用信息化手段指导完成年报工作。继续完善落实经营异常名录制度，将未及时年报的152家企业、23家农民专业合作社移入经营异常名录；推进“双随机、一公开”抽查工作，抽查企业34家、农专社6家、个体工商户377户，并委托宁夏正中信会计师事务所对21户企业进行检查。

【商标战略】 按照“立足一个资源、打造一件商标、带动一批品牌、富裕一方百姓”的工作思路，大力实施商标战略。2016年，共培育商标50件，累计培育商标338件，新增宁夏著名商标6件。惠农区共有中国驰名商标1件，宁夏著名商标23件。“惠农枸杞”“惠农脱水蔬菜”申报国家地理标志商标注册，持续提升惠农区企业核心竞争力。

【扶持小微企业健康发展】 认真开展小微企业创业创新优惠政策宣传，印制宣传彩页3000份、宣传手提袋2500个，并举办2期“双创”政策培训讲座；采取“专人负责，限时办结，跟踪回访，到期提示”的办法，积极引导企业通过动产抵押、股权质押盘活存量资产。截至12月底，共办理动产抵押登记82件，股权质押登记13件，帮助企业融资14.8亿元，有效地解决小微企业融资难的问题。

【食品综合监管】 对惠农区25家食品生产企业、298家食品加工小作坊、850家餐饮单位建立动态监管档案，实现日常监督的动态化和常态化。重新修订《惠农区食品安全突发事件应急预案》，加强监测预警，进一步提高处置应急工作组织能力。在29家大型餐饮单位和34家学校托幼机构食堂，创新性地推行食品加工原料及其来源公示制度，将食品原料品名、采购单位、规格、产品等次、生产日期、保质期和原料图片等相关信息进行公示，倒逼餐饮单位严格落实索证索票制度，严把食品进货关；率先实施食品行业季度例会制度，每季度按时举办食品生产企业、餐饮单位、学校托幼机构例会，并组织食品生产经营单位开展“道德讲堂”活动18次。全年共举办各类培训会议50余场次，培训人员1500余人次，颁发食品安全管理人员培训合格证209本，进一步提高食品从业人员的安全责任意识；对惠农区食品生产企业开展食品安全追溯体系建设工作，确保辖区生产的食品来源可追溯、去向可查证、责任可追究、质量有保障；继续认真落实“红黑榜”制度，积极开展食品安全示范乡镇、街道、学校、示范店创建评比工作，共创建各级各类“示范店”36家；推进食品加工园区建设，建立健全食品安全监管长效机制；将每月第一个星期五固定为辖区“食品安全免费快检服务日”，开展食品安全抽检核查处置工作，完成共689个批次的国家监督、“民生计划”、食用农产品、食品快检及植物油塑化剂等抽检任务，并对2家抽检不合格的食品经营单位分别处以5万元罚款；结合惠农区中小型餐厅多的现状，以设立玻璃隔断为主要形式，积极开展“明厨亮灶”工作；对814家餐饮服务单位开展餐饮食品安全监督量化等级管理工作，评定率达到96%，营造全社会共同关注食品安全的良好氛围；加强对“年夜饭”和群体性聚餐的食品安全监管，严格执行节假日期间24小时值班和领导带班制度；紧紧围绕食品生产加工、流通及餐饮等环节开展节会、学校、烧烤、“农家乐”、火锅底料、餐饮环节餐巾纸、宗教场所餐饮服务食品、农村食品、“小饭桌”、食品加工小作坊等专项整治工作，全区食品安全形势总体良好。

【药械保健市场监管】 推行落实涉药械经营企业约谈制度和季度例会制度，切实提高企业自身责任意识；开展药品经营企业GSP认证跟踪检查工作，对30家药品经营企业进行GSP跟踪检查，规范药品经营单位经营行为；扎实开展药械使用质量管理规范化建设工作，组织召开经验交流现场观摩会，以示范带动促进创建工作，全区5家民营医院和4家乡镇卫生院药械使用质量管理规范化建设工作达标；组织开展药品及医疗器械流通领域、山东非法疫苗、定制式义齿、处方药未凭处方销售、不合格面膜类化妆品、保健食品非法会销、保健食品等三类食品非法添加非法声称问题、成人用品市场、美容美发专业化妆品等专项整治；发挥技术监督作用，组织开展药品、医疗器械、保健食品、化妆品抽检工作，累计抽检中药饮片20批次、日常监督品种58批次、基本药物15批次、保健食品30批次、化妆品25批次，对4个批次不合格中药饮片进行立案处理；打造药械行业示范店，共创建药械保化“诚信经营示范店”12家；大力惩治保健食品市场乱象，建立保健食品科普宣传试点，发放宣传警示标语、制作宣传展板，并开展进社区宣传活动，制定《保健食品经营单位索证索票和台账管理制度》并张贴上墙，依法查处“利用其他方法（健康讲座）虚假宣传保健食品”等案件2起，罚款3.5万元；加强药品、化妆品不良反应、医疗器械不良事件监测工作，建立47家不良反应监测哨点单位，1家化妆品监测哨点医院，基本形成覆盖城乡的不良反应监测网络。累计收集、上报药品不良反应264例，医疗器械不良事件97例，全年未发生重大药械安全事故。

【特种设备安全监管】 结合落实“企业安全生产主体责任年”活动，全面开展特种设备安全监察工作，明确各市场所特种设备安全监察责任和分工，并制定《2016年特种设备日常监督检查计划》；以液化石油气钢瓶专项整治、脱水蔬菜企业锅炉、电梯安全攻坚战、安全生产十大专项整治、百日安全大检查、涉危险化学品暨已关停淘汰废弃生产经营场所、重大节日专项检查等为重点，强化电梯和危化品行业等特种设备安全监管，共开展各类特种设备专项整治17次，检查特种设备使用单位415家次，检查锅炉、压力容器（含气瓶）、起重机械和电梯等特种设备600余台（部、只），下发安全监察指令书106份，整治安全隐患193处。结合“安全生产月”宣传活动，深入开展特种设备安全进企业、进社区、进校园宣传教育活动，提高全民安全意识；加强特种设备使用单位安全管理人员、作业人员技能培训和监管执法人员培训工作，并开展《美丽中国梦质检安全行》宣传及科教片免费赠送活动，进一步落实企业安全主体责任，提升特种设备安全管理水平；组织开展特种设备使用单位应急救援演练20家次，积累宝贵的实战经验，提高处置特种设备突发事故的能力。

【计量监管和标准化管理】 以促进计量惠民、质量强区为目标，认真做好“5·20”世界计量日、世界认可日、质量月等宣传活动，提升社会认知度和影响力；开展社区（乡镇）医疗机构、集贸市场、蔬菜定点直销店计量器具的免费检定、加油（气）机、民用四表、定量包装商品计量监督检查工作，共免费检定医疗器械262台（件），检查加油（气）站38家，水、电、燃气表和热量表155块，计量器具213台；结合“标准化建设年”活动，开展旅游业标准化试点城市创建工作；大力推行企业标准自我声明和公开，共5家企业公开8项企业标准，积极落实企业标准化主体责任；全面完成惠农区高产玉米农业标准化示范区建设任务，在全区8个国家级农业标准化示范区中名列前茅。

【质量安全监管】 落实《惠农区贯彻实施质量发展纲要2016年行动计划》，完善质量工作机制，夯实质量发展基础，提升推动惠农区品牌建设；加大产品抽检力度，共抽检建材、化工、成品油、儿童玩具等49家75批次产品的质量抽检工作，对6家不合格产品企业进行立案查处；开展工业产品生产许可证获证企业监管，共建立获证企业档案32家，检查获证企业42家47张证书。

【网络市场监管】 认真把握网络市场虚拟性、开放型和交易跨地域性等特点，积极构建线上线下一体化监管格局，进一步建立完善“网络经济户口”数据库，夯实网络商品交易市场监管基础。应用全国网络商品交易平台监管服务系统和宁夏网络商品交易监管系统对42家网络市场经营主体开展检查，推动网络市场健康有序发展。

【消费维权】 强化消费者权益保护工作，营造和谐的消费环境，积极组织开展“消费维权典型案例大讲堂”、“投诉有理更有礼”、“诚信加盟”、网络投票评选、宣传咨询等“3·15”国际消费者权益日系列活动，共发放各类宣传手册、读本等资料35500余份，摆放展板91块、展车12辆，悬挂宣传条幅92条，解答各类咨询770余人次，进一步提高辖区消费者维护自身合法权益的意识；加强“12315”“12331”“12365”投诉举报工作规范化、制度化建设，及时做好申诉举报案件的受理、分转、督办工作。年内，共受理消费者投诉、举报139件，办理消费纠纷调解215件，为消费者挽回经济损失32万余元；以“12315”消费维权服务站为依托，在辖区6家大型商场、1家建材市场和2家农贸市场、600家经营户中全面推行消费环节经营者首问和赔偿先付两项制度，全年共受理赔偿先付案例20件。

【重点领域行政执法】 围绕农资、服装、家用电器、箱包、汽车配件等重点商品，持续深入推进广告、合同、红盾质量维权、危爆物品寄递物流、“扫黄打非”、禁毒、非法集资等专项整治行动，共检查各类经营主体516户次，对1批次不合格化肥进行查处，罚款4.8万元；开展无照经营查处取缔工作，查处无照经营案件36件，罚款

10.5万元；认真落实环境保护责任，先后6次召开环保督察整改工作会议，对油品及燃煤小锅炉进行抽检和集中整治，检查各类经营主体共209户次，配合有关部门办理中央第八环境保护督察组10件环保督办任务。

【“创城、创卫”】 加强组织领导，明确干部责任分工。成立由“一把手”负总责、主管局长具体包抓、各科所分工负责的创城创卫工作领导小组，实行局领导包抓责任制和科室配合协查工作机制。协调辖区市场、超市、各类沿街商户及时张贴、播放宁夏精神、“社会主义核心价值观”等公益广告，并通过发放应知应会卡片、文明用餐桌签、“创城、创卫”宣传册，发送手机短信等方式提升群众及各类经营主体的创城创卫意识。分局共投入10万余元开展创城创卫工作，前后10余次组织干部及经营主体召开动员会、约谈会、安排部署会，全体干部深入开展大整治活动，对出店经营、占道经营、划行归市等问题进行全面治理，尤其在“创城迎国检”期间，全体干部驻守测评点，严防死守，市场整治领导小组强化督查，定时通报。

【脱贫攻坚】 为顺利推进分局包抓的12户贫困户的脱贫攻坚工作，分局成立领导小组，实行局领导包户、部门负责人包人的精准脱贫工作责任制，“一对一”精准定向包抓，执行扶贫工作情况月报制，并将脱贫工作纳入年度效能考核。对贫困户实际情况和脱贫需求进行多次摸底，建立档案，制定“时间表”和“作战图”，确保如期实现脱贫攻坚目标。分局紧紧围绕精准扶贫思路，结合市场监管工作实际，积极与企业、餐饮服务等单位沟通协调，共11个用人单位为贫困户提供劳务扶贫岗位；融合多方力量进行养殖帮扶，由当地养殖专业户提供技术指导；主动协调当地银行和信用社，为帮扶对象提供贷款服务；充分发挥党组织战斗堡垒作用和党员先锋模范作用，发起由党员干部职工带头，企业、食品药品等经营单位积极参与的献爱心捐助活动。先后联系用工岗位37个，共解决18人就业问题，帮助7户贫困户建设养殖圈舍，购买羊只、鸡苗、饲料，发展养殖，筹集爱心款物9.44万元，共发放鸡苗、砖瓦、铡草机、米面油等价值2.5万元的帮扶物资，精准帮扶工作取得较大成效。经初步估算，年内需脱贫的3户贫困户年人均可支配收入已达到2015年脱贫标准，下年需脱贫的9户贫困户中有3户也已达到脱贫标准。

（市场监督管理局）

科技　气象

科技工作

【概　况】 2016年，惠农区科协围绕中心、服务大局，坚持以党的群众路线教育实践活动为契机，加大区内科普宣传工作的力度，打造出“科普进乡村”“科普进机关”“科普进校园”“科普进社区”“科普进企业”等“七进”活动，主题鲜明、内容丰富、形式多样的科普宣传活动，深受广大群众欢迎。充分发挥科协桥梁作用，为惠农区经济建设奠定良好的基础。同时，区科协进一步加强科协组织建设，以提高科协组织的服务水平和提升科协组织的服务形象为目的，初步形成“科普示范基地”“优秀农机协会”“优秀科普示范社区”等可持续性的科普宣传网络格局。经统计，2016年，各项科普宣传活动受众达10多万人次，取得良好的效果。

【实施《全民科学素质行动计划纲要》】 组织召开区全民科学素质工作协调会议。协调各成员单位做好“五个重点人群”（未成年人，领导干部和公务员，城镇劳动者，农民，社区居民）方案的制订和实施工作，分解落实任务。各乡镇街道成立科普工作领导小组。由一名分管科技领导任组长，相关站办、部门负责人任成员。在村委会和社区中配备专职的科普人员，建立科普活动站，做到工作有计划、宣传有专人、确保科普活动站工作顺利实施。各乡镇、街道积极争取所在辖区的科技人员及退休老科技工作者加入科普志愿者队伍，为乡镇、街道更好地开展科普宣传活动提供有力的保障。在科普活动站的建立上，惠农区科协积极争取区委、区人民政府的支持，按照人均1元的科普经费，用于科技投入。

【主题科普活动】 针对“科技周”“科普日”“科普七进”“科普大篷车下基层”等活动制定活动方案，对活动进行专题部署，把学习、宣传、贯彻党的群众路线教育实践活动定为主线，贯穿始终。在文景广场、集贸市场、街道社区等人口较多的地方发放科普资料，共发放各类农村适用技术书籍及百科知识资料2万余份，到清真寺为穆斯林群众介绍食品安全、健康养生、环境保护、节能减排和防灾应急等相关知识，让穆斯林群众深切体会到讲科学、爱科学、学科学、用科学的重要性。协调组织区农牧、水务、政法、卫生等相关部门，针对农业技术、政策法规、卫生与健康、崇尚科学反对邪教等知识，向广大群众进行现场解难答疑，受益群众达15000余人次。组织惠农区各中小学科技创新辅导员参加自治区科协举办的科技辅导员培训班，极大地提升了科技辅导员的业务水平。

【科普V视频落地应用】 各社区道德讲堂开展V视频播放工作；各乡镇街道联系结合“创城”工作，以“文明礼仪 你我同行”为主题，邀请卫生保健专家开展科普讲座活动6场次，专家们采用直观的多媒体教学方式，生动形象地向广大市民传播预防疾病、培养积极健康生活方式和饮食健康知识。组织专家现场培训与现场指导相结合，培训协会技术人员达200余人次，编印发放各类科技培训资料4万余份册，举办种养殖技术培训讲座20余场次，受众人群达1.5万人次。以点带面的培训，取得了显著的成效，既提高了农民群众的科技文化素质，又促进了各类科技项目的实施，同时也营造了科技致富的浓厚氛围，为惠农区新农村建设、构建和谐社会起到应有的作用。

【“三下乡”活动】 3月，区科协联合区宣传、文明办、农牧、林业、文化、卫生、科技等部门单位，集中开展科技、文化、卫生“三下乡”科普宣传服务活动。活动中，各成员单位向村民发放科技、文化、卫生、法律等书籍共5000余册，开展农业科技咨询800余人次，法律服务300余人次，卫生义诊1500多人次。引导农民改变陋习，科学生活。科协工作人员免费向村民发放各类科普、科技、农技等方面书籍及科普宣传材料5000余份，将科普宣传活动贯穿始终。

（惠农区科协）

气象工作

【概　况】 惠农区气象局贯彻落实“安全第一、预防为主、综合治理”的安全生产方针，完善安全生产规章制度，重视安全生产。年内，与惠农区安监局联合下发《关于进一步做好汛期雷电灾害安全防御工作的通知》；与惠农区教育局开展中小学汛期雷电安全工作联合检查。全年，检查组共进行防雷安全检查52家次，办理行政许可申报49件，办结率100%。

【城市气象服务】 2016年，惠农区气象局打造红果子镇红果子社区为气象灾害防御示范社区。社区成立了气象灾害防御领导小组，制定了社区气象灾害应急预案、社区气象灾害应急响应业务流程、社区气象灾害防御培训计划等相关制度和流程，积极开展气象灾害防御知识宣传，组织气象信息员参加惠农区气象局组织的气象信息员培训，并按照相关制度和流程配合惠农区气象局开展气象灾害防御、气象科普知识宣传和气象灾害调查等工作，已完成挂牌。新建2个社区气象信息服务站，即红果子镇红果子社区气象信息服务站、尾闸镇佳苑社区气象信息服务站。按照气象信息服务站有固定场所、有信息设备、有信息员、有定期活动、有管理制度等标准建成并完成挂牌，使社区能够从惠农区公众网、宁夏农村气象信息服务网站和惠农区农村气象信息服务平台等网站及时调用气象信息服务产品，及时传递气象预报预警信息，做好社区防灾减灾工作。

【为农服务“两个体系”】 惠农区气象局安排专人负责大喇叭、电子显示屏的维修工作，惠农辖区共有气象信息电子显示屏20个、乡村大喇叭40套，气象预警大喇叭和电子显示屏完好率分别达到94%和93%以上，部分月份甚至达到100%，位于全区前列。确保了气象信息及时传输，使气象为农服务信息更及时、更便捷地进村入户。6月24日，召开2016年气象灾害防御工作会议，惠农区农牧水务局、气象局，各乡镇领导和信息员共70余人出席会议。

【气象依法行政和社会管理】 惠农区气象局认真履行相关法律法规赋予的管理职能，认真做好辖区气象管理工作，结合安全生产大检查，加大防雷安全检查力度。与惠农区安监局联合下发《关于进一步做好汛期雷电灾害安全防御工作的通知》，严格规范雷电安全秩序，独立开展“双随机”行政执法1次；与惠农区教育局开展中小学汛期雷电灾害防御安全执法1次，与安监局开展雷电安全联合执法1次，全年执法检查企事业单位52家，依法审核受理办结行政审核事项49起，办结率100%，全年雷电安全领域无安全责任性事故发生。

【人工影响天气】 惠农区气象局认真贯彻执行惠农区委、区政府和上级业务主管部门的决策部署，扎实开展人工影响天气工作，作业能力不断提升。2016年，根据惠农区人民政府的指示精神，惠农区气象局密切监视天气变化，精心组织，作业人员24小时待命，在空域批准的情况下，1—12月，在火车站作业点成功开展增雨作业4次，共发射火箭弹30枚。在抗旱减灾、生态环境建设及缓解水资源短缺等方面发挥了重要作用。

【综合气象观测系统】 完善规章制度及流程，使工作规范化、职责清晰化。制定惠农区气象台岗位职责、值班制度；根据国家突发预警信息发布系统工作制度、工作流程，更新完善灾情收集上报、土壤水分监测（人工）、农业气象业务和服务等各项业务流程、应急预案等；编制惠农区气象台业务汇编手册。进一步健全惠农区气象组织管理网络、完善气象灾害监测预警体系、强化气象灾害应急处置能力、提升气象业务服务能力水平。在春运、春播、高考、汛期等关键期，遇有降水、大风、寒潮等有影响的天气过程时，积极主动、及时发布各类气象信息，气象服务效果良好，社会效益明显。报表审核质量、设备可用性及各类探测信息资料传输均达到规定指标。

【气象灾害预警监测】 根据自治区气象局和石嘴山市气象局的要求，组织开展惠农区辖区山洪沟灾害易发区拟建自动站站点的选址，经过梳理，上报9条山洪沟中的11个拟选站点的经纬度、海拔高度等详细信息和拟建站点分布图；上报惠农区专业气象观测网拟建站点信息和分布图；上报惠农区称重式降水传感器拟建站点信息和分布图；新建多要素小气候观测站1套。

【党的建设】 根据自治区、市气象局的要求，成立惠农区气象局党建工作领导小组及其办公室和惠农区气象局党组党风廉政建设领导小组及其办公室，印发《惠农区气象局党组2016年党建工作主要任务》，进一步提升惠农区气象局党建工作科学化水平、推进精神文明创建和气象文化建设。在全局广泛开展“两学一做”教育活动，制定活动方案，定期组织集体学习和专题学习，按时上报相关活动统计表，确保“两学一做”学习教育活动落到实处；组织开展第十五个党风廉政建设宣传教育月活动，并按时上报活动总结；制定惠农区气象局党组成员落实2016年党风廉政建设主体责任和监督责任工作台账。

【精神文明建设】 开展社会主义核心价值观教育，积极组织开展创建全国文明城市活动，开展学雷锋系列活动10余次，举办“道德讲堂”12期，每月组织志愿者开展网络文明传播活动。继续与自治区气象局信息中心党支部开展支部共建活动，与陶乐气象站、沙湖气象站开展“手拉手”活动，与庙台乡寇家桥村开展帮扶共建活动。

（李文琛）

教育　体育

教育工作

【概　况】 惠农区共有中小学校、幼儿园50所，其中高中3所（市属）、初中5所、九年一贯制学校3所、小学18所、幼儿园21所（公办3所、民办18所）。在校学生25516人，其中高中4252人、初中5761人、小学10876人、幼儿园4627人。全区共有义务教育阶段中小学教职工1393人（专任教师1371人，含160名特岗教师）。近年来，区委、区政府始终把教育摆在优先发展的地位，给予高度重视，教育改革和发展步伐不断加快。2008年，惠农区代表石嘴山市高标准、高质量地通过国家“两基”工作的督导验收；2013年、2014年，先后通过自治区、教育部推进义务教育均衡发展工作验收，惠农区教育事业发展水平得到进一步提高。

【基础设施建设】 完成市十六中、市十中教师周转宿舍的验收工作；惠农区第一幼儿园主体工程完工；惠农区第三幼儿园及尾闸镇中心幼儿园正在进行室内外装修工作；完成区二幼、惠农中学、区四幼的天然气接入工作；完成石嘴山市第十中学等8所学校校舍维修改造项目；完成2015年续建项目室内装修及消防备案；完成石嘴山市第十中学、石嘴山市第十六中学、燕子墩学校、回民学校及惠农中学浴室消防验收及竣工验收。

【“全面改薄”】 2016年，共落实自治区“全面改薄”项目17个，项目资金2037万元，主要用于学校基础设施建设和设施设备配置。完成石嘴山市第二小学等7所中小学运动场维修改造、回民学校等3所学校篮球场改造及惠农小学、市一小室外厕所；新建10所学校录播教室、教师用计算机及投影设备配置704万元；为25所中小学采购音体美器材、惠农中学等4所学校采购学生用床、办公桌椅177万元；惠农小学教育信息化示范校建设投资、市四小“随班就读”项目建设、市一小等18所学校的校园网络终端建设、市二中理化生探究实验室等项目690万元；红果子小学等3所学校班级多媒体教室设备、惠农小学等23所中小学购置图书110万元；购置中考考点设备、教室阅卷设备、幼儿园班级设备、地理历史教室设备等项目资金283万元。

【公共体育设施建设】 争取到中央预算内投资1200万元，用于惠农区公共体育设施建设。其中，惠农区全民健身活动中心480万元、惠农区公共体育场及足球场480万元、惠农区11人制足球场240万元。争取到自治区体育局公共体育设施项目4个，项目资金314万元，其中社区多功能运动场3个总投资114万元、体育公园项目1个投资200万元。

【教育信息化建设】 开展教育信息化示范校创建活动，促进信息技术与课堂教学的深度融合，提升教育教学质量，在全区起到引领、辐射作用。通过积极争取，市十五中被自治区教育厅确定为全区15所教育信息化示范校之一，共投资150万元，建设可视化安保系统、智慧校园管理系统、智慧课堂等软硬件设施，提高学校信息化水平，降低管理成本。

【“百标”学校创建】“百标工程”是自治区党委、政府促进民族教育实施的一项重要教育民生工程。年内，区教体局争取“百标工程”项目资金100万元，为市四中配备音体美教学设备，极大地改善了学校的办学条件，提升了教学实效。6月13日，市四中顺利通过自治区“百标”项目组评估验收。

【教师队伍建设】 开展“一师一优课、一课一名师”和教师优质课竞赛活动。建设8个名师工作室，开展教师培训8场次，培训教师1200多人次。加强师德师风教育、拒绝有偿家教专项整治等活动。开展“教学教研大走访”活动和中小学数学、体育说课和中考研讨等教学活动，努力提高教育质量；紧贴时代发展，大力推进校园数字化管理与数字化教师队伍建设；开展“互联网+班主任工作”论文征选和经验交流活动；开展“惠农区校园微创节”微课、微视频、应用信息化教学资源的课堂片段征选工作。深入推进“晒课”活动，让“晒课”“推优”成为教师成长与团队教学研究的主要平台与阵地，强化网络教研的形式、内容与方法，补齐学校研究氛围与研究力量不足的短板，实现协同式教学研究。组织100多名优秀中学青年教师赴福建延安中学、浙江师范大学、四川都江堰参加教师专题培训。按照国培相关要求与安排，全面抓好小学语文、小学数学、幼儿园教师工作坊的建设，为教师量身定做培训内容，带动教师线上线下学习；组织中学数学、中学物理学科说课与现场做课比赛，中学化学学科优秀录像课展评活动。

【校园安全】 组织开展“4·15”全民国家安全教育日主题教育活动和“小饭桌”集中整治活动，帮助学生增强安全意识，提高生存技能。联合区市场监督管理局开展春季学校食堂食品安全专项培训及整治活动，开展“小饭桌”餐饮服务食品安全专项整治，按方案要求统计上报惠农区“小饭桌”情况。开展“5·12”防震减灾活动、2016年全区第六届中小学安全知识网络竞赛活动和“千里平安路我的护路情”书法、绘画、摄影、征文、手抄报、手工作品等征集评选活动；开展“防溺水”宣传教育活动，夏季消防安全知识宣传教育活动，夏季暴雨、冰雹、大风等强对流灾害性天气防御和防灾、减灾相关知识宣传教育活动；学校安全教育平台运行正常，参与中小学、幼儿园44所，班级557个，教师574人，学生21245人，参与率高，效果明显；联合公安、交通等五部门开展2016年学校安全及卫生工作突出问题专项整治活动。组织各学校开展矛盾纠纷排查调处工作，对网络舆情所反映的问题及时进行调查、核实解决。

【教育教学管理】 深入推进中华优秀文化进校园活动，积极开展“童心里的诗篇”少儿诗歌诵读工作，要求人人读、班班读、年级读，并且广泛开展校园诗歌诵读比赛。邀请自治区知名新诗评论家和诗人到惠农区开展10余场次的诗歌分享活动，激发学生读诗、爱诗、写诗的热情。根据现实变革与需求，结合自治区关于规范办学与加强中小学常规管理的有关建议，出台惠农区《中小学常规教学管理细则》和《作业批改要求》，通过新常态下的教学常规，规范教学行为，形成更加科学、更加符合实际的操作体系。鼓励学校自主开发校本课程，在鼓励学校均衡发展的基础上建设面向全体个性突出的特色学校，让更多的学生在课程的支持下有不同的发展，挖掘学生更大的潜能，树立“人人成才”的教育观念。邀请专家解析翻转课堂和模式化教学基本框架与基本操作，帮助教师梳理知识脉络，建构课堂教学基本框架，创建个性化课堂。全面推进信息化手段在教育教学中的深度应用，以“信息化环境下的模式性教学”为区域研讨主题，全面推进教学改革。教研员全年在校蹲点3个月，与教师共同积极探讨区域主题下的教法与学法，夯实课堂质量，创新课堂教学。

【招生考试】 完成2016年高考及普通高中阶段学校志愿填报和录取工作，参加高考1995人，共录取1674人，其中本科761人、高职专科913人，总录取率为83.91%。其中，一本录取人数为256人、二本录取率为242人、三本录取263人。切实做好生源地助学贷款的宣传、发放工作，为534名大学生办理助学贷款，共发放贷款360万元。认真做好2016年初中毕业生学业考试工作，完成对2034名初中毕业生的理化生和英语口语、体育、信息技术的测试工作及文化课考试工作，惠农区中考录取率为51.62%，最高分693.50分，600分以上242人。做好成人高考的报名、资格审查及备考、组考工作。按照上级文件精神，开展大学生“金秋助学”工程，让贫困家庭的学生顺利入学。

【教育督导】 组织开展国家义务教育质量监测工作，组织成立惠农区实施工作领导小组，制定印发《惠农区2016年国家义务教育质量监测工作实施细则》，开展测试准备情况的问题排查和专项督查3轮，及时指导监督各样本校进行测试准备工作。5月26日，组织惠农区20所样本校参加全国统一测试，完成3个学科、360场次的监测测试和相关因素问卷填答工作，并按程序上报教育部，圆满地完成国家教育质量监测工作。组织5个责任区、20名责任督学开展常规督导和专项督查工作，结合“创卫”工作和质量监测工作对各学校的卫生工作和四年级、八年级语文、美术、音乐课程设置情况进行常规督导，形成专项督导报告并进行量化考核。

【教育创新】 督促指导创新教育试点校的试验工作，完成创新教育的汇报材料、论坛报告、义务教育典型经验2篇及教育发展报告的核心篇章。惠农区基于课程开发的创新教育已见优势。6月初，自治区党委副书记崔波对惠农区的培养学生创新素养试点工作进行调研，调研组先后到惠农中学、惠农小学、区二幼、回民学校等8个试点学校，通过听取汇报、实地查看等形式，对各学校开展创新教育工作进行认真细致的走访调研和指导，对惠农区的创新教育工作给予了充分的肯定并提出了殷切的希望。

【教育帮扶解困】 2016年，区教体局对B类单亲家庭、低保家庭、特困家庭、因病致贫家庭实施救助，共救助636人，总计63万元。实施“三免一补”政策，受益总计1.7万元。开通绿色通道，安排1032名移民子女顺利入学，并在学生生活上给予照顾。

【民办教育管理】 组织开展民办教育机构专项整治活动，联合公安、消防、卫生等部门完成全区116家民办教育机构的年检工作，并将年检结果在《石嘴山日报》上进行公告。完成第三批普惠性民办幼儿园的评定，评定普惠性民办幼儿园11所。组织全区幼儿园保育员和保健员专题培训班，就保育员流程、消毒常规、日常突发疾患应急处理等知识进行培训，培训保教人员200余名。完成辖区幼儿园分类评定工作，对幼儿园进行办园质量和业务水平等级进行评估。

【有偿家教专项整治】 成立以局长为组长的专项整治领导小组。召开专项整治活动动员会，全面开展专项整治工作。各中小学深入开展自查自纠活动，学校与教师签订承诺书1300多份，发放致家长一封信1.8万余份。建立和健全各种制度，加强师德师风建设，坚决实行师德问题“一票否决制”，坚持标本兼治、综合治理、全面整改，专项整治工作取得实质性进展。一年来，没有发现一例教师有偿家教的现象，全区教育行风得到明显改善。

体育工作

【组织区内比赛活动】 举办2015—2016年度校园足球联赛，历时3个月共举办22轮132场足球赛；与市一中联合举办第22届“图腾杯”田径邀请赛活动，全区共有16所中小学300多名运动员参加比赛；举办惠农区第七届中小学生田径运动会，各项比赛取得较好的效果。

【组织参加全市中小学生运动会】 组织8所中学、4所小学参加石嘴山市第39届中小学生田径运动会。

【协办活动】 积极开展群众体育活动，协助举办“健康中国惠农行，低碳环保健步走”主题活动，惠农区银行系统首届运动会，2016“金冠杯”宁蒙黄河金岸（惠农）山地自行车邀请赛和惠农区2016“黄金水岸杯”干部职工篮球赛，教职工排球比赛，区直机关、企业篮排球等体育比赛活动。

【举办文艺活动】 在文景广场举办“清凉宁夏、魅力惠农”庆祝“六一”国际儿童节文艺演出及庆祝教师节文艺演出活动，参加人数达到约20000人次，取得较好的社会效果。成功举办惠农区2016年“体彩杯”体育大拜年活动比赛、迎新春全民健身季“工会杯”惠农区阳光体育运动冬季长跑活动。在文景广场举办“清凉宁夏、魅力惠农”庆祝“六一”国际儿童节文艺演出及庆祝教师节文艺演出活动。

【荣　誉】 组织参加2016年自治区青少年体育比赛跆拳道等6个项目，共荣获3金3银11铜，4个第四名、9个第五名、4个第六名的好成绩，其中游泳项目获自治区体育“道德风尚奖”。

（常贵生）

卫 生

综 述

【概　况】 惠农区卫生和计划生育局（区卫生计生局）核定行政编制 11 名，工勤人员编制 2 名，职换岗 1 人，2016 年 9 月，职换岗调整至火车站街道办事处。按照惠农区深化改革办要求，依据《关于优化整合区妇幼保健和计划生育技术服务机构和人员编制的通知》整合区妇幼保健所和计划生育服务站的职能，机构设置为区卫生和计划生育局所属事业单位，保留"惠农区妇幼保健计划生育服务中心"的牌子，核定事业编制 28 名。2016 年 9 月，石嘴山市编办为惠农区妇幼保健计划生育服务中心加挂棚户区卫生院牌子。

【贯彻实施法律法规】 梳理惠农区卫生计生系统行政审批 10 项、行政处罚 125 项、行政强制 3 项、行政征收 1 项、行政检查 5 项、行政确认 1 项，行政奖励 11 项。制定印发《关于印发惠农区 2016 年卫生和计划生育工作要点的通知》《关于印发惠农区 2016 年卫生工作要点的通知》《关于进一步加强惠农区乡村医生队伍建设的实施方案》等文件；草拟《惠农区加快推进医疗卫生与养老服务相结合工作实施方案》《惠农区县级公立医院综合改革工作方案》，由区委办、区政府办印发落实；配合修改《"十三五"发展规划》《"十三五"卫生事业发展思路》《"十三五"人口事业发展规划》，提出发展意见。

【基层卫生】 开展创建国家"群众满意的乡镇卫生院"活动，红果子中心卫生院创建为国家级"群众满意的乡镇卫生院"。全面开展乡村医生签约服务，出台政策提高乡村医生待遇，稳定乡村医生队伍，保障群众在基层放心就医。自治区第五人民医院石嘴山中心医院职业病防治科、骨科，石嘴山市第一人民医院肝胆外科、神经内科、神经外科、烧伤科、放射科，惠农区人民医院中医整脊康复科成为全市卫生系统"三名工程"名科。惠农区人民医院与上海岳阳医院建立合作关系，签订合作协议。2016 年，与惠农区人社局协调，申请 26 期"医疗专家基层服务行"活动，组织 13 名高级职称专业技术人员对各基层医疗卫生机构进行业务技术指导，对辖区居民开展健康教育讲座。

【医药卫生体制改革】 调整医改领导小组成员单位，明确成员单位职责，深化医药卫生体制改革。通过区委常委会议研究印发公立医院改革方案。城乡居民医疗保险全覆盖。2016 年，共有 106024 名居民参加城乡医疗保险，参保率 100%。开展医保基金总额预付制度改革，建立大病医疗保险制度和疾病应急救助机制，做到医保应保尽保。公立医疗机构实现基本药物制度全覆盖，推行药品网上集中采购。年内，共采购基本药物 946.6393 万元，减轻群众用药负担 141.9959 万元。助推药品采购改革，制定惠农区药品采购"八条禁令”，进一步规范药品和医用耗材申购。加强医疗机构临床合理用药监管，杜绝“大处方”，保障群众的用药安全。村卫生室建设实现全覆盖，社区卫生服务机构网点建设不断完善；落实大专学历乡村医生到岗服务，实施住院医师规范化培训；兑现乡镇卫生院医务人员工作补贴。以打造宁北蒙西区域医疗服务中心为目标，辖区3家二级以上综合医院和6家乡镇卫生院、4家社区卫生服务中心按“3+10”模式组成区域医疗联合体，“基层首诊、分级诊疗、双向转诊”机制整体推进。

【医药卫生】 实施“进一步改善医疗服务行动”计划，推进“优美环境、文明服务”工程，加快建设方便群众看病的就医环境，改善人民群众看病就医感受。惠农区人民医院与宁夏第五医院石嘴山中心医院、石嘴山市第一人民医院协作，将外科和妇产科进行科室托管。鼓励高、中级职称医师多点执业。加强医疗安全防范，推进“三调解一保险”（院内调解、人民调解、司法调解、医疗责任保险）体系建设，有效化解医疗纠纷，及时排查安全隐患，全区6起医疗纠纷均成功调解。

【公共卫生】 规范实施基本公共卫生服务项目，指导村卫生室承担40%左右的工作任务，并拨付相应的项目经费。年初，顺利通过自治区2015年度基本公共卫生服务项目绩效考核，位列22个县区第8名。年内，全区活产婴儿总数1501人，产妇总数1494人，无孕产妇死亡；5周岁以下儿童死亡数为12例：婴儿死亡9人（其中新生儿死亡6人），婴儿死亡率控制在6‰；1—4周岁儿童3人，5周岁以下儿童死亡率为7.99‰。对辖区4664名儿童进行营养监测，对发现异常者均给予指导和矫治。对辖区二类疫苗接种单位的购进、接种、储运等情况进行6轮督查；完成春、秋季查验预防接种证工作。对辖区19家预防接种单位的设置和资质、适龄儿童预防接种管理开展督查，各类疫苗接种率达到95%；全区通过网络报告法定管理传染病累计审核上报传染病卡767例，传染病报告发病率438.87/10万；加强麻疹风疹监测及疫情调查处置，完成4例疑似麻疹的流调、采样、送样及资料整理，对1例麻疹确诊病例进行疫情调查、处置；结核病初诊人数191人，发现新发活动性肺结核24例，发病率比上年下降50%；完成19例HIV抗病毒治疗病人的随访管理，完成暗娼人群干预1913人次；完成5000人份包虫病重点人群筛查；对28例布病确诊病例进行规范管理；完成10轮次农贸市场居民小区等16处蟑螂、鼠、蚊、蝇密度监测工作；完成枯水期、丰水期生活饮用水水样采集、送检、结果上报工作；审核网络报告食源性病例353例。对辖区内28所学校、30所托幼机构的传染病防控、饮用水卫生等工作开展监督检查，并对存在问题的学校幼儿园责令7日内整改完毕。开展生活饮用水卫生监督检测、惩治非法行医专项行动，查处医疗机构违法案件3起，罚没金额4000元。在创建国家级卫生城市工作中，做到城区内主要街道和迎检路段的经营性公共场所监督检查覆盖率达100%。

【中医药服务】 开展基层中医药先进单位创建，在基层打造“中医馆”，实现10家基层医疗卫生机构“中医馆”全覆盖。2016年1月，被国家中医药管理局评为“全国基层中医药工作先进单位”。惠农区人民医院牵头成立全国首家导引整脊健康专业委员会，并代表宁夏参加全国广场舞大赛，为惠农区、宁夏搭建对外交流健康产业新平台。

【卫生应急处置】 加强传染病防控工作，严格执行疫情监测、报告制度，切实做好麻疹、手足口病等急性传染病和结核病、艾滋病等重点传染病防控，杜绝大暴发流行。扎实推进免疫规划工作，适龄儿童国家免疫规划疫苗接种率达到95%以上，入学儿童查验接种证达100%。加强卫生应急能力建设。进一步完善各项应急预案，健全卫生应急管理机制。加强应急队伍建设，做好应急物资储备，确保依法规范、科学有序、快速有效地处置突发公共卫生事件。及时处置2起水痘暴发疫情，聚集性疫情5起（4起水痘聚集性疫情、1起手足口聚集性疫情），1起疑似狂犬病疫情，1起诺如病毒感染疫情，完成疫情分析及突发公共卫生事件风险评估报告。

【卫生民生计划】 惠农区将“为60周岁以上老年人免费体检”列为为民办十件实事之一，区卫生计生局实行工作情况周报告。截至9月底，各基层医疗卫生单位为2.01万名60周岁以上居民提供免费健康体检服务。认真落实妇幼卫生“七免一救助”（对具有宁夏户籍的居民，开展婚前医学免费检查、农村孕产妇免费住院分娩、新生儿四种代谢性疾病免费筛查、新生儿听力障碍疾病免费筛查、先天性疾病患儿免费治疗、农村妇女乳腺癌免费筛查、农村妇女宫颈癌免费筛查，对农村孕产妇急救和农村妇女乳腺癌、宫颈癌治疗给予救助）民生计划，为335名农村孕产妇住院分娩给予补助；免费为1716名新生儿筛查4种先天遗传代谢性疾病及听力，并对6名患儿给予救治；为新生儿筛查4种先天遗传代谢性疾病及听力，完成任务率达185.8%；农村宫颈癌免费检查人数3054人，乳腺癌免费检查人数782人；实施预防艾滋病、梅毒、乙肝母婴传播项目人数1637名。开展增补叶酸预防神经管缺陷项目，为1187名待孕夫妇免费补服叶酸4903瓶。2016年，自治区下达惠农区1个社区卫生服务站项目，专项补助资金100万元，通过石嘴山市公共资源交易中心初步完成采购。

【爱国卫生】 开展爱国卫生、健康宁夏行动和创建卫生城市等工作。对全区机关企事业单位、医疗卫生系统的环境卫生、控烟、病媒生物防制等工作定期进行督导检查，在惠农区主次干道显眼处统一配置机关事业单位对外开放卫生间指引标识41个，方便居民如厕；对城区老旧小区地沟中集聚的越冬蟑类、蚊蝇类虫卵进行滞留喷洒和热烟雾熏杀。年内，荣获自治区“2015—2017年卫生城区”称号。通过自治区无烟草广告城市和病媒微生物防治达标复核验收。按照《惠农区2016年创建国家卫生城市工作安排》要求，指导基层各单位开展创建国家卫生城市工作。全市以806.1分通过自治区推荐评审。9月，完成国家暗访组暗访惠农区“创卫”工作，针对暗访存在问题，对照《国家卫生城市标准》（2014年版），逐一整改落实。

【基层党建】 以党建目标责任制管理为主体，牢固树立“围绕中心，服务大局”的党建工作理念，继续抓好“星级服务型党组织”的创建工作。落实党委书记抓党建工作的第一责任，形成了一级抓一级、层层抓落实的良好局面。党建工作目标任务和措施由党委集体讨论决定。坚持每周二下午进行干部理论学习，加强对党员干部政治思想的教育，认真贯彻“两学一做”，坚持“三会一课”制度。加强对支部党建工作的日常指导督促，每半年对支部落实党建工作目标任务情况进行专题检查并进行通报。组织支部书记开展党建工作专项述职。按照区委关于全面推进服务型党组织建设意见的要求，开展星级基层服务型党组织创建活动。打造红果子中心卫生院为定标三星，创建四星的星级服务型党组织示范点。

（李秉谣）

【党风廉政建设】 严格执行干部管理各项规章制度，进一步加强干部的培养、选拔、任用和监督管理工作，强化对基层医疗单位领导班子成员的综合考评工作。结合开展的“三好一满意”活动，认真落实党风廉政建设责任制，推进风险岗位廉能管理，加强对医疗卫生单位基建、设备等招标采购的指导和监管，加大党务、政务、院务公开。加大先进典型示范教育和警示教育力度，加强对医务人员服务质量和服务行为的动态监督。加强网上药品采购和药品使用的监督，深入开展纠正医药购销和办医行医中的不正之风、惩治涉医违法犯罪专项治理行动。

【政风行风建设】 大力弘扬改革创新、务实亲民、简朴廉洁之风，严格执行中央八项规定；严格控制“三公”经费和一般性行政管理经费的增长。继续坚持“下基层”制度和“轻车简从进村入企活动”，为基层解决实际困难和具体问题。继续做好群众网站咨询、来电来信、信访等工作，强化民意诉求的回应机制和督办机制，对重要且事实具体的诉求反映做到有问必答、有求必应，和谐医患关系，全面树立行业良好社会形象。

（李　姣）

卫生监督

【概　况】 惠农区卫生监督所核定人员编制数15人，在岗人数14人，有卫生监督员身份11人。负责辖区公共场所389家，饮用水企业9家，医疗机构121家，学校及托幼机构58所，职业健康体检、诊断机构3家的卫生监督工作。2016年，在区委、区政府和惠农区卫生和计划生育局的正确领导下，惠农区卫生监督所紧紧围绕全区工作重点和卫生监督执法工作年度目标，明确思路，统筹抓总，严格管理，注重创新，全力抓好卫生监督重点检查和专项整治工作，进一步提高卫生执法监管能力和水平，较好地履行公共卫生和医疗服务监督职责。

【许可行政工作】 全年共受理许可申请231家。发放许可证231个，发放健康培训合格证10051个。

【开展经常性卫生监督检查】 对辖区所有饮用水供应单位进行一月一次的监督检查。每季度对生活饮用水水质进行快速监测工作。结合“创卫”工作，对辖区所有经营性公共场所进行不少于6次的巡回监督检查，重点针对消毒设施、消毒记录、病媒生物防治等问题进行检查。共计报告被监督单位608户，监督覆盖率为100%。报告卫生监督户次数为791户次，监督合格率为100%。案件查处11起。完成线上培训班2期。通过专项整治，“创城”各项工作取得突破性进展，城区内主要街道和迎检路段的经营性公共场所监督检查覆盖率100%，从业人员健康合格证持证率达95%以上，对无卫生许可证查处率达100%；公共用具消毒登记率达100%；公共场所防鼠板、防蝇灯安装率达100%；防蟑螂实施安装率达98%。发放公共场所卫生制度、禁烟标识、卫生监督投诉电话、“创建国家卫生城市”宣传画等宣传资料共计1000份。发放并张贴“爱国卫生日”活动倡议书500份。

【重点监督检查】 对学校卫生重点监督检查工作，共计出动卫生监督员20人次，车辆4辆次。对辖区11所中学、17所小学、30所托幼机构的传染病防控工作，教学环境生活设施卫生情况、学校饮用水卫生工作进行专项监督检查，并从28所中小学校中抽取10所进行教学环境监测。对4家城市集中式供水单位、2家农村集中式供水单位、3家居民住宅区二次供水单位卫生重点监督检查，对供水单位卫生许可证、供管水人员、水源卫生防护、水污染事件应急、水质检测资料报告、水质消毒、用于饮用水消毒产品卫生许可批件及二次供水储水设备清洗消毒等内容的卫生管理情况进行现场监督检查，并对水质进行快速检测。共检测出厂水6份，二次供水3份。共计监督检查各类医疗机构149家，其中，乡镇卫生院7家、社区医卫生服务机构5家、个体诊所87家、村卫生室38家、卫生所（医务室）2所、疾病预防控制中心1家、卫生监督机构1家、妇幼保健机构1所、三级综合医院1所、二级综合医院2所、民营医院3所、门诊部1所。对医疗废物处置情况、预防接种管理、传染病疫情报告及疫情控制情况、消毒隔离制度执行情况进行重点监督检查。共计监督检查住宿场所30家、沐浴场所5家、美容美发场所45家、商场（超市）2家、游泳场所1家，并对顾客用品用具消毒效果、空气质量、集中空调通风系统进行卫生监督抽检，共计采样顾客用品用具210份、游泳池水采样3份、空气质量采样99份、集中空调通风系统采样10份。对2家诊疗单位、15家口腔诊所有牙片机进行专项监督检查。

【专项整治】 开展惩治无证行医专项行动，依法取缔8家无医疗机构执业许可证的场所，没收牙科器械6件及各种药物（价值1000余元）。对辖区内134家基层医疗机构的不良执业行为进行监督检查，并予以积分。对3家综合医院开展代孕专项监督检查，重点对妇产科、泌尿外科、不孕症进行监督检查，未发现有开展人类辅助生殖技术的单位。对辖区内所有医疗单位的放射诊疗工作进行监督检查，共有2家乡镇卫生院开展放射诊疗工作。

【案件查处】 查处违法案件11起，其中4家医疗机构、7家公共场所，罚没金额7450元。

【投诉举报处理】 共受理投诉4起，其中医疗卫生3起、公共场所（小浴池）1起。均及时调查、处理、回复。

【突发公共卫生事件处置】 认真执行《突发公共卫生事件应急条例》，建立完善的食物中毒报告、重大传染病防控等调查和处理体系。

【宣传培训】 先后开展“3·15”消费者权益日宣传活动，进行以“依法防治职业病，切实关爱劳动者”为主题的《中华人民共和国职业病防治法》（以下简称《职业病防治法》）宣传，以“无烟生活”为主题的第29个世界无烟日宣传活动。共计出动卫生监督员16人次，出动宣传车辆3台次，设立咨询台3个，现场接受咨询300人次，散发宣传资料1000余份，悬挂横幅3条、制作宣传展板3块，宣传经费投入5000元。举办3次卫生监督协管员的培训，组织召开2016年医疗机构创建国家文明城市及医疗安全启动会。

【队伍建设】 健全继续教育档案，加强人员培训，培训卫生监督员25人次。认真开展“守纪律、讲规矩”主题教育活动、“三严三实”专题教育活动。

【专项整治】 在辖区开展医疗机构静脉输液抗菌药物专项整治工作和公共场所儿童娱乐场所的专项整治工作。

（李冬梅）

妇幼保健　计划生育服务

妇幼保健工作

【概　况】 惠农区妇幼保健计划生育服务中心是由原惠农区妇幼保健所、惠农区计划生育服务站于2015年6月合并成立。核定编制28人，现有28人，其中专业技术人员26人。专业技术人员中，具有高级职称者5人、中级职称13人。2016年，中心纳入石嘴山市城市公立医院综合改革试点单位，安装医保专线，各项收费严格执行城市公立医院医疗服务价格政策，药品实行零差率销售。实行国家基本公共卫生服务孕产妇健康管理项目由政府购买服务，孕妇建立《孕产妇保健手册》。2016年，开展创建妇幼健康优质服务示范工程，选举产生新一届支部领导班子。

【妇幼保健指标】 2016年，全区孕产妇系统管理率99.21%，住院分娩率为100%，无孕产妇死亡。截至9月底，7周岁以下儿童健康管理率98.87%；3周岁以下儿童系统管理率97.67%；5周岁以下儿童死亡率为7.99‰。

【妇幼项目】 优化整合区妇幼保健和计划生育技术服务机构，将乡镇计划生育服务站与辖区卫生院进行资源整合，实现资源共享。在具体重大公共卫生服务项目和民生项目执行上，将计划生育的孕前优生项目与婚前检查，预防艾滋病、梅毒、乙肝母婴传播，增补叶酸，孕产期保健等母婴保健服务项目整合。全面完成自治区下达的农村妇女“两癌”筛查，为35—64周岁育龄妇女3054人进行免费宫颈癌筛查、为782人进行乳腺癌筛查。完成预防艾滋病、梅毒和乙肝母婴传播项目工作，梅毒检测1637人，梅毒阳性8人；艾滋病检测1637人，艾滋病阳性2人；乙肝检测1637人，阳性人数63人，注射乙肝免疫球蛋白63人。开展儿童孤独症筛查及儿童营养监测工作，筛查城乡0—6周儿童7253人，未发现儿童孤独症患者。为4664名儿童进行营养监测，保障辖区儿童身体健康等妇幼健康项目任务。

【出生缺陷防控】 认真落实妇幼卫生“七免一救助”民生计划，为334名农村孕产妇住院分娩给予补助；免费为1716名新生儿筛查4种先天遗传代谢性疾病及听力，并对6名患儿给予救治；新生儿筛查4种先天遗传代谢性疾病及听力完成任务率达185.8%。预防艾滋病、梅毒、乙肝母婴传播项目人数1637名。开展增补叶酸预防神经管缺陷项目，为1187名孕妇免费补服叶酸4903瓶。紧紧把住婚前、孕前、产前、产后各个关口，及时介入、早期预防、全程管理、全面降低出生缺陷发生风险。2016年，完成免费婚检668对，新婚夫妇免费婚检的比例达到99.85%。将孕前优生健康检查项目覆盖所有计划怀孕夫妇，为755对夫妇开展免费孕前优生健康检查，并积极落实孕产妇免费补服叶酸等妇幼重大项目，加强出生缺陷一级预防。通过综合防治，全区出生人口素质得到切实提高，出生缺陷发生率为61.18/万，较2015年出生缺陷率71.52/万有所下降，达到自治区、市的预期目标。

【贯彻实施母婴保健法】 规范《出生医学证明》的管理，从管理职责、配发与领取、真伪鉴定、监督检查等七个方面规范《出生医学证明》的管理，整体提高全区《出生医学证明》签发质量。12名上岗从事母婴保健技术服务的人员，全部持有母婴保健技术考核合格证。先后派出20余人参加国家、自治区各类培训。通过加强对母婴保健专项技术服务人员的培训，进一步提高从事妇幼保健人员的理论水平和技术水平，确保母婴健康。

【妇幼健康宣传】 借助全面“二孩”政策，高度重视舆论宣传，充分利用电视、广播等媒体播发妇幼保健计划生育知识及相关政策法规；利用广场宣传，“孕妇学校”“人口学校”等多种形式发放宣传资料20000余份，深入宣传“防治出生缺陷，关爱患病儿童”、“住院分娩，母婴安全”、“关爱女孩、打击‘两非’”、生殖保健与避孕、妇女常见疾病防治、婴幼儿科学喂养等知识，提高广大育龄群众对妇幼健康知识的认知率和自我保健意识。

【推进公立医院改革】 按照《石嘴山市综合改革试点工作实施方案》和《城市公立医院改革工作实施方案》要求，中心在取消药品加成方面，2012年开始执行药品“零差率”销售，每年药销售10万元左右；在价格调整方面，执行县级C类收费标准，2016年11月7日起，为孕妇实行免费建立《孕产妇保健手册》；在薪酬制度方面，争取人年均1950元增量绩效；在现代管理方面，协调财政于2017年全面实行“收支两条线”管理，医疗活动购置医疗责任保险。

【三项监测】 惠农区是孕产妇死亡和出生缺陷自治区监测点，5周岁以下儿童死亡监测是国家级监测点。2016年惠农区三项监测工作无迟报、漏报现象。孕产妇死亡监测：产妇总数1494人；监测结果：孕产妇死亡为0。出生缺陷监测：监测点是石嘴山市第一人民医院、自治区第五人民医院石嘴山中心医院、惠农区人民医院。共监测出生围产儿1798人，出生缺陷发生数22例，出生缺陷发生率为122.36/万。儿童死亡监测：全区监测活产数为1501人，5周岁以下儿童死亡12人，死亡率为7.99‰。

【托幼（园）所管理】 辖区有托幼（园）所26所，入园儿童总数5320人，托幼（园）所工作人员 323 人。为 2684 名儿童进行入托体检，为 304 名教职工进行健康体检。

计划生育服务工作

【免费孕前优生检查、优质服务、避孕药具管理】 为 755 对待孕夫妇进行免费孕前优生检查，完成目标任务的 100%。免费孕前健康检查信息录入率 100%。完成早孕随访 736 例，妊娠结局随访 782 例。检查中发现出生缺陷高风险人数 16 例，均对其进行咨询指导，建议其到上级医疗机构复诊，根据复诊结果进行重点干预和治疗，直到消除风险因素方可怀孕。做到早发现、早治疗、早处理，有效降低辖区出生缺陷发生率。为育龄妇女进行优质服务“三查一检”（查环、查孕、查病、体检），检查人数合计 39867 人次。开展免费计划生育技术服务，出具计生证明 325 人次。全区共设置避孕药具免费发放点 313 个，在区政务大厅放置 1 台避孕药具免费发放机；为各乡（镇）、街道配送药具柜 10 个、制作避孕药具免费发放点标识牌 125 个。2016 年，共调入药具 330 件，调出药具 236 件，药具应用率为 99.40%，有效率为 99.43%。

【党的建设】 组织开展党员干部“三严三实”专题教育和“守纪律、讲规矩”主题教育活动。支部书记开展专题党课 2 期。2016 年，结合“访贫思廉”“下基层”活动，共走访所联系社区 10 次，重点联系 3 名帮扶对象，以“五送”（送政策、送项目、送科技、送文化、送温暖）为着力点，以“五帮”（帮解决实际问题、帮化解矛盾纠纷、帮提升文明素质、帮理清发展路子、帮建强战斗堡垒）为落脚点，做到联系帮扶有记录、有成效，努力把“下基层”活动打造成改进工作作风、贴心为民服务的群众满意工程。认真准备，按照程序，遵循原则，配合局党委认真完成单位干部廉政测评、述职测评工作。进一步完善考核评价机制，加强干部“干事档案”管理，每季度进行“亮业绩、评干事、选优秀”，将优秀干事干部进行公示，并与绩效工资、评先评优、年度考核等有机结合起来，全面准确评价，营造干部用心想事、用心干事、用心抓落实的良好干事环境。

（黄　萍）

疾病预防控制

【概　况】 2016 年，惠农区疾病预防控制中心工作以落实自治区 2016 年卫生计生工作会议精神为主线，以医疗质量安全管理提升年活动为载体，以全面推进实施民生计划为重点，以不断提高疾病预防控制能力和检验检测能力为核心，着力夯实免疫规划基础，加强重点传染病防控能力，规范实施免疫规划管理，有效控制艾滋病、结核病、狂犬病、地方病等疫情，着力提升慢性病综合防控示范区建设水平，不断强化精神卫生防治措施，全面落实基本公共卫生服务项目指导工作。

【传染病防控】 累计审核上报传染病卡片 208 例，处理传染病预警 20 起，成功处置 1 起手足口聚集性疫情，1 起诺如病毒聚集性疫情，1 起麻疹实验室确诊病例。在哨点医院采集流感样病例标本 480 份，报告手足口病例 57 例，对哨点医院采集的 52 份标本进行收样送样。调查处置 2 例疑似狂犬病病例，对 2 名高危暴露人员进行狂犬疫苗的接种。对惠农区狂犬病暴露处置门诊开展 2 轮督导，按时完成 330 份问卷的整理及系统录入。累计报告 HIV/AIDS 68 例，疫情报告及时率达 100%。进行 CD4 检测 18 人，随访干预比例为 100%。配偶 / 固定性伴 HIV 检测比例为 100%，接受结核检查的比例为 100%，患者抗机会性感染治疗率达 100%。5 家 VCT 点共开展各类人群 HIV 检测 22001 人次，自愿咨询检测 1476 人次。完成暗娼人群干预 1466 人次，HIV 检测 570 人次，累计干预 295 人，完成 400 人份暗娼哨点监测工作。对辖区内15—60周岁农村及城市居民、学生、教师、公安干警、副科级以上干部、医务人员、15—49周岁妇女等8类人群开展艾滋病健康知识调查，调查297人，知晓率86.2%。年内，结核病初诊人数180人，其中发现活动性结核病人数22人，开展乡级督导12轮144次。对定点医院督导48次。免费为结核病人进行肝功检查720人次。

【免疫规划管理】 对辖区19家预防接种单位规范设置和人员资质审定、适龄儿童预防接种管理、预防接种告知宣传、查验预防接种证开展自查。对21所学校、29所托幼机构开展春、秋两季查验预防接种证工作，查验率100%，补种率为100.0%。完成4例疑似麻疹、4例AFP病例的流调、采样、系统录入、送样及资料整理工作，对医疗单位进行主动搜索444次。上报疑似预防接种异常反应监测病例21例，24小时报告率达100%，信息录入率100%，及时审核率100%。结合"4·25"预防接种宣传周活动开展查漏补种，共调查适龄儿童3125人，发现漏种儿童19人，补种率100%。按时完成脊灰减毒活疫苗转换工作。加强一类疫苗的冷链管理，规范二类疫苗进销渠道。组织辖区18家预防接种单位参加云服务项目培训，掌握金苗系统的使用技术。

【慢性病地方病防治】 各医疗单位共建立居民健康档案171003人，电子档案累计录入数为171003人，建档率为87.17%。已管理65周岁以上老年人15107人，管理率74.53%，抽查体检表完整率80%；管理高血压患者13408人，管理率33.90%；抽查规范管理率60%，血压控制率96.67%；管理糖尿病患者3584人，管理率23.54%；抽查规范管理率39.83%，血糖控制率65%。指导基层开展全民健康促进活动，完善35周岁首诊测血压工作、高危人群筛查及管理、提高患者自我管理小组活动工作质量等，35周岁以上首诊测血压率93.37%。在6个乡镇（街道）的12个村（居）开展慢性病及其危险因素调查工作，共调查2400人。累计筛查严重精神障碍患者疑似患者1594例，确诊严重精神障碍患者2人，检出率3.67‰，累计管理严重精神障碍患者745人。在管患者641人，完成免费服药管理32人，个案管理32人，新筛查重性精神疾病疑似患者102例。累计筛查登记癫痫病患者536例，累计复核诊断入组管理397例，2016年新筛查癫痫患者55人，诊断复核患者29人，新入组管理28人，在管患者服用项目药品治疗194例。共登记随访肿瘤695例，新发413例，死亡280例。开展主动随访650例，被动随访233例。开展宁夏消化系统传染病流行病学调查900人，免费做胃镜、B超和全血化验。采集5所学校8—10周岁学生食用盐200份，5个乡镇孕妇食用盐100份，共计300份食用盐，碘盐覆盖率达100%。对3周岁以上重点人群开展包虫病筛查5000人份，采集犬粪800份。对330名高危人群开展布病筛查及健康教育工作，筛查率100%，查出阳性10人，结合流行病学调查确诊布病5例。开展布病一类人群调查问卷300人，二类人群调查问卷300人。完成枯水期和丰水期各31份水的水样采集、送检和系统上报。

【公共卫生监测】 监测87所医疗机构，采集各类样品345份，合格315份，合格率为91.30%。完成公共场所监测46家135份。每月对农贸市场、餐饮、医院、宾馆等8个行业的13处监测点开展以蟑螂、鼠、蚊、蝇四害为重点的病媒生物密度监测。审核用人单位信息12张，审核尘肺病例11例，审核农药中毒2例，审核有毒有害作业工人健康监护16例，共体检在岗工人603人。网络审核数据及时率正确率均为100%。网络审核食源性病例245例。完成8家医疗放射诊疗机构辐射防护基本情况调查工作，辖区共有从事放射工作人员47人，拥有放射诊疗设备49台。完成150户居民厕所无害化建设任务。

（梁淑萍）

文化 旅游

文化工作

【概 况】 惠农区商务和文化旅游局（挂经济技术合作局牌子），承担商务招商（三产服务业、口岸、物流）、文化（文物广播电影电视、新闻出版、版权）旅游三项管理职能。核定行政编制11名，领导职数为一正四副；核定经济技术合作事业编6名。2016年商务和文化旅游工作，紧紧围绕区委、区政府中心工作，以重点工作、重点项目为抓手，着力改善民生，促进服务业转型升级；进一步优化服务环境，着力抓好招商引资协调服务工作；完善构建现代公共文化服务体系，巩固公共文化服务体系示范区创建成果，提升公共文化服务水平；以创建全国旅游标准化试点城市为契机，进一步构建和提升全域旅游服务环境和水平。

【创建国家公共文化服务体系示范区】 对照国家公共文化服务体系示范区西部创建验收标准，结合惠农区文化工作开展的实际情况，做好各项内页资料的上报工作，从宣传氛围营造、公共文化设施免费开放、设施建设与管理、活动开展情况、服务效能、特色与亮点等入手做好软、硬件工作，完成总体评价、公共文化设施网络建设、公共文化服务供给、公共文化组织支撑、资金人才和技术保障等7个方面、25项、65个指标要求的创建任务，突出重点抓亮点，大力实施城乡文化惠民工程，切实保障广大群众基本文化权益，努力建成符合实际、覆盖城乡、结构合理、功能健全、实用高效的公共文化服务体系，使惠农区文化建设工作迈向新台阶。2016年4月，顺利通过文化部、财政部专家组实地检查验收；2016年10月，惠农区被正式命名为国家公共文化服务体系示范区并授牌。

【公共文化建设】 在文化馆一楼建设1个占地1500平方米的市民学校，主要在周内向市民进行曲艺、舞蹈美术、书法、摄影、器乐、球类等方面的免费培训活动。新组建中街幸福艺术团、水城民生社区星河艺术团、庙台乡静安梦艺术团、田野之歌艺术团4个民间文艺社团队伍，配备必要的设施设备，指导开展群众文化生活。开展文化流动服务，新设立南街新村社区图书点、南街街道综合文化中心图书点、园艺镇惠民社区清真寺图书点、园艺镇水韵名都社区、河滨街道屯园5个流动图书借阅点，分批次配送读书。在全区范围内整合各部门、学校等相关文化资源126处，不断地满足广大群众对文化、体育、健身、休闲娱乐等活动的基本需求，更好地为市民群众服务。

【公共文化服务】 采取政府购买服务方式，为惠农区民间艺术团提供排练场地、乐器、音响、服装等设备，扶持文艺团体发展。组织3支民间社团参加石嘴山市第三届广场舞大赛并获得一等奖，惠农区民间社团选送的数来宝《文明在路上》、舞蹈《凉山姑娘》、广场舞《花儿红》，分别获得2016年“欢乐宁夏”全区群众文艺会演表演类二等奖、表演类三等奖、创作类三等奖，惠农区民间社团联合队荣获石嘴山市“丝路欢歌闹元宵”秧歌社火大赛一等奖。充分发挥文化志愿者的引领作用，组建520人文化志愿者队伍，开展形式多样的文化志愿服务活动。开展流动文化进基层活动，建设36个图书流动服务配送点，分批次将23000册图书送到居民手中，每半年进行图书流通更新，开展文化流动服务。

【群众文化活动】 开展“清凉宁夏 · 魅力惠农”、“我为乡亲送戏来”广场演出、“百姓健康舞”培训三大品牌文化活动，全年开展广场文艺演出及下乡演出103场次，其中，广场文艺演出33场、送戏下乡演出70场；百姓健康舞培训2期，培训文艺骨干500余人。实施图书馆全年免费开放，方便读者借阅。2016年，区图书馆新增图书3212册，共有藏书119421册，全年共接待读者9.5万人次，办理及更换图书借阅卡3000余张。做好农村电影放映工作，新建燕子墩村、红果子长城移民点2个农村固定放映点，全年放映电影724场。先后举办迎新年“群文之星”民间艺术社团优秀节目展演暨颁奖典礼活动、2016年迎新春干群联谊会、第十一届全区秧歌社火大赛、全市“丝路欢歌闹元宵”秧歌社火大赛，协办“黄金水岸杯”宁北蒙西青少年才艺大赛等大型文化体育竞技活动，丰富群众文化生活。开展世界读书日活动，先后在文景广场、政府楼前、黄金水岸等人员密集场所开展读书宣传周主题志愿服务活动，启动“图书漂流、爱心传递、书香惠农、全民阅读”推广活动，为营造“书香惠农”浓厚氛围奠定坚实基础。2016年，岳亚东、潘春生、樊月凤、张杰4个家庭荣获自治区“书香之家”荣誉称号。

【“非遗”保护】 5月28日至6月11日，惠农区文化馆分别在文景广场、惠农区文化馆“非遗”展厅、王宪苓“非遗”工作室等地举办主题为“保护文化遗产传承中华文明”的宣传活动，营造全民参与保护非物质文化遗产的良好氛围。在第十一个文化遗产日到来之际，制作“非遗”展板，向群众发放“非遗”宣传单200余份，还邀请自治区级“非遗”传承人（剪纸）王宪苓现场剪纸，吸引众多市民驻足。同时，继续做好非物质文化遗产项目的信息登记及搜集整理，开展非物质文化遗产项目的保护和挖掘。石嘴山市第十三中学作为“回族木球”项目传承基地，被定为自治区级“非遗”传承项目基地。

【文化执法】 结合“六城联创”工作，加强文化市场管理监管。与各经营业主签订《文化市场经营管理目标责任书》《安全经营目标责任书》《禁毒目标责任书》等，不断加强业主的自律意识。深入开展校园周边环境集中整治和各类法规宣传活动，加大对网吧、歌舞厅、书刊、音像、印刷市场检查，同时定期与不定期联合公安、教育、工商、卫生、城管等部门开展执法检查，依法查处娱乐场所、网吧违法经营行为。2016年，共开展各类经营场所检查1000余家次，处理文化市场举报案件8起，查缴沿街小商铺内利用游艺机赌博的经营行为5家次，没收投币游艺机6台。对新增的9家歌舞娱乐场所，完成网上审批、公示办证工作，完成116家歌舞娱乐场所的年检、年审工作。

档案管理工作

【概　况】 2016年，惠农区档案局在区委、区政府的正确领导下，在上级业务部门的关心指导下，以服务民生为己任，紧紧围绕区委、区政府中心工作，进一步创新档案服务机制，加强档案资源建设，加快档案信息化建设步伐，提高依法治档水平，确保档案安全，为全区各项事业的发展做出了新贡献。

【档案馆新馆建设申报】 区政府于2016年2月

23日召开三届第4次常务会议，专题研究档案馆建设项目有关事宜。2016年4月，自治区发改委下发《关于转发下达西部地区县级综合档案馆建设项目2016年中央预算内投资计划的通知》，批复了惠农区档案馆新建项目。该项目计划建筑面积1888平方米，投资合计694万元（其中，中央预算内投资264万元、地方配套430万元）。2016年9月，中央预算内投资264万元到账。区委、区政府相关领导高度重视档案馆建设项目，将新馆建设列入2017年区重点工程。

【文书档案集中整理培训】 惠农区档案局（馆）举办全区档案人员岗位培训班，并对2015年度文书档案集中进行整理。全年共举办培训班12期，培训档案人员110人次，整理档案12998件，指导各单位收集整理照片档案432张。指派业务人员深入社区指导各社区规范化整理2015年社区档案，并将完成情况纳入年底考核。

【婚姻登记档案入馆】 为确保婚姻档案的安全保管和高效利用，区档案局及时将区民政局2016年形成的2633件婚姻档案接收入馆，并全部进行信息化处理，方便群众前去查阅。

【档案利用服务】 全年共接待社会各界档案利用者1040人次，提供利用档案资料325卷、899件，与2015年同期相比有较大幅度的提高。其中，接待查阅婚姻档案800多人次，查阅文书档案100多人次，查阅土地确权档案80多人次。为群众办理独生子女证、教师职称评定、失地农民养老保险等相关事宜提供了有效的证明，为全区经济建设、编史修志、调解矛盾纠纷等方面提供了大量翔实的第一手资料，解决了大量问题。

【农村土地确权档案管理】 区档案局（馆）按照自治区档案局、农牧厅的工作要求，对馆内农村土地确权档案进行数据化处理。具体工作是制作尾闸镇、庙台乡等5个乡镇、34个行政村、246个村民小组、16000多户的土地确权档案案卷级和文件级目录以及对综合类、合同类以及调查登记类档案的扫描和挂接，实现馆藏土地确权档案信息化全覆盖。

【档案编研】 区档案馆已将原惠农县、原石嘴山区、惠农区2004—2010年各单位的文书档案全部接收入馆，并建立健全各单位的全宗卷。安排专人历时两个月时间完成《档案馆指南》《全宗指南》两项编研任务，为今后档案馆达标奠定了坚实的基础。

【撤并、新建单位重新修订审批】 组织全区12个涉及撤并、新建的单位开展《文件材料归档范围和保管期限表》重新申报工作，并在规定的时间内完成撤并、新建单位的《文件材料归档范围和保管期限表》修订审批任务。

【档案行政执法】 成立档案行政执法检查组，11月3—14日，对全区区直各部门、各乡镇、街道进行档案行政执法检查。针对各单位存在的主要问题下达整改意见通知书，限期整改，进一步确保全区档案事业的有序发展。

【档案网站建设】 安排专人定期更新和添加网站内容，进一步加强档案网站建设，不断完善档案信息内容，及时更新档案信息，通过在网上定期或不定期发布档案信息，让外界了解馆藏概况、档案管理情况、开放利用服务等信息，充分发挥档案信息网站覆盖面广的特点，使其成为向社会宣传档案工作的有效平台，让广大群众了解档案、走进档案，提升公民依法利用档案、保护档案的意识。

（宋　薇）

广播影视工作

【概　况】 开通《惠农新闻》《祝您健康》2个栏目。制作惠农区纪委主办节目《廉政经纬》2期；完成惠农区县域经济观摩片1部；完成惠农区组织部重点党建宣传片1部；完成惠农区公安分局禁毒宣传片1部；完成惠农区公安分局防电信诈骗警示教育宣传片1部。

【重点项目】 开办惠农区重点工作系列访谈（领导干部“话担当、促发展”）节目，共播出25期；主创拍摄微电影3部。完成“六城连创”系列宣传任务。

【荣　誉】 筛选推荐的广播电视作品，获得宁夏新闻奖、宁夏广播电视政府奖1个一等奖和1个三等奖。主创的微电影《傻老王》获得全市微电影评比二等奖。

（张作奇）

旅游工作

【创建全国旅游标准化示范城市】 结合惠农区旅游企业发展现状，制定《惠农区创建全国旅游标准化试点城市工作实施方案》，通过督促、指导旅游企业实施国家、行业和地方旅游相关标准，全面提升惠农区旅游业的服务质量和综合竞争力，为塑造惠农区城市品牌奠定良好基础。2016年12月，惠农区被国家旅游局命名为第三批全国旅游标准化示范城市。

【旅游宣传】 建立惠农区智慧旅游网络平台、微信平台，制作微页等开展新媒体宣传推广；加强与宁夏优品网、淘宝网等线上企业合作；依托宁夏智慧旅游网、宁夏旅游、石嘴山旅游等平台宣传推介惠农区的旅游资源，通过一系列的活动推出一批民俗特色、传统工艺、“非遗”文化传承特色产品。制作精美旅游宣传手册和彩页，将其投放到各景区、旅行社、星级酒店和各类活动赛事中，通过多种渠道宣传和营销模式，吸引更多区内外游客，不断提升惠农区旅游的知名度、美誉度和吸引力。

【休闲度假旅游】 红柳湾生态旅游开发项目完成垂钓池、反季节温室大棚、生态养殖区、自驾游营地、儿童乐园、主题养生馆。黄河金岸生态旅游开发项目完成2016—2017年按照国家AAAA级旅游景区编制控制性详细规划，已申请立项，完成前期准备工作。园艺镇生态公园项目完成项目前期各项准备工作，已开工建设。罗家园生态旅游区项目配套设施建设逐步得到完善，历史文化旅游保护、景观景点建设、生态产业示范、葡萄酒庄文化展示、酿酒葡萄种植园五大功能区基本框架已完成，将作为惠农精、奇、神、险、特惠农旅游品牌进行打造。乡村旅游建设项目结合国家级科技示范园区建设项目实施，在全区范围内建设3个精品旅游村镇，布设特色鲜明、主题突出的旅游服务设施功能，支撑完善全域旅游度假功能。

【商务会展文化旅游】 举办“黄金水岸杯”健康徒步活动、“金冠杯”宁蒙黄河金岸（惠农）山地自行车邀请赛等系列活动，凝聚人气，拉动消费，活动效果明显。先后组织旅游企业参加“宁夏金牌旅游小吃”“石嘴山市旅游特色小吃”评选活动，推出一批特色美食餐饮。金岸全家福入选“宁夏金牌旅游小吃”，特色孔馍、杨三乳鸽拉条、赵旭升羊杂碎成为“石嘴山市特色旅游小吃”，万德隆拉面、老王鸡肉蘑菇面、聚贤堂麻辣烫、祥通四小碗、漠翼拉丝蛋白青稞大馒头等入选“惠农特色美食”。在全国旅游标准化试点城市创建中，“金岸红柳湾”“农家乐”被评为金盘级旅游餐馆，“西夏红楼”“湾师傅”“祥通餐饮”被评为银盘级旅游餐馆。

【研学旅游】 宁夏煤炭地质博物馆项目重新启动建设，将建成以工业成果展示、历史文化展演、体验式教育、科技展演等为一体的综合展馆。

（师德武　马丽君）

社会　生活

民政工作

【概　况】 惠农区民政局有干部职工 21 人，核定行政编制 7 名，事业编制 13 名（内含参公），聘用编制 1 人。领导职数：局长 1 名，副局长 2 名；老龄办主任 1 名。主要承担全区城乡低保、农村救灾救助、优抚安置、基层政权和社区建设、婚姻登记、殡葬管理、社团登记、区划地名管理、社会福利、老龄工作等六大体系、十二项重点工作。

【城乡最低生活保障】 2016 年，辖区有城乡低保户 5113 户 8425 人，城镇最低生活保障户数 3299，人数 6162 人，支出 2145 万元；农村最低生活保障户数 1814 户，人数 2263 人，支出 496 万元。

【农村“五保”供养】 惠农区中心敬老院内设床位 300 张，共有农村“五保”对象 235 名，实行集中供养，年供养标准为 6780 元。养老院配备管理及服务人员 15 名，室内设置健身娱乐多功能活动大厅、礼拜厅、餐厅、洗衣房、浴室等，部分房间安装了紧急呼叫器，满足了老年人的养老、休闲、康复、娱乐等需求。

【城乡医疗救助】 住院共救助 2295 人次，支出 62.9 万元；民政部门资助参加城乡居民医疗保险 12767 人次，支出 78.3 万元；门诊救助 34 人次，支出 3.5 万元。

【自然灾害与突发事件救助】 2016 年，自然灾害受灾人口 1160 人，农作物受灾面积 2230 亩，直接经济损失 550 万元，救灾支出 82.1 万元，比上年减少 64%；强化突发事件的应对机制，对全区灾害信息员进行定期培训，培训合格率达 100%，对遇突发事件致贫的城乡困难群众，临时救助 425 人次，支出 85 万元，比上年增长 102.3%。

【“双拥”与优待抚恤】 开展“双拥”宣传活动，坚持重大节日走访慰问部队制度，落实优抚安置政策，各项优抚资金发放及时到位。组织开展军警寺共建活动，投入资金建成永平清真寺“双拥”文化大院、中街清真寺“双拥”文化展示墙。国家抚恤、补助各类优抚对象 204 人，安置义务兵、士官若干人，抚恤事业费支出 195 余万元。

【老龄事务】 落实城乡 80 周岁以上高龄老人津贴制度，为 194 名老人发放高龄津贴 74 万元；为 285 名独居、空巢等老年人购买居家养老服务，共 17.1 万元；为辖区 1171 名 85 周岁以上的老年人每人发放 300 元长寿保健金，共计 35.13 万元。

【养老机构】 辖区有公办养老机构 1 个，有床位 300 张；民办养老机构 1 个，床位 320 张。共有社区服务设施 42 个，社区服务站 42 个，其他社区服务设施 125 个；社区居家养老服务站 42 个，农村养老幸福院 13 个。2016 年，投入 60 万元，改扩建农村互助养老院 4 所，按照自治、自愿、自理、自助的原则，采用“集中居住，分户生活，统一管理，互帮互助”的模式，解决老年人住宿、吃饭、娱乐等问题，使老年人享受到亲情化的服务。

【社会福利事业】 辖区有福利企业5家，安置残疾职工169人，福利企业产值2.87亿元；福利彩票全年销售收入890万元；落实孤儿养育津贴制度，为66名孤儿发放养育津贴40.64万元。

【城乡社区建设】 申请自治区立项资金85万元，完成火车站街道办事处花园社区、红果子镇下营子村社区活动场所的民生计划城乡社区建设项目。

【社会组织】 有71家社会组织参加年检工作，年检合格率达到86%，基层党组织覆盖率由63.5%提高到80%；惠农区社会组织履行社会责任先进单位评估先进单位4家，获得以奖代补1万元，计40000元。

【婚姻登记】 推动婚姻登记信息化工作，办理婚姻登记1438对，离婚登记482对；配合计生部门为新婚夫妇免费婚检668对。

【殡葬登记】 清明节期间，以“惠民、绿色、人文”为主题进行宣传，积极推进移风易俗、树文明新风，新事新办、厚养薄葬文明乡风。2016年，落实重点区域迁坟补偿资金35.7万元。

【区划地名普查】 开展惠农区民政局第二次全国地名普查工作，收到国家和自治区配套地名普查资金66万元，共完成第二次全国地名普查外业作业80%的工作量。行政区划工作确定石嘴山市监狱与内蒙古乌海市海南区某镇某村农村越界事宜，进行实地踏勘，采集界线实地位置坐标，比照勘界协议书等资料，进行内蒙古、宁夏区域界线确认。

【结对帮扶】 精准摸底，综合施策，认真开展帮扶解困活动，为3250名受灾特困群众发放大米32500公斤，面粉32500公斤，胡麻油16250公斤，合计45余万元；进行“一帮一”活动，每户帮扶资金不少于200元，全区共计1520户。

【招商引资】 落实招商项目1项，完成固定资产投资2755万元。完成引资8500万元，如期完成全年总任务。

【队伍建设】 以创先争优为目标，践行“为民、务实、清廉”的工作作风，抓好机关效能建设，自治区民政厅授予惠农区民政局张华“自治区双拥工作先进个人”称号；宁夏福彩管理中心授予惠农区文景广场彩票销售中心“先进单位”称号；石嘴山市民政局授予惠农区民政局“全市社会救助工作先进单位”称号；石嘴山市民政局授予惠农区民政局全市“养老服务先进集体”称号；杨春、周颖荣获石嘴山市民政局“市级先进个人”称号。

（马玉璋）

人口与计划生育工作

【概　况】 2016年，惠农区期初总人口为186872人，期末总人口数为186092人（其中，少数民族32824人、农业人口45011人），全区新出生人口1368人，死亡977人，自然增加391人，人口出生率为7.34‰，死亡率为5.24‰，出生缺陷发生率为129/万，人口自然增长率2.10‰，出生政策符合率为98.90%。全员人口信息准确率、完整率在95%以上。各项指标均在自治区、市下达的各项控制指标范围之内。

（马丽瑶）

【目标管理】 各部门相互配合，群策群力推进卫生和计生工作提质增效。区委领导在五套班子联席会议上安排部署卫生和计生工作，区人民政府与各乡镇、街道、部门签订《2016年度卫生和计划生育工作目标管理责任书》。

（马丽瑶）

【计生扶助】 落实利益导向，推进民生工程。2016年，惠农区审核上报全国农村部分计划生育家庭奖励扶助制度45人，奖励扶助资金5.4万元；审核上报“少生快富”工程项目户3户，累计

317户，累计奖励扶助资金134.1万元；审核上报国家计划生育家庭特别扶助制度133人，奖励扶助资金108.96万元；审核上报宁夏计划生育家庭特别扶助制度92人，奖励扶助资金70.32万元；审核上报自治区少生快富工程项目户提前实施奖励扶助制度403人，兑现奖励资金48.28万元；审核上报石嘴山市提前五年对接农村部分计划生育家庭奖励扶助和少生快富节育奖71人，兑现奖励资金6.624万元；审核上报石嘴山市计划生育家庭特别扶助制度130人，奖励扶助资金46.656万元；审核上报石嘴山市提前享受计划生育家庭特别扶助制度126人，奖励扶助资金42.588万元，累计审批上报各项奖励扶助对象1317人，落实奖·励资金462.928万元。按照独生子女保健费新标准，核定14周岁以下城镇居民、农业户口独生子女4311人，共183.53万元。

（邱梅霞）

【流动人口管理】 实行与户籍人口同宣传、同服务、同管理的属地化管理、市民化服务机制。建立流入已婚育龄妇女档案制度；落实计划生育便民维权措施，定期查验《流动人口婚育证明》，加强与流动人口户籍地之间的信息沟通和合作；落实流动人口中实行计划生育的育龄群众奖励优惠措施，关心和关注留守家庭的生产、生活情况。通过加强流动人口现居住地与户籍地之间联系，实现流动人口信息共享，做好流动人口“一盘棋”省内和跨省评估工作和流动人口动态监测调查工作。

（马莉蓉）

【宣传教育】 强化计生宣传，提升人口素质。继续推进婚育新风进万家活动。制作“创建和谐幸福家庭”健康指导手册，免费向计划生育家庭发放。乡镇计划生育服务站免费向育龄妇女开展优生优育、生殖健康、心理咨询、计划生育技术服务等活动。积极开展大型宣传活动，各单位利用重大节假日和计划生育纪念日，以大型文艺演出、板报展评、知识竞赛、演讲比赛、座谈会、培训班、有奖问答、咨询服务等形式，大力宣传人口和计划生育政策法规、优生优育、生殖健康知识和新的婚育观念，树立科学、文明、进步的婚育观念。设立计划生育固定宣传栏16个，制发放婚育新风进万家宣传手册1万份，人口与计生条例宣传册120份，举办各类培训班30多场次，发放全面“二孩”政策等各类宣传资料2.5万余份，受教育人次达6000人次。继续抓好《中国人口报》《中国家庭报》《人口文摘》《人口与计划生育》等杂志的征订工作，《中国人口报》征订到村级。

（邱梅霞）

【优质服务】 落实优质服务，提高人口素质。以区妇幼保健计划生育服务中心为龙头，以乡镇妇幼保健计划生育服务站为依托，开展计划生育技术服务各项工作。为39867人次已婚育龄妇女享开展计划生育“三查一检”服务，为775对夫妇开展免费孕前优生健康检查，切实保障母婴安全，减少了出生缺陷现象的发生。

（王淑春）

乡镇　街道

红果子镇

【概　况】 红果子镇地处宁夏最北端，历史上因盛产叫“红果子”的枸杞而得名。2003 年 7 月 22 日，乡镇区划调整，与原石嘴山市惠农县下营子乡、马家湾镇合并，成立红果子镇。全镇面积 80 平方公里，辖 5 个行政村、4 个居委会，服务人口 3.2 万人，其中城镇居民 2.2 万人，劳务移民 812 户 3284 人，在册耕地面积 3.2 万亩。镇人民政府人员编制为 40 人，其中行政编制 26 人、事业编制 14 人，实有工作人员 39 人。镇人民政府内设行政机构 3 个，分别为党政综合办公室、社会治安综合治理委员会办公室、社会事务管理办公室；设事业机构 3 个，分别为经济发展服务中心、文化体育与信息服务中心、民生服务中心。

【特色小城镇建设】 2016 年，红果子镇积极申报国家项目。12 月，被国家发改委等 11 个部委确定为全国第三批新型城镇化综合试点；被住建部确定为全国美丽宜居小镇。

【盘活辖区闲置办公用房】 红果子镇地处原惠农县城区，2003 年由于撤县并区，辖区单位、企业多转移至现惠农区，导致原县城多处办公用房闲置。2016 年，通过对闲置办公用房的排查摸底，共闲置用房 13 处。为盘活闲置国有资产，促进资产合理配置、有效利用和保值增值，红果子镇创新盘活红果子镇镇区闲置办公用房。将原惠农县妇幼保健所办公楼、疾控中心办公楼与红果子镇市场监督管理所办公楼置换；将原惠农县财政局办公楼与水管所办公楼置换；将原惠农县汽车站调剂给惠农区农发办和红果子镇公用事业管理站办公；将红果子镇市场监督管理所、水管所办公楼拆除，新建红果子镇街角小游园；将原教育局印刷厂平房、水利工程队库房、原民政局养老院拆除，进行绿化美化；将原惠农县计划生育局办公楼调拨给惠农人民医院使用；将原惠农区第二幼儿园、原惠农县青少年活动中心办公楼调拨给区卫生局，建设兼具医疗卫生和养老服务资质和能力的医疗卫生机构或养老机构；将养路公区办公用房调拨给红果子镇农副产品加工园区使用。惠农区种子公司和原教育局办公楼所处地段地理位置优越，待评估后拍卖。

【盘活红果子镇农副产品加工园处闲置土地】 红果子镇创新措施，盘活农副产品加工园区企业闲置土地 198.57 亩，增加土地利用率。使用行政手段，盘活僵尸企业，整合土地资源。通过行政手段，督促闲置土地所有人盘活企业，或将闲置土地转让给有能力的企业，从而整合土地资源，为招商引资奠定基础。争取项目资金，改造供排水、供电设施，新建供暖、供气设施，打通园区主道路，加强园区卫生环境培育，为招商引资打造优良硬件。既注重引进客商，更注重抓好亲商、安商、扶商的投资环境建设，为投资者提供诚恳、快捷、高效服务，以优质服务补齐区位发展短板。调整红果子镇土地利用总体规划，进一步改革红果子镇土地使用制度，将综合开发后的土地使用权出让给用地者，所得土地净收益除按规定上交国家和自治区外，全部用于园区建设发展。

【精神文明建设】 2016年9月23日，红果子作为全自治区农村精神文明建设工作经验交流会参会单位之一，参加在盐池召开的经验交流会，题为《开展群众文化活动，打造精神文明高地》的经验材料被选为大会书面交流材料。红果子镇围绕“功能优化强镇，产业提升兴镇，文化发展亮镇”的总体思路，着力推进公共文化服务，以文怡人、以文育人，助推精神文明建设迈上新台阶。抓硬件建设，构建基层公共文化服务平台。借助石嘴山市全国第二批公共文化服务体系示范区创建的契机，建设设置合理、功能齐全的“四室一场”（社区服务站，活动室、社区办公室、警务室、医疗室），并不断配套完善音响、乐器、篮球架等文体设备器材，为广大群众享受文化艺术和日常参与文体活动提供便利条件。抓队伍建设，为群众文化注入源头活水。以活动带队伍，以队伍促活动的形式，连续举办三届秧歌社火大赛，全镇5个行政村、4个社区都建有一支秧歌社火队，为全镇开展活动乃至参加上级文化部门组织的秧歌社火赛事活动，奠定了良好基础。组织成立由50余人参加的红果艺术团，每年开展送戏下乡演出近20场次。抓文体活动，丰富群众精神文化生活。成立“惠风”文学社，共发展成员15人，其中自治区作协会员4人，石嘴山市作协理事、会员6人，每年在区内外报刊发表作品10余篇（首）。开展“我的书屋，我的家”读书活动，得到各村、社区“农家书屋”的积极响应。红果子镇徐忠杰、王登明、岳亚东、潘春生家庭获评自治区首届“书香之家”；徐忠杰家庭被评为第二届全国“书香之家”。

【农村交通安全劝导站建设】 结合农村道路交通安全社会化管理工作，依托网格化管理模式，建立机动车、驾驶员基础信息台账，录入石嘴山市城乡社区网格化信息平台，实行“户籍化”管理，建立道路交通微信网络发布平台，将机动车驾驶员纳入微信圈子，通过微信平台向群成员及时发布交通安全常识，节假日路况信息、恶劣天气预警信息、辖区道路交通事故案例分析等信息，营造人人重视道路交通安全的浓厚社会氛围。在农村道路交通安全社会化管理工作的基础上，在各村建立农村交通安全劝导服务站，制定劝导员工作职责、工作流程。在主要路段设立监督提示牌，公示村书记电话便于村民及时联系；在各村出口处安装“三件套”（反光柱、减速路拱、提示牌）23处；在车流量大的出村口安装爆闪灯2处、反光锥筒6个；在村出口处建立劝导站，交通安全劝导员身穿反光背心，手拿扩音器喊话，用双眼盯紧村民们的出行安全，提示摩托车司机注意行车安全。劝导员对村民骑摩托车不戴安全头盔、面包车非法营运、摩托车无牌无证，三轮车、低速载货汽车违法载人、车辆超员、不系安全带、酒后驾驶等违法行为进行劝导、制止。是年，红果子镇共成立农村交通安全劝导站5个，共有劝导员30余人，劝导站劝导纠正交通违法行为80余起，宣传教育3000余人次，全镇农村道路交通违法行为大幅度下降，村民交通安全意识有了显著提高，交通环境有了明显变化。

【打造纪委约谈提醒室】 为落实全面从严治党“两个责任”，坚持把纪律和规矩挺在前面，2016年以来，镇党委、纪委以约谈提醒为切入点，把握和运用执纪监督“四种形态”的第一种形态，通过打造纪委约谈提醒室，重点对党员领导干部在工作、生活、作风方面存在的苗头性、倾向性问题，及时约谈提醒，抓早抓小，筑牢领导干部“第一道防线”。红果子镇纪委约谈提醒室配备涉密笔记本、打印机、保密柜、书刊架和电视机等设备，同时制定《红果子镇党员干部廉政约谈提醒制度》，规范约谈内容、约谈主体、约谈程序和约谈方式。明确镇党委主要领导同各分管领导进行约谈；各分管领导同各分管村（居）、站（所）负责人进行约谈；各站所负责人同本站（所）干部职工进行约谈。通过分层次约谈，促进党风廉政建设责任制落实到位。在约谈提醒工作中，镇纪委还通过向被约谈人发放《中国共产党纪律处分条例》和《中国共产党廉洁自律准则》，播放警示教育片等方式开展警示教育，注重约谈提醒与法规政策相结合，帮助被约谈人学习党纪法规和法纪政策。2016年，红果子镇共约谈党员干部30余次，真正达到了早提醒、早教育、早纠正的良好效果。乡镇纪委设立约谈提醒室为惠农区首创，红果子镇纪委约谈提醒室作为石嘴山市唯一的观摩点，11月1日，迎接自治区纪委副书记殷学儒、石嘴山市纪委书记雍建华、惠农区纪委书记罗万信等一行的观摩。

【劳动争议调解委员会示范点建设】 2016年8月，红果子镇劳动争议调解委员会顺利迎接市总工会领导的观摩。委员会位于镇综治中心二楼，设立政策维权超市，配置维权书籍、宣传手册，营造温馨和谐的调解环境。同时选配18名镇、村（居）干部担任调解员，安排业务学习和培训，确保调解工作有序、有效推进。红果子镇共建立调解委员会76个，调解小组281个，有调解员458人。创新和完善劳动争议调解机制，建立区域性劳动争议调解委员会，依托行业协会，重点在交通运输、建筑、餐饮服务、养殖、商贸等劳动密集型行业建立行业性调解组织，在机关、企事业单位建立调解委员会，在车间、班组及社区设立劳动争议调解小组，并建立调解网络“三问”责任制度，加强上下沟通，畅通调解“绿色通道”。做到一般劳动争议不出乡镇（社区）、企业（班组），实现劳动争议调解组全覆盖。

【居民自治矛盾纠纷化解机制】 红果子镇地处惠农区城乡接合部，辖区老旧小区多，无物业小区多，基础设施老化严重，给居民造成困扰。针对以上问题，红果子镇积极探索建立“乡镇指导支持+社区支部引领+小区业主自治”的“三位一体”矛盾纠纷化解机制，切实解决群众困难，着力打造和谐宜居小区。每逢冬季供暖期，在红果子镇党委、镇政府的指导支持下，由社区牵头，召开居民小组会议，解决群众供暖困难。2016年11月初，惠西社区国税局1号家属楼24户、食品厂家属楼15户及惠安小区26号楼3单元10户均由于地沟暖气管道老化朽坏，无法正常供暖。为了确保住户温暖过冬，由镇党委、镇政府指导支持，惠西社区牵头，分别在3个居民小区召开居民小组会议，商议暖气管道改造问题。会议研究决定：根据《中华人民共和国城市居民委员会组织法》第9条，为充分发挥小区业主的自治功能，由红果子镇聘请专业人员进入暖沟实地查看后，进行评估报价，维修费用由全体业主分摊。通过该种方式，成功化解了矛盾纠纷，惠安小区、国税局家属楼和食品厂家属楼管道维修后均实现正常供暖。

（谭 艳）

【老旧村庄整治项目】 2016年，红果子镇积极争取“一事一议”项目5个，共投入297.85万元对全镇5个行政村进行环境综合整治，完成道路硬化长度5169.28米，硬化面积24423.47平方米。加大主干道路大绿化大整治力度，主要对5个行政村村庄巷道和惠新街、为民路等主干道路绿化带进行整修，整治面积6500平方米。

【马家湾高效节水灌溉项目】 2016年，红果子镇积极推进马家湾村高效节水示范区建设，共计完成高效节水灌溉区730亩，铺设干管0.82公里，分干管3.19公里，支管2.66公里，滴灌带275.88公里，建设高效节水灌溉（蓄水池）2座，恢复丰收渠泵站，修复更换节水闸3个，配套建设田间建筑物61座。

【“阳光沐浴”工程】 按照惠农区《关于做好2016年农村“阳光沐浴”项目申报》的通知，红果子镇经调查摸底，以居住“美丽村庄”和集中庄点为重点，统计落实全镇“阳光沐浴”360户，全部安装太阳能热水器。

【五渠村高标准农田建设项目】 2016年，红果子镇高标准农田建设包括五渠村和长城社区，共改造面积7000亩，砌护斗渠14条长7.5公里，农渠131条长38.5公里；开垦荒地350亩，深翻2000亩，项目施肥2000亩，平田整地600亩。铺设主干管1.2公里，支管16条3.358公里，竖管448条0.717公里。各类配套建筑物736座，毛口6685座。

【马家湾村村部阵地建设】 共计投入28万元，改造面积400平方米，安装塑钢窗4套、铝合金门6套、不锈钢护栏14套，墙面刷漆79.99平方米，安装外墙保温板34.88平方米、屋面前檐PVC瓦26.88平方米，安装吸顶灯10套、双管荧光灯20套，内建室内卫生间2间，“老饭桌”安装大理石灶台1套。新村部内设有办公室3间，会议室3间，图书室2间和“老饭桌”等。投入29600元，配备会议办公桌椅33套，办公桌椅5套，图书柜2个。投入15000元，制作室内制度牌30个及宣传喷绘墙体150平方米。

【工矿棚户区搬迁安置】 委托银川旭瑞房地产咨询评估有限公司评估房屋726套，与红果子工业园区片区居民签订房屋征收协议479份，分配安置房481套，完成征收房屋681套（根据群众自主自愿原则，由于该次棚户区改造全部实行实物安置，部分居民的条件有限，属直系亲属或两套及以上均属自己的房产，可进行房屋合并置换一套房屋）。安置房源为红宝家园三期3号楼至17号楼以及水城民生部分房源，对完成房屋征收手续的395户进行了安置。

【党建工作】 开展冬季党员轮训工作，实行冬季党员轮训班子成员联系点制度，党委班子成员讲党课9场次，村居党支部书记讲党课18场次。全镇共开展集中培训10场次，党委班子支部书记讲党课18场次，理论培训及实用技术培训52场次，召开讨论会9场次，轮训党员共495人。组织285名党员干部订阅“惠农区党员e家”微信平台，丰富学习载体形式。对远程教育10个基层站点进行定期检查，确保远程教育站点畅通。2016年，共新培养积极分子18人，新吸收预备党员6人，转正党员11人。开展党组织关系排查，组织党员填写《党员基本情况登记表》，理顺党组织关系，做好党组织关系转接，转出党员78名，转入党64名。开展“双找”（组织找党员、党员找组织）活动，加强流动党员管理，发放党员证36本，并为36名党员发放流动党员证。找到“口袋党员”6名，失联党员5名，已全部纳入所属支部管理，失联党员和“口袋党员”已全部找回。规范党费收缴，及时公示党员缴费信息。1—6月，共收缴党费17750元，其中党员补缴党费1885元。通过“三荐、两票决、两公示”（个人自荐、群众推荐、党组织推荐，乡镇党委差额考察，乡镇、村两级票决和两级公示）的方式，在退伍军人、农村产业能手、致富能手、返乡创业人员、大学生村官中选拔出村级后备干部18名，建立村级后备干部信息库。在参加红果子镇“送政策”活动的市直部门干部（市文化局、市档案局、市委党校）中，15名区直机关干部、36名镇干部与153名贫困户、养殖大户、家庭农场结对帮扶，干部到位率100%。举办政策宣讲、技能培训班30场次，累计培训5100余人，走访农户1563户，做到辖区村队100%覆盖。重点深入专业大户、家庭农场、农民专业合作社等开展政策宣讲，印制发放宣传单5178份、宣传册750余本。2016年，申报四星级党支部2个、三星级党支部4个，二星级党支部3个，完善农村服务型党组织“五项制度”（一是“党群议事会”制度；

二是村干部轮流值班制度；三是农村党员集中活动日制度；四是乡镇干部包村制度；五是农村群众诉求“月月清”制度），突出服务群众、服务党员、服务发展、服务民生。通过村务短信公开平台，推送各类惠民便民信息，及时将党务、村务及便民惠民政策等信息及时向群众公开。

【党管武装工作】 加强基层武装工作，成立武委会、国防动员领导小组，全年召开武装工作会议2次，广泛开展国防动员宣传，及时完成民兵应急、公路抢修、担架救护3支镇基干民兵分队的人员列编和整组点验，共列编人员154人。

【党风廉政建设】 利用周例会及时对各级纪委会议文件精神进行传达学习，组织观看警示教育片4场次；深入开展《准则》《条例》学习活动，组织党员干部进行《准则》《条例》知识测试并撰写心得体会70余篇；组织领导干部在区纪委网站和微信平台“惠农清风”公众号上开展《准则》《条例》知识学习；每日通过飞信平台向干部推送廉政短信，潜移默化地提高干部的自律意识，共推送廉政短信48条。镇纪委共收到区纪委信访转办件7件，3件已调查完毕并上报调查报告，初核3件，立案处理3人，结案1件；网络问政平台处理信件24件，咨询件7件，投诉件7件，市议政转办件4件，建议件4件，已全部处理完毕。

【效能建设】 严格执行干部请销假、考勤签到、值班等干部管理制度，坚持每月一通报；节假日通过给干部发送廉政短信等方式，提高干部廉洁自律意识。针对干部作风问题，共下发书面督查通报9期，短信通报5期。共处理群众反映问题36件，其中，信访件9件、网络问政平台信件27件。

【精神文明建设】 镇党委把“四个全面”战略布局、“五大发展理念”、“四个宁夏”建设等作为学习重点，采取集中学习、专题讲座、党课教育等形式开展集中学习12次。结合“两学一做”专题学习教育，领导集中讲党课10场次，邀请市委党校讲师讲授《中国共产党章程》知识1次、镇长带头讲党课1次，观看“两学一做”、党风廉政建设、换届选举知识、党史党建电教片20余次，开展全镇干部“信息宣传”“下农村送政策促发展”“安全生产”等培训5场次。积极开展“我们的节日”及“道德讲堂”活动，镇机关“道德讲堂”被评为“五星级道德讲堂”，惠西社区、长城社区道德讲堂被评为“三星级道德讲堂”，“讲文明、树新风”理念在全镇蔚然成风。春节期间，开展红果子镇“迎新春”干群运动会暨文艺会演，活跃群众性文化活动，激发干部群众参与文体活动的热情，丰富干群文化生活；端午节期间，结合“两学一做”学习教育，为全镇5名困难党员、道德模范党员、行动不便老党员“送学上门”“送粽子上门”，陪他们共度端午佳节。共推荐“感动宁夏”人物候选人5名、“身边好人”12人，表彰各类道德模范及先进工作者20余人。

【“创城”工作】 根据全区创建全国文明城市整体工作安排，结合红果子镇实际，制定实施方案，分解创建任务，明确目标责任。共制作宣传墙135面、发放宣传品800余份，营造良好的宣传氛围。全年组织志愿服务活动100余次，开展环境卫生整治20余次。对照两个测评体系要求，逐条梳理，严格按照档案资料要求对文档进行规范，确保资料完整。

【国家公共文化服务体系示范区创建】 加强文化基础设施建设，提升公共文化服务水平。除红果子社区外，其他8个村、居都有文化活动室，每个村、居都建有1支民间文艺团队。村、居活动室面积都达到60平方米以上，建有多功能活动室、图书阅览室、室外文化活动广场等设施。大力开展文体活动，繁荣城乡居民文化生活。全年组织开展春节文艺会演、2016送戏下乡演出、“七一”建党95周年专场文艺演出、“8·16”“清凉宁夏”广场演出、惠农区中心敬老院重阳节联欢会等文化活动；举办“书香飘农家，共建新农村”和“我的书屋我的家”为主题的2次“农家书屋”读书活动。

【社会治安、综合治理工作】 健全社会治安综合治理及维护稳定组织机构。红果子镇综治工作配备1名分管领导、3名综治专干，在村（居）建立综治工作站，每个村（居）配备1名综治专干。规范调整村、社区调委会、治保会组织，对村（居）9名综治专干、23名网格员和104名人民调解员进行业务培训。在村、社区开展治安巡逻和人民调解工作，实现人民调解工作、群防群治工作全覆盖。建立矛盾纠纷周排查、月总结工作机制，建立“零报告”和“周报告”制度，建立健全责任清单、任务清单、矛盾问题清单、矛盾问题化解清单，制定领导包案责任表。开展平安创建宣传14场次，发放各种平安建设宣传资料1.5万余份，举办培训班8场次，制作平安建设宣传展板50块，制作宣传路旗、灯箱60块，悬挂宣传横幅和宣传标语35条，平安建设墙体文化宣传500平方米，发放印有平安建设内容的宣传物品5000余件，受教育人数20000多人，调动了广大人民群众参与平安创建的积极性。举办4期安全知识讲座，发放冬季用电、防火、防盗宣传资料5000余份，对辖区内13家宗教场所组织开展安全隐患排查。与宗教场所负责人签订安全责任书，查看安全制度、应急预案、各项安全防范措施的落实情况；联合派出所、消防队深入加油站、商场、宾馆、饭店、网吧、市场等人员密集场所和农村养殖园区进行消防安全大检查。建立道路交通安全宣传教育培训基地，宣传道路交通安全知识。建立道路交通微信网络发布平台，将驾驶员纳入微信圈子，通过微信平台向群成员及时发布交通安全常识，节假日路况信息、恶劣天气预警信息、辖区道路交通事故案例分析等信息，发放“温馨提示卡”提高驾驶员交通安全意识。建立农村交通安全劝导服务站，并在行政村设立交管室，预防安全事故发生。

【信访维稳】 共受理来信来访28批84人次，其中初信初访13批43人次，重复访15批41人次，个访19批27人次，集体访9批57人次。矛盾纠纷排查化解53件，化解信访案件8件，民情民意采集处置25件。

【禁毒工作】 在马家湾农贸市场制作禁毒宣传阵地，制作禁毒宣传广告牌、灯箱、墙体标语、菜市场大棚禁毒宣传标语等30余条；开展禁毒“流动课堂”宣传活动；借助“三八”国际妇女节，开展“不让毒品进我家”活动，努力减轻毒品对家庭的危害；6月26日国际禁毒日，举办主题为“全民参与禁毒，共建和谐红果”的禁毒知识竞赛；组织镇、村、居干部观看禁毒电影，参观禁毒教育基地。严格管理戒毒人员。与各村（居）签订2016年禁毒工作目标责任书，层层落实责任。制作禁毒各项工作制度、毒情分布图、禁毒摄影图。扎实推进社区戒毒康复工作，落实由亲属、村（社区）、镇、片区民警组成的“四位一体”帮教措施，提升吸毒人员社会管控能力。对43名吸毒人员全面摸排，登记建档造册，摸清吸毒人员的基本情况、动向，逐人落实戒毒管控措施，信息录入吸毒人员社会化管控系统。

【法治城市建设】 4月，在农贸市场、红宝小区开展主题为“公共安全警示教育月”综治宣传活动，通过悬挂横幅，设立咨询宣传台，发放印制宣传资料、纪念品等形式，宣传安全防范、平安建设、法治建设、治安防范、交通安全、禁毒、反邪教、国家安全等知识，发放印有“平安惠农”宣传标语的水杯300个。结合法律“九进”活动，开展“倡导科学生活方式拒绝一切邪教活动”、“三八”妇女维权周、综治宣传月、“4·15”国家安全日到各村（居）创建法治培训班、组织全镇干部观看法治思维讲座光碟等活动。共计发放法治宣传资料5万余份、书籍上万本。

【创新社会管理】 发放“民忧卡”，为群众解决实事。组织包村（居）干部、村（居）干部和网格员进村入户发放“民忧卡”，建立“民忧档案”（问题清单、责任清单），将“民忧卡”反映的问题分类建档，以转办单的形式将任务分解到各村（居）、站（所），制定化解措施、化解时限、化解情况，经责任领导签字后，上报镇综治办，并反馈给当事人，属于村（居）委会职责范围的，由村（居）委会负责处置，村（居）委会处置不了的要及时上交镇政府处置，镇政府处置不了的上报至区综治办，协调相关部门处置，同时安排专人进行联系跟踪。全镇共发放“民忧卡”5200张；收集办理群众反映的民情民意190件，已办结172件，未办结18件，办结率90.5%。设立居家养老、社区养老服务站，为老年人提供聊天、娱乐、健身等方面服务；建立空巢老人基本信息、健康信息2本台账；开展老年饭桌、结对子帮扶、社区日间照料等活动，使老年人“老有所养、老有所依、老有所乐”。

【统战和民族宗教】 成立民族团结进步创建活动领导小组，形成党政“一把手”亲自抓、分管领导具体抓、班子成员配合抓、全镇各级干部及广大群众共同参与的工作格局。全方位开展惠西社区创建惠农区民族团结进步示范点工作，促进宗教和顺有序、民族关系和睦、社会和谐稳定；开展法律进宗教场所活动，深入广泛地宣传《宪法》《民族区域自治法》《宗教事务条例》等民族宗教政策知识。实施民心工程，增进民族团结。对辖区内13家宗教场所组织开展安全隐患排查。与宗教场所负责人签订安全责任书，查看安全制度、应急预案、各项安全防范措施的落实情况。

【工会工作】 完善58名困难职工档案，为全镇49名困难职工发放“爱心卡”计29400元；开展金秋助学活动，为红果子镇3名大学新生发放助学资金12000元；开展大病救助活动，为红果子镇1名职工办理大病救助；为红果子镇3名学生申请困难职工子女大学救助。组织干部职工参加全区职工运动会、市民运动会等集体活动，开展“庆‘三八’”表彰、“读好书”征文、“庆‘五一’”书画摄影作品征集、“职工书屋”征文和“庆‘七一’”讲党课等活动。

【共青团工作】 整合全镇大学生村官、选调生、“三支一扶”、“西部志愿者”等资源，充实团干部队伍。加快区域化、网格化党团组织建设步伐，在惠西社区和长城社区建立针对新市民儿童的“四点半课堂”和“周末小课桌”，并逐步在全镇推广。开展“国酒茅台”助学活动和“黄河银行”助学活动，为红果子镇8名大学新生争取到了助学资金。

【女工工作】 摸底并上报单亲贫苦母亲384名，成立志愿者与单亲母亲互助小组9个，为单亲母亲提供帮扶；成立妇女儿童维权工作站，接受来访妇女16次，化解矛盾纠纷12起。举办妇女健康知识讲座3期，组织妇女群众健康检查；举办巾帼科技致富培训班1期，培训120余人次，使农村妇女基本掌握主导产业种植技术和贴息小额贷款相关知识；落实妇女小额担保贷款工作，为23名农村妇女发放贷款184万元，累计回收贷款536万元，争取贴息资金29360元。

【信息上报】 2016年，共上报信息简报445条。其中，74条被惠农区政府公众网采纳，28条被石嘴山媒体采纳，9条被自治区媒体采纳，1条被国家级媒体采纳。

【“两学一做”专题教育】 成立领导小组，带领党员学习。制定“两学一做”学习教育方案和学习计划，成立领导小组，由领导班子和包村（居）干部组织指导组，派出7个指导组和1个督查组，及时掌握各支部学习活动开展情况，每10天召开一次党委扩大会议，专题研究教育实践活动进展情况。领导班子成员和党支部书记共讲党课51场次，开展集中学习累124场次，培训党员干部累计4675人。全年在醒目地段制作宣传展板32块，制作宣传标语3处。发放党章、《准则》《条例》、习近平总书记系列重要讲话等学习教材共1000余本，印作红果子镇“两学一做”应知应会500本，发放党员学习活动记录，促进党员学习教育落到实处；为党员发放党员证和党徽，亮明党员身份，坚持集体学习72场次2900余人次，领导干部带头到村（居）党支部讲党课34场次；搭建村务短信公开平台，推送各类惠民便民信息20000余条；开设“指尖学堂”，建立微信学习平台10个，及时推送学习教育信息。为老党员“送学上门”，体现党的人文关怀。全年走访老党员100余人，慰问老党员、困难党员71人，发放慰问金16300元。梳理各类意见建议348条，办理345条；在惠西社区推行党员积分制管理和党员包片联户制，激发党员服务群众的先锋示范作用。

【生态建设】 全镇春季造林新植补植各类树50721株，其中，五渠村村部及五渠村3队幸福村庄造林面积4.9亩，铺换风沙250平方米，栽植树木296株，红果子工业园区道路两侧林带栽植刺槐1360株，镇城区公园及惠新街绿化栽植各类树木49065株。组织人员对镇各行政村的丰收渠、宝马渠、五渠、新渠及下简路两侧的树木打孔注药24000株，丰收渠、宝马渠、五渠、臭椿树木投磷化铝片15000株，宝马渠上臭椿树木绑扎防虫隔离裙4500株，并对宝马渠、东渠、西渠、丰收渠、中渠、五渠、新渠上的臭椿树木进行普查，将普查结果及时上报区林业局。协调配合区林业局执法人员处理下营子6队、五渠3队村民及城市社区居民毁林事件4起，罚款5200元，均上缴财政，依法惩治各种毁林事件，坚决杜绝重大毁林事件发生。

【创业就业】 2016年，红果子镇新增小企业14个，新增创业小老板24户，大学生创业引领计划3人，微小企业带动就业目标任务实名制管理460人。扎实开展创业培训，电子商务意识培训100人，电商意识提升培训17人，创业能力培训30人，培训后自主创业创业率达到50%以上。全面抓好就业工作，共发布就业信息11期，城镇新增就业实名制管理650人，城镇失业再就业实名制管理600人，城镇就业困难人员实现再就业实名制管理50人，农村劳动力转移就业实名制管理1800人。“一卡通”城镇新增就业人员、城镇失业人员等实名制管理信息录入达到100%。切实做好就业扶贫，建立精准扶贫台账33人，为18人提供了技能、创业能力等培训。

【农村居民参加养老保险和医疗保险】 完成医疗保险缴费4991人，办理新参保医疗保险64人，实施大病住院医疗救助6人，发放救助资金2.1万元。完成城镇居民养老保险参保181人、新农保参保423人、被征地农民养老保险15人、零缴费（重度残疾、“五保”户等）61人。办理新参保人员养老保险204人，办理失业证33本，发放社保卡150张。2015年，“4050”灵活就业养老保险缴费补贴133人，办理城乡退休人员养老保险认证1697人，完成上报15名符合条件的失地农民养老保险核定工作。

【农村环境综合整治】 组织干部职工，出动630余人次，动用机械车辆17台次，先后24次对110国道两侧、109国道两侧、红礼路两侧、下简路等主干道路沿线的环境卫生进行集中整治，清理各类垃圾1500余立方米，净土覆盖3000平方米，清洗垃圾箱35余次，油漆刷新垃圾箱80个，拆除私搭乱建2处，清理汽修店铺4个，维修粉刷垃圾箱38个，规范辖区内占道经营、出店经营200余家，清理乱摆乱放、乱贴乱画、户外广告2000余处。

【“两个中心”运行及管理】 将原来由社区承担的协助政府及其部门委托受理的19项公共服务和36项行政审批事项，全部“上交”镇“两中心”受理和办结，社区协助做好有关审批事项入户核查核实工作。规范综治中心服务事项，6大类13项，以清单方式公开服务事项和办事流程；民生服务中心窗口共受理各类服务事项11898件，其中，就业社保医保类13项4727件，残疾人服务类12项3656件，民政服务类10项803件，计划生育类13项566件，住房保障类2项127件，党政综合服务类3项1697件，其他145件。镇综治服务中心窗口共受理各类服务事项1034件，其中，初信初访81件，法律服务115件，矛盾纠纷调解67件，流动人口及重点人员管理438件，法治宣传教育357件，联合调解信访案件11件，提供法律咨询67人次，为老年人、残疾人等困难群体提供维权服务10件次，提供预约服务和上门服务30次。

【计划生育】 2016年，红果子镇共出生婴儿121人，出生率7.07‰，死亡89人，死亡率为5.2‰，人口自然增长率1.87‰。发放计生政策知识各类宣传册6400余份，设立免费药具发放点58个，发放药具16500余盒。为全镇83对育龄夫妇免费孕前优生健康检查，流动人口验证率98%。全年确定“少生快富”55户，落实奖扶资金229000元；“少生快富”提前奖励66人，落实奖扶资金79200元；国家级奖励扶助10户10人，落实奖扶资金12000元；特别扶助4户5人，落实奖扶资金11760元；石嘴山市提前五年奖励扶助9户9人，落实奖励资金8640元；石嘴山市提前特扶3户6人，落实奖励资金19440元。发放独生子女保健费340人143925元，办理计划生育家庭保险238户9520元。全员人口信息平台共录入常住人口户数信息5849条，常住人口信息共计14340条，育龄妇女建档4169人，流动人口录入1468人，出生婴儿录入121人，数据完整率、逻辑关系准确率均达99%，人口统计工作质量和全员人口宏观管理信息化覆盖率、完整率、准确率有了大幅提升。

【公共安全】 进行春、秋两季的动物集中免疫，共免疫猪瘟、猪A型、O型口蹄疫、猪蓝耳7492头（次），牛口蹄疫20400头（次），羊口蹄疫和小反刍兽疫61612只（次），禽流感、鸡新城疫144000羽（次），秋季对5200头牛和16700只羊进行了布鲁氏分枝杆菌病疫苗的免疫注射。全面完成全年动物防疫任务，做到免疫和耳标佩戴均达100%，确保无重大动物疫情发生。全年共采集猪血清50份，羊血清100份，牛血清50份，鸡血清和棉拭子各100份，以配合动物疾控中心做好流行病学和血清检测工作。对肉牛进行了三头以上母牛的“见犊补母”的系谱建档工作，配合中心对红果子镇肉牛和基础母牛建档立卡，每月两次到场、到户监管，督促定时消毒和畜禽的免疫补针、档案的规范化填写，充分掌握全镇养殖业发展动态。

【农田水利建设】 推进秋季农田水利建设，涉及上营子、五渠村和长城社区2个行政村、1个社区、11个队，改造土地面积1.2万亩，工程量10.76万立方米。共清淤三级沟道37条20.4公里，其中斗沟6条2.7公里，农沟40条17.7公里，砌护斗农渠131条45.85公里，恢复生产道路74条40.7公里，配套建筑物39座，机械平整土地500亩，新开发荒地120亩。架设应急水泵7台，新打深井4眼，抗旱机井5眼，维修电排站2座，维修老旧机井52座，改造输水管网11公里。储备物资编织袋14000条，木桩5.5立方米，铁丝2吨，麦草5吨，汛期对险工险段排查2次，及时掌握汛情动态，对存在隐患的地段随时上报上级部门，及时进行抢修。落实专业抢险队1个，临时抢修队5个，总人数170人，切实保障全年无重大灾情发生。

【村级集体经济发展】 通过奶牛托管、土地流转、土地租赁等措施，不断发展壮大集体经济。全镇5个行政村共实现村集体收益42.87万元，其中马家湾村5.46万元、上营子村6.01万元、五渠村3.43万元、宝马村11.33万元、下营子村16.64万元。

【农业政策性保险】 共落实农作物播种面积

37530亩，其中粮食作物21450亩、经济作物10280亩、青饲草5800亩，分别占总播种面积的49.1%、35.7%和15.2%。全镇完成政策性参保面积29294.3亩，占耕地面积的78%，占签订合同面积的127.4%。对全镇的动物进行政策性保险参保，284头猪完成政策性参保，参保率为95%；2865头牛完成政策性参保，参保率为62.3%。

【乡镇领导班子换届和村“两委”班子换届】 按照区委的安排部署，5月，红果子镇全面展开党委换届工作，选举产生正式党代表110名；7月29日，召开中国共产党惠农区红果子镇第六次代表大会，顺利选举出红果子镇新一届党委委员11人、纪委委员5人和出席惠农区第四次党代会代表10人。红果子镇人大、政府换届工作于8月开始，选举产生镇人大代表53名和出席惠农区第四次人代会代表19人。9月6日，召开为期三天的红果子镇第六届人民代表大会，朱新忠当选为红果子镇人大主席团主席；张杰林当选为红果子镇人民政府镇长；张海川、李培军、潘玉萍当选为红果子镇人民政府副镇长。

红果子镇第十届村党支部换届工作，按照全区统一安排，采用“两推一选”选举方式，村支部班子职数设置委员5名，书记1名，副书记1名，实行书记主任一肩挑1个村（马家湾村），实行书记、主任分设4个村（上营子、下营子、宝马、五渠村），有2个村副书记兼妇女主任（宝马村、五渠村），有3个村副书记单设共（上营子、马家湾、下营子村），严格换届程序，严肃换届纪律，严把换届关口。12月28日，成功选举出村党支部班子书记5名，副书记5名，委员25名。各村支部班子均有1名35周岁左右的年轻班子成员。其中女委员10人，占委员的40%。年龄结构情况：35周岁以下4人，36—45周岁10人，46岁以上11人；文化程度：初中及以下10人，高中及以上15人。村党支部书记年龄最大的56周岁（下营子村支部书记马光明），年龄最小的49周岁（上营子村支部书记赵成国），平均年龄53周岁；文化程度：初中1人；高中及以上4人。

【农业气象减灾服务平台】 开展“直通式”气象服务。与区气象局做好对接工作，及时将本镇95%以上的专业大户、家庭农场和农民合作社等新型农业经营主体名称、种养大户等详细信息提交气象局，及时向该类群体转发各类气象信息。成立气象灾害防御领导小组，制定气象信息服务站管理办法，建立农业农村气象防灾减灾工作岗位制度，明确镇、村应急联系人、气象协理员、气象信息员在气象灾害防御工作中的职责；定期召开气象灾害防御领导小组工作会议，安排部署镇气象防灾减灾相关事宜，组织气象灾害应急预案演练，组织人员对各村农业农村气象防灾减灾工作进行督查2次。

（谭　艳）

园艺镇

【概　况】 园艺镇位于惠农区滨河新区，辖区呈狭长三角形状，东至滨河大道，西至惠安大街，南至沈阳路与尾闸镇接壤，北至惠农区汽车站，区域总面积7.44平方公里。辖有园艺村、安乐桥村、底埂村3个行政村，辖有桥东居委会、吉运居委会、静安居委会、静宁居委会、惠民居委会、水韵名都居委会6个社区居委会。

【党的建设】 建成静安社区“红色港湾”党史教育基地，通过开展“六个一”（升国旗、重温入党誓词、学习党的光辉历程、唱红歌、观看红色电影、参加红色拓展训练）活动，定期组织辖区全体党员干部参观，使广大党员接受理想信念教育，强化宗旨意识。全年接待观摩活动15次2000余人。在庆祝中国共产党建党95周年系列活动中，表彰3个“先进基层党组织”、8名“优秀党务工作者”、33名“优秀共产党员”，慰问

33名困难党员。组织开展党员远程教育5次，受教育党员1000余人次。2016年，新接收预备党员8名，16名党员按期转正，培养入党积极分子15名。

【“两学一做”主题教育】 坚持正面教育，坚持以上率下，坚持问题导向，坚持分类指导，注重打牢“学”的基础、把握“做”的关键。全镇组织各类专题学习会议427人次，党支部书记讲党课20人次，组织开展专题讨论20次402人次，组织集中学习31次824人次，领导干部到基层讲党课8次，梳理并解决问题33件。

（洪倩倩）

【纪律监督】 查办违纪案件1起，处理违纪党员1人。按照“六定”（定对象、定时限、定人员、定方式、定程序、定纪律）要求，建立纪检信访接待室，健全纪检信访接待制度，全年共接待来访群众82人，收集整理群众反映的线索19条。打造约谈提醒室，对党员干部苗头性问题及时谈话函询。全年，党委书记与班子成员，分管领导与干部之间谈话30余次。对镇2013年以来落实中央八项规定精神进行“回头看”，查找涉及公务接待、公务用车、账目管理等问题近50余条，建立整改台账，明确整改措施和整改时限。

（马海霞）

【效能建设】 对镇人民政府原有的29条规章制度重新进行修订和完善，剔除与新形势、新要求不相符的内容。落实“三重一大”“五不直接分管”等制度，将制度和集体决策结合起来，避免权力滥用。强化干部作风监督检查，全年开展督查检查8次。按要求开展“群众评议机关及干部作风”活动，抓好群众投诉和建议处理，及时处理和答复网络媒体等投诉问题，处理和答复网络投诉31条。

（马海霞）

【精神文明及宣传】 全年制作宣传展板74块，宣传标语20条，张贴宣传海报300余张。邀请辖区“五老”宣讲员、老师那守范开展纪念抗战胜利70周年专题讲座。组织志愿者在市区主要路段进行“文明引导文明劝导”志愿服务活动200余次，培训志愿者400余人次。开展“最美园艺人”评选活动。评选群众公认的人物和事迹，鼓励群众学习身边最美人物事迹，提升群众思想道德水平。在寒暑假、重大节日期间，开展青少年文化活动。春节期间，开展“喜气洋洋迎新春”寒假青少年系列活动；清明节，开展“网上祭英烈”“签名寄语”活动；教师节，开展“教师进社区”文艺会演等活动。

（程婷婷）

【“创城、创卫”】 全年，参与志愿服务人数累计达到300余人次，共清除各类垃圾5吨。组建80余人的文明交通劝导志愿队伍，设立交通路口文明监督岗。镇创城办统一印制1600张温馨提示分发至各村（居）委会，努力营造创城氛围，增添制作各类“创城”宣传墙、宣传栏40块，宣传标语20条，张贴宣传海报300张，发放创建文明城市倡议书及“创城”应知应会手册达12000份，张贴“创卫”宣传墙体广告10余块、在惠安大街汽车站附近设立“创卫”广告宣传栏。对无物业小区生活垃圾、建筑垃圾、街面墙体小广告进行清理清洗，对安乐桥马泽居民楼排污坑、路两侧进行平整，覆盖净土，平整树池，先后投入劳动力400人次，清理沿街小广告等10000余条，清理悬挂物600余处，动用机械30台次，显著改善辖区环境。组织“病媒生物防治”知识培训2场次；购买蟑螂药1500袋、苍蝇药1000袋，在29个小区安置毒饵盒694个。镇人民政府及各村（居）醒目位置悬挂宣传条幅6条，办公场所张贴“禁止吸烟”警示牌60个，向各村（居）发放控烟宣传彩页500余份。

（程婷婷）

【综治维稳】 落实镇领导干部信访接待日制度，对涉及征地、拆迁建设、惠农政策、民生等群众敏感性问题，进行梳理归纳并建立台账。对排查出来的8个方面的问题建立“三个清单”，共排查并办结各类矛盾纠纷156件。开展“民忧卡”活动，组织镇、村（居）干部、网格员入户发放“民忧卡”，建立“民忧档案”，将“民忧卡”反映的问题分类建档。共发放“民忧卡”4872份，收集“民忧卡”信息338件，已办结193件。对精神类残疾患者实行分类周期管理监控机制，建立档案，定期随访；对二级以上风险精神障碍患者，与其监护人或近亲属签订《精神病患者居家监护协议》80份。

（马思敏）

【信访维稳】 制定“两节”、两会及重要节假日期间的矛盾纠纷排查化解工作安排，严格落实“五包”（包重点、包化解、包扶助、包排查、包督导）措施，掌握辖区不稳定因素，防止借机进京赴银川非正常上访、超越政策规定无理缠访、闹访等事件的发生，镇领导共接待来访30件，采集民情民意11件，解决9件。制定“网上信访”宣传活动安排，整理宣传活动工作资料，推动网上信访宣传活动，引导信访人通过正规网络渠道表达诉求，共处理和答复网络信件24件。做好自治区巡视组在惠农工作期间的维稳工作，为辖区上访户提供场地并及时传达巡视组给予的答复。

（马思敏）

【禁毒工作】 建立部门联动机制，实现涉毒人员“无缝对接”，辖区在册吸毒人员199人，正在解除社区戒毒1人、社区康复1人。开展禁毒宣传活动32场，禁毒知识培训10余场，制作禁毒展板10块，发放禁毒宣传册5000余份。为辖区10名吸毒人员协调廉租房，将17人纳入低保人员。完善“中途之家”服务功能，探索建立常驻禁毒宣传点6个，组织禁毒志愿者服务队宣传7次，成立志愿者服务队，开展“中途之家”帮教谈话50余人次。

（张凤萍）

【法治建设】 利用“三八”妇女维权周、“3·15”消费者权益保障日、公共安全防范警示教育宣传月、“6·26”禁毒宣传月、安全生产月以及食品安全宣传周等重要时间节点，在辖区范围内开展法律“八进”活动，着重加强对青少年、外来务工人员、残疾人、吸毒人员等重点人员的宣传教育，开展法治讲座20场次，法治宣传活动24场次，摆放展板70块，发放宣传资料50000余份，提高居民法治意识，改善居民法治观念。

（马思敏）

【创新工作】 镇党委、镇政府根据全镇社会管理的特点和辖区实际，专题研究创新社会管理工作的目标和措施，确立7项创新社会治理项目，共投入资金52.9万元。以创新项目为依托，开展创新工作会议12场，宣传教育活动185场，专题教育培训会5场，服务居民数达17400余人次。各社区共配备专职网格员7人，兼职网格员28人，网格督导员6人，网格监督员7人，网格警员5人。全镇社会管理综治治理矛盾问题排查共32起，调处成功32起，调处率100%。

（马思敏）

【统战和民族宗教】 全年共开展形式多样的民族理论政策、民族基本常识、宗教相关条例的宣传活动36场，制作宣传展板40块，悬挂横幅10条，发放宣传资料50000余份，订阅各类民族团结知识书刊100本。共投资185.73万元，对民族聚居区居民住房、道路、文化体育设施等进行升级改造。在开斋节、古尔邦节等重要节点，投入16.34万元，对辖区558户老党员、宗教界人士和困难群众进行慰问帮扶。开设少数民族流动人口管理服务窗口7处，受理法律维权、低保、廉租房、养老保险、医疗保险等各项业务共计1828项。为辖区6所清真寺发放灭火器27个，与清真寺负责人签订安全生产目标责任书6份，对宗教场所开展安全隐患排查，发现并解决安全隐患5处，整改率100%。

（马思敏）

【群团工作】 建立“红色港湾”青少年教育基地，并获评市级团建示范点，吸引观展人数达1200余人次。积极开展内容丰富的文体活动。结合“五四”青年节，开展青少年辩论大赛、亲子手工活动、青少年诗歌朗诵会等一系列特色活动。在妇联工作中，发挥榜样力量，全镇共有10户家庭获得“最美家庭”等荣誉称号；关爱妇女健康，开展妇女健康知识教育讲座，通过多种方式进行妇女健康宣传活动，共有3623人参加体检。

（哈亚楠）

【招商引资】 完成招商引资项目1个，共计3.4亿元，由宁夏信德长兴房地产开发有限公司投资建设“宁北鲜活农产品批发市场”。项目总占地面积34497平方米，地址位于滨河新区安乐桥街东、惠民路北，项目蔬菜交易大棚部分已试营业，商业综合体部分于11月底完成。争取项目资金144万元，其中，自治区财政“一事一议”项目2个，共计94万元。上半年，完成园艺新村环境卫生综合整治项目，共计44万元。下半年，完成安乐桥村环境卫生综合整治项目，共计50万元。少数民族发展项目资金50万元，专项用于园艺村地面硬化项目。

（龙振菊）

【帮扶解困】 城乡居民养老保险参保人数24人，大病医疗救助计12人共23480元。对113户家庭进行临时救助，救助金额108700元，为378户住房困难群众分配入住公共租赁房，298户享受住房补贴。为201名重度残疾人发放生活补贴241200元，323名重度残疾人发放护理补贴310100元，残疾人机动车燃油补贴15340元。残疾人精神病服药救助35人，每人每年补贴900元。“两节”期间，区级各部门领导，镇、村（居）干部慰问困难群众1131户。通过入户核查，将138户收入明显超标的低保户取消享受低保资格，将51户困难家庭纳入低保，真正做到能出能进、能升能降。组织50名C类家庭人员从事枸杞采摘劳务用工，人均收入超过60元/日。

（任瑞霞）

【植树造林】 与各村（居）签订《造林绿化林木管护责任书》，明确村（居）书记为植树造林、林木管护第一责任人。在春季植树造林和全年林木管护中圆满完成上级下达的造林绿化任务，植树总株数19510株，并且确保树木成活率和保存率分别达到90%和95%以上。

（高　杰）

【创业就业】 完成对辖区C类人员家庭和就业困难情况登记工作，实现就业150人。完成135人创业就业困难人员实名制登记，新增就业人员1250人，城镇失业人员再就业1150人。城镇就业困难人员实现就业106人；统计上报64名应届高校毕业生，其中57人就业，就业率89%；做好631人社会保险补贴发放工作。公益性岗位上报63人，审核通过61人。新增小企业14户、“小老板”16人，带动就业461人。举办创业能力培训班，60名学员全部取得结业证；举办育婴师初级职业技能培训班，共50人参加培训。

（韩凤玲）

【劳动保障】 对辖区户籍所在地50—70周岁居住的退休人员进行认证，已完成2612人。为32人办理了统筹城乡居民养老保险。完成了全镇特殊人员身份认证工作，其中130名低保人员打印了核定单。继续审核被征地农民养老保险参保工作，155人大小户问题已全部审核整理完毕。医疗保险缴费工作，已缴费10699人，完成任务的100.95%，累计发放医保卡10662张。

（黄彦侠）

【“两中心”运营及管理】 明确民生服务中心主任由镇长兼任，综治服务中心主任由镇党委副书记兼任，“两个中心”配备专职副主任各1名。实行一人多岗、一岗多责，加强对服务人员的业务培训，实行“一门进、一口清、一次结”，各项制度上墙，标识统一，明确各部门服务工作标准、服务内容、办事流程，真正做到为民、便民、利民。做好2016年粮食直补和农资综合补贴、土地面积落实、农户信息变更工作，受益农户214户，补贴面积491.49亩，其中水田补助66元，小计32438.34元；粮食直补15元，小计7372.35元，共补助39810.69元。秋季良种补贴4730元。

（崔爱辉）

【计划生育】 利用“三八”妇女节、“5·29”计生协会日、“7·11”世界人口日等重大计生节日，宣传计生法律法规科普知识等12场次；邀请新区社区卫生院医生开展“健康教育知识进社区讲座”10场次，为居民免费测血糖、血压，发放健康生活宣传材料2000余份，并为镇、村（居）干部免费开展“三查一检”健康体检活动，参检人数达到130余人。利用人口学校为阵地，组织计生专干和广大育龄妇女开展新型计划生育条例培训，学习全面“二孩”政策共6场次。为12名特别扶助户发放扶助金63360元。及时兑现持独生子女父母光荣证的纯居民和下岗失业人员的奖励金。共兑现2015年618户独生子女费260225元。上报2016年独生子女户665户，共计275775元。为做好流动人口工作，镇计生办及时掌握流动人口婚、孕、育等基本情况，实现居住地管理信息化、信息采集经常化、信息变动及时化。

（马会芳）

【动物检疫】 对辖区养殖场、养殖户进行重点动物防疫、消毒灭源工作，完成清理圈舍、巷道清理等工作25次；对全镇所有牲畜进行专项的动物防疫免疫工作，防疫密度均达到100%，耳标佩戴率均达到100%，并建立畜禽防疫免疫档案。

（高　杰）

【食品安全】 召开食品安全会议专题5次，专题研究部署食品安全工作。配齐11名食品安全协管员，加强食品安全协管员教育培训工作，开展培训4场次。全年共开展宣传活动18场，悬挂条幅10条，发放宣传资料1万余册。对辖区94家食品生产加工小作坊，87家食品销售的证件是否齐全、食品是否过期等情况进行检查，并建立档案。

（马思敏）

【安全生产】 对辖区3个村进行大排查、大整治活动，共检查养殖住户15户，发现草垛火灾隐患15处，已全部整改或下发整改通知书；对辖区商业网点、学校（含幼儿园）等人员密集场所进行12次安全隐患排查，共发现安全隐患5处，均已全部整改完毕；开展辖区道路交通安全排查工作，协调安装红绿灯1个，纠正行人违章过马路情况2000人次；开展农村道路交通安全管理工作，道路交通宣传教育“五进”工作，利用会议、检查、横幅、微信网络宣传、标语等多种形式进行广泛深入的宣传活动，开展安全生产宣传活动共26次，悬挂条幅18余条。

（马思敏）

【农田水利】 秋季清淤农渠15条，共计9300米；修整渠口共计16个。使用工程机械小钩机1台，共130个工时；投入工人100人，共110个工时。

（周红霞）

【环境治理】 组织镇干部职工1200余人次，先后对政府周边及惠园新村、警苑小区、万宇商业广场、砖瓦厂、109国道两侧环境卫生进行整治，共动用铲车清理周边垃圾600余吨，拆除私搭乱建120余处。对惠园新村5200平方米院落进行硬化美化；投入人力、物力、财力对万宇广场空地进行平整、拉运净土覆盖。同时，对静安街等商场周边进行围挡，改善万宇广场周边环境卫生。

（高　杰）

尾闸镇

【概　况】 根据《惠农区人民政府职能转变和机构改革方案》精神，尾闸镇下设党政综合办公室、社会治安综合治理委员会办公室、社会事务管理办公室3个行政机构；设经济发展服务中心、文化体育与信息服务中心、计划生育服务中心、民生服务中心4个事业机构。核定行政编制23名，事业编制9名，实有行政编制23人（含大学生选调生3人、区委宣传部挂职1人、区档案局占用1人），其中乡科级领导职务10人（正职3人、副职7人），实有事业编制6人（含区安监局挂职1人），大专以上文化程度26人，占人员总数的89.7%；35周岁以下19人，占总数的65.5%。尾闸镇党委、镇政府主动适应经济发展新常态，紧紧围绕产业、民生、生态三大转型，在重点项目推进、集体经济发展、产业结构升级、民生事业改善方面攻难点、求突破，全镇经济社会保持持续稳步发展的良好势头。截至2016年年底，全镇工农业总产值达5.17亿元，同比增长7.9%；农民人均纯收入达到12405元，同比增长7%；村集体经济收入达到180万元，全年共完成固定资产投资4.1亿元。

【经济发展情况】 全年农作物播种总面积32625.56亩，其中土地流转面积达27548.48亩。落实水肥一体化种植示范园区2个，带动蔬菜等经济作物种植10041亩；建设尾闸村、聚宝村饲草玉米种植示范园区11000亩；培育草畜产业节本增效科技示范项目1个。严格落实粮食、化肥、农机具购置补贴等涉农补贴资金政策。积极鼓励镇内有能力的群众创办家庭农场提升规模化经营效益，全镇累计创办家庭农场10个、专业合作社10个、农机作业公司1个、脱水企业3个，培育种植大户22个。加大农业政策性保险宣传力度，全镇农业政策性保险投保1.8万亩，完成播种面积的60%以上。全镇共有猪存栏729头，牛存栏898头，羊存栏12690只，家禽存栏8.2万羽，共有专业养殖合作社8个，规模养殖户79户，水产养殖面积2100亩。

【农业基础设施建设】 实施中低产田改造工程，累计改造面积0.4万亩，清淤三级沟道29条20.6公里，其中支沟1条2.3公里，斗沟2条1.4公里，农沟26条16.9公里；恢复农路58条41.2公里，建设配套建筑7座。大力实施高效节水灌溉项目，累计投资122.65万元，完成聚宝村、西河桥村高效节水灌溉工程；建成和平高效节水恢复区，恢复高效节水灌溉面积1800亩。

【“一事一议”工程项目】 共实施团结村环境卫生整治、尾闸村五队道路硬化、佳苑社区环境综合整治等“一事一议”财政奖补项目8个，累计完成投资526.21万元，其中争取财政奖补资金445万元。捆绑项目资金459.6万元，实施和平村美丽村庄建设项目，有效改善了村容村貌，提升了居民的居住环境。配合惠农区交通局完成下庄子村中心路建设项目，为群众出行提供便利。加大绿化造林工作力度，全年共完成造林绿化面积67.59亩，总计栽植各类苗木25428株，新植树木成活率达到95%以上。

【集体经济发展】 巩固尾闸农产品物流园、聚民源肉羊养殖场等稳定增收项目，新培育西河桥、团结奶牛托管、下庄子商业房租赁、西河桥阳光家园物业管理增收项目，全年实现村集体收入180万元，进一步增强了农村经济发展活力。

【全民就业创业】 推进劳动力转移工作，全年共举办劳动技能培训班3期130人，实现农村劳动力转移就业3450人，城镇新增就业455人，城镇失业人员再就业415人；积极开展全民创业活动，新创办小企业10个，培育“小老板”8个，创造新岗位90个，带动就业330人，全镇共有25人享受灵活就业补贴，10人聘用为公益性岗位人员。

【医疗、养老保险参保】 推进社会保障工作，城镇居民基本医疗保险实际参保8418人，其中低保、“五保”等特殊人群身份认证1104人，参保率达97.7%；城乡居民参保人数达2958人；做好被征地农民参加养老保险人员身份认定工作，认证可领取养老金离退休人员1400人。

【民政帮扶救助】 全年新增城乡低保104户140人，取消收入超标低保户102户131人；为全镇32户33名高龄老人发放高龄津贴；新申报“五保”户1人，与16名分散供养“五保”户重新签订供养合同；为128户困难家庭申请临时救助11万余元；为农村低保、贫困孤残等申请大病医疗救助14户8万余元。开展“两节”慰问活动，共计帮扶困难群众333户，发放慰问金70700元、洗衣机3台、电饭煲4个、惠民卡750张。

【残疾人管理】 为277名残疾人发放生活补贴332400元；为337名残疾人发放护理补贴323520元；为45名残疾人发放机动车燃油补贴11700元。稳步推进精神病防治康复工作，登记在册长期需要服药的精神病患者共43名。

【帮扶解困】 对尾闸镇544户695名贫困人口进行分类帮扶解困，累计接纳劳务移民931户3614人，倾力打造“康乐之家”移民社区服务品牌，积极开展歌舞、器乐演奏、剪纸、刺绣、串珠等技能培训，实现移民就业1327人次。

【计划生育】 全年新增出生人口69人，出生率7.45‰，出生政策符合率98.55%，死亡人口45人，人口自然增长率2.59‰。举办计划生育培训班26期，培训人数1600余人。共做“两癌”筛查388人，“三查一检”1606人；为14户计划生育家庭争取幸福工程救助款14万元，为15户妇女争取妇女创业贷款120万元。

【平安创建】 扎实做好信访维稳工作，共排查化解矛盾纠纷29件，受理民情民意188件，化解信访案件11件，处理和答复网络信件5份；认真开展“两卡一会”专项活动，发放“民忧卡”3055张，登记问题146个，办结率95%以上；加大安全生产工作力度。对6个村、2个社区、8个宗教场所、16家企业、3个水库进行安全隐患摸底排查，组织各类安全生产检查15次，对辖区内157户出租房进行检查，登记流动人口350人。认真做好社区矫正及安置帮教工作，积极探索分级分类管理、委托管理模式，对社区矫正人员实行建档立卡。

【法治乡镇建设】 加大普法宣传力度，完善法律援助网络体系，发放宣传资料2800余份、举办法律知识讲座52期、召开警民恳谈会1次、“安防文艺会演进社区”1次；扎实开展法律“六进”工作，抽调专案领导小组，对惠农区城区扩建征地拆迁、土地确权工作中产生的疑难纠纷问题实行“包案到人”，确保限时化解。

【公共文化服务】 创建公共文化服务体系示范区，组织开展迎新春趣味运动会、镇村干部联谊会、“欢乐迎新春·共筑中国梦文艺巡演”等活动；不断强化基础设施配套，配置健身路径2套、“农家书屋”图书12包，建设团结村乡村大舞台、水城民社社区移民安置点综合文化服务中心。为尾闸幸福大院、聚宝聚民源养殖场、老年公寓安装“户户通”45户。

【“两学一做”学习教育】 以“两学一做”学习教育为载体，结合党员冬季轮训，认真贯彻学习中共十八届六中全会、中纪委七次全会、习近平总书记系列重要讲话、自治区十一届七次全会、市第十次党代会、惠农区第四次党代会等精神，先后组织开展中共十八届六中全会精神宣讲报告会1场次100余人次，召开专题学习培训会30场次，中心组学习22场次，专题辅导4场次，党委书记、党委委员、支部书记、社区老党员、党校教授讲党课60余场次，专题讨论27场次，建立镇、村（居）两级“两学一做”学习教育微信专用平台，印制尾闸镇“两学一做”应知应会宣传手册600余份，做到全镇党员干部学习教育全覆盖。

【换届选举工作】 严格按照组织部门要求，按程序做好尾闸镇党委、纪委、政府、人大换届选举工作，选举产生党委班子成员11人、纪委班子成员5人、政府班子成员4人、人大主席团主席1人，班子整体合力显著提升。依规依程序完成村

"两委"班子换届选举工作。

【星级服务型党组织创建】 2016年年底，全镇争取创建四星级服务型党组织1个，三星级服务型党组织4个，二星级服务型党组织1个，一星级服务型党组织2个。选派2名优秀年轻干部任软弱涣散党组织"第一书记"，6名干部到各村（居）任党建指导员。"七一"建党节，表彰优秀基层党组织2个、优秀共产党员9人、优秀党务工作者9人，慰问党员44人8800元，组织188名党员外出参观学习。储备优秀年轻党员20名，发展党员10名，按期转正党员8名，对查找出的2名不合格党员严格依照组织程序给予限期整改处理。严格党员教育管理，为全镇431名党员发放党员证，规范记录党员参加组织生活、缴纳党费、民主评议情况。

【党风廉政建设】 编制党委班子主体责任清单，确定镇党委班子主体责任8条，党委班子成员主体责任43条。强化制度建设，出台《尾闸镇机关干部业绩考核办法》《尾闸镇村（居）干部业绩考核管理办法》《尾闸镇2016年目标管理考核办法》等相关配套制度，严格执行责任追究。扎实开展中央八项规定"回头看"工作，形成个人自查报告10份、班子自查报告1份，签订尾闸镇党员干部贯彻落实中央八项规定精神承诺书65份，承诺事项325项。

（李　娜）

庙台乡

【概　况】 庙台乡位于惠农区南片东南区，东临惠农区礼和乡，南接平罗县宝丰镇，西与红果子镇、燕子墩乡接壤，北连尾闸镇。全乡总人口9236人，地域面积53平方公里，辖7个行政村、45个村民小组，耕地面积43233亩，人均耕地4.56亩，惠农渠、官泗渠、兴惠杨黄渠贯穿境内，有官泗渠补水站、五济惠补水站2座，有补水灌溉机井62眼。第五排水沟、第六排水沟、黑龙沟南北纵横。庙台乡地势南高北低，土质肥沃，适宜种植各类作物且稳产高效，灌溉体系健全，沟渠路畅通。2016年，共完成生产总值19617万元，同比增长5.29%。其中第一产业增加值9523万元，同比增长0.69%；奶产业增加值123万元，同比增长5.19%；劳务产业增加值1114万元，同比增长10.39%。通过奶牛托管、出租荒地、订单育苗等形式，不断增加村集体经济实力，2016年村集体收入新增52.36万元。2016年，农民人均收入12175元，同比上年增幅达7.29%。

【露地瓜菜核心区建设】 持续深化国家农业科技园区露地瓜菜核心区建设，协调土地流转、订单、品种、保护价等一系列问题，努力达成共识，发挥蔬菜产业的优势，建成面积8000亩以上的核心园区，辐射带动全乡种植瓜菜1.2万亩。着力加强农业基础设施建设，突出强化主导产业培育，依托发途发蔬菜产业集团公司、各脱水蔬菜企业、蔬菜种植合作社等为国家农业科技园区东永固、李岗露地瓜菜核心区不断注入新的活力，园区基础设施与农业综合生产能力得到全面提升，农田道路建设和沟渠砌护再上新台阶，有力地改善了渠道两侧农田耕作灌排条件，更新维护机房25处，新建加压泵房2座，配套离心泵3台，过滤器3套，铺设干管、分干管20公里，支管75公里，铺设滴灌带820公里，配套各类阀井82座，进一步夯实优化产业基础设施；发挥瓜菜产业优势，突出培育主导产业，依托发途发蔬菜产业集团公司、各脱水蔬菜企业、瓜菜种植合作社等为国家农业科技园区东永固、李岗露地瓜菜核心区不断注入新活力；新建3座1030平方米配套冷链仓库，弥补了园区仓储空白，解决了瓜菜运输储存环节的短板；实施了国家级农业科技示范园区露地瓜菜核心区基础设施建设项目，园区基础设施与农业综合生产能力全面提升。

【现代农业经济】 充分发挥永久性蔬菜基地的优

势，先后建成惠农西园种植合作社、发途发蔬菜产业集团公司、马莲公司等4200亩高效节水水肥一体化喷滴灌项目，引进新品种广东菜心，通过封装存运、订单销售，让庙台新鲜瓜菜远销广东、香港等地；扶持龙头企业进行技术改造，完成发途发蔬菜产业集团公司全自动分级处理及全新加工项目，实现脱水蔬菜在无菌、清洁的环境下连续自动烘干；鼓励发途发蔬菜产业集团研发脱水菜粉，延长产业链，增加附加值；利用土壤富硒优势，积极申报有机富硒特色品牌，提高产品知名度，带动全乡瓜菜产业做精、做特、做优。

【畜牧业经济】 稳步发展以奶牛为主的养殖业，先后建成通丰阳光润田、寇家桥塞上富源、省嵬育肥羊等养殖园区，打造宏润达草畜一体化的经营模式，草畜产业标准化程度得到有效提升。全力促成塞上富源1500头奶牛养殖科技示范场、宏润达奶制品深加工项目，精心打造蒙牛、伊利高端奶源基地，提高全乡奶牛养殖园区科学化管理水平。2016年年底，全乡奶牛存栏达到2300头。认真开展动物疫情防控工作，免疫密度、耳标佩带率均达到100%，无重大疫情发生，确保全乡养殖业健康发展。

【生态林业】 实施张宝路、红河路沿线植树绿化项目，完成树池整修、填方近万立方米，新植补植树木7200株；及时做好新植树木和原有林带灌水，树木成活率达到99%以上。坚持造林和管护相结合的原则，强化措施狠抓禁牧封育工作，依法加强林木资源管护，林木防疫密度达到100%。

【基础设施建设】 实施完成李岗村3队、静安村6队、寇家桥村9队、省嵬村3队、通丰村3队等道路的柏油和水泥硬化工程，累计硬化13.6万平方米，切实地解决群众反映强烈的“出行难”问题。同时为东永固村村部沿线等4个路段安装太阳能路灯147盏，全年围墙粉刷10800平方米，使村容、村貌焕然一新。继续实施东永固、通丰、静安村村部维修工程，累计拆除破损道砖1200平方米，并全部换新，使居民休闲办事与村干部日常办公环境得到彻底改善，服务更加便民、快捷。在东永固、李岗联合村部院内修建乡村大舞台1处，丰富附近居民的业余文化生活。

【土地管理】 全面完成农村土地承包经营权确权登记发证工作，全乡丈量土地面积5.11万亩，发放经营权证2723本，为加快农民增收奠定了基础。通过积极引导农产品加工企业和专业合作组织有序适量流转农民土地，实现规模化、集约化、标准化和农工贸一体化经营，提高农业生产效益，全乡累计流转土地28400余亩。

【水利建设】 先后实施宁夏中北部土地整理项目，对五排、六排堤坝及五排渡槽进行加固维修，对官四渠补水渠滑塌进行治理。完成黑龙沟8公里砌护，实施黑龙沟两侧10000亩中低产田改造和省嵬6队700亩、李岗7队300亩的盐碱地改良水稻种植项目，协调区农牧水务局，对群众反映强烈的李岗、静安、寇家桥村的农渠、支渠及时进行砌护，共砌护支渠16条26.8公里，斗农渠218条130.8公里。投资1100万元，实施11.65公里的官泗渠砌护，对沿线39个斗口和农水建筑进行维护翻建，工程惠及乐土岭等5个行政村；建成4200亩高效节水水肥一体化喷滴灌项目，使全乡灌排系统更加完善。

【创业就业】 认真落实就业再就业优惠政策，多渠道开发就业岗位，稳定劳务输出转移，鼓励和帮扶外出务工农民回乡创业，强化就地就近就业服务，引导农民以培训促就业，以创业促发展；开展就业和创业培训，着力提高青年的职业技能，完成创业能力培训30人，完成率100%；完成技能培训50人；完成电子商务培训50人；完成12名高校毕业生就业任务；完成大学生引领计划2人；帮助6名灵活就业人员申请社会保险补贴；新增小微企业6个，新增个体工商户6个，实名带动就业360人。实现劳动力转移2718人，完成率101%，外出就业人群的工资收入有了进

一步增长，实现工资收入4737.92万元。发放全乡2759户粮食补贴，共发放资金2655430.4万元

（张婈婈）

【劳务培训】 大力开展就业和创业培训，着力提高青年的职业技能，完成创业能力培训30人，完成率100%，完成技能培训50人，实现劳动力转移2718人，完成率103%，外出就业人群的工资收入有了进一步增长，实现工资收入4737.92万元。

（张婈婈）

【人口和计划生育】 年末，全乡总人口9243人，其中农业人口7895人，非农业人口1348人；男性4750人，女性4493人；汉族人口9084人，回族人口159人。认真开展计划生育宣传教育及优质服务工作，巩固计划生育奖励扶助制度及少生快富工程成果。组织妇女病免费“三查一检”、“两癌”普查、村民健康体检工作。严格执行自治区、市计划生育奖励资金，及时足额发放独生子女费73900元、“少生快富”奖励资金74400元。年内全乡新出生67人，人口出生率为7.25‰，死亡59人，死亡率为6.38‰，自然增长率为0.87‰，发放“三项制度”奖励扶助金共计33600元。

（马　瑞）

【民族宗教工作】 借助电子屏、公示栏等载体宣传以《认真学习自治区党代会关于宗教工作的重要论述》《民族宗教法律法规及有关政策》等党的统战、民族宗教政策理论法规5次以上，发放民族政策宣传资料200余份；组织专人对庙台乡13处宗教活动场所的线路安全、消防器材、安全消防制度等进行检查，查找出存在安全隐患的宗教活动场所3处。

（杨　祥）

【文化教育建设】 广泛开展全民健身等一系列文体活动，营造文化乡村的氛围，切实丰富群众的业余生活，组建希望的田野民间艺术团、和谐丰艺术团、田园美艺术团和静安梦艺术团，发展文艺社团成员100余人；划定固定健身点6个、动员坚持健身人员300余人；免费开放“农家书屋”5个，安装健身设施1套、篮球架1套，建成占地110平方米“群众文化大舞台”1处，组织演出活动8场，近500余人次观看；开展各类志愿服务主题活动2次，亲子阅读活动1次，极大地丰富了群众的文化生活，进一步提升了公共文化的供给和服务能力。科普工作，法治宣传，“好婆婆好媳妇”“五好文明家庭”“星级文明户”“庙台好人家”评选活动齐头并进，宣传力度不断加强，乡风民风进一步优化，广大群众的思想素质、道德素质有了较大进步，良好社会风气不断深入人心，有力地维护庙台乡社会和谐稳定。

（任希翠）

【招商引资】 与对口帮扶部门紧密协调，先后引进宏润达牧业、阳光润田牧业、广东西园种植合作社等一批企业落户庙台乡。建成了鑫康冷链贮藏保鲜库、塞上富源养殖专业合作社奶牛示范园区等23个项目。近5年，共争取各类项目17个，争取项目资金2225万元，其中投资591万元，实施通丰3队等21个村民小组农村环境和旧村综合治理项目，惠及群众783户；投资584万元，实施东永固3队等3个美丽村庄项目，惠及群众276户；投资1050万元，实施李岗3队等12个“一事一议”项目，惠及群众1320户，有效地改善农村生产基础设施和居民生活环境。

（李　博）

【环境综合治理】 抓住自治区主干道路大整治、大绿化的机会，加大沿线环境综合整治和绿化力度，先后对109国道、张宝路、红河路等主干道路进行综合整治，新植树木7200余株，拉运土方6000余立方米，出动各类车辆1200余车次，完成爱心湖周边、109国道沿线及美丽村庄等周边绿化，群众居住环境明显改善，并顺利通过国家生态乡镇创建达标验收。

（李　博）

【社会保险服务】 严格落实低保申报和发放制度，

为全乡281户、358人发放最低生活保障金80.5万余元；认真开展临时救助工作，累计发放救助金2.23万元；为4户特困人员办理大病医疗救助，发放高龄津贴44人，近16万元。为特困人员办理大病医疗救助、为精神病人免费发放药品。通过实施“温暖工程”，开展社会捐助献爱心活动，为全乡562户困难家庭发放帮扶资金127880元。

（王舒敏）

【社会治安综合治理】 将“服务到家”和“服务到佳”有机结合，全面掌握社情民意，进一步做好群众诉求排查和矛盾纠纷化解工作，创新社会管理方式方法，推行上门服务，下村队入户服务，预约服务和代办服务，提高群众满意度，达到服务满意度评价为“优、佳”程度。通过制作发放四种服务台账，把群众诉求分为即办件、承诺件、补办件、上报件、建议件5种类别进行处理，各村累计服务办事近700件。实施“以文化人促和谐”创建工作，以各村文艺社团为依托，动员发动社团成员担当促和谐六大员（担当惠农政策义务宣传员、矛盾纠纷义务调解员、社会防控义务巡逻员、特殊人群义务帮教员、民情民意义务收集员和便民服务义务代办员），达到多触角、多渠道共建和谐的成效。建立“西园社区”流动人口管理平台，在东永固村共摸排出贵州籍人97人，针对西园种植合作社流动人口特点，实施“农村社区”创建活动，建立“以外管外”和“以业管人”模式，充分发挥企业和流动人口本身自主管理的积极性和实效性，健全和完善“统一管理、优质服务”的工作新机制，使外来务工人员更容易接受现居住地服务和管理，增强他们的认同感和归属感，营造“主动融入、和谐共处”的良好社会环境。开展“下基层，送政策”活动，调处各类重大矛盾纠纷49起，全年没有发生赴京、自治区非正常上访事件。

（史瑞香）

【干部作风建设】 开展庙台乡群众评议机关和干部作风活动，召开动员大会，对庙台乡群众评议机关和干部作风工作进行认真研究部署，制定方案，成立领导小组；通过手机短信、QQ等方式，进行广泛宣传动员，发放14种宣传资料共计420余份；通过发放征求意见表形式，广泛征求群众意见建议，及时查找问题，对各站（所）、各村、干部个人查找出来的问题建立自查自纠台账，并一一制定整改措施；召开群众评议机关和干部作风测评会，发放干部作风量化测评表45份，收回45份，收回率100%，对庙台乡8名科级领导进行民主测评，并及时向纪委上报测评结果等资料，进一步增强乡机关、基层站（所）的服务意识，改善服务态度，提高服务效率。

（王文君）

【精神文明建设】 制定年度理论学习计划，中心组每月一次，给下级党组织讲党课、形势辅导，基层宣讲14次，并完善干部学习档案。开展中共十八届三中全会专题辅导会、学习习近平总书记系列重要讲话精神等主题活动。全年，在《宁夏日报》、《石嘴山日报》、新华网、共产党员媒体刊发报道共计20余篇次，石嘴山市公众网、惠农区公众网推送政务信息数十篇。建立网络文明传播志愿者队伍，开展各项网络文明传播活动96余次。年内，举办乡、村道德讲堂96次，汇总报送资料96份。上报“身边好人”36人，推荐上报“2015年感动宁夏人物”3名。配合有关部门做好摩托车、车辆排查工作并充分利用志愿者服务开展文明交通活动，在机关食堂等处门口设置文明餐桌创建活动宣传海报、标语，在显著位置公示量化分级管理信息，在餐桌上张贴勤俭节约、文明用餐的名言警句、经典诗文，营造文明餐桌创建活动的良好氛围。每月确定一项节俭养德主题活动，依托“讲道德、守规则、改陋习、提素质”文明礼仪活动，进一步深化道德“红黄黑”、“五好文明家庭”等评选活动。成功申报自治区级文明村1个，通过市级文明村复验1个、惠农区级文明村1个。制作社会主义核心价值体系宣传墙（栏）40余幅。营造创城宣传氛围，共制作各类创城宣传牌10余块、宣传标语8条、发放宣传挂历3000多份、宣传资料1000余份，不断提高群众知晓率和参与率。

（任希翠）

【党的建设】 庙台乡党委共有委员9人，乡党委下属8个党支部，分别为机关党支部、省悟村党支部、寇家桥村党支部、静安村党支部、李岗村党支部、东永固村党支部、通丰村党支部、乐土岭村党支部。严格按照程序发展党员，2016年，共转正党员7名，接收预备党员5名。加强对流动党员服务管理工作，做好组织关系转接。开展党员冬季轮训，坚持民主评议党员制度，做好党员教育管理工作。按照标准做好站点建设，定期维护远程站点，指定妇女主任、信息员兼任远程站点信息员，确保设备正常运作，充分发挥远程教育站点的作用；加强信息员的培训工作，及时进行信息更新和发布。截至2016年12月底，全乡共有党员413名，其中正式党员406名，接收预备党员2名，培养入党积极分子6名。党员中，男性党员324名，占党员总数的78.45%，女性党员89名，占党员总数的21.55%。汉族党员399名，占党员总数的96.6%；少数民族党员14名，占党员总数的3.4%；全面落实党风廉政建设党委主体责任和纪委监督责任，层层签订目标责任书，健全廉政谈话制度，开展乡党委书记与领导班子成员及各党支部党建主要负责人，领导班子成员与各分管站（所）负责人、各村主任之间的谈话56次。

（杨　博　王文君）

【制度建设】 为扩大整改成果，积极推进体制机制创新、建立完善规章制度，庙台乡修订完善《庙台乡制度汇编》，对庙台乡干部管理制度、党务政务公开、工作请示报告制度、财务报销、财产物资管理、学习制度等将进一步修订完善，实现用制度管人、用制度管事，用制度管权，切实督促全体乡村干部进一步密切联系群众，提高宗旨服务意识，沉下身子抓工作落实，走进群众抓情况调研。继续完善乡干部包村工作制度，帮助联系村开展各项工作，并切实做好调查研究，认真听取基层和群众的意见、建议，为乡党委、乡政府的决策和部署提供依据。截至2016年年底，对庙台乡现行制度进行废、改、立，其中废除制度4个，需要保留的制度16个，修改完善制度13个。结合“两学一做”学习教育，乡纪委将进一步加强监督检查，严格执纪问责，从根本上遏制“不作为、慢作为、乱作为”现象。

（杨　博）

礼和乡

【概　况】 礼和乡是惠农区最大的回族聚居乡镇，辖永平村、礼和村、星火村、红柴梁村、红柳岗村、银河村、沿河村7个行政村、49个村民小组，人口1.3万人，其中回族占80%以上；区域面积72.3平方公里，耕地面积5.8万亩。2013年，礼和乡被宁夏回族自治区确定为20个重点小城镇建设试点乡镇之一，并被自治区建设厅、财政厅列入2014年启动2015年资金补助计划小城镇之一。同时，列入沿黄经济带总体规划重点建设集镇。2015年，礼和乡被列入2015—2030年自治区38个重点建设集镇之一。2016年，礼和乡全力推进“基础强乡、产业兴乡、特色富乡、生态美乡、和谐建乡”建设进程，完成固定资产投资6亿元，争取项目到位资金2000万元，全乡农村常住居民人均可支配收入达10801元，增长7.6%。

【小城镇建设】 2016年，礼和乡积极招商引资，不断完善基础设施建设，推进滨河回乡特色商贸集镇建设进程。投资1160万元完成礼和乡农产品交易市场，完成300多平方米商住楼主体建设以及接入1400余米供暖管道建设；完成银川直属库惠农分库建仓项目投资9450万元，其中10栋平房仓主体建设全部完成，并配套建设综合楼、变配电间、消防泵房、一站式服务中心等附属设施，不断完善小城镇基础设施建设，持续提升特色小城镇的吸附力和凝聚力。

【党的建设】 开展“机关干部下基层”和“下农村、送政策、促发展”等活动，切实帮助群众解决一些生活、生产中的困难和问题。在7个行政村分别建立政策法律综合超市，提高群众掌握运用政策、法律的能力；投入资金50余万元，整修红柴梁村、永平村办公场所，为7个村党支部配备电脑、数码相机、文化器材等设施设备。全年发展中共党员6名。落实党管武装，提升全民国防意识，加大经费保障，积极开展国防教育活动，认真完成民兵整组、兵役登记、夏季征兵等工作。组织民兵参加民兵实弹射击和应急演练。2016年，全乡超额完成征兵任务。

【党风廉政建设】 推动廉政文化“六进”活动深入开展，推进“十廉”工程，打造廉政文化一条街、回乡廉政文化大院、星火颐养院等廉政文化宣传教育阵地，实现党风廉政教育常态化、规范化、制度化。严格落实“两个责任”和“一岗双责、党政同责”机制，严格执行中央八项规定和自治区、市、惠农区若干规定，坚决纠正“慵懒散软”不良风气，有效地巩固党的群众路线教育实践活动成果，建立完善作风建设常态化机制。严格执行《准则》《条例》，厉行节约反对浪费，执行婚丧嫁娶、公务用车管理使用等有关规定，建立办公用品使用登记制，严格执行公务接待的有关规定，有效地降低“三公经费”支出。

【宣传和精神文明建设】 先后投入资金8万余元，制作文化大院围墙墙体宣传52块，街面固定宣传栏50块，在清真寺等人员集中场所和路段制作路旗12个，建成精神文明、廉政文化、党史党建、交通安全等文化宣传长廊。开展好婆婆、好媳妇、好女婿、好邻里、好丈夫等“五好一优”和“五好文明家庭”评选活动，共表彰7户28人；开展道德模范、“最美惠农人”、“宁夏好人”、“守法好公民”等评选推荐活动，推荐“最美惠农人”候选人11人；获评“宁夏好人”和石嘴山“美德少年”各1名。建立辖区困难儿童、留守儿童结对帮扶机制，继续开展“零距离，青春行”志愿服务活动；“六一”儿童节，为23名困难、留守儿童送去“爱心礼包”。把“我们的节日”主题活动作为推进社会主义核心价值体系建设的有力抓手，举办庆“三八”妇女节、庆“五四”青年节等专题文艺演出活动，形成围绕节日开展活动的良好机制。举办礼和乡“迎新春”农民趣味运动会；组织参加全区农民工运动会，获得篮球比赛第四名的好成绩。积极开展文明村镇创建活动，其中，永平村、银河村被评为惠农区2015至2019年度文明村镇。

【“三争双招”】 2016年，礼和乡争取“美丽村庄”建设项目和“一事一议”项目资金300万元以上，实施1个“美丽村庄”建设项目和4—5个“一事一议”项目；争取民委资金100万元，实施民族特色村寨建设项目；争取银河村美丽村庄观光旅游项目；争取引进1家企业入驻清真产业园区；争取农发行基金贷款1000万元，不断完善小城镇基础设施建设，进一步改善群众居住生活环境，提升特色集镇品味。

【农田水利建设】 2016年，礼和乡完成干砌石砌护星火村4队弯沟3公里，星火电排沟4公里。投资8万元，扩整清淤三级沟道48公里，其中，清挖支渠40公里，清挖斗渠8公里；争取市水务局帮扶资金12万元，机械清挖礼和2队、4队、5队农沟20公里。新建、维修、翻修灌排建筑67处，有效地改善农业基础条件。

【道路交通建设】 2016年，全乡共争取资金400万元，硬化农村道路7.2公里。完成柏油硬化红柴梁小学至礼和4队路3.2公里；完成柏油硬化红柴梁1队至3队路4公里。争取“美丽村庄”“一事一议”等项目，混凝土硬化农村巷道27条；沙砾硬化银河1队道路4公里，极大地完善了农村路网，改善了群众出行条件。

【人居环境】 礼和乡狠抓环境卫生整治工作不放松，采取政府买单、个人承包的方式，加强农村环境卫生整治。在全面做好乡村卫生整治的同时，突出抓好“美丽村庄”“一事一议”等项目建设。礼和5队、6队、7队“美丽村庄”建设项目，共完成投资近500万元，混凝土硬化村庄巷道700米，新砌围墙6000米，粉刷围墙23000平方米，平整树池10500平方米，土方回填15100立方米，沙砾填层4000立方米。全年争取“一事一议”项目6个，共争取资金400余万元，分别对礼和村5队、6队，礼和村6队、7队，永平1队、2队、3队，永平5队，红柴梁2队，银河1队，红柳岗4队、5队、6队进行巷道混凝土硬化。

【种植、养殖、劳务产业】 滨河大道、简滨路建成通车后礼和乡区位优势较明显，农业人口比重大，可耕地面积达6.9万亩，粮食在种植业中占有很大比重。2016年，全乡农作物种植面积71500亩。其中，粮食作物播种面积62035亩、经济作物播种面积为7725亩。礼和乡土地宽阔，饲草丰富，发展畜牧养殖业条件得天独厚。区、乡人民政府按照“提质、增效、扩量”的要求，着力引导、加大扶持，加快畜牧业发展步伐。2016年，全乡羊饲养量达16.9万只，存栏31660只。牛饲养量达9820头，存栏5733头。生猪饲养量为579头，存栏268头。禽类饲养量达12.1万羽，存栏6.3万羽。随着统筹城乡和土地流转步伐加快，礼和乡把劳务产业作为增加农民收入的有效途径，多措并举，强力推进，着力形成农民培训、就业、创业工作机制，促进农民增收。2016年，举办农业实用技术培训班4场次，培训175人次，技能鉴定50人。全年输出转移农村劳动力2800人，全乡实现劳务产业收入4600万元，劳务人均收入达3700元。

【社会保障】 2016年，全乡医保缴费10654人。全乡共有城市居民低保11户18人，农村低保523户629人。为160户困难群众发放救助救灾款95200元，为9名群众发放大病救助资金13600元；为全乡城乡低保、高龄人员发放门诊救助资金83160元。新增享受养老保险待遇52人，申请办理被征地农民养老保险117户222人。全乡886名残疾人中，已办理二代残疾证513人；享受重度残疾人生活津贴178人；60户种植残疾户获化肥补贴30000元；大力支持残疾人就业创业，25名残疾人成为个体工商户。

【社会治安管理】 全乡共受理各类信访案件6起，处理5起，1起正在协调中；共受理各类矛盾纠纷72起，调解成功65起，5起转司法途径，2起正在调解中。年初，同各村签订目标责任书，狠抓督促落实，认真组织开展信访条例宣传月、综治宣传月、法制宣传月、安全宣传月等专项宣传活动；认真开展矛盾纠纷排查化解、道路交通安全隐患排查及肇事肇祸精神病人摸查等活动，将各类隐患消除在萌芽状态，无进京、到银川非正常上访事件发生。

（李进国）

燕子墩乡

【概　况】 燕子墩乡紧紧围绕特色产业发展、基础设施建设、招商引资、社会事业等重点工作，以建设和谐美丽法治燕子墩为奋斗目标，抢抓机遇、攻坚克难、砥砺奋进，圆满地完成各项目标任务，燕子墩乡经济社会发展迈上新台阶。致力于发展特色产业，综合实力持续攀升，不断加快特色种植业、草畜产业结构调整步伐，在燕子墩乡形成以枸杞、草畜、葡萄、现代设施农业为主的产业新格局；致力于基础设施项目带动，生产生活条件更加优化，抢抓机遇迎挑战，加快推进小城镇建设步伐。致力于和谐社会建设，社会事业蓬勃发展，惠民工作有效落实，社会保障体系逐步健全。致力于创建法治政府，自身建设明显加强，健全依法民主决策机制，法律咨询服务实现全面覆盖。

【枸杞产业】 按照“稳定规模、提高质量、增加效益”的发展思路，在新植枸杞、品种引进、园区建设、出口加工等方面实现规模发展。结束枸杞栽植面积低谷徘徊的局面，栽植面积逐年回升，稳定在4600亩左右。积极探索种植枸杞新品种，试种黑果枸杞，并新建黑果枸杞实验示范园区3个，面积600亩。采取“杞农+合作社+企业”的形式支持枸杞合作社建设。2016年，燕子墩乡共有枸杞专业合作社6家，较2012年新增4家，枸杞出口产量由2011年的160吨增长至2016年的410吨。积极融入“互联网+”，不断扩大电商发展，通过电商销售枸杞干果20余吨。

（刘占贵）

【农牧产业】 以规模养殖园区为引领，以小群多户为基础，大力发展以奶牛、优质肉牛、绒山羊为主的畜牧养殖业和以紫花苜蓿为主的草产业，推进草畜产业提质增效。2016年，燕子墩乡奶牛饲养规模8400余头，羊只存栏7.38万只，优质饲草种植超过8000亩。葡萄产业是燕子墩乡的新兴产业，2014年通过贺兰山东麓（罗家园）酿酒葡萄基地的建设，为燕子墩乡广大群众开辟新的增收渠道。酿酒葡萄种植规模已达到5000亩，酿酒酒堡及部分配套设施已经建成。进一步加强配套基础设施建设，逐年扩大种植面积，枣瓜间作面积达到3800亩，取得显著的经济、生态效益。简泉村形成以西甜瓜为主打品牌的现代设施农业生产基地3586亩，经济效益4373.12万元。

（贺　莉）

【项目建设】 紧紧抓住自治区建设厅建设美丽小城镇机遇，通过争取已将燕子墩乡列入建设序列，未来3年将持续支持燕子墩乡基础设施建设。邀请相关部门及专家进行踏查、研讨，科学编制规划，建设内容包括道路、路灯、排水、集中供热、休闲公园、绿化、活动场地、沿街商业立面改造、市场、环卫工程、镇区内沟道整治等，建设项目估算总投资4050万元，努力创造设施完备、功能齐全的镇区环境，为燕子墩乡经济发展打下坚实的基础。2016年，实施西永固1队、8队环境卫生整治、外西河新沙渠拓宽砌护、黄渠拐子6队环境卫生整治等7个“一事一议”项目。通过项目的实施，燕子墩乡群众生产、生活条件不断改善，极大地提高了人民群众生活质量，改善了群众的生产生活环境。大力推进主干道路沿线环境综合整治和绿化工程，确定以110国道、109国道、石中高速公路、包兰铁路为重点，以下简路、简滨路两侧及乡政府驻地周边等乡级道路为辅助的整治方向。

（闫　杨）

【宣传文化】 将农村民风建设、精神文明建设与“创城”“创卫”、服务型党组织创建工作相结合，成功举办“2016美丽燕子墩欢乐迎新春”民俗文化大集，并邀请宁夏演艺集团、自治区文联“深入生活扎根人民”文艺志愿服务队为村民们献上精彩的表演。为强化基层文化阵地建设，乡党委、乡政府出资12万元建设西永固村“乡村大舞台”，并配合区文化局在10个行政村安装“户户通”、“村村响”、卫星数字“农家书屋”等设备。以乡村休闲体验活动为契机，推进燕子墩乡休闲农业产业发展。与市广播电视台大型活动中心共同组织“美丽乡村行走进燕子墩”大型电视录制节目，积极开展“4·10”休闲体验亲子游和“4·24”踏青赏花采摘活动。

（贺　莉）

【人口和计划生育】 燕子墩乡人口出生率、出生政策符合率、人口自然增长率分别达到2.67‰、

100%、0.92‰；全员人口信息系统准确率达到98.97%，稳居惠农区第一位。获得自治区计划生育“五星级乡镇”称号。

（魏巧玲）

【民生服务】 城乡医疗、养老保险参保率达到98.1%和73%，新发放城乡居民医疗保障卡112余张，共解决大病医疗救助12人次，分散供养“五保”户10人，集中供养30人。转移农村富余劳动力2803人，人均劳务收入9537元；完成“一卡通”信息录入2803人，灵活就业人员社保补贴享受对象登记3人；创办小微企业11个，新增老板6人，并通过贴息政策为71户农户贷款369万余元，开办就业创业培训班10期，参加人次30人，并推荐农村实用技术人才赴省外培训学习。

（张一鸣）

【信访维稳】 规范信访接待，加大矛盾纠纷化解力度。2016年，燕子墩乡共受理信访案件20余起，受理治安案件10起；受理调处民事纠纷23起，调解成功率达98.1%，共接待来信来访群众120人次，主要涉及封山禁牧、土地流转、土地确权、房屋拆迁、征地补偿等问题。开展安全生产、道路交通安全、食品药品安全等专项整治活动，安全生产形势平稳。

【制度建设】 严格落实党风廉政建设责任制和“一岗双责”，严格执行中央八项规定，从严控制“三公”经费支出。有效地清理乡人民政府历年结余结转资金。进一步完善和规范有关工程招投标、财务预决算、公务接待、公务用车、差旅费等制度，开展涉农惠农资金自查工作，对财务监督、“三公”消费和厉行节约工作提出硬要求和新举措，政府廉政建设不断加强。注重听取群众的意见建议，自觉接受群众的监督，政府自身建设明显加强。

（贺　莉）

育才路街道办事处

【概　况】 惠农区育才路街道办事处位于惠安大街以西，康乐路以南，辖区面积15.7平方公里，共有常住人口12338户38703人，中共党员584人。辖区有企事业单位182个，公益性岗位人员42人。街道办事处编制10人，其中行政在编人员5人、事业在编5人；设书记1人，主任1人，副书记1人，工作人员6人。街道党工委辖6个社区居委会，即育才社区居委会、桥西社区居委会、水厂社区居委会、新建路社区居委会、庆安社区居委会、银河苑社区居委会。共有7个党支部，其中机关党支部1个、社区党支部6个，共有居干34人，网格员4人，共有中共党员584人。街道办事处设综治中心和民生服务中心，6个社区居委会均有独立的办公场所，配备电脑、电话、资料柜、图书柜、娱乐室、办公桌椅等，建立市民学校、社区服务站、劳动和社会保障工作站以及社区卫生服务站等。为进一步方便群众，街道所辖各社区居委会也相应设立了便民服务站，形成了以街道民生服务中心、社区服务站为依托的社区服务网络，形成了面向老年人、残疾人、低保对象和以辖区全体居民为对象的便民利民服务体系。

【党建工作】 自“两学一做”学习教育工作开展以来，街道及时制定“两学一做”学习教育实施方案及学习计划，成立了“两学一做”学习教育领导小组。街道通过宣传展板、横幅标语、电子屏、微信平台等方式，营造了浓厚的学习教育氛围。2016年，街道领导班子成员开展讲党课2次，各社区党支部书记讲党课6次；各支部组织集中学习54次共968人次参加；各党支部按照学习计划召开“三查三树”专题讨论会，已召开专题讨论14次263人次，查找问题27条，提出整改措施27条，并将查找问题责任到人，明确整改时限，按期整改。建立健全“三建四关心”党内关怀机制，组织开展了庆“七一”表彰大会，表彰了14名优秀共产党员，走访慰问辖区困难老党员11人并送上慰问金。扎实开展党员组织关系排查工作，建立6个支部584名党员个人档案，共摸排出失联党员11名，经过多方查找，已全部找到，并全面完成了党员证发放工作。严格按照党员发展有关规定，做好发展培育工作，2016年，街道共转正党员6名，接收预备党员5名，培养入党积极分子12名。

（闻 佳）

【党风廉政建设】 街道党工委定期召开专题会议，研究制定党风廉政建设和反腐败工作责任制的目标任务、具体措施，严格落实“一岗双责”。研究制定《育才路街道贯彻落实“两个责任”工作方案》及责任清单，把党风廉政建设和反腐败工作列入领导班子、领导干部目标管理，统一研究部署、组织实施、检查考核，及时召开专题会议，研究党风廉政建设工作，特别是将“三重一大”和“五个不直接分管”等工作作为街道党风廉政建设工作的重中之重，认真研究部署，切实抓好落实。抓好干部廉政教育工作。督促街道及各社区分别建立电脑QQ群和手机微信平台，通过各类宣传平台深入宣传学习《中国共产党章程》、《条例》、《准则》、习近平总书记系列重要讲话精神，开展廉政警示教育活动，观看廉政警示教育片，领导干部讲廉政党课等，通过警示教育讲堂活动，使干部筑牢拒腐防变的思想防线。严格落实好中央八项规定和自治区、市、惠农区相关规定，对涉及街道、社区的人、财、物等方面，形成以制度管人、用制度管事的良好机制。街道纪工委定期对街道社区财务支出情况及干部作风问题、服务态度、上班迟到、上网购物、聊天等问题进行明察暗访，对存在的苗头性问题及时进行提醒教育，对6个社区及街道各站（所）监督检查4次，对1名违反工作纪律人员下发督查通报进行批评并要求做出深刻检讨。

（马丽红）

【精神文明建设】 加强社会公德、职业道德、家庭美德、个人品德教育，以唱红歌、学模范、诵经典活动为抓手，与“我们的节日”相结合，通过邀请模范宣讲，选树先进典型，开展读书、反腐倡廉教育等形式多样的活动，并将学习社会主义核心价值观和加强思想道德建设纳入干部培训，在辖区内营造“讲道德，做好人”的浓厚氛围，弘扬正能量。充分运用“道德讲堂”阵地，大力宣传核心价值观基本知识，组建一支业务强、素质高、认真负责、热心文明道德传播的队伍，把诚实守信、爱岗敬业、办事公道、助人为乐、自强自立等辖区内涌现出的各个典型人物、事迹通过“道德讲堂”的宣讲，使“道德讲堂”真正成为群众自己的讲堂，2016年，街道社区共开展道德讲堂56场次。

（黄 英）

【综治、信访维稳】 进一步健全和落实社会治安综合治理目标管理责任制、领导责任制和“一票否决制”等各项制度。在社会治安综合治理工作中，各社区组建安防队和义务巡逻队进行巡逻，确保辖区内的安全稳定。利用科普讲座、黑板报、横幅、宣传材料等方法，扎实有效地开展法制宣传教育活动，经常性组织居民小组长和居民代表开展各类安全知识讲座培训，共举办讲座5次，参加培训的居民500人次。在汛期，深入居民家中排摸危房住户安全隐患，查看危房状况、排水情况等，确保居民人身安全和财产不受损失。认真做好矛盾纠纷排查调处工作，将排查出的矛盾问题进行梳理归类，逐项登记，建立台账，依法依规进行调解。2016年，共受理社情民意信访事项14件，矛盾纠纷调处34件，网上信访事项3件，上级转交办信访事项2件，接待群众来信来访34人次，答复率100%，群众满意率98%。

（刘 磊）

【禁毒工作】 在禁毒工作中，不断提高全民的识毒、防毒、拒毒能力和禁毒意识，分发禁毒宣传资料1000多份、悬挂横幅12条、展板4块、参与群众1000余人次，通过发放宣传资料让人民群众更加深刻地认识到毒品的危害，受教育人数达到1000多人；坚持对实有吸毒人员落实帮教措施，对在家的吸毒人员100%落实帮教，进行“全员帮教”；搞好排查摸底，全面掌握毒情情况，对辖区139个吸毒人员进行摸底排查，对现在家居住48名吸毒人员逐一登记，建立档册，充分利用街道资源，结合街道一些技能、创业知识培训班解决吸毒人员的经济问题，尽早融入社会。

（吴雪锋　殷　俊）

【扶贫救助】 2016年1—8月，享受低保户351户609人，月发放低保金190921元。2016年，温暖工程共慰问辖区居民296户，慰问现金4200元，米2960公斤，面2960公斤，油740公斤，煤100吨；政府集中统一采购救灾物品340户，米3400公斤，面3400公斤，油850公斤。老龄工作发放80周岁老龄津贴3户4人，月发津贴1600元。街道共有残疾人452人，已享受低保的残疾人122人，丧失劳动能力的残疾人142人，有劳动能力的失业残疾人52人，18周岁以下的残疾儿童12人。申报二级以上重残146人，护理补贴216人，上报残疾人燃油补贴35人；做好辖区3户残疾人个体工商户养老保险金的摸底登记工作。2016年，取消货币补贴16户21人，取消实物配租8户13人；新增廉租房货币补贴18户26人。现享受廉租房共计426户708人，其中货币补贴99户158人，月发放26160元；享受实物配租327户550人。

（李彩莲）

【计划生育】 截至2016年7月30日，辖区总人口为19192人，出生婴儿133人，迁入361人，迁出362人，办理独生子女证1775人，再生育证50人，人口出生率6.94‰，死亡51人，人口死亡率2.66‰，人口自然增长率4.28‰，计划内生育133人，计划生育率100%。截至2016年7月30日，银河苑社区实际有住户845户（户口底册1392户），总人数约3972人（户口底册6300人）。育龄妇女约1483人，其中，已婚育龄妇女1119人，新生儿31人，男19人、女12人。其中，一孩12人，男孩8人、女孩4人；二孩10人，男7人、女3人；多孩9人，男4人、女5人。发放计划生育生殖健康服务证1119人。

（刘　娜）

【就业创业】 2016年，育才街道共完成新增就业人员1050人，其中失业人员再就业1036人，就业困难人员实现就业231人；街道共新增“小老板”19个，新增小企业14个；新增大学生创业引领计划1人；完成创业培训60人，其中30人培训后实现自主创业，完成电子商务意识培训60人。育才街道银河苑移民社区就业人员2205人，新增自主创业小老板4人。完成2015年“4050”灵活就业补贴申报，街道申报人员共计444人；完成2016年公益性岗位人员的申报，申报人员35人。2016年毕业的应届大学生共计摸底13人，帮助完成就业人数4人。

（李晶晶）

【社保工作】 2016年，街道医保任务11345人，完成12139人，完成计划的107%。办理新生儿参保46人，城乡居民养老保险上半年新参保25人，60周岁享受待遇人员10人。全民参保任务是215人，共完成215人，完成任务的100%。做好离退休人员养老金资格认证工作，共认证离退休人员2367人。

（丁惠珍）

【“创城、创卫”】 加大“创城”“创卫”宣传力度，各社区通过开展印发各类宣传手册、调查问卷、宣传栏等营造浓厚的宣传氛围。共发放各类宣传资料25000余份、制作宣传橱窗15个、悬挂宣传横幅30多条、更换宣传展板40多处，微信宣传面基本达到全覆盖。持续开展志愿者服务活动，组织街道社区全体干部、辖区老党员、志愿者开展“学雷锋，关爱他人”志愿者服务活动。累计集中开展志愿者服务活动80余次，参加人员2000人次，受服务群众达6000多人次。对辖区无物业小区、背街小巷垃圾及小广告进行综合整治，共清运垃圾90余吨，铲除“牛皮癣”等乱贴乱画1865余处，辖区环境卫生得到明显改善。积极配合区住建局实施老旧小区既有建筑节能改造项目。年内，在辖区实施改造面积近13万平方米，共涉及44栋楼、1403户。开展植树绿化工作，联系林业部门争取树苗，做好部分小区及路段的树木补植及绿化工作，争取500棵苗木对银河苑等小区进行补植补栽。

（黄 英 刘 娜）

【公共文化服务】 丰富干部职工文化生活，年初举行干群联谊会、趣味运动会，街道社区共90余人参加演出营造节日气氛。组织街道干部职工、辖区居民群众71人参加秧歌社火大拜年排练，在全区秧歌社火比赛中获得第5名的好成绩。多渠道积极争取资金，对街道综合文化中心及时予以改造提升，提高居民文化生活。主动联系宗教局争取民族示范项目资金15万元，在新建路社区康乐小区新建篮球场1处，方便居民群众休闲健身。支持各社区结合自身实际，注重培育和扶持社区各类文化社团及协会，调动居民广泛参与基层群众文化活动。其中新建路社区、育才社区已成立2家群众文化社团组织，并举办多场文艺演出，丰富和活跃群众精神文化生活。

（潘 矜）

【工青妇工作】 根据精准帮扶的要求，对在档的75名职工的信息进行核实，共注销27名不符合条件的困难职工档案，增加符合条件的1名困难职工档案，及时完善补充在档的49名困难职工信息，真正实现职工档案动态管理。组织13名困难女职工参加自治区工人疗养院免费健康体检；为辖区4名孩子上大学的单亲母亲每人申请1000元救助；对辖区9家个体私营企业进行工资集体协商相关政策的宣传，发放《育才路街道工资集体协商知识点》500余份；做好辖区劳模的摸底工作，完善刘兴仁、张计锁、何建设、郑兴文4位劳模专项补助资金访问调查表的填报工作，切实保障劳模合法权益。对2016年参加高考的4户困难职工子女信息进一步核实，做好金秋助学申报工作。根据自治区总工会会员信息化录入的要求，对辖区基层工会组织会员进行摸底，录入会员信息，已经录入会员信息700人。统计辖区0—6周岁困难家庭儿童，汇总上报51人，其中31人接收区妇联转自中华红十字会的天使关爱基金奶粉救助；推荐辖区12户家庭参加全区“最美家庭”“五好文明家庭”“无毒家庭”选树活动，10户家庭获得相关表彰。团委先后对10名新考上大学的困难家庭学生，每名给予3000元帮扶。

（潘 矜 郭 阳）

【食品安全】 抓好食品餐饮服务环节的安全监管，严格辖区内副食商店、小作坊和餐饮服务卫生许可准入制度，做好辖区内食品生产、加工、流通和餐饮服务从业人员的健康登记。加强日常监督检查，努力提高监管覆盖面，面对餐饮业使用的粮油、调味品、酒类、饮料加大监督管理检查力度，发现问题及时上报。开展畜禽屠宰专项整治，加大对辖区内私屠滥宰和屠宰注水或注入其他物质行为的惩治力度。通过监督检查、明察暗访、接访举报等，实施全面、细致的排查掌握畜禽屠宰的线索。强化辖区商户对食品安全意识。进一步健全完善牛、羊、畜禽类的屠宰管理规定。

（郭 晗）

【消防安全监管】 按照全年工作专项目标的要求，街道每季度定期组织召开一次消防安全工作例会，对安全事故进行通报，并根据具体实际，提出解决措施，制定针对性强的解决方案并立即贯彻实施。集中开展消防安全大检查工作，对辖区内企业单位、小商户、人员密集场所、学校交通安全、烟花爆竹的专卖场所80余家，共出动检查人员20余人次，查处各类安全隐患5处，已全部整改完毕。

（郭　晗）

【动物防疫】 春、秋“两防”期间，各社区工作人员配合动物防疫疾控中心工作人员对辖区内的散养户进行大规模的疫苗接种。辖区春季动物防疫存栏数共有320头，累计免疫数318头，免疫密度达到99%，累计消毒面积750平方米。

（刘　磊）

【武装工作】 育才路街道办事处在辖区内共悬挂横幅12条，组织集体宣传3次，发放征兵各项资料500余份。做好兵役登记工作，召开征兵工作专题会议，广泛宣传《中华人民共和国兵役法》（以下简称《兵役法》），增强适龄青年对兵役登记的认识。2016年，完成街道预备役报名工作，正在进行政审及后续程序。

（刘　磊）

南街街道办事处

【概　况】 南街街道面积5.2平方公里，有常住人口总户数13137户，总人数35183人。街道办事处现位于原矿中（十四中）大院内办公。街道党工委下设8个党支部，其中，机关支部1个、社区党支部7个。居干35名，交叉支委成员41名。机关共有在职在编人员10名，其中行政编制5人、事业编制5人，设书记1名，主任1名，副书记兼纪工委书记1名，副主任兼武装部部长1名。辖区共有中共党员793名，学校3个，医院1个，企事业单位21个。

【党建工作】 巩固和拓展教育实践活动，着力提升基层党组织的凝聚力和向心力。扎实开展“两学一做”学习教育，务实思想基础。坚持学用结合、学以促做，组织12名党员干部参加演讲比赛，47名街居干部参加廉政网络考试，24名党员居干部参加知识竞赛，收集55名街居干部感悟话语，抓好中国共产党建党95周年系列活动，开展走访慰问等活动。组织开展整改落实和专项整治“回头看”，围绕“三查三树”（对照党的最终目标查理想信念真不真，树立政治坚定的党员形象；对照党规党纪，查纪律规矩严不严，树立遵规守矩的形象；对照组织分配的工作，查履职尽责好不好，树立担当作为的形象）开展专题讨论，共查找梳理分类汇总23个问题，在讨论交流中提高认识、找到差距、明确努力方向。在春晖社区推行“大党委”示范社区，充分利用辖区企事业单位多的优势，整合辖区党建及其他各类社会资源，形成工作合力。扎实抓好“双诺双述双评”工作。扎实推进机关干部“下基层”和“访贫思廉”活动，进一步密切党群干群关系。通过结对帮扶、走访调研、矛盾纠纷排查、公开承诺等，帮助群众解决生产生活中的实际问题，促进机关干部联系服务群众呈现常态化。年内，自治区、市、区及街道共帮扶困难群众278户，帮扶资金24500元（含物资）。梳理解决群众关心的热点、难点问题31件，化解各类矛盾纠纷17件。进一步做好“周讲评月总结季评优”工作。深入开展在职党员到社区报到为群众服务活动。扎实做好“两代表一委员”接待走访基层党员群众工作，发挥“两代表一委员”工作室的职能作用，按照选举规定程序及时限要求，认真做好党代会代表、人大代表换届选举工作。优化社区工作者队伍，选好班子、配强人选，培养想干事、能干事、会干事的学习型、服务型、创新型社区人才。在街道党工委的统一领导下，积极做好民兵整组及征兵工作；注重加强街道工会、妇联、共青团、残联等群团组织建设，切实发挥群团组织的优势和作用，有效服务相关群体。

【党风廉政建设】 对所辖干部进行摸底排查，坚决禁止党员干部操办和参与“升学宴”“谢师宴”。严格按照组织程序，全面完成第四次党员代表大会代表选举工作和第四次人大代表选举工作，营造风清气正的换届选举氛围。强化党性教育，认真开展“守纪律、讲规矩”“三查三树”主题教育活动，认真开展了以“九个一”为主题的系列活动。组织街道党员干部、社区“两委”班子成员集中学习了党章、习近平总书记系列重要讲话精神及中央、自治区、市、区领导讲话精神等；以弘扬社会主义核心价值观为主题，各社区利用板报、宣传栏、橱窗等形式，通过QQ、微信平台、道德讲堂等宣传载体，积极弘扬健康向上的群众文化，教育引导广大居民群众大力弘扬尊老爱幼、家庭和睦、科学教子、移风易俗的社会主义道德风尚，引导大家知荣辱、树新风，学会感恩父母、感恩社会，倡导中华民族传统美德。依托“凡人善事”协会，评选出最美“友善人物”10名、最美“敬业人物”9名、最美“诚信人物”3名、最美“奉献人物”8名，举办“最美南街人”颁奖典礼活动，用身边的好人好事教育身边的人，弘扬社会正气，树立文明新风，广泛传播社会正能量。利用“俺们这拨人”微信平台，不定期向社会公众发布街道、社区工作动态、文明建设、志愿服务、凡人善事、政策法规等各类信息，推进网络文明传播。进一步深化街道权力公开透明运行工作，巩固党风廉政建设制度执行力活动成果。

【社会治理、综治维稳】 加强综治、信访维稳工作，加大矛盾纠纷调处化解力度，努力维护辖区社会稳定。开展“推进依法治区、共建平安惠农”宣传活动。发放各类宣传材料3000余份，接待群众咨询36余人次，为群众当场解答具体问题10余件，受教育群众2000余人。在辖区书写永久性和临时性标语14条，出宣传栏和黑板报14期，宣传横幅13条，法制讲座4期，街面和公共场所挂图展览禁毒和反对邪教图片，发放宣放资料6000余份，受教育人数达10000余人次。开展反邪教警示教育活动。在各社区设立“反邪教警示教育”宣传点，街道统一制作5块反邪教宣传展板在各社区进行巡回宣传，向来往群众散发治安安全防范、反邪教警示教育、治安管理处罚法等宣传资料。结合禁毒宣传月，依托文景广场进行禁毒知识宣传，街道制作禁毒宣传展板10块，印制宣传资料1000多份，辖区单位发放宣传资料500余份。在人群集中的地方进行图片宣传和资料宣传，同时将禁毒宣传展板在各社区进行巡展，使广大居民群众进一步认识到毒品的危害性，提高禁毒防毒的能力。抓好“平安建设”工作，协调公安、南街派出所及辖区企事业单位，多方联动，实行网格化管理，认真落实周排查分析报告和月排查分析报告制度。2016年，共开展矛盾纠纷排查22次，排查调处矛盾纠纷71起，其中一般性矛盾纠纷69起，及时将矛盾消灭在萌芽状态。在辖区深入开展平安社区、平安家庭、平安校园、文明单位的创建活动，拓展基层创平工作的深度和广度，提高创平实效。上年12月至2016年8月共发生各类刑事案128起，与2014年同期相比下降39%；发生各类治安案件与2015年同期152起相比下降16%。发生各类治安案件146起。

【民政、就业】 开展全民创业工作培养“小老板”31人，其中个体工商户17人；培育小企业14人，创造新岗位125个；带动就业125人；大学生创业引领计划3人，超额完成目标任务数。促进就业工作实现城镇新增就业实名制管理1242人。其中，就业困难人员实现再就业90人（任务数为70人）；城镇失业人员再就业实名制管理完成1188人，“零就业”家庭实现动态清零1户；公益性岗位就业14人，城镇登记失业率控制在1.26%以内；7个社区全部创建充分就业社区，2个社区分别创建充分就业星级社区和国家级示范性充分就业社区。“一卡通”就业信息工作城镇新增就业人员、城镇失业人员、就业困难人员实现就业人数等实名制管理信息录入100%完成任务；对审核符合条件的灵活就业社会补贴“4050”人员信息录入及时、准确。帮扶解困困难人员实名制登记82人，建立台账76户，帮扶解困就业培训人员48人，带动C类就业困难人员实现就业48人。开办SYB培训班2期，培训人数60人；中级电工培训班1期50人，保健按摩培训班1期50人，共计培训人员160人。辖区共有低保对象467户，778人，共发放低保金793776元。新增低保对象42户，68人。对低保户中家庭共同成员存款超标的家庭取消低保78户155人，变减17户50人。共救助困难家庭2户，审批救助金额7145元。根据临时救助发放标准，南街临时救助共发放51200元。南街辖区安排慰问238户，为辖区困难家庭送去慰问金39700元，米2865公斤，面7785公斤，油840公斤；村镇银行共同慰问困难群众10户，发放大米100公斤，面250公斤，油50公斤。宁夏义工联合会慰问辖区道德模范、空巢老人、残疾人共计39户，发放米、面、油、瓜子、糖各39份。除此之外，在区民政局的指导下，办事处发放了米面各3600公斤、油900公斤。采用入户走访、查看户卡等方式进行对辖区60周岁以上老年人统计，辖区有老年人5150人，失能老年人219人，贫困家庭失能老年人35人。对辖区享受低收入老年人人基本生活津贴老年人调标，低收入老年人津贴共发放23150元。南街街道低收入家庭符合廉租住房实物配租36户42人全部入住，不符合廉租住房户取消17户24人，公租房分配11户16人，为230户368人低收入家庭符合廉租住房户发放住房补贴，不符合廉租住房补贴户取消11户17人，不符合人员中清退3户3人。

【计划生育】 利用“三八”妇女节、母亲节、“5·29”计生协会日，在文景广场发放《妇女权益保障法》《流动人口计划生育工作条例》等计生宣传资料7000余份，展出计生宣传展板30块。组织社区干部及辖区育龄妇女800余人，开展“三查一检”活动。辖区共出生婴儿143人，男孩77人、女孩66人（其中一孩99人、二孩42人、三孩2人），计划内141人、计划外2人，政策符合率98.60%。人口出生率5.14‰，死亡142人，人口死亡率5.11‰，自然增长率0.03‰。为824户计划生育家庭发放2015年独生子女费35万余元。申报2016年度新增国家特别奖励扶助10人，审核申报2016年度新增石嘴山市提前特别奖励扶助6人。

【“创城”卫生环境】 在居民院落、主要街路巷口悬挂“创城”知识宣传展板、刷写墙体标语，共制作各类文化宣传栏、公益广告等500余块（幅），悬挂“创城、创卫”横幅100余条、制作橱窗130余期，宣传展板80块，“创城、创卫”投入资3.6万元，发放应知应会、致全区广大市民的一封信等各类宣传资料3万余份。加大环境卫生综合整治力度，努力改善辖区环境面貌。每周五，街道社区、帮扶单位及志愿者对辖区楼院、背街巷道及南湖周边整治开展环境卫生综合整治志愿服务活动，综合整治共动用机械百十余台次，清理清运积存垃圾150000余吨，乱堆乱放5000多处，清除护栏悬挂物1600余处，铲除小广告10000余处。集中清理整治居民区私搭乱建现象。组织社区居干及社区志愿者500多人次，重点对春晖、矿中、广西社区的无物业小区内楼前院后、楼道内进行环境卫生专项整治。清理各种废弃的衣物、杂物等生活废弃物及垃圾100多吨。铲除小广告3000多处、清除乱堆乱放300多处、拆除乱搭乱建35处、清理悬挂物200多处。

【招商引资】 南街在石嘴山市经济开发区引进招商项目宁夏德昊科技产业有限公司，公司占地面60亩，总投资约7000万元，年产6000吨邻氨基苯。街道与外商企业负责人、商业单位密切配合，主动沟通，帮助解决项目建设中遇到的困难和问题。帮助完成项目投入资金3600万元。与石嘴山市日盛有限实业公司主动沟通、协调，密切配合，年产纯碱10万吨，完成项目投资4500万元。做好争项目、争资金工作。主动邀请区政府分管领导帮助与民政厅进行对接，积极争取自治区福利彩票公益金扶持社会组织发展扶持资金10万元。

（张诗洁）

北街街道办事处

【概　况】 2016年，北街街道办事处在区委、区政府的正确领导下，以科学发展观为指导，认真贯彻中共十八大和中共十八届三中、四中、五中、六中全会和习近平总书记系列重要讲话精神，紧紧围绕区委、区政府中心工作，将“六城”联创、改善服务民生、优化发展环境等工作相结合，增强服务意识，维护社会稳定。

【组织建设】 落实基层党建责任制，严格组织生活，认真坚持“三会一课”制度。开展庆祝纪念中国共产党建党95周年活动，发展新党员2名，认真组织“优秀党员”的评选、表彰和宣传。在公园社区创新推行“五色学堂”。“五色学堂”被央视网、新华网、光明网、《宁夏日报》、宁夏电视台等多家媒体宣传报道。收集群众反映意见、建议29条，办结27条。抓好星级服务型党组织创建工作，开展在职党员到社区报到服务，进一步完善“三建立、四关心”（建立党员个人档案、建立党内关怀制度、建立党内关爱资金，关心党员思想进步、身心健康、家庭幸福、形象树立）党内关怀激励帮扶机制，做好困难党员、老党员结对帮扶、关怀、慰问，充分发挥“两代表一委员”作用，组织开展接待走访群众、义务劳动、社区共建、破解工作难点等联系活动。严格按照代表选举程序和步骤，选举北街街道出席中国共产党惠农区第四次代表大会代表5名，选举出席惠农区第四届人民代表大会代表5名。

【党风廉政建设】 研究细化“两个责任”清单，严格落实党风廉政党委主体责任和纪委监督责任。强化纪工委的监督作用，加大党风廉政建设中监督与追责力度，党工委会议定期专题研究年度党风廉政建设工作，并根据工作实际制定工作计划，与班子成员、党员干部签订《党风廉政建设责任书》《廉洁自律承诺书》，与干部家属签订《家庭助廉责任书》，增强党员干部的廉洁自律意识。充分发挥“清风使者”的日常监督作用，加强机关干部作风建设。深入开展廉政教育活动，营造风清气正氛围。宣传先进模范人物事迹，进行党纪党规、廉政知识测试，正反教育相结合，深入开展反腐倡廉教育，筑牢思想防线。开展廉政文化进社区、进家庭。开展“重温激情燃烧的岁月”主题教育、“以经典为伴、与文明同行”经典诵读比赛、“相聚团旗下，永远跟党走”主题知识竞赛、“忆党史、念党恩、永远跟随党”宣讲等活动。组织党员参观“五七”干校、惠农区采煤沉陷区，通过感受今昔变化，坚定党员干部理想信念。扎实落实中央八项规定“回头看”。落实好“廉政三会”制度。对街道、社区干部进行廉政提醒谈话24次，通过“廉政三会”，把党员干部在思想、工作、作风等方面存在的问题解决在萌芽状态，全年无违法违纪现象发生。加强街道和社区居委会财务管理，积极推进党务、政务、居务公开，大力加强机关效能建设和作风建设，不断转变干部工作作风。

【宣传、精神文明建设】 成立8支创城志愿服务队，维护环境卫生、宣传文明知识、劝导不文明行为等。注重典型引路，结合道德模范评选等活动，成功塑造爱岗敬业、无私奉献岳茂阳、王琪，“党史通”李金堂，孝老爱亲李银雪、王小红，助人为乐沈占柱，“最美志愿者”李月霞，“最美居民”王修田等一批优秀志愿服务典型，并结合“道德讲堂”活动在广大党员和群众中进行广泛传播。深入开展“道德讲堂”“五好文明家庭”评选，“我推荐我评议身边好人”、“讲文明树新风”公益广告传播、我们的节日、网络文明传播等系列活动，进一步提升公民文明素养。北街机关“道德讲堂”被评为“四星”道德讲堂，公园社区“道德讲堂”被评为“三星”道德讲堂。依托社区文化活动中心和“腾飞艺术团”，组建“百姓”健身舞蹈队、体操队、秧歌队、秦腔艺术团等文体队伍，编排文艺节目，在居民小区、厂矿义务演出13次，举办迎新春文艺会演、庆“三八”趣味运动会、残疾人运动会等活动，丰富群众的精神文化生活。

【“创城”工作】 硬件投入，软件提升，有效地提升市民素质，改善了居民的生活环境，提高居民的知晓率与参与率。一如既往地做好氛围营造，围绕社会主义核心价值观、中国梦、节俭养德、诚信教育、文明旅游、传统文化、讲文明树新风等内容，利用各种形式强化宣传，确保居民群众的创城知晓率、参与率有更大提升。积极通过“廉政文化进社区”、道德讲堂、文明礼仪劝导、“小手拉大手”等主题宣传教育活动，着力提升市民文明素质。建立8支志愿服务队，招募志愿者672人。规范志愿者服务队伍管理，组织志愿者队伍集中开展文明劝导、法律咨询、植树护绿、疏导交通、环境整治、政策宣传、“三关爱”等多种形式的志愿服务活动，强化示范引领带动，积极动员全民参与创建，真正使创建工作让群众参与、让群众受益。建立环境卫生整治长效机制，配合部门落实“门前五包”责任制，实行全天动态保洁和重点区域整治。对辖区的主要路段、测评点、背街小巷等进行认真排查整治，清理垃圾、杂草、杂物等面积6100平方米，清运建筑、生活垃圾500多吨，确保不留死角和盲点。进一步整治辖区内居民小区、公共场所乱贴乱画、乱搭乱建、乱扔杂物、损坏花草树木、无序停放、散发小广告等不文明行为。对照“创城”测评体系认真完善档案资料，整理、归档。加强社区阵地建设，坚决在软件建设上保质保量。

【“创卫”工作】 制定创建卫生城市工作方案，并按要求认真抓好工作落实。制作“创卫”墙体宣传11块，小区健康教育宣传固定展板5块，发放“创卫”宣传资料5000余份。为辖区1160名居民开通手机积短信平台，强化入户宣传。开展整治社区脏乱差行动，对公园、朝阳、渡口各小区墙体、单元门、地面上存在的贴画、小广告进行清除，对小区露天堆放垃圾、室外晾晒衣物、乱搭乱建、车辆摆放等不文明行为进行整治，清运乱堆乱放物品和垃圾79余吨，清除小广告2500多处。规划停车位，使各小区的车辆摆放有序。

【创建国家公共文化服务体系示范区】 认真传达国家公共文化服务体系示范区的迎检任务和市、区有关会议精神，全面落实涉及街道的各项迎检具体要求。不断加大示范区创建的宣传力度，通过发放宣传物品、悬挂横幅、LED屏滚动播放创建标语、手机短信平台、社区e服务平台等方式提高示范区创建的群众知晓率。投入资金3.5万元，粉刷朝阳社区内部墙面1200平方米，对社区老年活动中心地面铺设地瓷砖、墙面粉刷、水暖更换。以传统节日为依托，开展迎新春系列文化活动、经典诵读、“相聚团旗下，永远跟党走”知识竞赛等活动，以“腾飞艺术团”为依托，精心编排节目，深入农村、敬老院、社区等地开展演出活动13场次。通过创建国家公共文化服务体系示范区，极大地丰富群众的精神文化生活，实现文化惠民。

【效能建设】 完善“周讲评月总结季评优”工作机制，加强“三个档案”的填报考评工作，激发干部干事热情。工作人员全部挂牌上岗，规范工作行为，明确工作流程，提高服务效能。聘请5名“清风使者”，通过定期不定期检查、明察暗访等方式，对街道、社区干部行为、工作作风等情况进行检查，并将督查情况进行汇总，召开

“清风使者”联席会2次，提出意见建议8条，已全部解决。党务政务全面公开，完善公开承诺内容，干部职工无违纪行为，进一步营造风清气正的便民、为民服务环境。

【“平安惠农”建设】 发放民忧卡1876份，其中涉及矛盾纠纷33件，登记销号33件。落实挂牌整治工作，公园社区建立以社区民警为主导，网格员、保洁员、楼栋长、单元长为主力的义务治安巡逻队伍，配合派出所民警在重点时段，对重点区域进行巡逻180余次，发现问题及时与社区民警联系。协调部门在小区安装摄像头，增设1个电子监控，对小区3栋楼的单元门进行维修。公园社区北武小区发生盗窃案件0起，与上年同期相比下降50%，辖区的治安状况良好，群众安全感和满意度有所提升，治安案件同比下降61%。强化禁毒宣传教育，制作墙体宣传展板12块。开展好社区戒毒（康复）工作，抓好安置帮教、社区报到，及时掌握动态。积极推进“无毒街道”巩固工作，深入开展“无毒单位”“无毒学校”“无毒社区”“无毒小区”“无毒家庭”巩固工作，坚决遏制新吸毒人员的滋生，严格落实辖区吸毒人员调查登记制度，增强戒毒工作的针对性。

【依法治区和法治城市创建】 以街道民生、综治服务大厅为依托，公开各项办事流程和管理制度，健全行政审批运行、管理监督机制，所办事项均程序合法，并接受群众监督。认真做好“六五”普法收官工作，开展干部学法用法、法律“六进”活动，普法考试合格率为100%。按照区政府安排，认真谋划“七五”普法开端，召开“七五”普法动员会，对“七五”普法工作进行动员部署。

【信访维稳】 及时办理群众来信来访，实行信访矛盾纠纷调处领导包案制度，落实矛盾排查机制，准确把握不稳定群体动态，采取措施，解决处理各种矛盾纠纷问题。重点做好节假日期间信访维稳。全年共排查婚姻家庭、邻里之间、民间个人借贷、物业等矛盾纠纷33起，已化解29起，引导正常诉讼4起，辖区未发生因矛盾纠纷排查化解不利而引发的群众性事件，有效地维护辖区社会稳定。

【创新社会治理】 公园社区党支部发挥支部引领作用，以“弘扬先进文化、关注群众热点、传播科学知识、提高市民素质、共建和谐家园”为宗旨，开展“五色学堂”活动，建立“红色党建学堂”“金色文娱学堂”“蓝色维稳学堂”“绿色健康学堂”“紫色关爱学堂”的“五色学堂”，打造“红色激情宣讲队”“金色魅力欢乐队”“蓝色平安维护队”“绿色环保志愿队”“紫色温馨互助队”5支队伍，破解社区社会治理服务中存在的问题，满足党员群众对健康养生知识、安全知识及文体活动等精神需求，推动星级服务型党组织、和谐社区创建，公园社区“五色学堂”被央视网、新华网、光明网、宁夏电视台、《宁夏日报》等多家媒体宣传报道。

【统战和民族宗教】 完善街道、社区统战联络工作体系，建立统战信息库，认真宣传和贯彻民族宗教政策，维护少数民族的合法权益，协助宗教部门依法管理宗教活动。开展爱国主义教育和法制宣传教育2次。节日慰问困难少数民族群众25人，为6位贫困大学生申请助学金，中秋节慰问贫困少数民族群众30人。

【工青妇工作】 组织慰问困难职工98人，为困难女职工免费体检30人；发放爱心卡69张，救助金4.8万元；“金秋助学”1人，救助金4000元；助学帮扶5个，共1万元。举办家政、创业等培训班3次，培训132人，促进就业80人。共青团招募志愿者672人，开展社区环境整治、校园爱心助学、义务便民服务等各类主题鲜明的学雷锋志愿服务活动30次，积极参与“创城”工作。慰问1名闲散青少年，送去慰问金500元。开展“希望工程圆梦行动”，资助2名贫困大学生，金额5000元。开展“送温暖”活动，慰问贫困家庭10户，组织25名贫困妇女进行免费健康体检。开展妇女维权、妇女健康、就业培训等活动，参加人数200余人，丰富妇女生活。深入开展“孝老爱亲”“和谐家庭”“最美家庭”等创建活动，评选出2户“最美家庭”、3户“五好文明家庭”、1户最美“无毒家庭”。其中1户被区妇联推荐至自治区，并被评为自治区“最美家庭”。

【招商引资】 完成石嘴山市越成建材有限公司综合利用工业废弃物生产新型环保建材项目招商引资任务3000万元。

【造林与林木管护】 组织街道社区干部参加2016年农田水利基本建设大会战，严格按照作息时间和任务要求，保质保量完成工作任务。积极参加生态建设，并对辖区内已植林木划分责任区域，安排专人定期做好防虫、防火工作，开展3次病虫害普查、防治工作，未发生林木随意砍伐林木事件，确保已栽树木成活率和保存率。

【创业就业】 发放就业宣传材料1000多份，不定期地张贴劳动用工信息。开办电子商务意识、SYB再就业培训班，培训50人。2016年，城镇新增就业实名制管理完成500人；就业困难人员实现就业50人；完成新增“小老板”10个，新增小企业1个；创造新岗位100个；创业实体带动就业240人；小微企业带动就业240人。大众创业带动就业困难人员实名制登记24人；帮扶解困就业培训人员实名制登记5人。2015年，应届高校毕业生7人，已就业高校毕业生7人，应届高校毕业生就业率达100%。2015年灵活就业社保补贴符合条件人员申报117人，公益性岗位申报15人，第二批公益性岗位申报7人。

【社会保障】 办理统筹城乡居民社会养老保险参保总人数128人，办理养老保险新参保5人，享受待遇4人；2016年，离退休人员领取养老金生存认证470人，医疗保险系统总参保人数4997人。城乡居民基本医疗保险参保缴费3690人，银行缴费3575人，完成任务的98%；办理城乡居民基本医疗保险新参保112人。享受城市最低生活保障金共191户、368人；享受80周岁以上低收入老年人高龄津贴老人4户、4人。

【社区环境卫生综合整治】 对各小区墙体、单元门、地面上存在的贴画、小广告进行清除，对小区露天堆放垃圾、室外晾晒衣物、乱搭乱建、车辆摆放等不文明行为进行整治，清运乱堆乱放物品和垃圾79余吨，清除小广告2500多处。规划停车位，使各小区的车辆摆放有序。对辖区的主要路段、背街小巷等进行认真排查整治，清理垃圾、杂草、杂物等面积6200平方米，清运建筑、生活垃圾500多吨。对黄河大桥引桥以南明珠楼拆迁空地进行硬化绿化，硬化面积1400平方米，绿化面积600平方米，种植连翘、丁香等各类树木500余株。

【“两个中心”运行及管理】 “两个中心”共接待各类服务对象447余人次，排查矛盾纠纷33起，化解29起，接办各类证件、申请、医保、社保、发放医疗救助2300余人次，帮扶困难职工、办理生活救助和医疗救助146人，送去慰问金32750元。

【计划生育】 在“男性健康日”、“三八”妇女节、母亲节和“5·29”协会活动日等重大节日，结合“幸福家庭”创建、“婚育新风进万家”、“亲情计生万家行”等活动，广泛宣传计生政策，普及计生知识，受教育人群达1000余人次。开展育龄妇女“三查一检”免费服务活动，共有30人接受了检查。年内，人口自然增长率为0.4‰，人口出生政策符合率为100%，综合节育率95%。计生民生工程。有6人享受宁夏计划生育家庭特别扶助，扶助资金4.8万元。6人享受石嘴山市提前享受计划生育家庭特别扶助，扶助资金21120元。181人享受独生子女保健费，兑现独生子女保健费8.0025万元。办理一孩、二孩生育证共27例，独生子女父母共荣证33例，流动人口婚育证明1例。

【公共安全】 动物疫病防治。按照农牧部门安排，制定动物疫病防治工作方案和应急预案，认真做好动物防疫宣传工作，开展消毒灭源工作2次，清理畜禽养殖63只，为辖区人民群众提供良好的生活环境。开展食品安全培训班4期，建立完善街道、社区、企业（学校）三级安全管理网络，完善报告制度和应急预案。积极配合有关部门对娱乐场所、集贸市场、重点餐饮企业进行巡查和整治，加强重点场所、重要活动、重大节日期间的食品安全检查整治工作。全年未发生安全事故。

【“两学一做”主题教育】 落实党课制度，党工委领导班子成员、各支部书记围绕3个专题设置内容，在各支部讲党课。各支部创新党课形式，增强党课吸引力和感染力。各社区支部充分发挥“互联网+”模式，通过“畅享社区e服务平台”（微信、飞信、QQ群）推送学习内容。以庆祝中国共产党建党95周年、纪念红军长征胜利80周年和开展“两学一做”专题教育活动为契机，开展“听我们记忆中的故事——我们的社区、我们的城市、我们的子女、我们的工作”宣讲和“爷爷牵我跟党走”活动，让身边的老党员讲党史国史、讲红色故事、讲城市发展变化，弘扬社会主义核心价值观，凝聚正能量。各支部围绕三个专题开展学习讨论。展开讨论，查找问题，立查立改。各支部创新形式，为广大党员践行“两学一做”搭建载体，在朝阳社区创新推行“党员积分制”，取得良好效果，激发党员学做热情，促进星级服务型组织和和谐社区建设。党员积分制被新华网、自治区人民政府网等多家媒体宣传报道。在公园社区创新推行“五色学堂”。“五色学堂”被央视网、新华网、光明网、《宁夏日报》、宁夏电视台等多家媒体宣传报道。

【和谐社区创建】 完善社区服务设施，建立健全社区各项便民服务制度，积极推行预约服务、错时服务和代办服务。认真落实惠民政策，办好利民实事，解决群众实际困难。落实创业优惠政策，及时提供用工信息、小额贷款、再就业优惠证办理、社会保险和技能培训服务。依托腾飞艺术团，精心编排节目，组织艺术团成员深入社区、居民小区等地开展演出活动，丰富群众的精神文化生活。积极开展“我们的节日”主题活动。以创建“平安社区”工作为抓手，坚持群防群治。以网格化管理为手段，细化责任分工，健全以居委会干部为核心的治保、调解、帮教等组织。切实加强禁毒工作，坚决遏制毒品危害。

【创建全国“双拥”模范城市】 把“双拥”工作纳入街道年度工作计划，结合实际，制定实施方案。利用建军节、清明节等重要时机及节庆活动，通过国防知识讲座、军民联欢、文艺演出等形式，开展爱国拥军、革命传统、拥政爱民教育进社区、进学校、进厂矿宣传教育活动。健全军烈属、伤残退役军人、贫困现役军人家庭等的关怀帮扶机制。

【综合整治硬化绿化】 美化亮化环境，对黄河大桥引桥以南明珠楼拆迁空地进行硬化绿化，硬化面积1100平方米，绿化面积600平方米，种植连翘、丁香等各类树木500余株。

【信访矛盾化解】 认真实施民生工程，对“533”老旧小区居民楼房下水网管进行改造，投资30万元，改造下水管网500米，铺设下水管网100米，新砌化粪池2个，渗井10个，接入主管网，彻底解决老旧小区居民下水不畅的实际问题，有效化解了“533”老旧小区48户群众因下水管网不通集体上访的矛盾。

【棚户区征收拆迁、综合整治】 完成黄河大桥以西、101路以北21户棚户区危房进行征收、拆迁、垃圾清运整治，征收资金760万元。对南北大街以西，山梁路以东棚户区征收拆迁、综合整治。征收棚户区房屋76户，支付资金912万元，清运拆迁建筑垃圾15万立方，改造拆迁面积达52142平方米，美化环境，切实改善居民生活环境。

【渡口社区周边采煤沉陷区综合整治】 为进一步改善辖区环境，争取项目资金对原渡口社区周边采煤沉陷区30万平方米进行综合整治、升级改造，铺设浇水管道，栽植各种乔木1000余棵、灌木1.2万余株，硬化人行道，搭建凉亭，项目投资680万元，有效地改善辖区环境面貌。

【公园社区院落硬化】 加强社区社地建设，投资30多万元，对公园社区院落进行硬化，硬化面积5000平方米，改善社区面貌，为居民健身提供场地，有效地助推星级服务型党组织和和谐社区建设。

【老旧小区节能改造】 认真实施民生工程，对老旧小区居民楼房进行节能改造，对“533”、“531”、武装部小区2.2万平方米的外墙进行保温，屋顶的防水、保温窗的更换已完成。协调住建局对武装部小区下水网管进行了改造，改造下水管网500米，砌护渗水井30个，化粪池2个，彻底解决了老旧小区居民下水不畅的实际问题。

（王 琪）

火车站街道办事处

【概 况】 惠农区火车站街道地处宁夏惠农陆港经济区核心区，面积48平方公里，东接惠农区市区，西依贺兰山，南连红果子工业园，北望内蒙古乌海市。包兰铁路、京藏高速公路、110国道横贯南北，兴惠路、正义路、惠民路、煤炭路连通东西，惠农火车站、京藏高速公路惠农出口坐落其内。街道下辖矿安路、花园、火车站3个社区，户籍人口3080户6602人，流动人口401户1082人。街道党工委下设4个党支部，有党员181名。驻辖区的有宁夏石嘴山经济技术开发区、银川海关驻惠农监管组、宁夏出入境检验检疫局惠农办事处等14家单位。在辖区范围内共有各类企业114家，其中规模以上企业29家。宁夏惠农陆路口岸、宁夏富海物流基地等物流企业享誉区内外。街道核定编制数为9名，在编在岗人员9名，其中领导干部4人，共有社区工作人员15名。

【党的建设】 以党支部为基本单位，以组织生活为基本形式，以落实党员日常教育管理制度为基本依托，加强全体党员经常性教育。先后排查党员203人，无失联党员情况。各支部组织集中学习23次，对行动不便党员送学上门，组织开展党员志愿服务活动21次。召开“三查三树”专题讨论，梳理查找理想信念和纪律规矩等方面问题7条。在纪念中国共产党建党95周年之际，对街道社区先进党组织和优秀共产党员进行表彰。改造建设花园社区服务阵地，通过建设社区居民服务中心、居家养老服务中心、房屋租赁超市进一步提升社区服务能力。通过党员示范岗、党员承诺践诺“评星定格”和志愿者服务等活动，扎扎实实为群众做好事、办实事、解难事。建立群众服务需求调查、民情民意采集、便民服务项目的“一表、一卡、一册”，提高服务工作的精准化和实效性。加强党员干部队伍的教育管理和服务。扎实做好党员发展，继续推行街道社区干部“干事档案”和“周讲评月总结季推优”制度，规范“两代表一委员”工作室建设和活动，严格“三会一课”组织生活制度，健全完善党员档案，做好“三建立四关心”党内关怀帮扶激励工作，开展“每周一课”学习培训，强化对街道社区党员干部的教育管理。

【党风廉政建设】 邀请辖区“两代表一委员”，组织街道社区全体工作人员、党员群众代表召开火车站街道2016年各季度述职评议会。扎实开展学习贯彻《中国共产党廉洁自律准则》和《中国共产党纪律处分条例》学习活动。组织街道社区党员干部20余人观看石嘴山市第九期电视问政专题节目并开展讨论学习活动，组织街道社区干部职工30余人集中观看“三严三实”和党风廉政警示教育视频，加强警示教育。先后修改制定《火车站街道社区干部职工考勤管理和请销假制度》《火车站街道宣传报道工作奖惩管理办法》等多个工作管理制度。严格按照《惠农区开展贯彻落实八项规定精神“回头看”工作自查表》，对照中央八项规定，结合制定贯彻落实制度配套制度、中央八项规定精神贯彻执行、领导班子和领导干部中央八项规定精神落实情况等进行全面自查。

【共青团工作】 申报“优秀团干”“最美惠农青年”1名，2016年度宁夏“守法好公民”1名。在惠农区（青年组）首届青少年辩论赛中荣获三等奖。结合街道帮扶解困任务明细表进行教育帮扶，走访需要资助学生家庭。火车站街道辖区有8名上二本线学生，除2名复读外，其他6名贫困学生均已得到希望工程、工会和学校的资助，按时完成团委及街道教育帮扶任务。

【宣传和精神文明】 街道以党委中心组理论学习活动为契机，邀请党员干部、辖区居民举办一期以“依法治国”为主题的宣讲会，系统地阐述依法治国的理念。向党员干部发放依法治国相关学习资料60余份，制作各类标语6幅，组织集中学习等活动10余场次，收集心得体会50余篇，同时要求街道全体干部认真做好学习笔记。在辖区广泛开展社会主义核心价值观、文明岗位、文明家庭等宣教活动，积极发挥党员干部模范带动作用，开展各种形式的志愿服务活动60余次，丰富辖区居民的精神文化生活。街道充分发挥团体作用，结合“我们的节日”、残疾人文化活动周等时机，先后开办文化体育竞技赛、各类安全教育、法律讲堂达50余场。按照宣传部、街道文件制度及工作要求，全年报送信息简报658篇，针对宁夏石嘴山市惠农区人民政府公众网、信息中心、团委、区委、创城办等各部门的发送量达3000余次。全年推选“身边好人”20名，“百孝之星”和“爱老敬老助老模范”各1名，依托“红火火社区艺术团”，全年开展演讲比赛1场次，干部群众体育比赛6场次，文艺会演2场次，极大地丰富群众文化生活。

【“创城、创卫”】 组织居民开展多形式的主题活动13场，印发宣传彩页2000余册。在辖区重点路段、各居民小区内广泛设置各类宣传广告牌、路旗、宣传栏及宣传标语200余处。通过举办道德讲堂、演讲比赛、知识竞赛、文艺演出等活动，发动辖区群众积极参与“创成、创卫”。不断完善志愿者队伍建设，长期开展文明劝导、环境保洁、扶老助残等各类志愿服务活动，提高群众的社会环境道德修养。街道、社区共举办道德讲堂40期，以道德模范、“身边好人”为榜样，发挥典型带动作用，引领群众参与到服务群众的活动中来。积极营造“六城联创”氛围。在辖区新增、更换新增“讲文明·树新风”、社会主义核心价值观、栏杆标语等各类公益广告共计41块、路旗122面，发放“创城”应知应会社会主义核心价值观、宁夏精神等宣传资料3000余册，推选“身边好人”20名，“百孝之星”1名，“爱老敬老助老模范”1名。同时组织街道网络文明传播志愿者参与“网络文明传播培训”等活动，累计发布微博1400余条，博客70余篇。

【环境卫生整治】 动员辖区企业、居民及社会各级力量，以环境卫生综合整治大会战与日常整治相结合，认真做好主干道路大整治大绿化和“七路四园三个点”（“七路”是指包兰铁路、京藏高速、110国道、兴惠路、惠民路、煤炭路、矿安中心路两侧；“四园”是指物流园、中小企业孵化园、竹柳园、苹果园；“三个点”是指道东社区、火车站社区、花园社区103片）及重点区域环境卫生综合整治工作。组织街道工作人员和保洁员对惠民路、110国道及复线、煤炭路两侧及周边环境卫生进行拉网式清理。对富海物流北侧围墙卫生死角进行清理，清运垃圾350余吨；清理矿安居锅炉房东侧110国道新线以西建筑垃圾150余吨；组织保洁队对正谊路两侧乱倾倒的约500吨工业垃圾进行铲车推平，净土覆盖，覆盖面积达20000多平方米；组织保洁队对天立物资回收公司透视围栏后至110复线的沿线1公里长乱倾倒的生活垃圾进行整治推平，净土覆盖，覆盖面积达20000多平方米；投资2000余元对110国道花园路段原道东社区拆除现场乱倒的建筑垃圾进行清理；不定期对辖区主干道路沿线、居民区等部位开展环境集中整治，清理各类垃圾1500余立方米，协调富海物流、蓝天网架等企业对企业门前进行硬化建设，筹措资金完成原三矿菜市场改造，将沿路摆摊商贩纳入市场进行规范管理，有效地改善辖区环境面貌。

【"平安建设"】 预防和有效化解各类矛盾纠纷。强化居民法治宣传教育，建立辖区公安、企事业单位治安防范联动机制和工作定期联系制度，结合"民忧卡"活动，建立矛盾问题排查化解长效机制，及时把问题消灭在萌芽状态，全年发放"民忧卡"2169张，排查化解各类矛盾纠纷17起。统筹抓好抓牢安全生产等工作。强化辖区74名吸毒人员管控，扎实做好动物疫病安全和食品安全工作，不断完善安全隐患排查机制，全年共组织排查25次，排查整治隐患6起。提升特殊人群服务管理水平，将27名易肇事肇祸、轻微滋事以及有潜在暴力倾向精神病人纳入动态管理，有力地维护辖区稳定局面。创新社区以房管人模式。根据辖区内空置房屋达到2121套、居民因在外居住有委托社区代租的实际情况，推行居民房屋租赁智能化服务，从而实现信息可视化的信息系统，方便居民安心选择租房的同时，街道和社区能够更方便地掌握辖区内房屋租赁和流动人员情况。

【扶贫救助】 按时上报发放80周岁以上老年人高龄津贴共计22人次，累计金额9850元。7月以后，按照文件要求进行调标，80周岁以上人员由原来每人每月400元调整为每人每月450元，90周岁以上人员由原来每人每月450元调整为每人每月500元。及时摸底了解老年人情况，确保发放津贴符合条件。收集审核上报大病救助材料共计3户3人，其中民政审核报销成功2户2人。1户1人正在办理中。在该项工作中，积极联系民政局了解业务知识，同时与中国人保财险工作人员进行沟通，掌握了解更多大病救助途径及所需材料，做到更好地为困难群众排忧解难，尽自己最大的努力帮助他们。对享受城市低保人员进行动态管理，经常进行阳光核查，在低保专项整治工作中，收集整理低保授权书。全年累计发放774户次、1290人次，发放低保金共计350492元。对情况困难但不符合报大病医疗救助的人员和来不及申请低保的人员，给予临时救助的政策，全年累计有8户享受临时救助，共发放3300元。火车站街道共有贫困人员210户357人，其中2016年帮扶解困110户200人，全部建档立卡、实行动态监测。联系各部门完成2016年"送温暖"结对帮扶相关工作，共走访慰问困难群众549户，合计发放金额56800元、米4330公斤、面4060公斤、油1165公斤、糖37公斤、棉衣31件、瓜子20桶、毛毯7条、被子7条、牛奶1份。

【就业创业】 举办SYB创业能培训班1期30人，培训后自主创业15人。49人通过技能培训、职业介绍实现就业。以创业带就业，辖区新增小企业10个，创造新岗位260个。全年，火车站街道新增实名制就业人员450人，失业人员实现再就业420人。对购买公益岗位援助就业困难人员进行审核上报19人，对2015年灵活就业补贴审核上报109人。2016年，共有还乡应届高校毕业生6人，经走访入户核实情况，现已全部就业。其中2人灵活就业，1人就职于事业单位，1人就职于国有企业，2人在私营企业就职。

【社会保障】 2016年1月至2月底，共新增居民医保36人，领取并发放医保卡63张，办理变更及转移信息32条。对2016年男性60周岁以上，女性55周岁以上进行认证，共认证580人，其中包含异地认证和视频认证50人。新增统筹城乡养老保险城乡养老24人，待遇公示3人，准备公示

3人。城乡居民社会养老特殊人群认定，重度残疾36人，新增2人，减少1人。城乡居民养老低保58人，新增4人，减少2人。

【计划生育】 组织辖区计生干部业务培训2次，抓好“一孩”“二孩”生育登记；严格“三项制度”初审、统计数据上报等基础工作，确保基础工作规范无差错。截至2016年9月底，办理一孩生育登记10人，再生育证6人，独生子女证初审128人，《流动人口婚育证明》1人。辖区享受国家计划生育特别扶助人员7户11人，7户9人享受石嘴山市提前特别扶助。年内，新增国家特扶2户2人，石嘴山市提前特扶1户2人，申报特扶资金15万多元。共上报计划生育各类信息简报30余篇，举办生殖保健知识讲座4期，开设人口学校培训班12期，参学率达98%以上。

【社区建设及社区服务】 结合社区党建“一居一品”的工作要求，矿安路社区推行“十分钟服务圈”便民服务，花园社区打造“红色讲堂”居民教育基地，火车站社区建立“社区党群服务中心”，因地制宜地解决群众所求所需，探索打造社区服务工作品牌，夯实基础，增强社区服务能力。争取自治区社区服务站建设资金65万元，完成花园社区阵地改造建设，并规范设置功能室，方便社区开展各项居民服务活动。同时，以“老年服务型”为特色，社区居民服务中心开展居家养老服务。

【机关效能建设】 街道成立由党工委书记任组长，办事处主任、纪工委书记任副组长，纪检、督查、宣传专干为成员的作风建设工作领导小组，加强效能监察工作。对街道各业务口、各社区的考勤情况定期检查，并在工作例会上对考勤情况进行通报，考勤结果直接与工作人员年底考评结果挂钩。街道按照区委每月的重点工作情况，结合街道实际，以文件形式制定街道每月的重点工作，下发街道各业务口及3个社区，由街道纪工委每月进行重点工作推进完成情况督查，形成督查通报，下发街道业务口及社区，对于没有完成的社区和个人进行通报，并作为年底考核依据。共下发督查通报2期。

【制度建设】 加强《火车站街道宣传报道工作奖惩管理办法》《火车站街道社区干部职工考勤管理和请销假制度》《火车站街道两中心管理制度（试行）》《火车站街道党政主要领导“五个不直接分管”工作制度》《中共惠农区火车站街道党工委重大事项集体决策制度实施细则》等制度的执行督查，制定《火车站街道党工委关于落实党风廉政建设党工委主体责任和纪工委监督责任的工作实施方案》，用制度管人促事。

【招商引资】 按照相关要求，办事处将招商引资任务逐一落实责任到人，全面动员街道、社区干部广泛搜集税源信息，最大限度地调动大家对招商引资的积极性和主动性。2016年，街道完成招商引资任务3900万元。

【文化活动】 组织“红火火艺术团”参加西夏啤酒节、社区欢乐行演出；组织参加惠农区文化馆组织的秧歌社火大赛，获得三等奖。先后开办各类安全教育、剪纸艺术辅导、法律讲堂、电脑培训、老年疾病防治讲座达30余场，全年开展演讲比赛1场次，干部群众体育比赛6场次，文艺会演2场次，极大地丰富群众文化生活。

（邓永彪）

河滨街道办事处

【概　况】 河滨街道面积47.5平方公里，辖7个社区居委会，分别是红旗社区居委会、荷花社区居委会、电厂社区居委会、滨园社区居委会、钢花社区居委会、兴旺社区居委会、屯园社区居委会。有居民6893户、20955人。街道党工委下设8个党支部，有中共党员713人。

【工业、建筑业】 石嘴山河滨工业园区供水、排水、供电、供气、供热、通信等设施齐全。分为重化工产业区、原材料产业区、生态旅游区、综合服务区，适合各类产业开发，是发展工业的理想之地。河滨工业园区现有工业企业80余家，形成以煤炭、电力、冶金、化工、建材、陶瓷为支柱的工业体系。主要企业：宁夏酒钢石嘴山钢铁公司（原宁夏恒力钢铁集团有限公司）、宁夏新日恒力钢丝绳股份有限公司（原宁夏恒力钢丝绳股份有限公司）、宁夏英力特化工有限公司、神华宁煤集团大武口洗煤厂金能分厂、国电宁夏石嘴山发电有限公司、国电宁夏太阳能有限公司、宁夏阳光硅业有限公司、宁夏西部聚氯乙烯有限公司、石嘴山金力建材实业公司、宁夏日盛实业有限公司、石嘴山市星瀚供排水公司惠农分公司、石嘴山市星瀚燃气公司惠农分公司等。辖区有2家股票上市公司，分别是宁夏新日恒力钢丝绳股份有限公司（原宁夏恒力钢丝绳股份有限公司）、宁夏英力特化工有限公司。

（高红丽）

【扶贫救助】 2016年，街道共新增低保28户46人；变增4户9人；变减5户5人；取消25户38人。截至2016年年底，街道享受低保家庭共计239户359人，月享受金额134132元，基本实现应保尽保。为163户困难群众办理临时救助，发放临时救助金72300元；为1户家庭申报医疗救助，解决困难群众的燃眉之急。调查核实申报符合条件的80周岁以上低收入高龄老人津贴，街道享受高龄津贴家庭共5户5人，月享受金额2350元。“两节”期间，辖区共有779户困难党员群众接受慰问，发放慰问现金135900万元、发放米面4664公斤、食用油1745升。

（张玉芬）

【社会保障】 辖区6733人中，共有6672人实施医保统筹，完成任务的99.09%，年内，新增养老保险46人。截至2016年年底，河滨街道共有登记的退休人员125人，认证死亡退休人员28人。

（于婷婷）

【计划生育】 河滨辖区总人口6893户、20955人，年内新出生婴儿45人（其中一孩29人；二孩13人，三孩3人），人口出生率为2.12‰，死亡42人，人口死亡率为1.98‰，人口自然增长率为0.14‰。计划内生育44人，计划生育符合率97.78%；已婚育龄妇女3913人，采取各种避孕措施3724人，综合节育率为95.17%。共有流动人口1437人，其中流入流动人口932人，流出人员505人，采取各种避孕措施102人。依法登记再生育证9本、生殖健康服务证登记27本、审核补办独生子女证25户、流动人口婚育证验证15本，开具婚育情况证明70余份。向育龄妇女发放免费孕前优生健康检查卡25户，惠民政策宣传彩页1000余份，计生药具2600余盒，制作计生宣传展板6块。为74人申报享受计划生育特殊家庭扶助政策（其中国家奖扶49人、宁夏特扶21人），提高1倍执行计划生育家庭特别扶助对象49人，石嘴山市提前享受计划生育特别扶助对象25人，共计发放金额858280元。

（吴保莲）

【创业、就业】 培育“小老板”12家，培育小企业11家，创造新岗位120个，小微企业带动就业422人。开展1期电商培训班，培训人员50人，培训后完成自主创业人员20人；开展1期养老护理员培训班，培训人员50人，并取得资格证书；开展1期SYB创业培训班，培训人员30人，培训后自主创业24人。截至2016年年底，新增就业710人，失业人员再就业697人，困难人员再就业288人，“一卡通”录入710人，申报灵活就业社保补贴242人，办理就业失业登记证108人，招聘公益性岗位人员26人。

（于婷婷）

【残疾人工作】 辖区共有残疾人438人，新办证28人。享受低保119户124人。为95人发放重度残疾人津贴9500元，为38人发放燃油补贴9880元，为183名残疾人发放护理补贴14640

元。为34名精神病患者发放精神类药物补贴发放32640元，申报康复辅助器具83件，慰问残疾儿童1人，为2名新增创业人员补贴4000元。

（马淑花）

【廉租房管理】 街道享受廉租房实物配租605户987人，新增廉租补贴户48户64人。享受公租房配租68户126人，新增未配租公租房16户25人，办理廉租转公租配租2户2人，有效地保障城市困难居民的住房问题。

（张玉芬）

【教育事业】 河滨辖区有2所学校，即石嘴山市第十六中学（原恒力中学）、石嘴山市第二十三小学（原恒力小学、实验小学合并成一个学校）。石嘴山市第十六中学是一所初级中学，学校占地面积27498平方米，建筑面积6783平方米。绿化面积6000平方米。学校现有308名学生。石嘴山市第二十三小学主要招收河滨街周围社区的孩子，2016年有小学各年级15个教学班、605名学生。

（高红丽）

【社区卫生】 河滨街街道办事处辖区设社区卫生服务站1个，为全额预算事业单位。主要为辖区居民开展预防保健、医疗护理、健康教育、康复、计划生育技术指导、卫生监督协管和基本公共卫生服务项目等工作。2016年，门诊量24344人次，门诊收入430463元，平均门诊人次费用17.68元。

（高红丽）

【党的建设】 扎实开展“两学一做”学习教育。为辖区党员送上“6+1”爱心学习包，即1本党章、1本《准则》《条例》、1本党员学习记录、1本党员证、1枚党徽、1支笔和“两学一做”笔记本，让老党员足不出户也能学习。先后2次组织100余名党员到北农场、大东公司、屯园社区等红色教育基地参观学习。为20余名机关、社区党员制作“党员先锋岗”，激励党员发挥先锋模范作用。开展“专家辅导+”集中学、创新模式分散学、网络媒体推送学等模式，开设“十堂党课”（“书记讲党课”“下基层党课”“道德讲堂党课”“晚间党课”“指尖党课”“楼栋党课”“一个人党课”“红色体验党课”“积分党课”“志愿党课”），推进“八进”（红色标语进社区、先进人物进社区、红色故事进社区、红色电影进社区、红色艺术品进社区、红歌传唱进社区、党史知识进社区、红色基地进社区）活动，切实增强“两学一做”学习教育的针对性、时效性。与市委社工部和市委党校联合成立屯园社区“加强和创新社会治理教研基地”，开展社区服务与治理现场教学项目。利用社区阵地，设置民安、民康、民便、民乐服务中心，设有党员活动室、红色展厅、社区文化活动中心，打造黄金水岸文化广场，社区居民文化生活和社区治理效果较为明显。

（高红丽）

【精神文明建设】 在辖区重点部位刷宣传标语2条，在街道新增公益广告墙3面。社区更换宣传广告牌16块，努力加强广告牌的实效性、宣传性，让辖区居民更好地做到人人知晓。重点整治辖区主干道路及两侧私搭乱建、乱停乱放、乱堆乱挂和河滨市场及周边环境综合卫生，对荷花楼群、兴旺十栋楼、红旗楼群和电厂片区楼群进行常态化卫生保洁，清理小广告300余条，共清理垃圾死角40余处，清除垃圾1600吨左右。组织开展“庆元旦”文艺会演、庆“三八”活动、庆“七一”、“庆中秋、迎国庆”活动，组织干部职工运动会、消防演练等15次文体活动。

（刘　青）

【共青团】 结合全区开展的创建全国文明城市工作，组织志愿者开展环境卫生整治活动。依托青年之家、道德讲堂、阅览室等活动场所加强团组织建设，充分利用十六中、二十三小、辖区企业等单位，开展“送温暖”“周末大课堂”等活动，构建“横到边、纵到底”“资源共享、优势互补、共驻共建”的区域化团建工作新格局。

（刘　青）

【未成年人思想道德建设】 街道邀请辖区5名“五老”人员，对辖区32名贫困、留守、单亲儿童进行走访慰问。广泛宣传《未成年人保护法》等法律知识，弘扬文明和谐的道德风尚，引导辖区青少年从小立志热爱家乡、建设家乡，进行未成年人主题实践活动。组织辖区小学生参与社区公益活动，进行环境卫生整治，倡导小公民争做保护环境的小卫士，使青少年在自觉实践和自主参与社区公共事务、公益活动中增强道德意识，强化道德养成，践行道德规范。发出倡议书，号召辖区青少年自觉远离网吧，弘扬网络文明，倡导健康绿色生活，自觉成为文明网民，互相监督，互相帮助，共同建设网络文明新风。

（刘　青）

【妇联工作】“两节”期间，为辖区30名贫困妇女送去慰问金6000元，为55户贫困妇女家庭送去米、面、油等慰问品。在河滨市场门口举办妇女维权宣传活动，发放《妇女权益保障法》、《人民调解法》、《劳动保障法》、预防艾滋病知识小册等有关维护妇女儿童权益的法律法规资料2000余份。利用河滨市场LED电子大屏、触摸屏、宣传栏、黑板板、手机飞信开展“法制宣传进社区”活动，进一步加深妇女对相关法律的认识和了解。街道与河滨卫生服务站联系，为辖区500余名妇女进行健康检查，检查内容包括乳腺扫描、妇科检查。

（刘　青）

【信访维稳】 年内，受理矛盾纠纷排查共35件，已解决33件，其他正在协调解决。将屯园社区打造成为全市创新社区治理示范点，在屯园社区建立3组12人的“黄袖标”志愿巡防队伍，由盛泰民生物业公司提供专业巡逻车1辆，开展昼夜治安巡逻。完善群防群治机制，构建治安巡防员、网格员、信息员、调解员、社区楼栋长为主体的无缝防范力量。另外街道还依托“综治宣传月”“大普法”活动等契机，举办法律法规培训班2期，为进一步打造法治街道奠定基础。充分利用“四员”，发挥社区群防群治作用。组织社区民警、楼栋长、义务巡逻员、网格员通过走访入户，日常巡逻和入户宣传等常态化工作，提高群众遵法、守法、治安防范和自我保护意识，预防和减少各类刑事案件发生。

（朱亚芊）

【社会管理创新】 通过惠农区政法委、社工部沟通协调，石嘴山市交警分局六大队在屯园社区建立“流动岗亭”进社区服务模式。定期为社区群众开展“保安全、创和谐、送服务”系列活动。通过民警送典型案例进社区，警示教育群众增强自我保护意识；大队、法院、社区联手共建事故案件“解纠减诉”平台，将交通事故争议当事人之间的矛盾纠纷化解在萌芽状态；民警在社区定期为社区驾驶员进行违法记分培训，帮助在外地的驾驶员审验驾驶证业务等活动来推进社区服务群众转型升级。惠农区政法委、社工部多次深入屯园社区指导工作，不断创新服务措施，并配合交警六大队在社区“四点半”课堂安装交通安全小游戏，孩子们在上网查资料的间隙也能玩交通安全小游戏，了解交通安全知识，提高未成年人的安全意识和自我保护能力。民警每天抽出15分钟为孩子们讲解交通安全知识，讲课内容丰富，形式新颖，吸引着越来越多的孩子们到社区“四点半”课堂听交通安全知识课。“流动岗亭”进社区以多角度、多形式、多载体努力为居民群众提供方便、快捷、优质的服务。通过一系列活动的开展，辖区群众的交通意识明显增强，杜绝无证驾驶、酒后驾驶、违章驾驶等违法行为，交通事故争议逐渐减少，维护了社会和谐稳定。

（高红丽）

【禁毒工作】 辖区现有在册吸毒人员95人。其中，电厂社区35人，红旗社区20人，荷花社区11人，兴旺社区14人，钢花社区8人，滨园社区5人，屯园社区2人。吸毒人员中，服刑2人、看守所羁押4人、死亡5人、强制戒毒9人、社区戒毒8人，社区康复21人，戒断三年16人，社会面吸毒28人，拒绝执行社区戒毒社区康复1人、严重违反社区戒毒康复协议1人。面向社区工作人员开展禁毒宣传2次，面向青少年进校园开展禁毒宣传4次，面向公共场所及娱乐场所开展禁毒宣传2次，面向商户进市场开展禁毒宣传6次，开展禁毒宣传进清真寺活动1次，春季、秋季踏查4次。

（王晓燕）

【动物防疫】 按照区重大动物疫病防控指挥部的要求，通过拉网式防疫开展辖区的春秋季免疫工作。辖区的春季和秋季免疫工作分别于2月22日和9月1日开始，通过拉网式防疫，在集中免疫的基础上，存栏畜禽进经监测免疫抗体不达标的，及时进行加强免疫，确保畜禽免疫密度免疫标识佩带率达到100%，通过拉网式防疫，做到区不漏处，处不漏居，居不漏户，户不漏畜，头头注射，只只免疫，做到“真苗、真打、真有效”。防疫工作按照时间节点及时完成。共免疫猪130头次，牛32头次，羊4800只次，禽类900只（羽）。

（屈玲玲）

中街街道办事处

【概　况】 中街街道办事处下辖一号井、陶瓷、星火、中街、金融5个社区，有居干25名，机关在编人员10名，办事处设党工委书记1名，主任1名，副主任和副书记各1名。年末，辖区有居民5187户、人口16445人，其中少数民族3436人，流动人口186人，辖区内有清真寺3座。

【社区建设】 社区综合管理体制改革后，中街街道将部分职能和公共管理服务、部分审核审批等职能下放到社区，并强化网格化管理制度。按照300户左右1人的比例要求划定责任区，配备社区网格管理责任人，在责任区内开展日常巡查和综合信息采集等工作，实行分类管理、重点服务，变坐等服务为主动上门服务。实行开放式办公，各项业务“前台一口受理、后台分类处置”。对比较偏远、办事不便的居民实行上门代理服务。每个社区工作经费由1万左右增加到2万元左右，社区居民文化活动用房面积由200多平方米增加到450多平方米。社区的民生服务、城市管理、综治维稳等功能得到强化，社区卫生、文化、环境、治安、就业和保障等服务功能得到提升，多种形式的便民生活服务圈不断涌现，居民看病就医、文化娱乐、环境美化和治安、就业等需求得到不同程度的满足。

（吴惠春）

【劳务培训和创业就业】 新创办小企业12个，培养“小老板”12个，新增个体工商户13个，创造新岗位432个；组织创业能力培训60人，其中帮扶解困C类人员培训25人，电子商务培训30人，小微企业带动就业432人，大学生创业引领计划3人。新增就业1021人，就业困难人员实现再就业88人；灵活就业补贴申报302人，安置招聘公益性岗位人员共两批53人，印刷劳动与社会保障工作有关宣传材料11份。为失业人员及时提供培训、就业、创业和优惠政策享受的服务和帮困。

（田惠君）

【计划生育】 全年共办理各种计划生育证件286件，开具各种计生婚育证明195件；全年出生人口74人，人口出生率为4.68‰；死亡人口41人，死亡率为2.59‰，人口自然增长率为2.09‰；发放独生子女保健费424户625人，共169625元；申报享受计划生育家庭特别扶助人员14人，应享受扶助资金4.704万元，提标后享受扶助金10.56

万元；申报扩面目标人群（40—48周岁）8人，应享受扶助资金5.76万元。

（施亚芳）

【民族宗教工作】 开展民族进步示范社区创建活动，在民族团结月组织辖区3座清真寺、阿訇、寺管会主要负责人及居民代表进行座谈，谈感受、谈认识，不断增强对中华民族的认同感。

（余 娟）

【文化教育建设】 承办全区“清凉宁夏”广场文艺演出，全市“我为乡亲送戏来”特色品牌文化活动，共在各社区演出3场。举办“金猴献瑞”首届春晚、庆祝中国共产党建党95周年系列文化活动。成立文化类社会组织“中街幸福艺术团”，发展团员50余人。2016年，在教育部、文化部举办的“永远跟党走”少数民族青少年艺术节中，艺术团下辖的爱乐乐团表演的歌舞《宁夏川》获得金奖。年内，中街幸福艺术团参加全市迎新春秧歌社火比赛，获得优秀组织奖；参加健身操大赛，获得一等奖。

（孙 静）

【招商引资】 年内，完成招商引资5500万元，超额完成年初目标任务的2.2倍。

（吴惠春）

【环境综合治理】 投资3.4万元对兴融花园楼梯护栏、大门进行维修。粉刷墙面2000平方米；投资4.8万元，对东胜胡同2栋危房、205院1栋危房、花园小区12号楼60米的墙体进行加固；3次对山梁路平房拆迁区、花园小区等535吨垃圾进行清理，2次对富强小区下水管道进行清淤抢修；对5个社区的办公楼侧墙及359小区两侧200平方米墙体进行统一粉刷。集中开展“爱国卫生日”运动，共出动辖区单位16个，劳动人员500余人，整治地面硬化13600平方米，清除杂草2.5吨，清除乱贴乱画800余处，协同环卫站拆除旱厕12个，新建水冲式厕所4个。

（杨 娜）

【棚户区拆迁工作】 按照《惠农区人民政府发出关于依法征收惠农区工矿棚户区改造中街街道和育才路街道范围内部分房屋的通告》，全年共配合区土地收储中心完成星火社区、陶瓷社区410户拆迁任务，占全区任务的84%，超额完成年初91户目标任务的5.4倍。

（田惠君）

【社会保险服务】 年内，居民医疗缴费共计7759人，完成目标任务7660人的103%。按照人社局要求，为退休职工领取养老金资格认证2610人。准确发放居民社会保障卡223张，发放“激活社保卡、惠及千万家”宣传资料500余份。养老保险参保缴费243人，审核并维护括一级、二级重度残疾人员共149人。

（朱玉珍）

【社会治安综合治理】 2016年，街道成立珍爱俱乐部，进一步深化社区戒毒康复工作。建成集戒毒治疗、康复指导、救助服务等多功能的戒毒工作新阵地，初步形成立体多维的社区康复戒毒管控模式，有效地解决戒毒人员管难控的问题。成功申报全市公益创投项目，启动“无毒青春手拉手”行动，以涉毒人员未成年子女为重点，通过心理疏导、物质资助、活动引导帮助他们找回“缺失的爱”。年内，开展各类大型禁毒宣传达20余次，市级以上媒体刊登新闻稿件28篇，其中国家类5篇。以维护社会稳定为目标，成立82人的义务巡逻队自治组织为基础的群防群治队伍，全力做好矛盾纠纷大排查、安全生产大整治，着力打造平安中街品牌。年内，辖区未发生暴力事件和群体性事件。推行“网上信访”规范信访行为，推行“民忧卡”成立“干群会客厅”畅通信访渠道，辖区未发生进京、赴银川、进市、到区越级非正常上访，信访总量与上年同期相比下降35%，辖区和谐稳定。在中街举办全区信访工作观摩会，“民忧卡”经验在全区推广。

（李秀娟）

【干部作风及制度建设】按照一岗双责的总体要求，其他班子成员根据工作分工，严格落实“一岗双责”要求，定期研究、检查党风廉政建设工作，党工委书记亲自抓部署、抓协调、抓督促、抓落实，先后同街道领导班子成员和各社区党支部书记签订《党风廉政建设责任书》《班子成员廉洁从政承诺书》《党风廉政建设目标责任书》《家庭助廉承诺书》。加强对中央八项规定，自治区、市、惠农区若干规定精神贯彻落实情况的监督检查。抓住群众反映强烈的“升学宴”“谢师宴”慵懒散软问题，在低保、廉租住房、计划生育、征兵等惠民政策中侵害群众利益等问题，开展专项整治活动。对5个社区的重点工作和春节前后各单位帮扶社区资金、物资发放等情况进行专项督查，并及时下发督查通报。

【机关效能建设】街道党工委以加强队伍作风建设为切入点，以强化为民服务为立足点，进一步坚持深化以“察民情、解民忧、暖民心”为主题的“双向认知”活动；结合落实中央八项规定“回头看”活动精神，不断完善《街道干部管理制度》《首问负责制度》等20项工作制度，接受群众和服务对象的监督。推行阳光政府，不断增强行政透明度。抓问题排查，加强落实整改。通过召开廉政恳谈会、廉政提醒会、廉政约谈会，做到早发现、早提醒、早纠正、早查处，防止小问题演变成大问题，配合区纪委查处1起违反中央八项规定人员并给予党内警告处分。

（杨　娜）

【精神文明建设】在春节期间定制一批社会主义核心价值观主题灯笼，制作“社会主义核心价值观、中国梦、讲文明树新风、宁夏精神、市民公约、节俭养德”等内容的公益广告100余处，在社区醒目位置设立创建全国文明城市知识专栏24处。以“巩固、提高、延伸”为切入点，进一步深入开展市级文明单位创建活动，中街街道被评为市级文明单位。积极挖掘辖区好人好事，共向区文明办推荐身边好人33名。组织道德模范、“最美惠农人”、中街好人等9人组成中街街道“小载体”宣讲团。“小载体”宣讲团活跃在辖区的中小学校、企业、社区、楼院、“四点半”课堂，宣讲活动收到良好效果，打造“小载体讲大道理”宣教品牌，新华网宁夏频道、《石嘴山日报》、石嘴山电视台等媒体陆续进行多次报道。

（白玉凤）

【“创城、创卫”】投入20.1万元在各社区设置公益广告、更换制作橱窗46期、宣传栏80多处、宣传墙56处、宣传标语30余条，并通过5个社区建立移动信息平台、微信等，向辖区居民发送5000多条“创城”宣传短信，发放“创城”调查问卷等各1000余份，确保“创城”入户宣传率达100%。悬挂宣传横幅25条、印发宣传资料4800份、制作宣传展板26块。在沿街100多个下水井和10个小区内进行滞留喷洒施药消杀，同时在各无物业小区内安放毒饵站373个，灭蝇笼300个。组织社区人员开展“世界无烟日”活动，积极正确引导群众戒烟。

（施亚芳）

【党的建设】为436名党员建立党员基本信息登记表以及各类台账，全年收缴党费34395.50元。与辖区9家机关事业单位党支部开展文体、环境卫生整治、扶贫帮困等共建活动。各社区与共建单位开展走访慰问活动，实现资源共享、共驻共建。通过主题党课、学习心得、交流研讨、征文等形式，切实抓好示范带动；利用微信、短信、微刊、QQ群等媒体营造学习氛围；通过听民意、解民忧、办实事搭建党员尽职尽责的平台，使“两学一做”学习教育取得实效，逐步成为常态化。在金融、中街、陶瓷、星火4个社区党组织开展创建“三星级基层服务党组织”活动、一号井社区创建“二星级基层服务型党组织”。各社区建立党员个人档案，做到一人一档，并详细填写党员家庭基本信息、入党时间、党内职务、健康状况、社会关心等情况。

（余　娟）

【群团工作】 对困难帮扶系统中的困难职工进行动态管理，对于空挂户协商后移至现在居住的社区，死亡、退休、达到脱困标准的困难职工进行注销。共资助困难家庭大学生11人，补贴4万元，联系区团委对他们进行学业或者工作上的救助，团委资助困难大学生7人2.1万元。加强与部门之间合作，促进妇女在家庭维权、心理辅导、困难儿童成长等方面的服务。帮助辖区内的空巢老人、孤寡老人、残疾群众、困难单亲母亲、留守儿童，为他们解决实际困难。

（孙　静）

【“两代表一委员”工作室】 按照区委关于“两代表一委员”工作室建设的要求，设置专门的接访和办公场所。投资1万余元，为街道和各社区分别制作相关制度、职责、公示栏等展板，利用微信、微博、QQ公众平台，宣传党的政策方针，畅通社情民意表达渠道。每月第2周周四为人大代表接待日，搭建为民服务平台。制定接待群众安排表，并做好当天代表接待签到册，把签到情况及时反馈至街道党工委。组织中街街道选区的人大代表进行述职，由人大代表将自己在社区发挥作用、为民办实事情况向居民作述职并接受居民监督，发挥党与人民之间的纽带作用。

（余　娟）

【民政工作】 温暖工程总计慰问712户，发放慰问金52000元，米370公斤，面470公斤，油110公斤。享受廉租住房补贴142户261人，月发放金额40432元，季度发放121296元。实物配租352户，公租配租14户。对122户低保人员在银行存入大额存款人员进行核查，经核实对71户168人不符合条件的人员做取消，取消金额41871元，对8户一级、二级重残进行变减，变减金额2128元。共计享受低保457户896人，发放金额294360元。

（吴惠春）

【帮扶解困】 中街街道有帮扶人员521户1114人。根据帮扶解困任务，将帮扶对象分为A类、B类、C类三类，其中A类贫困人员118户181人；B类贫困人员255户640人；C类贫困人员148户293人。针对C类帮扶对象，制定帮扶解困的实施方案并成立领导小组。各社区负责对本辖区C类重点贫困人口进行全面摸底调查，并登记建档立卡。及时将A类贫困人员中符合低保条件的人员，全部纳入低保范围，给予生活保障。7月，每人提高生活标准60元，共计提标5.1万余元。实行领导“一帮八”计划，共计帮扶32户95人；干部“一帮七”，共计帮扶21户63人；居干实行“一帮六”，共计帮扶180户315人。举办各类培训班2期，培训失业人员60人次，让每个劳动力掌握1门至2门技术，为他们走上新的就业岗位奠定基础。结合领导干部下基层、访贫思廉、温暖工程、“七一”慰问等一系列活动，共计走访慰问居民712户，发放慰问金5.28万元，米5250公斤，面4920公斤，油1515公斤。年末，A类、B类、C类三类人员共解困131户263人。

（吴惠春）

荣 誉

集体荣誉

惠农区卫生计生局

2016年1月，惠农区被国家中医药管理局授予全国基层中医药工作先进单位称号

2016年5月，惠农区卫生计生局被中国计划生育协会授予全国计划生育协会工作先进单位称号

2016年1月，惠农区被自治区人民政府授予2015年度卫生和计划生育目标管理考核二等奖

2016年4月，惠农区卫生计生局被宁夏回族自治区红十字会授予先进集体称号

2016年2月，红果子中心卫生院被自治区卫生和计划生育委员会授予自治区级群众满意乡镇卫生院称号

2016年11月，中街社区卫生服务中心被自治区健康宁夏领导小组办公室授予全国健康促进医院称号

2016年1月，惠农区被石嘴山市人民政府考评为2015年度卫生和计划生育目标管理责任制优秀奖

2016年8月，惠农区卫生计生局在石嘴山市卫生和计划生育局、石嘴山市总工会、共青团石嘴山市委委员联合举办的石嘴山市基层岗位练兵和技能竞赛中荣获团体二等奖

市场监督管理局

惠农区市场监督管理分局被宁夏回族自治区依法治区协调小组评为自治区“六五”普法先进单位

惠农区市场监督管理分局被自治区精神文明建设指导委员会继续命名为自治区文明单位

惠农区市场监督管理分局在石嘴山市市场监督管理系统组织的“中国梦劳动美”演讲比赛中荣获组织奖

惠农区市场监督管理分局在石嘴山市市场监管系统效能目标考核中荣获二等奖

春晖市场监管所党支部被中共石嘴山市市直机关委员会命名为2016年度学习型党组织示范点

红果子市场监管所党支部被中共石嘴山市市直机关委员会命名为廉政文化进机关示范点

惠农区人民法院

2016年1月，被石嘴山市依法治市领导小组评为“全市法治城市先进单位”

2016年9月，被中共石嘴山市委、石嘴山市人民政府评为全市“六五”普法先进单位

2016年11月，被石嘴山市中级人民法院授予全市法院“宣传报道”工作先进集体称号

2016年2月，立案庭被石嘴山市中级人民法院记三等功

2016年3月，被宁夏回族自治区妇女联合会授予“巾帼文明岗”称号

2016年6月，立案党支部被中共石嘴山市委员会授予“全市先进基层党组织”称号

2016年2月，办公室被自治区高级人民法院授予“改革发展年”主题工作先进集体称号

2016年3月，红果子法庭被自治区妇联授予“全区维护妇女儿童权益先进集体”称号

2016年11月，执行局被自治区高级人民法院授予“全区法院清理积案专项活动先进集体”称号

国税局

2016年1月，河滨税务分局被宁夏回族自治区国家税务局评为全区国税系统先进集体

2016年7月，第二党支部被宁夏回族自治区国税局党的建设跟踪领导小组评为全区国税系统“先进基层党组织”

人力资源和社会保障局

2016年3月10日，惠农区人力资源和社会保障局被自治区人力资源和社会保障厅评为2015年度全区人力资源社会保障系统政务信息工作先进单位

2016年6月30日，惠农区富海物流、惠农区恒享创业孵化园等4个创业孵化园被石嘴山市全民创业工作领导小组办公室命名为市级创业孵化示范基地

2016年7月21日，惠农区大学生创业孵化园被石嘴山市小微企业创业创新基地城市示范工作领导小组办公室认定为自治区级众创空间

2016年9月，惠农区人力资源和社会保障局被石嘴山市人力资源和社会保障局授予全市人力资源社会保障政策宣传月活动优秀组织奖

消防大队

2016年3月，被宁夏消防总队评为“先进大队”

2016年6月，被宁夏消防总队评为“全区消防部队先进基层党组织”

电力公司

2016年，惠农区供电公司营业班被国网宁夏电力公司授予“工人先锋号”称号

政务服务中心

2016年1月29日，公安窗口被石嘴山市公安局授予“集体嘉奖”

2015—2016年度，公安窗口被共青团宁夏区委、自治区公安厅授予“青年文明号”称号

2017年1月，政务中心被石嘴山市政务服务中心评为“云惠宁夏、服务城乡”工作推进“先进集体”

2017年1月，政务服务中心被石嘴山市创城指导部政务环境工作协调小组评为2016年度创建全国文明城市“文明窗口单位”

信息中心

2016年，惠农区政府公众网网站获得全市优秀“十佳政务媒体网站”荣誉称号

统战部

育才桥东社区、北街朝阳社区被评为自治区级民族团结进步创建示范点

北街公园社区、南街乐新社区、园艺镇水韵名都社区、市一小、尾闸镇政府5个单位获得市民族宗教事务局颁发的市级民族团结进步创建示范点

红柴梁七队清真寺、银河苑清真寺、银河二队清真寺、长城清真寺4处获得市级创建和谐寺观教堂先进集体称号

组织部

2016年9月，惠农区委组织部被中共石嘴山

市委员会、石嘴山市人民政府评为全市“六五”普法先进单位

惠农区残疾人联合会

惠农区残疾人联合会在全市2016年度残疾人工作目标管理考核中荣获二等奖

惠农区残疾人联合会在2016年度全区残疾人工作考核中荣获三等奖

惠农区司法局

2016年1月，惠农区司法局被自治区党委政法委评为“服务型窗口单位建设”先进单位

2016年3月，惠农区法律援助中心被自治区妇女联合会评为自治区维护妇女儿童权益先进集体

2016年8月，惠农区司法局被自治区依法治区协调小组评为全区“六五”普法先进单位

2016年8月13日，惠农区司法局被中华全国人民调解员协会授予“2016年度人民调解宣传工作先进集体”称号

2016年3月，惠农区司法局被自治区农民工作领导小组评为“全区农民工工作先进集体”

农牧水务

2016年，在自治区农田水利基本建设“黄河杯”竞赛中荣获二等奖

2016年，被石嘴山市重大动物疫病防治工作指挥部评为年度全市动物防疫工作先进集体

惠农区林业和生态建设管理局

2016年3月，惠农区林业和生态建设管理局被石嘴山市森林防火指挥部评为全市“十二五”期间森林防火先进集体

2016年9月，惠农区林业和生态建设管理局被中共石嘴山市委员会、石嘴山市人民政府评为全市“六五”普法先进集体

惠农区商务和文化旅游局

2016年1月，惠农区商务和文化旅游局被自治区党委宣传部、文明办、教育厅、科技厅、司法厅、农牧厅、林业厅、文化厅、卫计委、新闻出版广电局、团委、妇联、科协、文联等15个单位授予全区文化科技卫生“三下乡”先进集体称号

2016年8月，惠农区商务和文化旅游局被宁夏回族自治区依法治区协调小组评为2016年度全区“六五”普法先进单位

2016年2月，惠农区商务和文化旅游局被石嘴山市文化新闻出版广电局评为2016年度公共文化服务体系建设先进集体

运管所

2016年12月，被石嘴山市总工会授予2016年石嘴山市劳动竞赛先进集体称号

2016年6月，被中共宁夏道路运输管理局授予2016年度全区运管系统先进基层党组织称号

财政局

2016年，被自治区精神文明建设指导委员会评为“2016—2019年度自治区文明单位”

2016年，被自治区财政厅评为“全区财政干部教育培训先进集体”

农村信用社

2016年1月，被石嘴山市农村工作领导小组授予石嘴山市金融服务“三农”先进单位称号

2016年2月，被石嘴山市人民政府授予“2014—2015年度守合同重信用单位”称号

环保监察大队

2016年3月，被评为自治区“环境保护大检查先进集体奖”

2016年12月，被评为自治区“2016年大练兵先进集体奖”

国土资源局

2016年12月，荣获石嘴山市2016年度全市耕地保护工作一等奖

2016年12月，荣获石嘴山市精神文明指导委员会2017—2020年市级“文明单位”称号

2017年1月，获得2016年全市国土资源系统“文明单位”称号

2016年12月，荣获中共石嘴山市市直机关工作委员会“党建标准化项目建设示范点”称号

2016年，被自治区国土资源厅评为全区国土资源执法先进集体

安监局

2016年，在石嘴山市安全生产委员会组织的“安全生产月”知识竞赛中荣获二等奖

2016年，被石嘴山市安全生产委员会授予年度全市安全生产先进单位称号

2016年，被自治区安全生产委员会授予年度安全生产工作先进单位称号

科　协

2016年，惠农区科协荣获自治区“青少年科技创新大赛优秀组织奖”、自治区“首届科学节优秀组织奖”

红果子镇

2016年12月，红果子镇被住建部批准为第四批美丽宜居小镇

2016年12月　红果子镇被国家发改委等部门认定为第三批国家新型城镇化综合试点

2016年12月，红果子镇被中国气象局评为标准化气象灾害防御乡（镇）

2016年8月，红果子镇被宁夏回族自治区依法治区协调小组评为全区“六五”普法先进单位

2016年1月，红果子镇气象信息服务站被宁夏回族自治区气象局评为优秀气象信息服务站

2016年1月，红果子镇惠西社区宁夏回族自治区妇女联合会评为自治区级示范妇女之家

2016年1月，红果子镇长城社区被宁夏回族自治区妇女联合会评为自治区示范妇女之家

2016年6月，红果子镇被中共石嘴山市委员会评为先进基层党组织

2016年1月，红果子综治服务中心被石嘴山市加强和创新社会治理工作领导小组评为2015年度综治服务中心规范化建设先进集体

2016年3月，红果子镇被石嘴山市绿化委员会评为石嘴山市2015年度“园林化单位”

2016年3月，红果子镇宝马村被宁夏回族自治区精神文明建设指导委员会评为自治区文明村

尾闸镇

2016年10月，尾闸镇人民政府被宁夏回族自治区卫生和计划生育委员会评为计划生育五星级乡镇

2016年6月，尾闸镇尾闸村党支部被中共宁夏回族自治区委员会评为全区先进基层党组织

2016年3月，尾闸镇水城民生社区“爱心帮帮团”服务品牌在石嘴山市首届志愿服务大赛暨志愿服务交流中获得铜奖

2016年6月，尾闸镇尾闸村被石嘴山市老龄委评为2015年度居家养老服务工作先进单位

庙台乡

2016年1月，庙台乡畜牧站被石嘴山市重大动物疾病防治指挥部评为2015年度全市动物防疫工作先进集体

2016年2月，庙台乡农业服务中心被石嘴山市农牧局评为2015年度国家科技园区建设先进集体

2016年6月，庙台乡乐土岭村被中共石嘴山

市委员会评为先进基层党组织

燕子墩乡

2016年，燕子墩乡人民政府被自治区人民政府授予2014—2016年全区计划生育工作五星级乡镇称号

2016年12月，燕子墩乡人民政府被石嘴山市推进政策性农业保险工作领导小组授予2016年度全市政策性农业保险工作先进集体称号

育才街道办事处

2016年，新建路社区被石嘴山市依法治市领导小组评为全市法治城市创建活动先进单位

2016年1月，新建路社区被石嘴山市加强和创新社会治理工作领导小组评为2015年度网格服务管理先进集体

2016年，育才社区、水厂社区、庆安社区被宁夏回族自治区妇女联合会评为自治区示范妇女之家

2016年，银河苑社区被中共石嘴山市委宣传部评为石嘴山市学雷锋志愿服务活动先进集体

2016年3月，银河苑社区在中共石嘴山市委宣传部组织的石嘴山市首届志愿服务项目中荣获大赛铜奖

2016年6月，桥西社区被中共石嘴山市委组织部评为全市“五好”离退休干部党支部

2016年8月，育才街道办事处被宁夏回族自治区依法治区协调小组评为全区“六五”普法先进单位

南街街道办事处

2016年，南街广西物业服务中心被自治区党委组织部和自治区非公经济组织和社会组织工委评为全区社会组织先进基层党组织

2016年，南街广西社区被自治区、中宣部评为最美志愿服务社区

2016年，南街新村社区被中共石嘴山市委宣传部、石嘴山市文明办和共青团石嘴山市委员会评为石嘴山市学习雷锋志愿服务活动先进社区

2016年，南街矿中社区被中共石嘴山市委宣传部、石嘴山市文明办和共青团石嘴山市委员会评为石嘴山市学习雷锋志愿服务活动先进社区

2016年，南街春晖社区被宁夏回族自治区党委宣传部评为全区学雷锋活动示范点

2016年，南街街道办事处被宁夏禁毒委员会评为全区社区戒毒社区康复工作示范点

2016年，南街街道办事处被石嘴山市禁毒委员会评为2015年度戒毒工作先进集体

2016年，南街街道办事处被石嘴山市全民科学素质工作领导小组评为实施《全民科学素质行动计划纲要》“十三五”先进集体

北街街道办事处

2016年6月，朝阳社区离退休党支部被自治区党委组织部、自治区离退休干部党工委、自治区党委老干部局评为全区“五好”离退休干部党支部

2016年4月，朝阳社区被石嘴山市社区建设工作领导小组评为石嘴山市五星级和谐社区

火车站街道

2016年1月，矿安路社区被自治区妇女联合会评为自治区示范妇女之家

2016年6月，矿安路社区被中共石嘴山市委员会评为先进基层党组织

河滨街道办事处

2016年6月，河滨街道办事处参加由石嘴山市妇联、石嘴山市广播电视台组织的海成·星湖天地2016年石嘴山市“漂亮妈妈大赛”广场舞比赛，荣获第三名

2016年，河滨街道被石嘴山市总工会评为先进职工小家

2016 年 3 月，河滨街道被石嘴山市绿化委员会评为园林小区

园艺镇

2016 年 7 月，静宁社区被中国地震局办公室认定为国家级地震安全示范社区

2016 年 12 月，水韵名都社区被市民族宗教事务局评为石嘴山市民族团结创建示范点

2016 年 3 月，桥东社区被石嘴山市委宣传部评为石嘴山市学雷锋志愿服务活动“先进社区”

2016 年 5 月，桥东社区被石嘴山团市委评为石嘴山市五四红旗团支部

2016 年 11 月，静安社区被石嘴山团市委评为石嘴山市青少年爱国教育基地

2016 年 7 月，水韵名都社区被石嘴山市社区建设工作领导小组授予“五星级和谐社区”称号

个人荣誉

2016 年惠农区获得国家级表彰的先进个人一览表

表 9

姓名	单位	表彰名称	授奖单位
徐忠杰	红果子镇	全国书香之家	新闻出版广电总局
邹新芝	李岗村	全国科普示范带头人	农业部

2016 年惠农区获得自治区及区直部门级表彰的先进个人一览表

表 10

姓名	单位	表彰名称	授奖单位
郭艳云	市场监督管理局	“我是长征精神传承人”演讲比赛二等奖	自治区党委宣传部、自治区总工会
张兆威	市场监督管理局	食品监管岗位标兵	自治区食品药品监督管理局
张　彤	市场监督管理局	保健食品与化妆品监管岗位标兵	自治区食品药品监督管理局
马卫东	市场监督管理局	2016 年全区重大活动餐饮食品安全保障先进个人	自治区食品药品监督管理局
施　政	市场监督管理局	2016 年初任公务员培训“优秀学员”	宁夏人力资源教育培训中心
	市场监督管理局	2016 年初任公务员培训演讲比赛一等奖	宁夏人力资源教育培训中心
冶喜成	惠农区人民法院	全区法院清理积案专项活动先进个人	自治区高级人民法院
韩子婧	惠农区人民法院	办案标兵	自治区高级人民法院
马国平	惠农区人民法院	改革发展年主题工作先进个人	自治区高级人民法院
赵彦山	惠农区国税局	“2015 年度全区优秀税收研究成果”三等奖	自治区国家税务局
任学文	惠农区国税局	“2015 年度全区优秀税收研究成果”三等奖	自治区国家税务局
杨慧芳	惠农区国税局	“2015 年度全区优秀税收研究成果”三等奖	自治区国家税务局
邓炉顺	惠农区国税局	岗位能手	自治区国家税务局
史　洪	惠农区国税局	岗位能手	自治区国家税务局
陈梦婷	惠农区国税局	岗位能手	自治区国家税务局
王　平	惠农区国税局	岗位能手	自治区国家税务局
李远腾	惠农区国税局	岗位能手	自治区国家税务局
任学文	惠农区国税局	岗位能手	自治区国家税务局
金　梦	惠农区国税局	岗位能手	自治区国家税务局

续表 10

姓名	单位	表彰名称	授奖单位
吴世平	信息中心	全区优秀信息员	自治区网信办
马 斌	惠农区司法局园艺司法所	2016 年度优秀人民调解员	自治区司法厅
李生祥	惠农区司法局礼和司法所	2016 年度优秀人民调解员	自治区司法厅
吴世新	惠农区司法局尾闸司法所	2016 年度优秀人民调解员	自治区司法厅
乔清香	惠农区司法局北街司法所	优秀共产党员	自治区党委
冉德地	农牧水务局	2016 年度全区水利安全生产先进个人	自治区农牧水利厅
季永和	农牧水务局	2016 年度全区水利工程质量监督管理先进个人	自治区农牧水利厅
冉德地	农牧水务局	2016 年度全区防汛知识讲座（专业组）比赛三等奖	自治区农牧水利厅
吴韶儒	农牧水务局	2015 年自治区科学技术进步奖三等奖	自治区人民政府
马晓平	林业局	全区林木种苗工作先进个人	自治区林业厅
李爱玲	商务和文化旅游局	2016 年度全区卫星数字农家书屋工作先进个人	自治区新闻出版广电局
吴瑞生	运管所	好运政模范	自治区文明办、公安厅、交通运输厅、安监局
郝 剑	环保监察大队	2016 年度自治区环境保护大检查先进工作者	自治区环保厅
沈小龙	环保监察大队	2016 年度自治区环境保护监察执法先进工作者	自治区环保厅
吕振涛	发展和改革局	自治区首届办公自动化比赛中三等奖	自治区人社厅
郭学明	国土资源局	全区国土资源执法监察先进个人	自治区国土厅
哈金华	科协	自治区优秀科技特派员	自治区农牧厅
岳亚东	红果子镇	第二届书香之家	自治区新闻出版广电局
潘春生	红果子镇	第二届书香之家	自治区新闻出版广电局
樊月凤	中街街道	第二届书香之家	自治区新闻出版广电局
张 杰	园艺镇	第二届书香之家	自治区新闻出版广电局
郭永春	火车站街道	自治区百孝之星称号	自治区党委宣传部、自治区文明办
邹新泉	北街街道	全区优秀党务工作者	自治区党委
张杰林	红果子镇	2016 年度全区铁路护路联防工作先进个人	自治区铁路护路联防工作领导小组

2016 年惠农区荣获市级及市直部门表彰的个人一览表

表 11

姓名	单位	表彰名称	授奖单位
郭艳云	市场监督管理局	“法治青年说”演讲比赛优秀奖	团市委、法治办
高照君	市场监督管理局	石嘴山市优秀共青团员	团市委
高 建	市场监督管理局	石嘴山市最美消费维权人	市场监督管理局
杨宏斌	市场监督管理局	2016 年创建国家文明城市先进工作者	市场监督管理局
薛 政	市场监督管理局	市场监管系统先进工作者	市场监督管理局
路 兵	市场监督管理局	市场监管系统先进工作者	市场监督管理局
张兆威	市场监督管理局	市场监管系统先进工作者	市场监督管理局
哈妍红	市场监督管理局	市场监督管理系统信息宣传先进个人	市场监督管理局
张明杰	市场监督管理局	市场监督管理系统脱贫攻坚先进个人	市场监督管理局
夏若云	市场监督管理局	2016 年创建国家文明城市先进工作者	市场监督管理局

续表 11

姓名	单位	表彰名称	授奖单位
张新亮	市场监督管理局	市场监督管理系统招商引资先进个人	市场监督管理局
郝海燕	惠农区人民法院	个人三等功	市中级人民法院
马国平	惠农区人民法院	全区“六五”普法先进个人	石嘴山市委、市人民政府
孙　宇	惠农区人民法院	个人三等功	市中级人民法院
窦德亮	惠农区人民法院	个人三等功	市中级人民法院
杨作宏	惠农区人民法院	个人三等功	市中级人民法院
杨　斌	惠农区人民法院	调解标兵	市中级人民法院
刘红玲	惠农区人民法院	个人三等功	市中级人民法院
尹国玉	惠农区人民法院	执行标兵	市中级人民法院
韩子婧	惠农区人民法院	办案标兵	市中级人民法院
徐建英	惠农区人民法院	全市 2016 年最美维权人物	石嘴山市消协
杨直萍	区政协	提案工作先进个人	政协石嘴山市委
胡国栋	惠农区国税局	2016 年度石嘴山市优秀共产党员	石嘴山市直机关工委
朱新雯	区委组织部	优秀共产党员	中共石嘴山市委员会
陈佳尉	农牧水务局	2016 年石嘴山市动物防疫先进工作者	市重大动物疫病防控指挥部
祁莹莹	农牧水务局	石嘴山市第五届职业技能大赛兽医实验室检测检验技能竞赛第一名	石嘴山市农牧局、石嘴山市总工会
马晓平	林业局	石嘴山市优秀共产党员	中共石嘴山市委员会
周俊娥	农牧水务局	2016 年度全市动物防疫工作先进个人	市重大动物疫病防治工作指挥部
吴建国	农牧水务局	2016 年度市农牧系统先进工作者	市农牧局
吴恭信	农牧水务局	2016 年度市农牧系统先进工作者	市农牧局
李爱玲	商务和文化旅游局	2016 年度全市文化新闻出版广电系统“公共文化服务体系建设”先进个人	市文化新闻出版广电局
陈筠萍	商务和文化旅游局	2016 年度创建全国旅游标准化试点城市工作先进个人	市旅游局
张培燕	发展和改革局	优秀会务工作者	民建石嘴山市委员会
朱新忠	红果子镇	2016 年度信访先进个人	市社会治安综合治理委员会
莫翠琴	红果子镇	石嘴山“为民·明礼”社会治理基金 2016 年度十佳综治服务标兵	市加强和创新社会管理工作领导小组
王登明	红果子镇	2016 年度全市文化新闻出版广电系统“公共文化服务体系建设”先进个人	市文化新闻出版广电局
张淑芬	红果子镇	2016 年度全市铁路护路联防工作先进个人	市铁路护路联防工作领导小组
安乐华	燕子墩乡	石嘴山市优秀共产党员	中共石嘴山市委员会
郭爱萍	燕子墩乡	石嘴山市优秀党务工作者	中共石嘴山市委员会

媒体聚焦惠农

惠农：移民致富梦开始的地方

（记者　张九阳　魏邦荣　李峰）在结束了第一次随团“考察”后，昨天一大早，西吉县马莲乡后庄村55岁的兰学林再次来到石嘴山市惠农区尾闸镇水城民生社区。

去年12月23日，兰学林和老伴便陪着女儿、外孙，先行来到水城民生一探究竟。每家每户可领取一袋大米、一袋面粉和一桶油，尾闸镇还为每户移民提供了几套床单和被套，住所则是一套54平方米的两居室。距离社区不到300米处，幼儿园、小学、初中等教育配套设施一应俱全。兰学林十分满意。

“为响应政府劳务移民搬迁的号召，已经成家在外打工的儿子和女儿，都搬到了水城民生。”兰学林说。但是因条件不符，他和老伴只能留守老家。兰学林不甘心，在社区门口转悠了几圈后，终于发现了一个商机：在社区门口租一间门面房，开一间专为新老移民服务的平价超市。

水城民生是惠农区为劳务移民搬迁倾心打造的安置点。

根据自治区生态移民规划安排，惠农区将完成劳务移民搬迁安置任务3399户15400人。其中，安置西吉县劳务移民2456户11558人，安置原州区移民943户3842人。为完成既定目标，惠农区共规划建设了银河苑、惠美家园等四个移民安置区，同时配套建设了幼儿园、社区活动中心、卫生服务中心等基础设施。为做好移民安置工作，惠农区率先提出了“一户一套房、一户一岗位、一户一亩土地流转收益，稳定居住两年后一户一头托管奶牛分红”的“3+1”优惠政策。目前，房屋、岗位和每亩地每年400元土地流转收益已全部落实，承诺的稳定居住两年后“一户一头托管奶牛分红”也提前兑现。

“老家的土豆每公斤3毛钱，这里的土豆每公斤超过了6毛钱，要是能把老家的土豆运来销售，肯定能赚个好差价。”新移民王怀宝从西吉县吉强镇大营村搬来已经3个多月，期间政府为他介绍过几个岗位，但考虑到自己文化程度低、没有啥特长，最终都选择了放弃。经过仔细考察，47岁的王怀宝认为，自主创业贩卖土豆是件靠谱的事。

“现在，惠农区的移民人均年收入达到8000元左右，比搬迁前的人均收入翻了一番。”惠农区扶贫办一位工作人员介绍，通过免费为移民提供摊位、补贴营业房房租等措施，共培训劳务移民6442人次，实现就业3058人。

（《宁夏日报》2016年1月26日头版）

惠农区将政绩建立在增进民生福祉上

（记者　徐佳敏　张靖　李良）今年春节，家住石嘴山市惠农区石榴园小区5号楼的独居老人李润花没去儿女家，"经过改造，家里暖气热了，今年孩子们都集中到我这儿过年。"老人乐呵呵地说。

李润花居住的是个老旧小区，过去每到冬季老人就犯愁，"暖气不热，在家套两三件棉袄还是觉得冷，取暖器始终不离身。就这样一个冬天仍冻得感冒三四次，每次都得打针输液。"去年，惠农区对28万平方米的老旧小区实施节能改造，不仅使老人家里的暖气热了起来，下水道也通畅没了异味，楼道的单元门换了新的，老人住着舒适又安心。

近两年，惠农区顶住经济下行的压力，全力调结构、保民生，千方百计筹措资金，保障重点民生实事全部完成。去年，在财政收入增速放缓、支出压力加大的情况下，依然将76.8%的财政支出用于民生领域，总投入达76728万元。

"换了新路灯后，晚上从这条路上过往的人多了，生意比以前好了许多。"2月13日，在石嘴山市惠农区康乐东路开商店的周晓兰告诉记者。负责这一工作的惠农区住房和城乡建设管理局提供的资料显示，去年与康乐东路一起亮起来的，还有惠安大街、兴惠路等7条主要街路，目前城区道路的亮灯率超过96%。同时，该局还组织维修城区1万平方米人行道，整治2万平方米背街小巷，一些断头路被打通，昔日的垃圾堆放地成为城市样板街。

惠农区负责人介绍，在该区去年办结的十项民生实事中，推行"医养结合"新型养老模式，新建农村"老饭桌"、幸福大院、城乡社区服务站17个，为855名85岁以上老年人发放长寿保健金，这项工作走在了石嘴山市前列；建立宁夏首家县级精神病人集中收治场所，实现了重度残疾人生活津贴发放全覆盖，这项工作走在了全区前列。

（《宁夏日报》2016年2月25日）

让党代表真正成为"议事代表实干代表"

——惠农区推行乡镇党代会年会制经验做法

2013年，惠农区贯彻落实党的十八大提出的"落实和完善党的代表大会代表任期制，试行乡镇党代会年会制"，认真调查研究，广泛征求乡镇党代表和群众的意见建议，2014年在红果子镇、礼和乡试点的基础上，2015年在各乡镇全面推行了乡镇党代会年会制。乡镇党代会年会制的推行让基层党代表真正有了责任，忙了起来，从过去的"开会代表、拳头代表"，华丽转身为现在的"议事代表、实干代表"，增强了党代表履行职责的荣誉感、使命感和责任感，促使党员在发展党内民主、推行党务公开、加强党内监督方面充分发挥了主体作用。

"7533"工作法确保年会高质量

惠农区通过加强组织领导、精心抓好筹备、强化素质培训、规范年会程序，积极实施乡镇党代会"7533"年会制工作法，即明确七项职权，建立五项制度，理顺三个关系，突出三事联动，确保乡镇党代会年会高质量召开。年会原则上每年召开1次，一般安排在人代会之前召开，年会不开预备会，不设主席团。在会议的内容上，重点是如何加强党的建设问题，对经济社会的发展做出宏观的决策，使党代会年会形成的决议、决定对人代会起指导作用。

明确七项职权。一是听取和审议乡镇党委、纪委工作报告；二是讨论乡镇党委提请的有关政治、经济、文化、社会、生态文明建设以及党的建设等重大问题，作出决议、决定；三是听取乡镇党委、纪委及乡镇党委班子成员的“四述”报告，对乡镇领导班子进行民主评议；四是听取党代表提案、提议和意见建议办理情况的报告；五是选举出席上一级党代会代表；六是听取和审查乡镇党委党费收缴及党建经费使用情况的报告；七是讨论决定乡镇党委提请的其他事项等。

建立五项制度。一是建立调研视察制度，每年组织党代表集中开展活动2次以上。二是建立联系服务群众制度，乡镇党代表每人联系3—5名党员群众，每年走访不少于4次。三是建立提案提议制度，党代表10人以上联名，可就乡镇经济社会发展和党的建设方面的重大问题提出提案。四是建立评议工作制度，党代表监督和评议乡镇党政班子及其成员述职述德述廉述责情况。五是建立建议质询制度，党代表5人以上联名，可就党员群众普遍关注的问题提出建议和质询。

（《共产党人》2016年第2期）

宁夏日盛公司：循环发展浴火重生

（本报记者　朱凤玲）宁夏日盛高新产业股份有限公司（以下简称宁夏日盛公司）位于石嘴山经济技术开发区，是一家专业生产水合肼、ADC发泡剂等精细化工产品的民营企业，该公司产品占到了国内市场份额的60%以上，具有定价权，是名副其实的行业老大。6月29日，记者跟随工作人员走进宁夏日盛公司厂区参观。整个厂区没有废水排放，也看不到废气或废渣，与人们印象中的化工厂有着明显的区别。记者网络搜索得知：2007年6月7日，中央电视台曾报道，宁夏日盛公司因生产ADC发泡剂向黄河超标排放废水；今年5月10日，2016年中华环保世纪行宁夏行动检查组检查我市环保工作时发现，宁夏日盛公司因大力发展循环经济，实现了工业废水近零排放，得到检查组的肯定。

仅仅过了9年，宁夏日盛公司因何发生如此巨变呢？这要从ADC发泡剂说起。ADC发泡剂是一种化工原料，广泛用于生产鞋底、人造革以及绝热、隔音材料等。其生产过程会产生高浓度的氨氮废水，对环境尤其是水域产生严重污染。由于治理ADC发泡剂生产污水的成本太高，曾一度在行业内流传着“谁治污谁垮台”的说法。那么，宁夏日盛公司如何做的呢？

ADC发泡剂生产废水治理问题是行业性难题，同时，社会谴责，环保部门责令生产企业停产整顿，重重压力让宁夏日盛公司的管理者坐立不安。“环保问题不解决，生存都成问题，何谈发展？”公司副总经理李红宾回忆当时的情况时说，“董事长柯允君痛下决心，要不惜代价探索可行的污水处理技术，争取早日做到达标排放。”

然而，改革创新之路注定不平坦。几年之间，该公司投入了数千万元却收效不大。经过数十次的失败，2015年，该公司终于研发成功了提纯水合肼实现ADC发泡剂废水联产硫酸铵等3项处于行业领先水平的专利技术。“使用这些技术，可以把生产过程中产生的废水回收利用制取氯化铵，把废渣回收利用制取氯化钠和纯碱。”李红宾介绍，技术创新彻底解决了困扰企业的废水污染问题，实现了废水近零排放。该公司因此形成年生产纯碱20万吨、氯化钠40万吨、氯化铵10万吨的能力，预计产值超过3亿元，真正实现了变废为宝、循环发展，达到了经济效益和环境效益的统一。

正当同行们认为，宁夏日盛公司攻克了技术瓶颈，可以开足马力、大干一场的时候，谁也没想到，该公司将2010年投资2亿多元建设、正在生产高峰期的10万吨隔膜法烧碱生产线彻底关停淘汰。不仅如此，还关闭了20年来为企业做出巨大贡献的所有生产线，这些生产线一年可为公司创造近10亿元的产值。一时间，国内同行都在纳闷：宁夏日盛公司下的哪招棋？

原来，将原有生产线全部淘汰的同时，该公司依托新技术，投资近40亿元建设以资源环保综合利用为核心的精细化工循环产业链项目。这个项目通过对资源的循环利用，使得该公司形成了ADC发泡剂精细化工产业链、水合肼医药农药中间体产业链、热电联产动力配套项目、资源综合利用环保项目等六大特色循环经济产业链。“项目全部建成后，估计公司每年可实现销售收入27亿元，国内市场份额将由目前的60%提高到70%以上，成为行业领跑者。”李红宾自豪地说道。

采访结束之时，李红宾忙着接待来自自治区的检查组。一行人在3×30MW“上大压小”燃煤背压热电（一期）项目施工场地前驻足，听取项目介绍。

该项目是在原有电厂基础上进行“上大压小”，淘汰落后锅炉的同时建设循环流化床锅炉。项目生产用水为我市第二中水厂的中水，生活用水依托现有厂区供水设施，产生的废水全部综合利用不外排，产生的粉煤灰、渣及脱硫石膏将全部综合利用或安全处置。

李红宾介绍说：“这个项目建成后，不仅解决了公司精细化工循环产业链项目新增生产用汽和部分用电需求，而且富裕的蒸汽还能供应周边小企业，解决他们淘汰燃煤锅炉的后顾之忧。这对带动区域经济发展，改善区域环境质量有积极作用。”

借助技术创新的车轮，宁夏日盛公司走上了循环发展的快车道，在竞争激烈的市场中浴火重生，向着“百年日盛”的发展目标稳步前进！

（《石嘴山日报》2016年7月18日）

昔日城市的“污染源”今朝市民的“后花园”

（记者　张芳霞）9月底，惠农区居民吴永琴带着外甥女一家来到黄河边，近距离感受滔滔黄河水绕城而过的壮观。之后，又来到与黄河一路之隔的七彩园游玩。

其实，如今三季繁花似锦，绿树成荫，碧水环绕的七彩园，8年前可是一处因多年大规模、大范围煤炭开采，形成的9.1平方公里的采煤沉陷区。

走进七彩园，原来的塌陷坑、矸石山、地裂缝已不见了踪影，取而代之的是成片的树林、景观广场、湖泊、景观凉亭，还铺设了景观园路。在这个略显凉意的秋季，七彩园内的火炬树，被秋风这位大画家慢条斯理地由绿色晕染成红色，片片红叶点缀在绿树丛中，也赋予了七彩园真正的含义。

“以前这里环境很不好。经过几年的整治，现在已成为市民休闲锻炼的好去处。只要有亲朋好友来，我都会带他们来这里看看。”吴永琴说。

“每天早晚，来七彩园锻炼的市民特别多。”正在七彩园内建设观景台的施工人员说。据了解，正在建设的观景台高15米，10月底建成。届时，市民和游客可登上观景台，俯瞰七彩园全貌。

我市是国家“一五”时期布局建设的十大煤炭基地之一，煤炭资源大规模开发为国家和宁夏经济社会发展做出了重要贡献。然而经过50多年的开采，煤炭资源日益枯竭，采矿造成的地质环境问题开始凸显。特别是惠农区采煤沉陷区沉陷范围达43平方公里，严重塌陷区域达9.1平方公里，土地、植被遭受严重破坏，沉陷坑内形成多处低洼积水区和垃圾场，采煤沉陷区一度成为当地市民心中的痛。

为了从根本上解决沉陷区的矿山地质环境问题，我市对沉陷区内居住的2万多户约5万居民进行搬迁安置，切实改善沉陷区居民的生产生活条件。2008年，采煤沉陷区治理被列入国家矿山地质环境治理项目。自2008年以来，中央财政累计投入矿山地质环境治理资金3.94亿元，地方政府统筹资金1.2亿元，引进社会资金8000多万元，对沉陷区进行全面整治。

在治理工程中，我市坚持把消除地质灾害隐患与打造国家矿山公园相结合，把生态环境治理与发展经果林、设施农业等高效农业经济相结合，把项目配套设施建设与惠农区长远发展相结合，通过多年不间断整治、覆土、绿化，并设计实施了火炬园、沙枣园、紫叶李园、丁香园、紫穗槐园、侧柏园、山桃园7个彩叶树种植园，形成了春、夏、秋三季繁花似锦，四季有绿的亮丽景观。同时，对地质遗迹、沉陷盆地、地裂缝等地貌进行保护和展示，并在沉陷区内建设宁夏煤炭地质博物馆。充分利用沉陷区内废弃土地，种植了葡萄、枣树、核桃等各类经果作物，开展枣瓜间作及温室大棚等试验，推广枣瓜间作在枣林中种植西甜瓜、小香瓜等经济作物，实现了由单一栽植生态树木向经济林过渡。

如今，集湖面、广场、景观为一体的矿山公园，已成为惠农区举办文体活动、开展科普宣传的重要场所，更成为居民游览的新景观。

沉陷区的治理，还腾出了大量可供开发的土地，为惠农区的工业拓展了发展空间。短短几年时间，这里就吸引83家工业企业，投资24亿元，建设中小企业孵化基地，工业年产值达11亿元，上缴利税2.8亿元，安置就业2550人。同时，在生态恢复区种植条件较好的10平方公里内，配套建设供水管网等工程，吸引社会投资8000多万元，进行农业开发。

难怪有人说，沉陷区的治理，不仅挽救了一座资源枯竭的矿山，而且挽救了一座濒临困境的城市，造福了一方生活困难的百姓。

（《石嘴山日报》2016年10月17日头版）